U0574464

中国中药产业
发展报告
（2024）

药材　饮片

REPORT ON THE DEVELOPMENT OF
CHINESE TRADITIONAL MEDICINE INDUSTRY

（MEDICINAL MATERIALS AND PREPARED SLICES）

主　审／张伯礼
主　编／陈士林

社会科学文献出版社
SOCIAL SCIENCES ACADEMIC PRESS (CHINA)

《中国中药产业发展报告（2024）》
药材 饮片
编委会

主　审　张伯礼

主　编　陈士林

副主编　张三印　刘　霞　郑　川　胡志刚　李宏亮

　　　　郑文科　孙晓波　范明松　俞　敏　郭　华

编　委　（按姓氏笔画排序）

　　　　王　敏　王　福　王漫青　石召华　叶　洵

　　　　叶利春　田　瑶　田丽霞　丛朝彤　兰志琼

　　　　朱　婷　朱　颖　朱明玉　先　蕊　刘　迪

　　　　刘　圆　刘　涛　毕增昊　李　竣　李文兵

　　　　杨正明　杨思雨　吴纯洁　何嘉凝　余凌英

　　　　闵欣怡　宋　驰　汪思雨　冷　梁　初天哲

　　　　张　磊　张贵民　张海琼　张惠惠　陈　伟

　　　　陈　林　尚文科　周勤梅　郑　雯　孟祥祺

　　　　孟祥霄　赵文琪　胡心怡　贾耀霞　徐彬杰

　　　　黄林芳　黄勤挽　阎新佳　森　林　董林林

主要编撰者简介

陈士林　中国工程院院士，中国医学科学院学部委员，国际欧亚科学院院士。现任成都中医药大学首席教授、中国中医科学院首席研究员、教育部"长江学者和创新团队计划"创新团队负责人。兼任香港浸会大学荣誉教授、日本东京药科大学客座教授。荣获全国创新争先奖章，获国家科技进步二等奖 3 项等。

长期从事中药研究，构建药用植物种质迁地保护专业平台、国家药用植物种质资源库、濒危药材繁育国家工程实验室等，重点解决了中药品质等影响临床用药安全有效的核心问题；创立"本草基因组学"学科，主编《本草基因组学》并被纳入普通高等教育"十三五"规划教材；牵头组织实施"千种本草基因组计划"，国际上首发黄花蒿分型基因组并为青蒿素生物合成及调控等提供了准确的遗传背景，两项研究分别于 2021 年及 2022 年连续被评为当年"中医药十大学术进展"；主编《药用植物分子遗传学》，奠定了我国药用植物分子遗传学基础；建立了中草药"基因身份证"，从基因层面解决了千百年来中药材物种真伪鉴定难题，开辟了中药鉴定新领域。入选 Elsevier 公布的全球终身科学影响力榜单。

张伯礼　中国工程院院士，国医大师，"人民英雄"国家荣誉称号获得者，天津中医药大学名誉校长，中国中医科学院名誉院长，中国工程院医药卫生学部主任，组分中药国家重点实验室主任。兼任国家"重大新药创制"专项技术副总师、国家重点学科中医内科学科带头人、教育部医学教育专家委员会副主任委员、第十一届药典委员会副主任、世界华人中医医师协会会长、《环球中医药》杂志总编辑等。

　　长期从事中医药现代化研究，完成了中医药防治血管性痴呆系统研究，创立了脑脊液药理学方法，建立了中医药循证评价技术体系；创建了以组分配伍研制现代中药的模式和技术平台，开拓了名优中成药二次开发领域，促进中药产业技术升级；组织制订世界中医学本科教育标准并编撰国际通用中医药本科教材。获国家科技进步一等奖在内的国家奖7项，省部级科技进步一等奖10项，国家教学成果一等奖2项。发表论文400余篇，SCI收录80余篇，培养毕业硕士、博士及博士后200余名，指导博士论文获全国百篇优博3篇、提名2篇。享受国务院政府特殊津贴，曾获何梁何利基金奖、吴阶平医学奖、光华工程科技奖、教育部教学大师奖等。被国务院、中组部等授予全国优秀共产党员、全国杰出专业技术人才、全国先进工作者、全国优秀科技工作者、国家有突出贡献中青年专家等荣誉称号，获颁国家科技计划组织管理突出贡献奖、天津市科技重大成就奖等。

序

　　中药产业是我国中医药事业传承、创新与发展的重要组成和关键基础，是关系国民健康、影响民族未来的国家战略性新兴产业。在长期的临床实践过程中，丰富的中药材自然资源禀赋、厚重的中医药文化积淀、浓厚的群众认同基础和广阔的发展前景，逐渐成为中药产业高质量发展的先天优势和特有优势。这些优势也是潜在优势，不能自动转化为发展优势和竞争优势。

　　2024 年 3 月 5 日，习近平总书记在参加十四届全国人大二次会议江苏代表团审议时强调："要牢牢把握高质量发展这个首要任务，因地制宜发展新质生产力。"中药产业要迸发出新质生产力活力，就要突出和强调科技创新这一催生新产业、新模式、新动能的核心要素。我历来主张，发展中医药要以"我主人随"的自信，面向世界科技前沿、面向国家重大需求、面向人民生命健康、面向经济主战场，要通过国家重大科技项目大兵团作战全面提升中医药科技创新的源头供给力和先发突破力，支撑产业做好前瞻布局，下好"先手棋"，加速"补链、强链、延链"的产业先导力和未来竞争力，要用中医药科技创新的小进步赋能、引领和推动中国中药产业高质量发展的大逻辑。

　　经由环球中医药杂志社和成都中医药大学共同发起，陈士林院士带领专家团队历时一年潜心调研、辛勤编纂了《中国中药产业发展报告（2024）》（药材　饮片），为如何顺应发展趋势，以科技创新推动产业创新，激活产业发展新动能，加快培育新质生产力，厘清了底数，绘制出蓝图，提供了很好的建议和参考。全书回顾了党的十八大以来，在党和政府对中医药事业的高度重视下，中药产业加快进入成长期和成熟期，产业面貌发生根本性转变的发展历程；整体分析了中药产业发展概况，对全产业链产业政策、市场环境、竞争格局进行了深入的剖析，全面研判了新形势下在国内国际双循环新发展格局中彰显中医药作为，为夯实中药材全产业链发展基础，提升产业链供应链稳定性和竞争力，带来的发展新机遇、新挑战。

全书为中药产业发展"把准脉"，透过药材、饮片产业业态分散规模小品牌难提升、监管不足规范差质优价不优、跟风追涨难化解供求老错位等现象看本质，提出了科技创新动能不足、无序竞争和供求错位、政策协同推动力不足三大问题；面向未来产业发展"开好方"，提出了强化科技创新，提升产业科技创新动能；壮大市场主体，提升产业稳定性竞争力；健全监管体系，保障重点领域产品质量；加强政策引领，规范市场良性竞争发展；科学产业规划，实现区域产业布局优化五大突破路径，为政府、科研、企业、投资机构等投资决策、战略规划、产业研究提供重要参考。

本书适合中医药行业领导者、产业实践者、产业政策研究者、科研创新工作者和社会学习者阅读。

书将付梓，乐而为序，谨志数语，一起向未来。

中国工程院院士　国医大师

天津中医药大学　名誉校长　

中国中医科学院　名誉院长

2024 年 3 月于天津团泊湖畔

前　言

　　中药产业是我国传统的优势产业，也是国家重点扶持的战略性新兴产业。中药产业包括中药材、中药饮片和中成药三大支柱产业。在长期的临床实践过程中，丰富的中药材自然资源禀赋、厚重的中医药文化积淀、浓厚的群众认同基础和广阔的中医药发展前景，逐渐发展成为中药产业高质量发展的先天优势和特有优势。但这些优势也是潜在优势，不能自动转化为市场竞争优势。

　　党的二十大报告提出，推进健康中国建设，促进中医药传承创新发展。人民健康是民族昌盛和国家强盛的重要标志。推进健康中国建设，要把保障人民健康放在优先发展的战略位置。中医药学是中华民族的伟大创造和中国古代科学文化的瑰宝，在全面推进健康中国建设中大有可为。2024年《政府工作报告》提出"促进中医药传承创新，加强中医优势专科建设"。党和政府对中医药事业的高度重视，增强了我们加快推进中药产业高质量发展的责任感、使命感和紧迫感。随着行业顶层设计日臻完善，健康服务能力显著提升，带动中药产业站上风口，全产业链高质量发展之路越走越顺。走进新时代，国内外大环境的深刻变化，"人工智能＋"掀起的新一轮产业变革，给产业发展带来了新机遇和新挑战。大模型是人工智能领域具有大规模参数和复杂结构的深度学习模型，已成为科技发展的新高地，是孕育新质生产力的沃土。中药产业应抓住机遇，主动用好人工智能和大模型技术，实现中药研究底层核心数据语言与中药全产业链关键环节的有机结合。通过开发中药全产业链大模型，促进中药产业创新、优化生产流程和推动跨界融合，提升中药产业的整体效率和质量水平，为中医药科技发展提供新引擎，助力中药全产业链的高质量发展。

　　《中国中药产业发展报告（2024）》（药材　饮片）全书共分为11章，对中药行业的发展现状、政策分析、市场供需、生产企业、全产业链、区划布局、种子种苗、种植养殖、采收加工炮制、包装与贮藏养护、质量标准及溯源等方面进行了系统研究、全面总结，为加快形成新质生产力、激活产业新动能提出对策建议。本书力求综合性、针对性、前瞻性、指导性和实用性，是科研人员收集文章、查找文献的必备工具书，是企业学习技术、借鉴经验，保持企业持续高质量发展的智囊书，是政府指导中药材产业发展，推进乡村振兴的决策书。全书图文并茂，可读性强，广泛适合于中医药行业领导者、产业实践者、产业政策研究者、科研创新工作者和社会学习者阅读。

　　本书由张伯礼院士担任主审，环球中医药杂志社和成都中医药大学共同发起，陈士林院士带领成都中医药大学、中国中医科学院中药研究所、中国医学科学院药用植物研究所、武汉理工大学、湖北中医药大学、西南民族大学、贵州大学等单位的专家团队历时一年潜心编撰完成。张伯礼院士在百忙中满怀激情地为本书作序，给予了我们莫大的鼓励。环球中医药杂志社、全乐药业（上海）有限公司、鲁南制药集团、山东宏济堂制药集团对本书的编写审稿给予了大力支持。在此一并表示衷心的感谢！

目 录

CONTENTS

第一章

中药产业概况和发展趋势

中药是中医药传承、创新与发展的物质基础。中药产业包括中药材、中药饮片和中成药三大支柱产业，本书重点讲述中药材和饮片产业。本章从中药材产业发展大环境分析出发，剖析产业发展现状，研判制约因素，就如何顺应发展趋势，以科技创新推动产业创新，在发展中破解难题、化解矛盾，加快培育新质生产力，激活产业发展新动能，将资源优势和文化优势转化为市场竞争优势提出对策建议，供产业发展决策参考。

第一节　中药产业发展概况

中药产业是我国医药健康产业的重要组成部分，是关系国民健康、影响民族未来的国家战略性新兴产业。党的十八大以来，受政策东风加持，中药产业加快进入成长期和成熟期，产业面貌发生了根本性转变，产业发展模式逐渐从粗放型向质量效益型转变，产业技术标准化和规范化水平明显提高，发展成为国民经济与社会发展中具有独特优势和广阔市场前景的战略性产业。本节就新形势下如何把握新机遇、应对新挑战，高质量发展中药产业进行探讨。

一　发展机遇

促进健康和保障健康，是中医药的重要职能和使命担当。在国内国际双循环新发展格局中彰显中医药的作为，为夯实中医药全产业链发展基础，提升产业链供应链稳定性和竞争力，带来发展新机遇。

（一）政策机遇

1. 国家战略定位

1996 年，我国正式实施"中药现代化"战略，提出要将传统中药的优势特色与现代科学技术相结合，诠释、继承和发扬传统中药的理论和实践，改造和提升当代中药的研究、开发、生产、管理和应用，以适应社会发展对中医药的需求。20 多年来，我国在中药基础研究、中药资源与可持续利用、中药标准化与产业化、新药研发及中药"走出去"等方面均取得了巨大成就。2016 年 2 月 22 日，国务院印发《中医药发展战略规划纲要（2016~2030 年）》这一指导此后 15 年中医药事业发展的纲领性文件，标志着中医药发展上升为国家战略。2016 年 12 月 6 日，《中国的中医药》白皮书发布，这是中国政府首次就中医药发展发表白皮书。2022 年 3 月 3 日，《"十四五"中医药发展规划》正式印发，将"推动中药产业高质量发展"列为 10 个方面的重点任务之一，设置专栏"中药质量提升工程"，指明了"十四五"期间中药材产业在国家中医药战略定位中的重要地位。2023 年 2 月 10 日，《中医药振兴发展重大工程实施方案》印发，加大"十四五"期间对中医药发展的支持和促进力度，围绕中药种植、生产、使用全过程，充分发挥科技支撑引领作用，推动中药产业高质量发展。国家中医药战略定位更加清晰，中医药顶层设计日臻完善，有力促进了新时代中医药的传承创新发展。

2. 规划引领

规划是国家宏观调控体系的重要导向，是政府履行经济调节、市场监管、社会管理和公共服务职责的重要依据。规划体现社会发展的共同意志，是社会共同的蓝图和行动纲领。为引领和促进中药产业健康发展，国家在每个五年规划中都明确提出中药产业的发展方向或突破重点。2006 年，《中华人民共和国国民经济和社会发展第十一个五年规划纲要》提出"加强中药资源普查、保护开发和可持续利用，建设中药资源基地，大力发展中药产业"。2011 年，《中华人民共和国国民经济和社会发展第十二个五年规划纲要》将"支持中医药事业发展"作为单独一节列入，提出"加强中药资源保护、研究开发和合理利用，推进质量认证和标准建设"。2016 年，《中华人民共和国国民经济和社会发展第十三个五年规划纲要》提出"开展中药资源普查，加强中药资源保护，建立中医古籍数据库和知识库。加快中药标准化建设，提升中药产业水平。建立大宗、道地和濒危药材种苗繁育基地，促进中药材种植业绿色发展"。2021年，《中华人民共和国国民经济和社会发展第十四个五年规划和 2035 年远景目标纲要》

提出"改革完善中药审评审批机制，促进中药新药研发保护和产业发展。强化中药质量监管，促进中药质量提升"。在纲要的指引下，国家中医药管理局会同相关部门编制形成了历版《中医药事业发展规划》，各省区市也因地制宜编制区域中医药事业发展规划。系列规划为中医药传承创新发展指明了方向，20年来取得了一系列标志性成就，种植规模化、生产标准化、加工产业化、销售品牌化，全面推动了中药产业提档升级。

3. 政策倾斜

《中华人民共和国中医药法》实施以来，国家出台了一系列重要政策和措施，在很大程度上解决了制约产业发展的重点、难点和堵点问题。2019年10月，中共中央、国务院发布《关于促进中医药传承创新发展的意见》；12月，全国人大常委会审议通过《中华人民共和国基本医疗卫生与健康促进法》。2020年9月，国家药监局出台《中药注册分类及申报资料要求》；12月，国家药监局出台《关于促进中药传承创新发展的实施意见》。2021年2月，国务院办公厅印发《关于加快中医药特色发展的若干政策措施》；11月，国家卫健委办公厅、国家中医药管理局办公室出台《关于规范医疗机构中药配方颗粒临床使用的通知》；12月，国家医保局、国家中医药管理局出台《关于医保支持中医药传承创新发展的指导意见》。2022年4月，国家药监局药审中心出台《基于"三结合"注册审评证据体系下的沟通交流指导原则（试行）》；9月，《健康中国行动中医药健康促进专项活动实施方案》出台。2023年1月，国家药监局印发《关于进一步加强中药科学监管促进中药传承创新发展的若干措施》；2月，国家药监局发布《中药注册管理专门规定》；7月，国家药监局发布《中药饮片标签撰写指导原则（试行）》。在国家出台一系列政策将中药发扬光大的背景下，31个省（区、市）也不遗余力地推动中药产业发展，产业利好政策不断。尤其对中药饮片实行超药品待遇，如禁止外商投资中药饮片的蒸、炒、炙、煅等炮制技术的应用及中成药保密处方产品的生产，中药饮片不进入各省药品集中采购招投标，不在药品降价范围内，允许医院保留中药饮片15%的零售价格加成等。中药产业受政策春风持续加码，抓住千载难逢的发展机遇迅速驶入高质量发展的快车道。

（二）健康需求

1. 健康素养提升

随着"健康中国"战略的持续推进，我国卫生健康事业从"以治病为中心"向

"以人民健康为中心"迈进，全民健康理念深入人心，全民健康意识逐步增强，全民健康素养大幅提升。居民吸烟率、二手烟暴露率、经常饮酒率均有所下降。家庭减盐取得成效，2020年我国人均每日烹调用盐9.3克，与2015年相比下降了1.2克。居民对自己健康的关注程度也在不断提高，定期测量体重、血压、血糖、血脂等健康指标的人群比例显著增加。疾病预防及早期干预成大趋势，围绕全生命周期维护、重点人群健康管理、重大疾病防治，实施中西医综合防控，历久弥新的中医药力量进一步彰显。以药食同源的药品、以中药为原材料或添加中药原材料制成的保健品、中药类食品等大健康衍生品市场规模巨大。

2. 人口老龄化

人口年龄结构变化和生活习惯改变往往带来疾病谱变迁。人口老龄化是指人口生育率降低和人均寿命延长，总人口中年轻人口数量减少、年长人口数量增加，从而导致的老年人口比例相应增长的动态。随着经济水平和医学技术的提升，全球人均寿命不断提高，发达国家人均寿命已超过80岁。我国人口老龄化趋势加快，人们的平均预期寿命在不断提高，逐渐进入"长寿时代"。2021年，我国居民人均预期寿命为78.2岁，较2020年的77.9岁提高0.3岁；60岁及以上人口26736万人，占全国总人口的比例为18.9%；65岁及以上人口20056万人，占比14.2%，进入深度老龄化社会。2023年末，我国60岁及以上人口29697万人，占全国总人口的比例为21.1%，其中65岁及以上人口21676万人，占比15.4%。不同疾病在不同年龄段的人群的发病率有显著的差异。年龄越大，糖尿病、高血压、肿瘤、慢性肾病等慢性疾病的发病率越高。人口老龄化带来的慢性基础病、心脑血管疾病、糖尿病等患病人群的增加，使疾病预防、检测、诊断、治疗和康复以及食品安全、医疗养老等新需求层出不穷。

3. 疾病谱的变迁

疾病谱的变迁，与医疗技术进步、人口年龄结构变化、生活习惯等密切相关。随着社会经济的快速发展、居民生活居住条件的不断改善，居民健康素养及健康意识不断提升，我国传染病防控能力近年来也显著提升。艾滋病、乙肝、结核等常见的传染病得到遏制，多种新发、输入性传染病被有效控制。慢性非传染性疾病已成为影响我国居民健康的主要疾病；高血压、脑卒中、冠心病、糖尿病、慢阻肺、癌症等慢性非传染性疾病已经成为我国居民的主要健康问题，慢性病导致的疾病负担占总疾病负担的近七成。中医药作为我国独特的卫生资源，在老龄化社会中，尤其是对于慢性病和亚健康的管理，有着独特的"治未病"优势。

二　主要问题

（一）科技创新动能不足的问题

中药科技创新和技术转化对产业发展推动力不够，逐渐成为产业发展中的短板，表现在创新基础研究不足、整体投入不足、科技创新与需求脱节、中药企业创新活力不足等方面。

1. 产业创新基础研究不足

长期以来，科技部、国家中医药管理局组织制定了一系列指导和促进中药科技发展的规划，依托"973""863"、重大新药创制、重点研发计划等科技项目，围绕发展关键科学共性问题进行科技攻关。结合国家中医药战略重大部署，组成由院士牵头的核心专家组，构建"行政推进、项目牵引、专家督导"三位一体体系引导中药科技攻关。科技部与各省级政府建立省部会商制度，基本形成了政府统一意志协调推进中药科技创新驱动产业发展的工作机制和全国上下联动发展的良好局面。

但整体而言，起步晚、投入不足仍将长期困扰中药创新体系进一步完善。长期以来，由于中药炮制技术、加工技术、中药技术标准和安全保障体系等方面的基础研究和创新能力不足，中药产业发展结构失衡，传统品种增长乏力，市场竞争力差，中药产业发展后劲不足。

2. 产业科研投入长期不足

由于财政直接投入比较受限，国家从科技投入、税收激励、金融支持、政府采购、知识产权保护等方面出台具体举措，推动企业成长为技术创新的主体。但由于我国中药行业企业普遍规模偏小，产品技术含量不高，同质化现象严重，大多数企业没有建立自己的研发机构，研发投入比重不高。2021 年，中药工业上市企业研发总投入突破 100 亿元，研发投入占比 2.91%。头部企业研发投入不断增长，TOP10 研发投入占比从 2019 年的 48.26% 增长至 2022 年前三季度的 53.85%。2022 年度 30 强中药工业企业研发投入费用总额为 74.63 亿元，同比增长 8.3%。其中，16 家企业研发经费投入实现正增长，天士力、白云山和以岭药业稳居前三位。中药上市企业平均 RD（研发投入占营收比例）为 3%，大部分都是 1%，最高的是康缘药业，为 16.2%，和小分子药、生物药研发投入相比，差距巨大，需要政府、业界共同发力。

（二）无序竞赛和供需错位的问题

1. 业态分散、规模小、品牌难提升的问题

中药产业普遍存在业态分散问题。前端种植产业仍以小农生产方式为主，种植分布分散，成片种植少，集约化程度较低，批量供应能力很低，难以标准化，在市场交易中难以形成气候。中游产地加工业的市场规模相对狭窄，市场需求不足，竞争压力大，产品质量和定价策略不够灵活，许多加工企业面临存亡的难题。下游饮片生产企业数量众多，同质化竞争严重。全国8384家药品生产企业中2410家有饮片生产资质；无论企业大小都生产几百种饮片，难以形成稳定的生产线，规模化程度与生产效率低；大多数饮片企业都是常见品种，市场竞争以"价格"竞争为常态。行业竞争格局分散，龙头企业市场份额占比不高，行业企业利润水平偏低，"多、小、散、乱"的局面未得到有效改善，影响产业良性发展。

2. 监管不足、规范差、质优价不优的问题

中药材、饮片监管一直是大中药全产业链上监管的难点和薄弱环节。近年来，国家药监部门不断加大对中药材和饮片质量的监管力度，但其不合格率仍居高不下。中药饮片专项抽检及中药材质量监测发现的主要问题有，混伪品掺伪问题、掺杂问题、外源性有害物质残留超限问题、采收加工与加工炮制不规范问题。中药材和饮片由于其自身特殊性，中药材品种多、质量影响因素复杂，客观上存在监管难的问题。由于用量小，货值金额少，执法成本大，监管处罚太轻，达不到惩治的目的，监管效率不高。加之由于技术监督原因，辖区管理，程序复杂，还存在监管着力点不均的问题。缺乏有效的监管，农户种植分散，缺乏标准规范，必然缺乏长远规划。

中药材的来源不同，饮片的质量安全疗效就有可能不同。部分大企业从保证原料来源出发，开展集约化种植，但也只能解决部分自用药材。然而好药材生产出来的好饮片，在招标采购中丝毫不体现优质优价的政策，这就使得药材的集约化、标准化、规范化种植缺少政策驱动，缺少了优质优价的市场机制。

3. 跟风追涨难化解、供求老错位的问题

近年来，中药材种植面积呈井喷式增长。《全国中药材生产统计报告（2020年）》统计出全国中药材种植总面积为8939万亩，其中156种道地药材中的111种种植面积为6632万亩。天地云图大数据对国内385种常用中药材历史产量进行统计分析，2021年中药材整体产能达到432.10万吨，较2020年下降6.81%，中药材生产已连续

3年回落，但整体产能过剩情况未有效改善。以三七为例，2008年，文山三七每千克价格为40~60元。2009年文山遭遇特大干旱，2010年三七价格暴涨十多倍，最高达到每吨70多万元。行情暴涨带来盲目跟风无序种植，2015年产能达到3.3万吨，形成了严重的供大于求，价格大幅度下跌。2016年资本持续进入带动价格由每千克120元强势反弹至300元。三七种植积极性持续高涨，产地逐渐从文山扩张到红河、曲靖、西双版纳等周边地区。2018年行情逐年走低，2022年已跌至每千克190元，种植户积极性严重挫伤。产区对于石斛、重楼、黄精、三七等经济效益高的中药材品种种植意愿强烈，盲目跟风种植为当下生产端最突出的矛盾。供过于求带来的价格惨烈下滑和供不应求价格翻倍上涨的供需错位的现象，反倒更加严重。"价高伤民、价贱伤农"的两难问题在不同品种不同地域重复上演。

（三）政策协同推动力不足的问题

中药产业链长且复杂，其监管横跨农业农村部、自然资源部、林业草原局、商务部、工业和信息化部、药品监督管理局、市场监督管理总局、中医药管理局、卫生健康委、医疗保障局等政府职能部门，于是便形成了政出多门的管理局面。落实到地方，涉及中药产业的监管部门达到十多个，其中，发展改革委、科技厅、经济和信息化厅与中医药管理局负责科研及创新项目，农业农村厅、自然资源厅、科技厅、中医药管理局、发展改革委负责中药材种植基地建设，药监局负责药品、保健品注册以及质量监管和生产准入许可，卫生健康委主管药品挂网招标采购、食药同源的产品注册许可，商务厅负责中药材、饮片和成药等出口，经济和信息化厅负责产业发展、行业管理、医药储备等。

"九龙治水"式的管理，职责交叉、权限模糊，政策制定、实施责任主体不明确，容易造成管理上的重叠及盲区。因职能条块分割，制定政策平衡协调难度较大。往往一项部门政策的出台只是考虑局部发展、局部管理，整个产业无序、劣币驱逐良币的状况始终没有良方来解决，处于中药材产业链上的企业同样疲于应对，很难形成多部门协同，共同推动全社会形成齐抓中药、做大中药的良好局面。

三　突破路径

（一）强化科技创新，提升产业科技创新动能

充分发挥企业的科技创新主体作用，着力加强基础研究和技术革新，建立完善中

药产业发展的科研和技术体系，针对制约产业发展的各项关键技术加大技术攻关和推广力度，重点发展濒危药材人工繁育技术、优质中药材种子种苗技术、中药材无公害种植养殖技术、药品生产质量控制技术，以科技创新和技术进步助力产业高质量发展。

（二）壮大市场主体，提升产业稳定性和竞争力

分领域培育优质中药材市场主体，在厚植品牌基础、坚持标准引领等方面持续发力，全面促进中药产业从分散和比较分散向适度规模化、更加标准化和组织化生产转变与提升，建立产地加工规范和标准，指导药农进行合理有效的产地加工，推动产地加工规范化发展。加快中药材、饮片加工处理数字化、自动化设备研发，提高中药饮片生产智能制造水平。重点支持一批专精特新"小巨人"企业发展，以市场主体活力迸发有效激发和推动中药产业提级增效。

（三）健全监管体系，保障重点领域产品质量

深化中药审评审批制度改革，健全完善中药全链条、全生命周期的监管体系，深入推进具有中国特色的中药科学监管体系建设。加强全过程管控，持续优化监管节点，提升监控效率，扩大监管覆盖范围，建立中药饮片全链条溯源体系，上下延伸产业全程可追溯，逐步覆盖药材种植、炮制、仓储、物流、调剂使用的全过程质量保障体系，为优质饮片提供产品证明，让消费者获得更为安全可靠、质量稳定可控的饮片和放心的消费体验。

（四）加强政策引领，规范市场良性竞争发展

多部门协同，出台更多破除阻碍或制约经济循环关键堵点的政策，建立和实现中药材统一大市场，让中药材进入良性的发展周期。加快建设中药材战略储备库，打造中医药指数发布平台，加强金融服务支持。出台遏制游资恶意炒作中药材价格相关政策，维护药材市场正常秩序，保障产业健康有序发展，维护从业者、消费者利益。加快推进"全国中药饮片炮制规范"编制，逐步统一饮片炮制标准，打破市场流通壁垒，加快推进饮片产业的良性发展。

（五）科学编制产业发展规划，实现区域产业布局优化

科学编制区域产业发展规划，精准布局中药材种植。着力化解中药材种植规模、

产量增长与药材质量、疗效的深层矛盾。引导广大药农摆脱"跟风追涨"思想，从源头疏缓和解决盲目扩大热门种植规模，最终结果都以供过于求带来价格惨烈下滑的问题。把握我国农业供给侧结构性改革契机，推广中药材集中种植、集中管理、集中采收，进而实现统筹管理、合理布局，统一推广现代化、机械化的种植方式，有效提高种植效率。加快道地药材生产基地建设，将中药材生产由重规模求数量的发展模式引导转变为重质量求效益的发展方向。

第二节　中药材种植养殖业发展现状与方向

中药材种植养殖业是通过人工培育来获得中药材产品的生产活动，是保障中医药事业健康发展的源头产业。"十三五"以来，系列政策发布实施，中药材种植养殖业站上风口，实现了产业的振兴发展，为国民提供了源源不断的优质药材，为老百姓"安全有效用中药"提供了源头保障。当前，我国中医药事业和产业进入了新发展阶段，挑战和机遇并存。本节通过对中药材种植养殖业发展机遇、进展和存在的问题进行概述，提出建议，展望未来，为产业的进一步发展提供参考。

一　发展的机遇

（一）政策的持续利好带动产业发展

随着国民健康素养的提升以及健康环境的变化，党和政府更加重视中医药在加快推进健康中国建设和服务群众健康方面的重要作用。中药材是中医药事业与大健康服务业发展的基础，地位尤为突出。近年来，《国务院关于扶持和促进中医药事业发展的若干意见》《中共中央 国务院关于促进中医药传承创新发展的意见》《食品药品监管总局等部门关于进一步加强中药材管理的通知》《国家医疗保障局 国家中医药管理局关于医保支持中医药传承创新发展的指导意见》《全国道地药材生产基地建设规划（2018~2025年）》《"十四五"中医药发展规划》等政策与文件陆续出台，对中医药事业发展有着极大的促进作用，并持续带动中药材种植养殖业规范化、规模化与产业化发展，可以预见未来几年中药材种植养殖业将迎来重大发展机遇。中药材种植养殖产业发展进展与展望构架如图1-1所示。

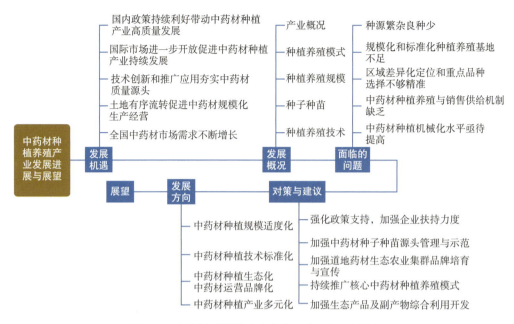

图 1-1　中药材种植养殖产业发展进展与展望构架

（二）市场进一步开放促进需求提升

1. 国内市场需求增长

随着人民生活水平逐步提高、人口老龄化加剧及医保不断完善，大众对中医中药的认同度进一步提升，对中医药治疗药物及养生保健品的需求量日益增加。[①]2019年我国中药材市场成交额达 1653 亿元，2016~2019 年年均复合增长率为 10.38%。2020 年，全国中药材市场成交额为 1664 亿元，2021 年为 1916 亿元，2022 年为 1911 亿元。中药材从医疗领域向精深加工、"药食一体"等领域扩展，市场前景广阔。

2. 国际市场持续拓展

我国中医药发展历史悠久，被列入世界文化遗产。随着我国在国际上影响力的不断增强，中医药也逐渐被世界各国所认知。新冠疫情让全世界重新认识了中医药，并使其受到世界卫生组织（WHO）的高度重视，为中药产业的发展开拓了新的空间。世界各国逐步放宽了对中医药的限制和干预，为中药作为治疗药物进入国际市场打开了大门。据 WHO 统计，全世界有近 40 亿人在使用植物药治疗疾病，快速增长的国

---

① 李红艳：《基于新冠肺炎疫情防控的中药材发展研究》，《智慧农业导刊》2022 年第 13 期。

际需求为中药产业的发展提供了新的机遇，也为中药材种植养殖产业的持续发展提供了动力。

（三）技术创新为从源头进行质量控制夯实了基础

中药产业的高质量发展与技术创新发展水平息息相关。在加快推进中医药现代化与产业化国家策略的指引下，行业企业与高校、科研机构加强合作，并建立中药材重点实验室、创新驿站、院士工作站等平台，产学研协同开展中药材新品种选育、种子种苗繁育、新兴种植技术、产后加工等环节联合攻关，加强连作障碍、绿色防控等技术研究试验。中药材种植创新技术和推广应用从良种繁育、生态种植、专用农药、加工技术和追溯体系等多方面逐渐应用，中药材种植产业总体向规模化、规范化发展，中药材及饮片质量逐年向好。

（四）土地有序流转促进规模化生产

我国中药材生产技术低、主体多、规模小，是制约种植标准化、专业化的重要瓶颈。随着中药材种植产业助推乡村振兴战略的持续推进，地方政府引导中药材传统种植区有序流转土地承包经营权，支持多种形式的适度规模经营，部分品种的种植已基本实现了土地集约化、规模化、机械化、标准化生产经营，建立了标准化、现代化、规模化的园区和生产基地，有效降低了机耕费、肥料费、农药费等种植成本，大大提高了土地产出效益，实现了中药材规模化生产经营。

二　发展规划

《全国道地药材生产基地建设规划（2018~2025 年）》由农业农村部、国家药品监督管理局和国家中医药管理局共同印发，对 150 余种道地药材进行了 7 大道地药材产区分布规划，明确了道地药材发展方向；预计到 2025 年，全国将建成道地药材生产基地总面积 2500 万亩以上。其中，东北产区是关药主产区，其中人参、鹿茸、辽细辛、关龙胆等药材为该产区道地药材，总规划面积为 140 万亩；华北产区是北药主产区，其中黄芩、甘草、黄芪、款冬花等药材为该产区道地药材，总规划面积为 180 万亩；华东产区是浙药、江南药、淮药等主产区，主产浙贝母、温郁金、杭麦冬等多种知名道地药材，总规划面积为 280 万亩；华中产区是怀药、蕲药等主产区，该区域优势道地药材品种主要有怀山药、怀地黄、怀牛膝、怀菊花等，总规划面积为 430 万亩；华南产区是南药主产区，该产区出产阳春砂、新会陈皮、化橘红等多种道地药材，总规划面积为 160 万亩；西南产区是川药、贵药、云药主产区，出产川贝母、厚朴、黄连、川芎等多种药材，总规划面积为 670 万亩；西北产区是秦药、藏药、维药主产区，该区域优势道地药材品种主要有当归、大黄、纹党参、枸杞、肉苁蓉、锁阳等，总规划面积为 800 万亩。除已规划的品种外，我国可人工栽培的中药材品种高达 300 多种。

三 发展概况

（一）产业概况

我国中药材资源丰富，人工种植养殖极不均衡。据《全国中药材生产统计报告（2020）》，全国中药材种植总面积为 8939 万亩。从区域分布上看，在华中地区、西南地区以及华南地区更为丰富。受疫情影响，全球性通货膨胀加剧，国内中药材产能与进出口形势发生变化。从全国中药材综合 200 价格指数看，自 2019 年以来表现坚挺上行。2021 年全年度报收于 2710.04 点，同比上涨 10.29%；至 2022 年 9 月末报收于 2744.14，同比上涨 6.00%。2021 年中药材整体产能达到 432.10 万吨（见图 1-2），较 2020 年下降 6.81%，中药材生产已连续 3 年回落，但整体产能过剩情况未有效改善。

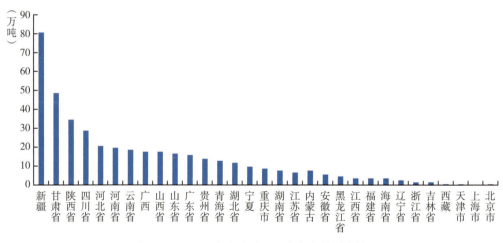

图 1-2　2021 年各省（区、市）中药材产能

资料来源：天地云图大数据。

随着人口老龄化、健康消费升级推动产业链延伸，药食同源、保健食品等大健康领域衍生品不断涌现。以中药为原材料或添加中药原材料制成的大健康衍生品极具潜力，相关中药材的种植业未来可期。近5年，新资源食品人参（人工种植）产业产量、需求量较大，但价格总体平稳。但同为五加科的三七进入新资源食品频繁受阻，需求量难以有实际性的突破（见图1-3）。

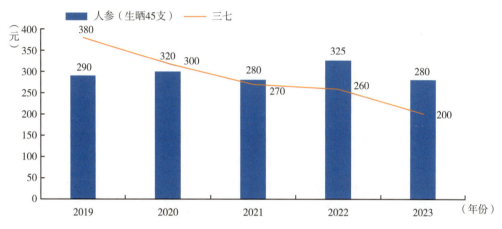

图1-3　2019~2023年新资源食品中药材市场行情走势

资料来源：中药材天地网。

（二）种植养殖模式

我国中药材种植养殖模式多种多样。近年来，在传统模式的基础上提出了不少新理念，产生了多种种植模式。按照传统、现代及新兴理念可以将中药材种植模式划分为三类。一是基于作物布局的传统中药材种植模式，包括单一种植模式，如单作和连作，还包括多样性种植模式，如混作、间作、套作和轮作，其中间作包括林药间作、农药间作、果药间作和药药间作4种。二是基于现代化技术（人工干预程度）的中药材种植模式，包括无土栽培、露地栽培、设施栽培、仿野生和半野生栽培以及野生抚育。三是基于新兴理念的中药材种植模式，包括规范化种植模式、绿色种植模式、有机种植模式、生态种植模式、定向培育模式等。目前，我国中药材种植模式种类繁多，但仍以传统种植模式为主，部分种植模式概念存在含混、缺乏系统化梳理等问题。动物药的养殖模式可以分为三种。一是传统的农家庭院的小规模养殖，如中药材蜂蜜、土鳖虫、金钱白花蛇等。二是仿野生养殖，如全蝎、蟾蜍、鳖甲。三是工厂化规范化养殖，如中药材鹿茸、阿胶、地龙等。依据全国各地气候及地形特征开展摸索各种种植养殖模式、比较优劣以及意义并制定中药材种植养殖模式区划，对我国中药材种植养殖产业发展具有重要意义。

（三）种植养殖规模

2012~2021 年，我国中药材种植面积逐年增加（见图1-4）。国家中药材产业技术体系的数据显示，全国各地中药材种植规模差异较大，云南省中药材种植面积达872 万亩，居全国第一位；贵州省中药材种植面积达 773 万亩，居全国第二位；其他省份种植面积在 100 万～600 万亩。全国中药材种植面积约为9000 万亩。第四次全国中药资源普查已汇总 730 余种种植中药材的信息，整体种植热度多年未减，面积持续较快增长。对《中国药典》2020 年版正文收载的 98 种药用动物进行分析，梅花鹿、马鹿、鳖、蛤蚧等品种养殖技术较为成熟，规模较大。而九香虫、玳瑁、赛加羚羊等品种还在试养阶段，养殖技术落后，规模较小。部分品种属于《国家重点保护野生动物名录》管制级别、《中国濒危动物红皮书》濒危级别，故养殖发展缓慢。总体而言，中药材种植养殖规模为满足日益增长的市场需求以及提供源源不断的优质中药材奠定了良好的基础。

图1-4　2012~2021 年我国中药材种植面积

（四）种子种苗

种子种苗是中药材生产的前提与基础，开展中药材优良品种选育与种子种苗繁育基地建设有利于保障优质中药材的生产。我国中药材新品种的选育在近十多年飞速发展，2012~2023 年中药材新品种的种类从 10 多种发展到 131 种，新品种数量多达 687 个，良种繁育体系初具规模，种业发展不断提速。企业及科研单位在我国西南、东北等地区的 20 个省份布局建设了 28 个中药材种子种苗繁育基地，子基地合计近 180 个，中药材种子种苗繁育基地建成面积累计近 7 万亩。我国中药材种子种苗繁育试验研究处于农业成熟技术基础上的系统摸索阶段，种子生产专业化、加工机械化、质量标准化、品种布局区域化逐渐形成，目前种子种苗繁育多采用传统育苗方法，设施育苗与无土育苗也有少量应用。为满足高速发展的中药材种植养殖业对大量优质种苗和优良品种的需求，高生产率、全自动化的现代化工厂育苗育种技术急需在实际生产中大力推广，提升科技对中药材新品种育种、种苗繁育的贡献度，改变大部分中药还未实现科学育种的现状。

（五）种植养殖技术

中药材种植养殖产业的健康发展关系中医药事业的发展，是中医药事业发展的重要环节，采用何种种植养殖技术决定了中药材种植养殖产业的发展前景，也在很大程度上决定了其产出中药材的品质与应用发展前景。随着我国经济的发展，中药材种植养殖业快速发展，涌现了一大批中药材种植企业、合作社与种植大户，生产和研发出大量的药材，对促进社会经济和特色农业种植业发展起到了十分重要的作用。新兴中药材种植技术，如组培快速繁育、大棚喷灌滴灌、林下种植、仿野生栽培等在近 10 年有了长足进步，快速提高了中药材的种植效率。但是从实际发展情况来看，我国中药材种植养殖技术方面还存在一系列问题。一是盲目引种驯化。由于气候及环境因素的综合影响，非适宜产区产出药材品质较低，与道地药材性状相比差异巨大。[1]盲目引种驯化容易导致药材发生移植异化，大大降低药材品质，影响其产出的经济价值，也会严重冲击中药临床疗效。二是种子种苗问题突出。我国药材种业的商业化育种正处于萌芽阶段，新品种的选育、生产、繁育、加工、销售等环节的专业化水平不高，药农生产用种或是由野生品种直接采种，或是由市场购入。这些种子种苗很多都是未经良种选育的地方品种，加上市场上很容易出现伪劣、以次充好、以陈充新的现象，使种子种苗问题突出。三是科学化种植养殖技术缺乏。我国市场流通的中药材一大部

---

① 景龙：《中药材规范化种植的现状与前景探析》，《农业灾害研究》2021 年第 9 期。

分来源于种植散户及合作社，大部分种植户没有经过系统化培训，也没有学习专业的中药材知识，存在管理中过度使用农药、除草剂，采收操作粗放、不规范等现象，产出中药材可能存在农药残留、重金属超标、药效成分含量低等风险。

四　面临的问题

（一）种源繁杂良种少

我国中药材种业正处于"种子生产专业化、加工机械化、质量标准化、品种布局区域化，以县为单位组织统一供种"的初期，中药材种子种苗标准化程度低。目前，可人工栽培的中药材品种中，近十年选育新品种共 687 个，排名靠前的药材分别是石斛、灵芝、金银花、黄精、枸杞子、菊花、丹参、紫苏、地黄、瓜蒌等，绝大部分品种尚未开展科学育种。各栽培地野生种、栽培种、地方类型、生态类型、化学类型相互混杂，仅少数品种实现了主栽品种和区域化的大面积推广，如贵州的石斛、宁夏枸杞以及云南三七、川芎、川贝母、杜仲等。[1] 与农作物相比，中药材种子种苗商品化率不足 10%，已有大宗药材品种仅能满足繁育基地所需，发展规模和覆盖区域远不能满足行业发展的需要。目前，各企业、合作社及种植大户所需种子种苗基本处于自繁自用状况，市售种子种苗大多数缺乏严格审核，种不对种的情况时有发生，至今种业育繁推一体化协同体系还未形成，[2] 其结果难免会造成中药材品种、品质与药效差异。目前，动物在养殖过程中近亲繁殖现象突出，带来种群退化、种群数量不稳定等问题。

（二）规模化和标准化种植养殖基地不足

现阶段，我国中药材种植养殖基地的建设已经逐步规范化，发展出了一批中药材规模化和标准化种植养殖基地，其中规模化与标准化种植品种呈现递增趋势，约占我国种植品种的 20%。但由于起步较晚，在发展过程中出现了一些问题。一是合作与管理比较松散。一些中药材种植企业或合作社与药农之间的合作流于形式，管理松散，形成的一系列规程只是体现在书面上，并无实施，药农种植中药材能否盈利在一定程

---

① 李萍：《中药材规范化种植现状与前景探究》，《南方农业》2020 年第 15 期。
② 康传志、吕朝耕、黄璐琦等：《基于系统层次的常见中药材生态种植模式及其配套技术》，《中国中药杂志》2020 年第 9 期。

度上依靠市场，导致其收入不稳定，无法实现利益的共享与风险的共担。二是种植养殖规模小且分散。我国现阶段规模化与标准化种植养殖品种逐年增加，但大部分品种的种植规模较小，不同药农种植的同一品种，由于土地地域限制，种植较为分散，难以达到统一管理的标准。三是中药材基地科研投入及创新不足。中药材种植基地建设对于土壤、选育、田间管理及采收等方面均有着较高的要求。目前，中药材基地科研人才培养、资金投入及创新发展模式落后，中药材标准化种植养殖基地的流程管理工作难以贯彻落实。①

（三）区域差异化定位和重点品种选择不够精准

我国各地立足资源禀赋，初步形成了"四大怀药""浙八味""川药""关药""秦药"等道地药材优势产区。按照《全国道地药材生产基地建设规划（2018~2025 年）》要求，各地正在进行重点品种的选择与实施。由于地区差异及个人、集体组织管理水平差异，在品种细化及选择上存在局限，各地中药材生产和布局仍然存在一定的盲目性。盲目引种和扩充产区，非道地产区生产道地药材现象层出不穷。道地药材生产布局、细化方案、品种引导及宣传工作等方面还存在不同地区差异化定位和重点品种选择不够精准的问题。

（四）中药材种植养殖与销售供给机制缺乏

我国中药材种植养殖产业存在重规模求速度、田间管理较为粗放的现象，在种植、深加工和销售等方面缺乏农民专业合作组织支持，缺少龙头企业带动，且普遍存在供需信息交流不畅、供需错位问题，跟不上市场需求的步伐，导致跟风种植养殖现象严重，价格起伏幅度过大，其根本原因在于没有摆脱传统的小农生产方式，集约化程度低，缺乏权威统一的信息发布渠道和长期的利益供给机制。

（五）中药材种植机械化水平亟待提高

我国山地、林下药材发展迅速，生产面积超过中药材生产面积的 60%。然而，山地药材机械严重缺乏，很多机械都属于空白，致使生产成本居高不下，生产效率低下。经过对全国各省（区、市）135 个中药材种植规范基地进行统计，其平均机械化率仅为 16.87%，种植、田间管理、收获及初加工环节的机械化水平分别为 18.48%、

---

① 胡丽、张文生、张占军：《供应链管理体系下中药材种植企业发展模式探讨》，《中国现代中药》2007年第 8 期。

22.24%、14.52%、13.78%（见图1-5），统计结果远远低于农作物耕种收综合机械化率及主要粮食作物耕种收综合机械化率。[1]

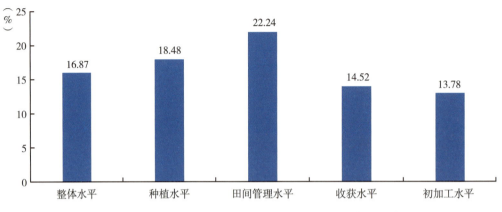

图1-5　2018~2022年我国中药材种植产业平均机械化率

五　对策与建议

（一）强化政策支持

强化财政政策和资金支持，加大对中药材产业发展的扶持力度。一方面，加大公共财政专项资金投入，支持中药材产业快速发展，重点支持良种繁育、标准化种植养殖基地建设、生态种植养殖等环节；另一方面，建立从国家级到省级相关部门的协调工作机制，发挥好产业工作专班和专家组作用，紧盯重要工作、重点任务、重大项目的实施，推动产业快速发展。

（二）加大企业扶持力度

通过内培外引相结合，快速做大产业发展的龙头。一是加大中药材龙头企业扶持力度。通过政策引导，集聚优势资源，加快改革，优化内部组织结构，鼓励企业多渠道做大做强，提高核心竞争力。二是积极引进行业领军企业。主动对重点区域积极开展精准招商对接，引进一批附加值高、带动力强的重大项目，引进先进生产技术与理念，生产、销售、加工各个环节分类精细化管理，并发展一批基础较好的相关配套企业。

---

[1]　万修福、王升、康传志等：《"十四五"期间中药材产业趋势与发展建议》，《中国中药杂志》2022年第5期。

（三）加强中药材种子种苗源头管理与示范

种子种苗是中药材种植产业发展的源头与动力。通过实施"道地药材生态种植及质量保障"项目，支持各省份开展道地药材良种繁育基地建设，根据当地优势品种开展科学研究、转化应用等工作，从源头上保障优质种苗供应。按照《"十四五"现代种业提升工程建设规划》《全国道地药材生产基地建设规划（2018~2025年）》等有关要求，加强道地药材种子基地建设，积极推进中药材新品种选育、良种繁育和技术推广等工作，促进重要中药材种子标准化生产。

（四）生态农业集群品牌培育与宣传

品牌是一个企业、区域乃至国家竞争实力和发展潜力的集中体现。加强道地药材生态农业品牌的培育和宣传，一方面可以保障中药材种子种苗、规范化种植、产品加工等重要环节的程序化实施和产品的稳定可控，同时品牌自身将极大促进经济发展，也是目前中药行业推进供给侧结构性改革的重要战略举措。企业依靠品牌效应，进一步促进相关产业集群的发展，有助于实现产业集群内部资源合理配置和有序竞争，进一步提升产业集群核心竞争力。

（五）推广核心中药材种植养殖模式

我国中药材种植模式繁多，但生态种植持续发展，且整体经济效益十分显著。按照2019年《中共中央 国务院关于促进中医药传承创新发展的意见》要求持续推广中药材生态种植。一是进一步健全生态种植优惠政策，重点关注与优先支持发展生态种植。二是加大生态种植宣传教育力度，让更多的中药农业管理者、经营者和消费者看到发展中药生态种植的优势和重大成果。三是鼓励种植大户、合作社及企业开展示范推广，在中药材适生区示范成熟的中药材生态种植模式和配套技术，改变传统认为生态种植难度大、收益低的落后认识与思维。

（六）生态产品及副产物综合利用开发

中药材是具有中国特色的生态产品，在提升药农收入、涵养水源、保护环境、传承中医药文化与种植技术、维护生命健康等方面发挥着不可替代的作用。[①] 立足

---

① 王福、陈士林、刘友平等：《我国中药材种植产业进展与展望》，《中国现代中药》2023年第6期。

生态优势、基于中药材生态种植的良好势头，大力进行生态产品及其副产物的综合利用开发，是对 2021 年中共中央办公厅、国务院办公厅印发的《关于建立健全生态产品价值实现机制的意见》的良好实践，也是协同推进生态友好和高质量发展的重要手段，在加深产业深度增加经济效益的同时，也对推动经济社会发展全面绿色转型具有重要意义。

六　发展的方向

（一）规模适度化

依据我国各地区地形特征，分区适度规模化发展，推广中药材适度规模化便于中药材集中种植、集中管理、集中采收，可以提高中药材成品质量。应逐步采用合作社、种植大户及公司承包土地等形式将零散土地与零散种植品种集中起来，同时避免大面积土地流转，进而实现统筹管理、合理布局，统一使用现代化、机械化的种植方式，有效提高种植效率。通过实现集中生产，促进种植过程中的统一管理，按照生产要求，统一种子种苗和田间管理采收。实现主体经营单位建立生产有规范、来源可追溯、去向可查证的中药材质量追溯体系，进一步提升中药材质量，保障中药材的安全、有效、稳定、可控。

（二）技术标准化

推动道地药材主产区规模化种植基地规范化种植技术，加强主体单位机械化生产、优良品种育种、种苗繁育、病虫害防治等卡脖子关键技术突破，夯实技术基础，形成标准流程，服务于实际生产。助推种植散户、合作社、家庭农场依靠科学技术，宣传教育科学种药，普及新型理念和种植技术的种植模式，全方面提升我国中药材种植技术。

（三）种植生态化

加大宣传教育力度，促进中药材种植生态化，欠发达地区应用林下种植、拟境栽培、野生抚育等生态种植模式，在森林、草原、宜林荒山、荒地、荒滩、退耕还林地等区域开展林草中药材生态种植，成为中药材生产的核心模式，实现生态效益与经济效益双赢。

（四）运营品牌化

品牌化对于中药材种植产业发展意义重大，是解决目前我国中药材生产供给侧结构性改革难题的重要抓手。在目前全球经济竞争白热化、行业快速更迭的背景下，企业应加强道地药材生态农业品牌的培育并做大做强，充分参考大农业种业的发展经验，打造"品种布局道地化、种子种苗生产专业化、管理标准化、种植模式生态化、采收加工机械化"的品牌中药材种植业。

（五）产业多元化

探索"中药材＋旅游、中药材＋养生体验、中药材＋种植园游、中药材＋文化科普、中药材＋购物"等多种经营模式，拓宽中药材种植领域，把中药材种植、中药材科普、旅游度假、养生保健、中医体验、中医保健产品开发、中医文化宣传等融为一体，将中药材种植模式多元化。

七 展望

随着大健康产业的发展和乡村振兴战略的持续推进，中药材种植再次掀起了一阵浪潮，越来越多的种植大户、合作社、企业加入中药材种植行业中。道地药材主产区积极响应政府号召，快速布局重点品种与主攻方向，中药材种植面积逐年增加，但仍然面临种植区域不合理、技术相对落后、优质种子种苗缺乏、机械化水平低、标准化基地不足等一系列问题。针对地区差异化定位和重点品种选择不够精准的问题，各地政府、农业服务及科研单位也在不断宣传中药材种植的道地性，加强了中药材种植个体、合作社、企业与农业技术专家的一对一指导，大大减少了盲目引种及产地扩区所带来的经济损失。同时，由栽培技术落后而导致的病虫害盛行、农药残留、重金属超标、采收不应季、产量偏低等一系列问题，也随着"三下乡"、科技服务一对一、农民夜校、合作社培训及互联网的普及而逐年大大改善，在缺少销路的情况下，现阶段很少看到种植户单打独斗发展中药材种植，更多的是种植大户、合作社、企业的带动，在合同保障的前提下，种植户参与地方推广品种的种植，种植户的种植技术也在不断提升。而受限于优质种子种苗自产、自用、自销的特殊状况，种植户、合作社与企业产出的中药材难免会造成质量差异，大部分中药材的种子尚未从根源上统一。目前，中药材种业育繁推一体化协同体系还未形成，中药材种业发展滞后也引起了国家和各级政府的高度重视。在逐渐规范中药材种植中优质种子和品种的源头后，按照国家加快推进中医药现代化与产业化的重大战略，充分发挥高层政策引导作用，大力扶持龙头企业，构建道地药材生态农业龙头企业集群品牌，坚持走生态种植这条核心道路，逐渐由中药材种植高速增长步入高质量发展新阶段，不断追求生态效益与经济效益双赢，产出一批能够满足市场需求的高品质中药材生态产品。

未来几年，传统独家独院的中药材种植模式逐渐将成为过去，在总体良好的大政策环境下，道地药材区划、新兴种植模式与种植技术、优良种子种苗、规范农药管理、机械化等方面的快速发展将逐渐推动中药材种植产业向"规模化、标准化、生态化、品牌化、多元化"发展。

第三节　中药材产地加工业发展现状与方向

中药材产地加工是指在中医药理论指导下，对作为中药材来源的药用植物、动物、矿物进行的初步加工和后处理过程。产地加工是保证药材质量的源头工序，其主要方法包括拣、洗、漂、切片、去壳、蒸、煮、烫、熏硫、发汗以及干燥。产地加工有助于药材商品标准化，利于药材运输、贮藏和保管，同时还可以消除或降低药材的毒性、刺激性和副作用。药材经过产地加工后便于临床用药调剂和有效成分的煎出。中药材品种繁多，产地加工方法混乱、技术含量不高、缺乏统一标准、规模化程度低，监管困难，导致产地加工业正成为中药材产业链中的薄弱环节，制约产业发展。本节研讨产地加工存在的主要问题、面临的机遇和挑战，提出未来的发展方向。

一　发展的机遇

（一）系列政策为产业发展提供扎实基础

中药材产地加工是影响中药质量的重要因素之一，为保障中药质量的稳定，国家出台了一系列政策引领、推进和规范产业发展。《中华人民共和国中医药法》指出需要制定中药材种植养殖、采集、贮存和初加工的技术规范、标准，加强对中药材生产流通全过程的质量监督管理，保障中药材质量安全。2013 年，国家食品药品监督管理总局、农业部等部门印发《关于进一步加强中药材管理的通知》，要求各地要结合地产中药材的特点，加强对中药材产地初加工的管理，逐步实现初加工集中化、规范化、产业化。财政部每年在工业和信息化部部门预算中增加中药材扶持的专项资金，用于支持中药材生产基地建设，同时减免税收以支持中药材种植加工项目。此外，各省区市推进落实，如甘肃省印发了《甘肃省大宗地产中药材产地加工（趁鲜切制）工作方案》，江西省印发了《江西省规范中药材产地趁鲜切制工作指导意见（试行）》。系列政策为推动中药材生产加工的基地建设、规范产地加工流程以及推动产地加工和炮制一体化发展奠定了基础。

（二）行业亟须为产业发展提供内生动力

产地初加工是保证中药质量的关键所在。产地加工方法是否得当很大程度上决定着药材质量的高低。目前，中药材产地加工主要由药农或合作社进行。由于加工专业知识薄弱、技术方法参差不齐，还处于监管缺失环节，中药材产地加工不规范或不合理导致药材杂质含量过高、水分含量过大、掺伪掺杂、硫熏滥用等质量问题频发，还可能导致有毒的中药材毒性增加或无毒的中药材产生毒性等。

中医药服务国民健康事业，需要稳定药材质量支撑。通过提升中药材产地加工装备、加工技术和贮运管理水平，以主导品种为重点、以特色品种为补充，建立中药材产地加工中心，加强加工技术的研究，建立产地加工业内标准，以此提高和保证药材质量，保障人民用药安全。

（三）技术进步为产业发展提供便利条件

影响中药质量的各方面因素中，产地加工技术属于源头性因素。作为道地药材的关键因素，各地药农加工本地药材都有着自己独特的方法，具有很强的经验性。现代基于中药功效的物质基础研究，很多传统的加工方法得到了科学的诠释，药材加工方法向着科学合理的方向改进。现代生物技术和加工方法的融合发展为中药材产地加工技术快速发展提供了便利条件。以现代技术进步和应用促进药材产地加工逐渐实现规模化、产业化。如通过引进太阳能干燥法、微波干燥法、高压电场干燥法、气体射流冲击干燥法、远红外线加热干燥法等新型干燥方法，缩短传统晒干所需的时间，极大地提高了产地加工的效率，提高了药材质量，提升了经济效益。

二 面临的问题

（一）产地加工规范化不足

我国中药材产地加工各环节均存在不规范现象，如净制过程混入泥沙、杂物、非药用部位，水洗过程水质不洁。药材干燥方面，大部分均采用自然晒干的方法，未针对不同药材选择适宜的方法。切片环节，药材切片的形状、大小、厚度不符合炮制规范。药材生产场地、容器和加工设备清洁度不够，导致药材在加工过程中出现交叉污染。药材经产地加工后临时存放于未设置防晒或防雨棚，造成中药材淋雨、泡水，产生新污染、混入杂物等，严重影响药材质量。

（二）品种较少，规模化不高

1. 产地加工品种少规模小

我国常用中药材中，70% 左右的都需要进行产地加工[①]，但目前已建立产地加工标准的药材品种较少，2020 年版《中国药典》共收载可以趁鲜加工中药材 69 种，其中药材切片 29 种、药材切段 18 种、药材切块 3 种、药材切瓣 4 种、可选用多种切制方法加工的药材 11 个品种、药材去心 2 种、药材去粗皮 2 种（见表 1-1）。国家放开产地趁鲜加工后，各省（区、市）纷纷颁布了趁鲜加工品种（见表 1-2）。从全国标准信息公共服务平台以"产地加工""加工技术规程"为检索词，检索结果中以山西省、云南省、湖南省等地的标准居多，但品种单一。此外，中药材产地加工规范化基地和企业较少，产地加工多由药农通过"家庭小作坊"分散进行，加工规模小，加工方法乱，造成产地加工"散乱小"的局面，无法将中药材产地加工规模化。随着中医药事业的发展和大众对中药材需求量的提高，依靠传统的分散加工已不能满足市场需求，亟须建设中药材产地加工规范化集约化基地促进中药材产业发展。

---

① 周丽娟:《中药材的产地初加工技术》,《现代园艺》2021 年第 13 期。

表 1-1　2020 年版《中国药典》已公布的趁鲜加工中药材品种目录

加工方法（种）	品种
药材切片（29）	干姜、土茯苓、山奈、山楂、山药、川木通、三棵针、片姜黄、乌药、功劳木、地榆、皂角刺、鸡血藤、佛手、苦参、狗脊、粉萆薢、浙贝母、桑枝、菝葜、绵萆薢、葛根、紫苏梗、黄山药、竹茹、桂枝、狼毒、滇鸡血藤、附子
药材切段（18）	大血藤、小通草、肉苁蓉、青风藤、钩藤、高良姜、益母草、通草、桑寄生、黄藤、锁阳、槲寄生、颠茄草、野木瓜、广东紫珠、首乌藤、桃枝、铁皮石斛
药材切块（3）	何首乌、茯苓块、商陆
药材切瓣（4）	木瓜、化橘红、枳壳、枳实
药材切瓣或片、段、块（11）	丁公藤、大黄、天花粉、木香、白蔹、防己、两面针、虎杖、香橼、粉葛、大腹皮
药材去心（2）	远志、莲子
药材去粗皮（2）	苦楝皮、椿皮

表 1-2　截至 2023 年 11 月 28 日各省（区、市）已发布的产地趁鲜加工中药材品种目录

省份	发布品种
湖北	第一批：川牛膝、天麻、木瓜、白及、白茅根、陈皮、黄连； 第二批：百部、大黄、独活、杜仲、骨碎补、合欢皮、厚朴、黄柏、黄精、金樱子肉、桔梗、木香、青风藤、桑白皮、五加皮、玄参、重楼、灵芝
湖南	玉竹、黄精、茯苓、白术、厚朴、杜仲、枳壳（实）、栀子、白莲子、石菖蒲、陈皮、黄柏、荆芥、蕲蛇、蜈蚣
陕西	大黄、天麻、白及、丹参、西洋参、玄参、甘草、远志、茜草、苦参、苍术、延胡索、秦皮、秦艽、葛根、柴胡、黄连、黄柏、黄芩、黄芪、黄精、猪苓、淫羊藿、杜仲、厚朴、牡丹皮
广东	萹蓄、青蒿、豨莶草、谷精草、金钱草、卷柏、毛鸡骨草、委陵菜、积雪草、紫花地丁、鸡骨草、千里光、海藻、海风藤、木通、油松节、瓜蒌、藁本、白头翁、秦艽、防风、紫草、白薇、红景天、茜草、山豆根、威灵仙、龙胆、北豆根、仙茅、山慈菇、天冬、地龙、水牛角、海螵蛸、木芙蓉叶、猪苓、小蓟、鸭跖草、冬凌草、垂盆草、伸筋草、鹅不食草、地稔、薄荷、翻白草、昆布、肉桂、沉香、檀香、羌活、石菖蒲、玉竹、麻黄、香薷、降香、春柴胡、鱼腥草、马勃、车前草、桑寄生、紫苏叶、厚朴、杜仲、茯苓、续断、狼毒、玄参、雪上一枝蒿、甘遂、天南星、附子、白附子、草乌、川乌
广西	郁金、莪术、广山药、牛大力、天冬、肉桂、广金钱草、千斤拔、穿心莲、泽泻、巴戟天、百部、广藿香、白及、青蒿、肿节风、黄柏、金樱子肉、玉竹、黄花倒水莲、杜仲、姜黄、厚朴、灵芝、三叉苦
贵州	天麻、白及、黄精、灵芝、天冬、淫羊藿
内蒙古	第一批：黄芪、防风、苍术、桔梗、甘草； 第二批：肉苁蓉、苦参、黄芩、赤芍、板蓝根、北沙参、锁阳、牛膝、柴胡、蒲公英、益母草
吉林	第一批：人参、西洋参、鹿茸、天麻、苍术、淫羊藿、甘草、返魂草、虎眼万年青、桑黄； 第二批：灵芝、防风、板蓝根
浙江	第一批：莪术、金荞麦、白花蛇舌草、榧木、杜仲、芦根、三叶青、蛇六谷、无花果、玄参、温郁金、泽泻、天冬、香茶菜； 第二批：薄荷、赤芍、党参、当归、三七、黄芩
福建	铁皮石斛、巴戟天、黄精、灵芝、显齿蛇葡萄、荷叶、盐肤木、穿心莲、福建胡颓子叶、养心草、满山白、肿节风、福建山药、三叶青、绞股蓝、泽泻
江西	枳壳

续表

省份	发布品种
河南	第一批：丹参、柴胡、生地黄、桑白皮、山药、桔梗、白芷、黄芩、山楂、黄精、何首乌、皂角刺、牛膝、茯苓、天麻、杜仲、白芍、白术、紫苏梗； 第二批：半枝莲、白花蛇舌草、冬凌草、益母草、首乌藤、忍冬藤、板蓝根
重庆	第一批：川牛膝、党参、独活、杜仲、黄连、黄柏、木香、前胡、天麻、枳壳； 第二批：白芷、百部、陈皮、大黄、佛手、金荞麦、黄精、牡丹皮、桑白皮、枳实
安徽	白芍、白术、桔梗、知母、丹参、板蓝根、桑白皮、紫菀、射干、何首乌、天麻、灵芝、蒲公英、墨旱莲、马齿苋、半枝莲、白花蛇舌草、穿心莲、大蓟、藿香、马鞭草、佩兰、仙鹤草、紫苏、桑枝、杜仲
甘肃	当归、党参、黄芪、红芪、唐古特大黄、肉苁蓉、甘草、板蓝根、柴胡、车前草、地榆、独活、独一味（鲜制）、黄芩、蒲公英、淫羊藿、掌叶大黄（鲜制）、猪苓
天津	药材切片：知母、桔梗、白芍、白术、白芷、牡丹皮、苏木、当归、党参、黄芪、甘草、延胡索、苎麻根、丹参、三棱、柴胡、拳参、生地黄、西洋参、赤芍、黄芩、天花粉、郁金、莪术、槟榔、川牛膝、天麻、泽泻、前胡、川芎、苍术、人参、鹿角、山药； 药材切段：徐长卿、北沙参、荆芥、泽兰、忍冬藤、蒲公英、水蛭、牛膝、细辛、石斛、远志； 药材切丝：桑白皮； 药材切瓣：金樱子（除去毛、核）、川楝子； 药材切丝或片、段、块：茯神（块）、樟木（片、块）； 药材去心：巴戟天
云南	第一批：三七、天麻、重楼、白及； 第二批：桔梗、黄精、秦艽； 第三批：黄柏、石斛（金钗石斛）、石斛（鼓槌石斛）、石斛（流苏石斛）、干姜
山东	第一批： 药材切片：丹参、柴胡、生地黄、西洋参、拳参、赤芍、桔梗、白芷、黄芩、山楂、天花粉、山药、白芍、牡丹皮； 药材切段：北沙参、荆芥、泽兰、忍冬藤、徐长卿、水蛭、蒲公英、远志。 第二批： 药材切片：木瓜、百部、防风、香附、虎杖； 药材切片或段：玉竹； 药材切丝或块：瓜蒌； 药材切丝：荷叶； 药材切段：益母草
山西	黄芪、黄芩、党参、柴胡等重点道地中药材
新疆	板蓝根、甘草、肉苁蓉、新疆赤芍、锁阳、黄芪、丹参、黄芩、牛膝、防风、党参
辽宁	人参、西洋参、细辛、龙胆、鹿茸、泽兰、黄芪、黄精、玉竹
黑龙江	药材切片：刺五加、人参、西洋参、赤芍、白芍、黄精、黄芪、黄芩、板蓝根、防风、白鲜皮、草乌、地榆、苦参、柴胡、桔梗、党参、鹿茸、甘草、苍术、天麻、关黄柏、知母、北豆根、藁本、升麻、穿山龙； 药材切段：益母草、槲寄生、返魂草、紫苏梗、暴马丁香、蒲公英、车前草、威灵仙； 药材去心：远志、莲子； 药材切丝：关黄柏； 其他：五味子、金银花、车前子、紫苏子
宁夏	黄芪、党参、甘草、板蓝根
四川	天麻、枳壳、白芷、白芍、川芎、黄精、丹参、杜仲、厚朴、黄柏、姜黄

2. 产地加工缺乏统一标准

中药材产地加工各环节缺乏标准化，标准尚不明确统一。我国大多数中药材的产地加工环节是由药农分散进行的，药农对于采收时间把控不严、加工标准不统一、加工工序重复烦琐、加工方法不规范、对关键工序的掌握不足，造成中药材有效成分缺失、品质不稳定，并且不同产区的药农对同一药材所采取的产地加工方式没有统一标准，因此造成不同产区的药材质量参差不齐，给市场监管带来了很大难度。

（三）产地加工专业化不足

1. 产地加工人才少认知不足

我国中药材产地加工发展较为缓慢，严重缺乏专业化人才，从业人员对专业知识掌握不够全面。大多数中药材的产地加工是由药农根据流传已久的传统经验在家庭"小作坊"中进行的，加工场地简陋，设备简单，操作不规范，且绝大多数药农都未接受过系统的产地加工技术理论指导，缺乏对中药材和中药材产地加工的专业认知。

2. 专业队伍的培养培训不足

在中药产业链中，中药材产地加工常被归属于其他学科的附属环节，长期以来都没有严格区分中药材产地加工与中药炮制，虽然目前已有部分院校开设"中药材产地初加工"课程，但该课程实践性强，教学条件有限，传统教学方式很难将理论知识与实际情况相结合，学生对中药材产地加工的重要性把握不准确，导致能够从事中药材产地加工的人员专业知识不扎实，基础技能掌握不牢固，难以建设产地加工专业队伍。关于中药材产地加工的教材版本与职业教育匹配度较低，基本采用"中药材加工学"教材的各个版本，服务于中草药栽培与鉴定、中药炮制等专业，没有特定的专用教材，无法适配教学设定，且教材内容多较陈旧，难以培养符合社会需求的专业技术型人才。

3. 基础研究重视不够成果少

与其他学科相比，中药材产地加工的基础研究薄弱。对中药材产地加工的创新研究多在实验室条件下进行，研究样品量较小、采样方法不够科学、研究设备微型，不符合生产实际，难以在实际生产过程中得到优化验证，难以指导企业实际生产加工。机械化研究也多局限于对药材干燥工艺的优化设计，研究各种现代化的干燥技术。目前少有关于产地加工的方法和理论的专著，理论创新不足，而历版《中国药典》中也未明确中药材产地加工的技术参数，以文字描述为主，且加工方法多是遵循传统经验。对于产地加工方法的研究多局限于利用现代科学技术来证实或反驳传统加工经验，创新研究不足。

4. 技术落后，自动化程度不高

中药材生产过程环节众多，工序复杂。当前我国中药材生产过程机械化水平不高，"种管收加"综合水平约为 16.87%，产地加工环节的机械化水平最低，仅为 13.78%，与播种移栽、田间管理和收获环节相比差距较大。[1] 产地加工常用的方法为干燥、蒸煮以及发汗，加工还停留在传统手工加工阶段，由药农依照流传已久的传统经验来进行，大多都是在田间地头零散加工、日晒干燥，存在规模小、设备单一、条件简陋等问题；大型设备价格高、耗费大，大多药农不愿接受；少有对关键技术进行创新与突破，导致产地加工技术处于一种落后的状态。药材产地加工机械化、自动化进程亟待加快。

三　产地加工业的发展方向

（一）加快产业加工规范化进程

1. 建立加工规范和标准

随着中药材产业规模的不断扩大，产地加工也面临产业化发展的问题，亟须建立中药材产地加工的规范和标准，定制适宜于药材品种及产地的加工方法，对中药材产地加工理论进行深入研究。以产地加工的标准方法、通用技术、设备要求及贮藏包装运输为主要的规范内容，建立中药材产地加工管理规范与标准，形成科学的产地加工流程及标准。根据药材的实际情况进行分析，确定适合进行产地加工的品种和加工方法。道地产区需按照国家统一中药材产地加工规范对药材进行加工，保证中药材产地加工操作方法的区域内一致性和区域间差异性。

2. 推进产地加工标准化

要建立产地加工技术规程，确立药材的生长年限以及采收时期，避免因采收期的不同造成药材在成分含量上存在差异，导致药材质量不合格。要改进加工方法，吸取古籍本草中的优良产地加工方法，对其进行继承创新，针对不同类型的中药材和不同

---

① 郑志安：《中药材产地加工机械化的思考与实践》，《农机市场》2021 年第 2 期。

产地，建立适于药材品种及产地的加工方法和技术，保证药材产地加工统一标准，推动药材产地加工技术标准化发展。

（二）产地加工与炮制一体化发展

1. 建立产地加工与炮制一体化发展模式

"十三五"以来，国家行业重大项目"30种中药饮片产地加工与炮制一体化关键技术规范研究"实施，大力推动中药材产地加工与炮制一体化。与传统的产地加工和炮制分段处理相比较，中药材产地加工与炮制一体化技术能够有效地保存药材中的有效成分，省去产地加工和炮制过程的重复操作，缩短生产时间，既节约了成本，又提高了效益。将饮片厂直接建在药材种植集散地，引入大型设备，对药材集中加工，可以减少贮藏和运输过程中对药材造成不必要的损失和变质，既节省了时间和经费，又保障了中药饮片的质量，还能提高产业机械化、规模化程度，可以将产地加工和炮制纳入同一监管体系中，改善产地加工零散的状态。

2. 促进趁鲜加工与炮制协同发展

中药材趁鲜加工能有效解决加工工艺重复烦琐所导致的中药饮片有效成分流失等问题，既降低了药材因再次软化导致质量不合格的风险，又能达到优化生产环节、便于贮藏运输、降低成本、提升饮片质量的目的。为贯彻落实国家对中药材产地趁鲜加工工作的有关要求，保障中药饮片的质量，解决中药材加工过程中因"二次浸润"造成的成分流失和损耗的问题，应规范中药生产企业开展产地趁鲜加工，促进中药材产地趁鲜加工与炮制协同发展，保障中药安全、有效、稳定、可及，推动中医药产业高质量发展，确保人民用药安全。

（三）加快产业规模化集约化发展

中药材规范化、集约化种植越来越成熟，分散无序的小作坊加工模式已经不适用于当前产业的发展需要，集约化发展就成为产地加工业的必然和趋势。鼓励建立成规模的中药材种植企业或者农民专业合作社，支持具备质量管理条件的中药生产企业在种植规模较大、种植规范化程度较高和有产地加工传统的地区先行建设产地加工车间，同时健全完善产地加工企业质量管理和追溯体系，推动企业向中药材产地延伸产业链，打造规范化、规模化、集约化、产业化优质中药材生产基地，加快中药材产地加工业的机械化、自动化进程。

四　展望

中药材产地加工是影响中药材质量的关键环节。目前，中药材产地加工面临诸多问题，产地加工方法混乱、缺乏统一标准，规模化、集约化、专业化、机械化不足，产业发展受限。进一步提升中药材加工的效果，强化源头监管，建立中药材产地加工相关标准，规范产地加工各个环节，实现产地加工规模化、集约化发展，保障和提升中药材和中药饮片质量，还要做好以下几个方面的工作。

一是要高度重视产地加工队伍的专业化建设。对中药材产地加工人员引入从业准入限制，通过提高从业人员的素质与专业水平，从根本上改变目前产地加工人员良莠不齐和后继乏人的现状。

二是要加强产地加工基础研究和科学评价。通过研究，分析不同加工方法对中药材有效成分的影响，阐释各个加工环节对药材药效成分的作用，明确各个加工关键点，从加工效果、效率、成本等方面全盘考虑，确定最佳的加工方法和工艺技术路线。

三是要突出强调培育优质加工主体试点示范作用。多措并举，扶持较大规模中药材经营主体或中药材产区建设中药材产地加工企业，对其购置用于烘干、切片等中药材初加工机械设备，可按购置费用额进行一定的补助鼓励，实现在生产工艺控制、信息化程度及自动化方面的大提升。

第四节　中药饮片产业发展现状与方向

中药饮片作为中医药大健康产业链的中游部分，起到承上启下的关键作用。近年来，中药饮片市场飞速发展，规模有不断扩大之势。近 5 年来，中药饮片行业长期维持 20% 左右的高速增长，并且在医药工业各子行业中增速长期排名第一。[1] 随着先进技术在中医药领域的应用以及快消费时期的到来，各种新型中药饮片应运而生，如中药配方颗粒、中药破壁饮片、冻干饮片、定量压制饮片等。现阶段市场出现了以传统

---

[1] 初天哲、陈士林、刘友平等：《中药饮片发展进程及市场现状的分析与思考》，《环球中医药》2023 年第 3 期。

中药切制饮片（俗称中药饮片）为主流，以中药配方颗粒饮片为热点，中药破壁饮片迅速兴起的趋势。本节分析中药饮片产业发展现状与问题，提出建议，为中药饮片产业的可持续高质量发展提供参考。

一 产业概况

（一）相关法规标准

《中国药典》2010年版首次明确中药饮片的定义，即"药材经过炮制后直接用于中医临床或制剂生产的处方药品"，在《中国药典》2015年版和2020年版中明确了"制剂处方中的药味，均指饮片""药材凡经净制、切制或炮炙等处理后，均称为饮片"。作为中药产业的三大支柱之一，中药饮片的发展对我国中药产业具有重要的支撑地位。在国家政策大力扶持下，相继出台了中药饮片管理各环节的规章制度及法规标准（见表1-3），并加强医疗机构中药饮片管理，推进中药饮片行业规范化、标准化。

表 1-3 中药饮片行业相关规章制度及法规标准汇总

时间	部门	政策	内容
2003.12	国家食品药品监督管理局	《关于加强中药饮片包装监督管理的通知》	严格中药饮片包装材料、容器、标签及质量合格标志等
2004.10	国家食品药品监督管理局	《关于推进中药饮片等类别药品监督实施 GMP 工作的通知》	所有中药饮片生产企业必须在符合 GMP 条件下生产，各省市药监局负责辖区内中药饮片生产企业的 GMP 认证工作
2007.3	国家中医药管理局、卫生部	《医院中药饮片管理规范》	建立健全中药饮片采购、验收、保管、炮制等制度
2008.2	国家食品药品监督管理局	《关于加强中药饮片生产监督管理的通知》	未通过 GMP 认证中药饮片企业不得生产经营
2009	国务院	《关于扶持和促进中医药事业发展的若干意见》	将中药饮片纳入国家基本药物目录
2011.1	国家食品药品监督管理局、卫生部、国家中医药管理局	《关于加强中药饮片监督管理的通知》	加强对生产经营及医疗机构中药饮片的监管
2014.6	国家食品药品监督管理总局	《药品生产质量管理规范》补充配套文件	发布中药饮片质量管理规范附录

续表

时间	部门	政策	内容
2015.4	国务院办公厅	《中医药健康服务发展规划（2015~2020年）》	完善中药品种全过程追溯体系
2016.5	国家中医药管理局办公室、国家卫生计生委办公室	《全国医疗机构中药饮片管理专项检查方案》	不断完善医疗机构中药饮片管理的有效措施和长效机制
2018.4	国家药监局	《省级中药饮片炮制规范修订的技术指导原则》	规范省级中药饮片炮制规范的修订工作，增强中药饮片质量可控性
2018.8	国家药监局	《关于印发中药饮片质量集中整治工作方案的通知》	推进中药饮片炮制规范修订工作，严厉查处生产、流通等各环节违法违规行为
2020.1	国家药监局	《关于省级中药饮片炮制规范备案程序及要求的通知》	省级药品监督管理部门需制定中药饮片炮制规范并报国务院药监部门备案
2020.2	国家药监局	《中药饮片专项整治工作方案》	检查中药饮片和制剂生产经营使用单位违法违规行为
2022.8	国家市场监督管理总局	《药品网络销售监督管理办法》	企业销售其生产的中药饮片，应当履行药品上市许可持有人相关义务
2022.9	国家药监局	《关于鼓励企业和社会第三方参与中药标准制定修订工作有关事项的通知》	鼓励企业和社会第三方对中药饮片炮制规范提出合理的制定修订意见和建议
2022.12	国家药监局	《国家药监局关于实施〈国家中药饮片炮制规范〉有关事项的公告》	制定国家炮制规范，规范中药饮片标准管理，中药饮片按规范生产经营销售
2023.7	国家药监局	《中药饮片标签管理规定》	进一步规范中药饮片标签的管理

（二）饮片质量现状

中药饮片的炮制过程是保证其质量最关键的步骤，以前的中药饮片管理体系混乱，没有明确的炮制规范，经常存在混伪替代、掺伪、染色、增重、含量不达标、有害残留等问题，比如红糖替代蜂蜜、黄土替代灶心土、远志未抽木心、厚朴未"发汗"等。《中医药健康服务发展规划（2015~2020年）》中提出要完善中药品种全过程追溯体系，从药材的种植、加工到储存、销售全过程实现来源可查、去向可追、责任可究，提供更多安全可靠、质量稳定的中药饮片。《中国药典》2020年版新增品种（包括中药饮片在内）319种，修订3177种，同时规范饮片的炮制方法及质量控制指标。

2015~2022年全国药品质量抽验检测表明，中药饮片合格率从75%增加至96%（见图1-6），饮片合格率逐年向好。

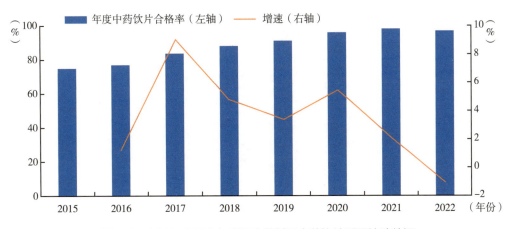

图1-6　2015~2022年我国中药材和中药饮片质量抽验数据

资料来源：中国食品药品检定研究院。

（三）饮片市场概况

1. 饮片市场规模

（1）企业规模

随着中医药发展战略的推进以及扶持政策的相继出台，中药饮片行业发展势头良好，市场规模不断扩大，已经进入快速发展新时期。现阶段中药饮片企业群组仍是"微小企业占据大数量，龙头企业占据大市场"的状态。至2024年3月，全国各省（区、市）从事中药饮片生产的企业达4142家，较2015年的1006家增长3.12倍，但大型企业仅占4.13%，微小型企业占比较高，约占89.38%（见图1-7）；从事中药饮片的经营企业近30万家，占中药经营企业的30.54%，其中大型销售企业只有1240家，占比0.42%（见图1-8）。

（2）市场规模

随着生产经营企业数量不断增多，规模不断扩大，中药饮片市场规模也在不断扩大。数据显示，2015~2019年我国中药饮片市场主营业务收入由1699.94亿元增至1932.50亿元。虽然2020年受新冠疫情影响降至1782.00亿元，但新冠疫情只是短暂地影响了中药饮片市场，随着中医药"三药三方"等中药处方在新冠临床治疗使用中

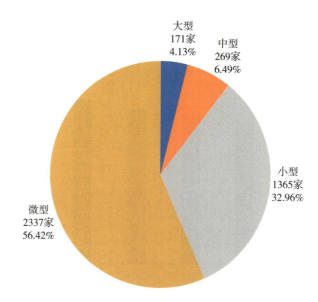

图1-7　中药饮片生产企业情况

资料来源：企查查。

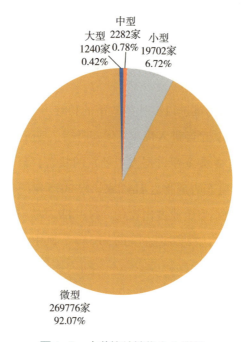

图1-8　中药饮片销售企业情况

资料来源：企查查。

贡献突出，中医药迎来了新一波热潮，同时给中药饮片行业带来了新的机遇。截至
2022 年我国中药饮片市场规模达到 2170.1 亿元（见图 1-9）。

图 1-9   2015~2022 年我国中药饮片市场主营业务收入及增长率

资料来源：中药饮片加工行业报告。

2. 饮片销售情况

（1）公立医院饮片销售情况

2017 年 9 月，国家提出公立医院非中药饮片"零差率"销售政策，中药饮片严
格按照进价顺加不超 25% 销售，大幅提高了中药饮片临床使用率，中药饮片销量上
升。2019 年中共中央、国务院发布的《关于促进中医药传承创新发展的意见》提出开
始逐步取消中药饮片加成，可能会降低中药饮片的使用率，不利于其发展。然而，随
着国家政策的大力扶持，中药饮片质量提升，标准体系逐步完善，临床使用情况持续
向优，市场规模一直在稳步发展，2022 年中药饮片销售终端数据显示，综合医院和中
医医院占比 48%，占据了中药饮片销售的半壁江山。

（2）零售药店饮片销售情况

2015~2017 年，中药饮片市场逐年扩容，零售药店销售额也剧增，2017 年增长
率达到 10.12%。但由于后来相继发布的中药饮片专项整治、零售药店分级管理等政
策，2017~2020 年的中药饮片的零售市场持续下跌，至 2021 年才有所回暖，增长率达
6.64%（见图 1-10）。2021 年国家卫健委公示 86 种药食同源的中药名单，在大健康
产业背景下，未来中药饮片市场有望进一步提速。

图1-10　2015~2023年中药饮片零售市场规模及增长率

资料来源：智研咨询。

二　主要问题

（一）生产原料来源混乱

由于环境、种源、种植技术、采收加工等源头种植管理方式不同，不同产地的中药材质量良莠不齐，进而极大地影响了中药饮片的质量。同时，中药材种植、饮片加工、产品生产、市场销售管理归口不同，市场监管难度大，流通链条长，都导致中药饮片质量安全无保障。例如，道地药材异地种植后回流至老产地，被贴上"道地药材"的标签再流入市场，导致源头失真。近年来，国家针对生产原料来源混乱问题出台多项相关政策，例如成立中药（材）采购联盟、完善中药饮片质量追溯体系等，以期从源头控制中药材质量。但由于种类多、范围广、环节复杂，全面完善中药饮片质量追溯不是一朝一夕的事情，仍需加大力度积极推进。

（二）生产工艺不规范

中药饮片合格率逐年升高，但相对于其他药品合格率仍有较大差距，主要问题在于饮片的加工生产。中药饮片的生产主要分为产地初加工和加工后炮制两部分。产地初加工是中药材采收后药材加工的基础阶段，药典中规定了64种允许产地初加工的品种目录，但由于缺乏明确的规范要求，对初加工标准的界定比较模糊。而大部分中药材属于农副产品，加工成饮片后属于药材，监管主体模糊，监管难度大，导致出现卫生标准不合规、加工标准不统一、产品质量不合格等问题。传统的饮片炮制技术工艺复杂、成本高，前期又没有明确的规范，具有较强的主观性和经验性，导致饮片炮制条件差、工艺粗劣，极大地影响了饮片质量。规范饮片炮制标准，提升中药饮片质量，成为亟待解决的问题。

（三）生产规模化程度不高

截至 2020 年，中药饮片生产企业约为 2500 家，占药品总生产企业的 26%，企业准入门槛低，但龙头企业市场占有率不足 5%，产业集中度低。中药炮制过程复杂，不同药材加工生产方式各不相同，所用原辅料和仪器设备也不同，但有些中小企业生产中药饮片品规可达上千。且现阶段大多数生产企业仍沿用作坊模式，生产设备不配套、卫生管理制度不完善，整体产业化水平低，导致企业单个品种产量小、成本高，品种驳杂，难以保证质量。国家通过对饮片生产企业的 GMP 认证，在一定程度上改善了饮片的生产环境，但目前多数饮片企业仍具有规模小、产业散、品类杂的特点，阻碍了饮片生产规范化、规模化、专业化发展。

三　发展方向

（一）配方颗粒

配方颗粒是由单味中药饮片经水提、分离、浓缩、干燥、制粒而成的颗粒，在中医药理论指导下，按照中医临床处方调配后，供患者冲服使用。配方颗粒饮片在疾病治疗方面，可以明显改善患者的临床症状，较中药饮片表现出相同或更好的治疗作用。相比之下，配方颗粒更便捷，有更好的患者顺应性及生活质量评价，具有很高的应用价值。

1. 配方颗粒市场政策

配方颗粒饮片的发展大概可分为三个阶段，分别是研究试制阶段、试点发展阶段以及市场开放阶段。1987 年广东省中医研究所改良配方颗粒开启了配方颗粒的研究试制阶段。国家药监局于 2001 年颁布《中药配方颗粒管理暂行规定》，将配方颗粒纳入中药饮片管理范畴，并先后批准六家国家级试点研究企业进行研发生产。2001 年以来国家及各省（区、市）颁布的中药配方颗粒相关标准汇总如表 1-4 所示。截至 2015 年，6 家试点企业共计完成了 681 个配方颗粒的品种工艺标准统一。2016 年后，试点生产企业逐步开放，截至2020年，试点企业已超过60家（见表1-5）。2021年2月，国家药监局发布《关于结束中药配方颗粒试点工作的公告》，其质量监管被纳入中药饮片管理范畴，标志着配方颗粒结束了20年的试点历史，生产销售范围放开。

表1-4　2001年以来国家及各省（区、市）颁布的中药配方颗粒相关标准汇总

年份	部门	文件名	主要内容
2001	国家药监局	《中药配方颗粒管理暂行规定》	中药配方颗粒被纳入中药饮片管理范畴，批准6家国家级试点研究企业
2003	国家药监局	《中药配方颗粒注册管理办法（试行）》	规范中药配方颗粒的生产和使用
2012	广东省药监局	《广东省中药配方颗粒标准》（第一册）	
2013	国家食药监局	《关于严格中药饮片炮制规范及中药配方颗粒试点研究管理等有关事宜的通知》	叫停批准中药配方颗粒生产试点企业
2015	国家药监局	《中药配方颗粒管理办法（征求意见稿）》	提出制定中药配方颗粒统一标准
	广东省药监局	《广东省中药配方颗粒标准》（第二册）	
2016	广西壮族自治区药监局	《广西壮族自治区中药配方颗粒质量标准》（第一卷）	
	国家药典委员会	《中药配方颗粒质量控制与标准制定技术要求（征求意见稿）》	拟制定中药配方颗粒统一标准
2017	天津市市场质量监督管理委员会	《天津市中药配方颗粒质量标准》	
	甘肃省食药监局	《甘肃省中药配方颗粒质量标准（试行）》	
2018	云南省工信委、云南省食药监局	《关于开展云南省中药配方颗粒研究试点工作的通知》	
	北京市食药监局	《北京市中药配方颗粒质量标准》	
2019	国家药监局	《中药配方颗粒质量控制与标准制定技术要求（征求意见稿）》	征求中药配方颗粒质量控制与标准制定技术的社会意见
	国家药典委员会	《关于中药配方颗粒品种试点统一标准的公示》	公示160个中药配方颗粒品种试点统一标准
2021	国家药品监督管理局	《中药配方颗粒质量控制与标准制定技术要求》	规范中药配方颗粒质量控制与标准
	国家药监局、国家中医药管理局、国家卫健委、国家医保局	《关于结束中药配方颗粒试点工作的公告》	2021年11月1日起，结束中药配方颗粒试点工作
	国家卫健委、国家中医药管理局	《关于规范医疗机构中药配方颗粒临床使用的通知》	规范医疗机构合理使用中药配方颗粒
	国家医保局、国家中医药管理局	《关于医保支持中医药传承创新发展的指导意见》	鼓励医疗机构在省级医药采购平台公开挂网交易中药配方颗粒

续表

年份	部门	文件名	主要内容
2022	福建省医保局	《关于做好中药配方颗粒医保管理的通知》	福建成为全国首个中药配方颗粒可以报销的省份
	国家医保局	《关于印发医保中药配方颗粒统一编码规则和方法的通知》	中药配方颗粒已链入医保业务信息编码
2023	国家药监局	《关于印发进一步加强中药科学监管促进中药传承创新发展若干措施的通知》	强化中药饮片、中药配方颗粒监管
	安徽省医疗保障局	《安徽省支持中药配方颗粒产业发展的意见》	强化中药配方颗粒产业支持等
	国家药监局	《药品标准管理办法》	明确中药配方颗粒国家药品标准与《中国药典》均属于国家药品标准，具有相同法律地位
	国家药典委员会	《关于转发第五批25个中药配方颗粒国家药品标准的通知》	完成第五批25个中药配方颗粒国家药品标准修订工作
	山东省公共资源交易中心	《中药配方颗粒采购联盟集中采购公告》	公布中药配方颗粒采购联盟集中采购相关文件，标志全国首批中药配方颗粒采集正式开始

表1-5　我国部分中药配方颗粒试点企业汇总

试点时间	试点省份	试点数量	试点企业
2001.12		6	广东一方制药、江苏江阴天江制药、广东三九药业、四川新绿色药业、北京康仁堂药业、培力（南宁）药业
2011.8	吉林	1	吉林敖东延边药业力源制药
2011.8	安徽	1	安徽济人药业
2013.6	河北	1	神威药业
2016.4	北京	1	北京同仁堂
2016.6	浙江	2	惠松制药、景岳堂药业
2016.9	江西	3	江西百神药业、江西青春康源药业、江西天施康中药
2016.10	黑龙江	2	双兰星药业、珍宝岛药业
2016.10	四川	1	四川三强现代中药有限公司（四川国药天江药业有限公司）
2016.11	河南	6	仲景宛西制药、河南润弘本草制药、上海凯宝新谊药业、河南辅仁堂制药、保和堂制药、河南天鸿医药
2016.12	安徽	6	安徽济人药业、安徽九洲方圆制药、华佗国药、安徽广印堂、安徽协和成制药、华润金蟾
2017.5	浙江	2	佐力药业、浙江贝尼菲特药业
2017.6	广东	3	广东康美药业、广东香雪制药、广州白云山制药

续表

试点时间	试点省份	试点数量	试点企业
2017.8	甘肃	3	佛慈药业、中天金丹、扶正药业
2017.9	湖北	6	李时珍医药集团、劲牌生物医药有限公司、湖北香连药业有限责任公司、湖北恒安芙林药业股份有限公司、马应龙药业集团股份有限公司、国药集团中联药业有限公司
2018.5	云南	5	昆明中药厂、云南鸿翔中药、云南通用善美制药、云南神威施普瑞药业、云南天江一方药业
2018.7	辽宁	2	天士力东北现代中药、辽宁上药好护士药业
2019.1	内蒙古	5	内蒙古普康药业有限公司、祈蒙股份有限公司、内蒙古蒙药股份有限公司、内蒙古京新药业有限公司、包头中药有限责任公司
2019.1	河北	1	以岭药业
2019.3	贵州	3	国药集团同济堂（贵州）制药有限公司、贵阳新天药业股份有限公司、贵州益佰制药股份有限公司
2019.11	山东	3	青州尧王制药有限公司、山东宏济堂制药集团股份有限公司、山东一方制药有限公司
2019.12	广西	2	广西慧宝源医药科技有限公司、广西一方天江制药有限公司
2020.3	天津	1	天士力医药集团
2020.6	广西	2	广西万通、广西强寿药业
2020.8	重庆	2	重庆红日康仁堂药业、重庆天江一方药业
2020.11	江西	3	江中药业股份有限公司、江西纳弗堂制药有限公司、江西一方天江药业有限公司
2020.12	湖北	1	湖北辰美中药有限公司

　　中药配方颗粒饮片逐步开展标准制定。至 2021 年试点工作结束，中药配方颗粒饮片行业经过长期政策的调整与引导，其生产、经营、使用等各环节的管理逐渐规范化。2021 年 2 月国家药典委员会《有关中药配方颗粒药品标准制定的通知》公布了 160 个中药配方颗粒国家药品标准，至同年 6 月增至 200 个，2023 年颁布了 73 个，2024 年 1 月又颁布了 31 个，目前中药配方颗粒国标数量已经超过 300 个。[①] 国家和地方政府目前对于中药配方颗粒的发展均持积极态度，该类项目符合国家中药现代化、创新化的发展要求，中药配方颗粒行业拥有广阔的发展空间。

---

① 郭东晓、于姗姗、郭衍珩等：《中药配方颗粒标准制定技术问题和对策分析》，《中国实验方剂学杂志》2022 年第 17 期。

中药配方颗粒饮片已被纳入医保范围。随着2021年版医保目录的执行，892种中药饮片品种的已被纳入医保支付范围的，符合临床必需、价格合理、疗效确切等条件的配方颗粒按《基本医疗保险用药管理暂行办法》要求纳入医保支付范围，并参照乙类管理。截至目前，北京、河北、湖南等多省份已将中药配方颗粒纳入医保支付范围。2022年8月，国家医保局发布的《关于印发医保中药配方颗粒统一编码规则和方法的通知》中显示，医保中药配方颗粒统一编码规则和方法已经制定完成，进一步推进了中药配方颗粒统一标准工作。

配方颗粒被纳入省级医药集中公开采购范围。2021年12月，国家医疗保障局和国家中医药管理局发布的《关于医保支持中医药传承创新发展的指导意见》中指出，鼓励将公立医疗机构采购的中药配方颗粒纳入省级医药集中采购平台挂网交易，促进交易公开透明。至今，辽宁、广东、福建等多地已推行中药配方颗粒挂网。

2. 配方颗粒市场规模

配方颗粒饮片在近20年的发展中，从中药材种植和加工，到生产与流通，再到销售渠道和消费终端，已形成完善的产业链，且每个部分均形成了一定的产业规模，市场获得广泛关注，规模也在迅速扩大。"中药饮片行业发展研究蓝皮书"显示，我国配方颗粒市场规模从2015年的81.75亿元增长至2020年的255亿元，年均复合增长率为23.87%（见图1-11）。未来虽然受行业监管政策趋严影响，年复合增长率略有降低，但配方颗粒行业在未来5年的市场规模仍将保持快速增长，多家机构预计，到2030年，配方颗粒市场规模将达1000亿元。

图1-11　2015~2022年我国配方颗粒市场规模及增长率

截至 2022 年 10 月，全国配方颗粒生产企业涉及 24 个省（区、市）（见图 1-12），备案品种数总计 11106 个，其中配方颗粒饮片种类超过 300 种的企业有 19 家，占备案品种总数的 69%；红日药业、国药集团、康仁堂、神威药业以及以岭药业的配方颗粒饮片种类更是超过 400 种，其中红日药业最多，达到 843 种（见图 1-13）。

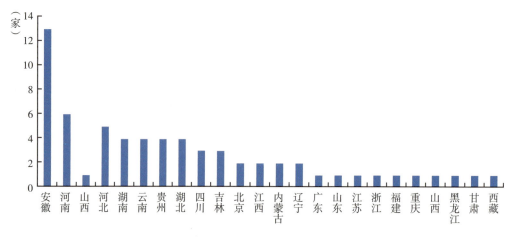

图 1-12　省（区、市）配方颗粒生产企业数量汇总

资料来源：企查查。

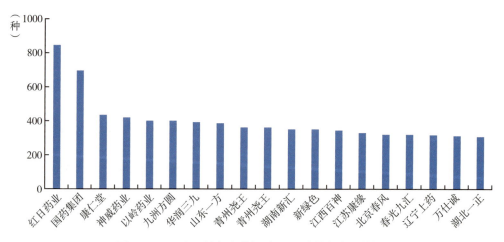

图 1-13　配方颗粒备案数超过 300 种的各企业数据

资料来源：国家药品监督管理局。

配方颗粒销售在中药饮片市场中的占比逐年递增，2020 年中药配方颗粒销售额占中药饮片销售额的比例达到 11.42%，是 2015 年的 2 倍。数据显示，2020 年和 2021

年中药配方颗粒饮片市场份额排名前三的企业分别是中国中药、红日药业及华润三九药业，年均营收额分别为 110.36 亿元、29.57 亿元、22.76 亿元，三家企业合计占有约 80% 的配方颗粒市场，行业集中度较高，中国中药稳居龙头。从利润来看，三家企业毛利率均达到 70% 左右（见图 1-14）。

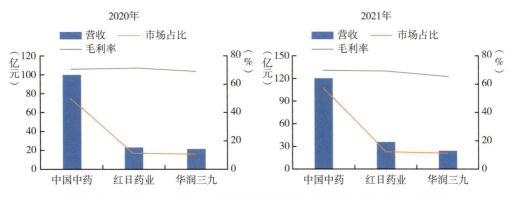

图 1-14　2020 年、2021 年配方颗粒营收及市场份额排名前三的企业情况

资料来源：前瞻产业研究院。

《关于结束中药配方颗粒试点工作的公告》中明确规定了中药配方颗粒只能在医疗机构通过省级药品集中采购平台进行透明采购，药房禁止销售中药配方颗粒。因此，中药配方颗粒的主要销售渠道是各省（区、市）医院。据统计，2020 年公立医院中配方颗粒主营收入占中药饮片总收入的约 32%（见图 1-15），虽然公立医院仍以传统饮片销售为主，但配方颗粒已经在逐步抢占市场。

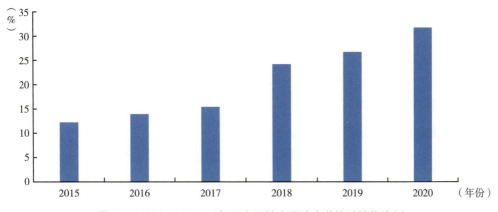

图 1-15　2015~2020 年配方颗粒占医院中药饮片销售比例

资料来源：智研咨询。

（二）破壁（超微）饮片

破壁饮片是运用现代超微粉碎技术，打破药材细胞壁，加入水或不同浓度乙醇，制成均匀干燥颗粒入药的一种新型中药饮片。由于其是近几年新兴起的一种饮片模式，还未有统一命名，市场上有多种名称，如超微饮片、超微细粉、超微中药配方颗粒等。

1. 破壁饮片市场政策

2001年，吴以岭院士将超微粉碎技术应用于虫类药，并研发河北以岭药业核心产品"通心络胶囊"，取得显著效益。同年，春光九汇药业联合湖南省中医药研究院开展"单位中药超微速溶饮片研究"。2003年，中智药业立项投资，组建团队研发破壁饮片。2010年10月，广东药检所发布《广东省中药破壁饮片质量标准研究规范（试行）》，制定中药破壁饮片的生产工艺、安全性等方面的标准规范。2011年广东省食品药品监督管理局批准中智药业试点生产破壁饮片。2014年贵州省指定6家中药破壁饮片试点企业进行破壁饮片产业研发，并成立"贵州省中药、民族药破壁饮片工程技术研究中心"。

2021年12月23日，广东省发布自2022年1月1日开始执行的《广东省基本医疗保险、工伤保险和生育保险药品目录（2022年版）》，其中，中药饮片部分仍包含人参、三七、鱼腥草等59个破壁饮片。2022年10月1日，湖南省发布《关于做好2022年湖南省新增纳入〈基本医疗保险、工伤保险和生育保险药品目录〉中药饮片执行工作的通知》，将138种中药破壁（超微）饮片纳入医保，数量占新增中药饮片的25%。随着国家《关于医保支持中医药传承创新发展的指导意见》的发布，大批中药进入医保，各省（区、市）发布的医保药品目录中的中药饮片数量大幅增加。随着法规标准的完善，中药破壁（超微）饮片也有望被纳入各省（区、市）医保增补范围。

2. 中药破壁饮片市场规模

随着中药破壁饮片产品的不断研发，其市场规模也在不断攀高。数据统计显示，中药破壁饮片市场规模从2015年的6.0亿元增长到2019年的11.5亿元，复合增长率高达71.38%，是中药行业平均增长率的8.5倍（见图1-16）。在2020年新冠防治期间，中医药发挥了重要作用，同时中药饮片行业也快速发展。中药破壁饮片得益于其服用方便、易于储存运输及临床调剂准确等优势，更是发展迅速。

未来受益于政策等因素，我国中药破壁饮片行业仍将保持高速增长，预计2025年市场规模将达到26.8亿元，年均复合增长率达到15.14%。销售渠道进入全国2000余家等级医院，覆盖全国连锁药店700余家，终端门店8万家，近三年市场零售累计45亿元。[①]

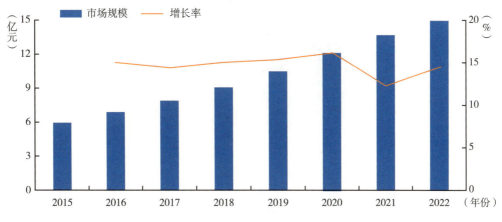

图1-16　2015~2022年中药破壁饮片市场规模及增长率

资料来源：头豹研究院。

　　数据显示，生产、加工以及销售中药破壁饮片的企业分布在安徽、河北、贵州、湖南、四川等多个省市，多集中于安徽和河北（见图1-17）。根据注册资金将企业分类，统计发现注册资金在1000万元及以上的企业占比约为54%，100万元及以下的企业占比约为26%，100万元至1000万元之间的中型企业较少（见图1-18）。而通过对中药破壁饮片产业链进行分析发现，在产业链前端，涉及饮片原材料供应的大型企业占八成，如中国中药、红日药业、康美药业等，而产业链中后端，对饮片进行加工制备以及销售破壁饮片的大型企业较少，主要以中智药业、春光九汇为领头，近几年石药集团、联盛药业、瑞药金方进入市场开始布局，行业集中度较低。

　　截至2023年10月，近100家企业生产、销售中药破壁饮片，表1-6中列举了中药破壁饮片的代表企业的产品，其中春光九汇开展共计419个中药破壁饮片的研究。瑞药金方开展138个中药破壁饮片工艺与质量研究，共生产销售53个中药破壁饮片

　　①　黎雄：《Z药业公司中药破壁饮片营销策略研究》，硕士学位论文，华南理工大学，2021。

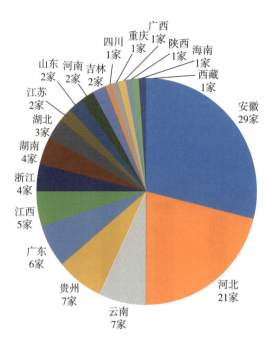

图1-17　中药破壁饮片企业地域分布

资料来源：企查查。

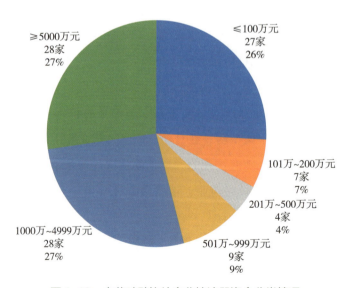

图1-18　中药破壁饮片企业按注册资金分类情况

资料来源：企查查。

品种。中智药业作为破壁饮片的全国最大的生产企业，已实现 170 多个品种的开发以及产业化发展，建立广东省破壁饮片标准 61 项，实现 32 个破壁饮片的上市，还研制玫瑰桑葚、菊花枸杞等多个品种的破壁代用茶，西洋参、黄芪、三七、红景天、鱼腥草、丹参 6 个破壁饮片产品还获得加拿大天然健康产品生产许可，代表着中药破壁饮片已经开始布局国际医药市场。

表 1-6　中药破壁饮片代表企业及其系列产品

企业名称	系列产品
春光九汇	黄精超微饮片、当归超微饮片、川贝母超微饮片、浙贝母超微饮片、人参超微饮片、党参超微饮片、阿胶超微饮片、酸枣仁超微饮片、天麻超微饮片、绞股蓝超微饮片、山楂超微饮片、西洋参超微饮片、罗汉果超微饮片、珍珠超微饮片、百合超微饮片、灵芝超微饮片、黄芪超微饮片、葛根超微饮片
云南瑞药金方	陈皮破壁饮片、橘红破壁饮片、白芷破壁饮片、丹参破壁饮片、赤芍破壁饮片、大黄破壁饮片
中山市中智中药	丹参破壁饮片、肉苁蓉破壁饮片、菊花破壁饮片、当归破壁饮片、陈皮破壁饮片、山药破壁饮片、三七破壁饮片、黄芪破壁饮片、西洋参破壁饮片、石斛破壁饮片、淫羊藿破壁饮片、决明子破壁饮片、鱼腥草破壁饮片、红参破壁饮片、党参破壁饮片、玫瑰花破壁饮片、山楂破壁饮片、茯苓破壁饮片、玛咖破壁饮片、罗汉果破壁饮片、天麻破壁饮片、红景天破壁饮片、罗布麻叶破壁饮片、川芎破壁饮片、太子参破壁饮片、桔梗破壁饮片
贵州广济堂	三七破壁饮片、西洋参破壁饮片、鱼腥草破壁饮片、甘草破壁饮片、黄芪破壁饮片、天麻破壁饮片（超微粉）、铁皮石斛破壁饮片（超微粉）、鹿血精粉（超微粉）、鹿胎精粉（超微粉）、鹿角霜粉（超微粉）、鹿角胶粉（超微粉）、鹿角粉（超微粉）、鹿花盘精粉（超微粉）、金钗石斛（超微粉）、地龙精粉（超微粉）
好健时药业	三七破壁饮片、黄芪破壁饮片、丹参破壁饮片、石斛破壁饮片、西洋参破壁饮片、肉苁蓉破壁饮片、党参破壁饮片、天麻破壁饮片、茯苓破壁饮片、鱼腥草破壁饮片
贵州联盛（堂）药业	三七破壁饮片、菊花破壁饮片、桔梗破壁饮片、黄芪破壁饮片、葛根破壁饮片、甘草破壁饮片、茯苓破壁饮片、鱼腥草破壁饮片、板蓝根破壁饮片、西洋参破壁饮片、山药破壁饮片、熟地黄破壁饮片、红景天破壁饮片、人参破壁饮片、淫羊藿破壁饮片
浙江知元	人参超微饮片、灵芝孢子粉（破壁）、铁皮石斛超细粉、三七超微饮片、西洋参超微饮片
河北玉芝琳药业	三七超微饮片、天麻超微饮片、西洋参超微饮片、黄精超微饮片
云药医药产业集团	葛根粉（超微破壁）、西洋参粉（超微破壁）、黄芪粉（超微破壁）、滇制何首乌粉（超微破壁）、丹参粉（超微破壁）、茯苓粉（超微破壁）、肉苁蓉粉（超微破壁）、天麻粉（超微破壁）、白芷粉（超微破壁）、当归粉（超微破壁）

（三）冻干饮片

冻干饮片是将冷冻干燥技术应用于中药饮片的炮制过程，通过低温冷冻使新鲜中药材或中药汤剂的水分升华，得到块状、片状、颗粒、粉末或其他形态的中药饮片，其可以较好地保持药材的品质、颜色、气味以及有效成分的活性。

1. 冻干饮片相关标准

冷冻干燥技术最初由英国人发明，用于生物领域。新中国成立后，我国开始自主研发冷冻干燥技术，而后将其利用到了食品领域，并取得了飞速发展。冷冻干燥技术在中药加工中的应用尚处于起步阶段，最初是从 2001 年开始，施怀生等人检测荆芥、紫河车、黄芩、丹参等十种中药在冷冻干燥后药物品质均高于《中国药典》规定，开启了冷冻干燥在中药饮片领域的科学研究。随后十几年，科学研究者们将冷冻干燥技术用于三七、山药、灵芝、冬虫夏草、鹿茸、黄芪、川芎、黄芩、生苦参、女贞子、五倍子、牡丹皮、大黄、天麻和金银花等中药材的干燥过程中，均具有较高的药材品质。

国家还未出台与冻干饮片相关的指导标准，现阶段各地区仍使用地方标准，表 1-7 列举了部分中药冻干饮片的标准。四川省药监局于 2022 年 4 月发布《四川省中药饮片冷冻干燥技术指导原则》，规范了冷冻干燥技术在中药饮片中的应用及质量研究；贵州省中药饮片炮制生产过程以《贵州省中药、民族药饮片标准（2013 年版）》为指导；云南省于 2013 年将菲牛蛭及菲牛蛭冻干粉收录到云南省中药材及饮片标准中，并于 2018 年发布"冻干三七"中药饮片炮制规范。

表 1-7　部分中药冻干饮片标准

时间	归口单位	标准	标准类别
2008 年	中华全国供销合作总社	蜂王浆冻干粉	国家标准
2014 年	云南省药监局	熊胆粉（冻干）	地方标准
2017 年	全国蜂产品标准化工作组	蜂王幼虫冻干粉	国家标准
2018 年	云南省食品药品监管局	"冻干三七"中药饮片炮制规范	地方标准
2020 年	山东省市场监督管理局	冻干刺参加工技术规范	地方标准
2022 年	山西省市场监督管理局	梅花鹿茸冻干加工技术规程	地方标准

2. 冻干饮片市场规模

中药冻干饮片仍处于研发起步阶段，生产及销售中药冻干饮片的企业不超过 50 家（见图 1-19），只有云南、贵州、黑龙江等少数地区企业生产及销售中药冻干饮片，如云南白药生产的三七、天麻、石斛、菲牛蛭冻干粉，黑龙江黑宝药业生产销售的冻干熊胆粉等。

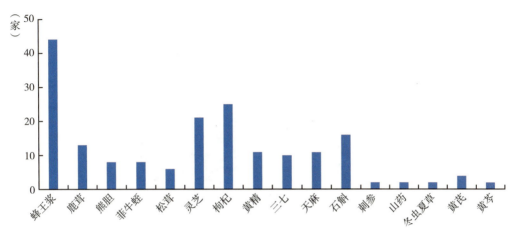

图 1-19　冻干饮片的研发生产销售企业情况

资料来源：企查查。

（四）定量压制饮片

定量压制饮片是采用纯物理压制技术，将中药材或饮片根据临床所需剂量压制成紧密块状，无须称量，可直接调配使用的一种饮片。定量压制饮片是近几年研制发展的一种新型饮片，通过企查查调查发现，至 2022 年 10 月，研发、生产、销售定量压制饮片的企业共 78 家，分布于安徽、河南、广东、四川、湖北等 24 个省（区、市）（见图 1-20）。而通过企业规模调查发现，企业注册资金超过 1000 万元的大型企业共计 64 家，约占总量的 82%（见图 1-21），恰恰说明现阶段定量压制饮片仍处于研发起步阶段，市场规模较小。

四川省中药饮片有限责任公司为西部首家参加中药饮片小包装试点的单位，在小包装中药饮片技术的基础上率先创新开发了"中药定量压制饮片"，创立好人堂品牌，研制了益母草、薄荷、蒲公英、茵陈、鱼腥草、白花蛇舌草等多个压制饮片，新工艺已经获得了 12 项国家专利成果技术，在国内外处于独创领先水平。

标准方面，四川省食品药品监督管理局率先在 2015 年版《四川省中药饮片炮制规范》中将"压制"工艺纳入通则要求当中，随着饮片压制技术的发展，预计后期将会有更多的地方标准被纳入此项技术，或是在单品种项下直接增加相应炮制规范。

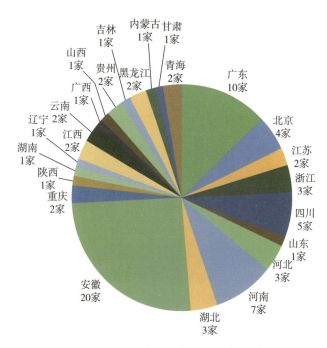

图1-20　中药定量压制饮片企业地域分布

资料来源：企查查。

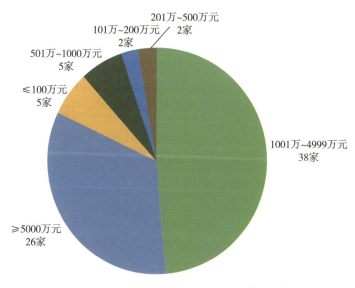

图1-21　中药定量压制饮片企业注册资金情况

资料来源：企查查。

（五）直接口服中药饮片

《药品生产质量管理规范（2010 年修订）》中规定，直接口服（直服）饮片是指可直接口服或冲服，无须煎煮的中药饮片。2018 年 8 月国家药监局印发的《中药饮片质量集中整治工作方案》中提出集中整治中药饮片质量，对再次加工后中药饮片（配方颗粒、破壁饮片、直接服用饮片等）的安全性、有效性、稳定性等进行严格的监管，大部分省（区、市）陆续废止了若干粉末饮片标准，但基本保留了应用于药食同源或保健食品的直服饮片。现阶段直服饮片主要包括三类：贵重饮片品种、药食同源或保健食品品种以及部分动物药材品种。

《中国药典》2015 年版首次纳入"中药提取物及直接口服及泡服饮片"的微生物限度标准，规定粉末类饮片（直服饮片）必须进行微生物限度检查。《中国药典》2020 年版共收载 50 味可以粉末形式入药的中药，其中直服饮片共计 10 味，包括川贝母、平贝母、湖北贝母、三七、白及、胡椒、金钱白花蛇、羚羊角等。

至此，各省（区、市）企业生产直服饮片时，除按《中国药典》收录的标准执行外，仍以自行制定的饮片炮制规范进行生产、销售，如《山东省中药饮片炮制规范（2012 年版）》、《四川省中药饮片炮制规范（2015 年版）》、《云南省中药饮片标准》（2005 年版第二册）、《陕西省中药饮片标准》。部分直接口服饮片生产企业的系列产品如表 1-8 所示。

表 1-8　部分直接口服饮片生产企业的系列产品

企业名称	省份	系列产品
神威药业	河北	白及、穿心莲粉、丹参粉、灯盏细辛、天麻粉、化橘红、黄芪粉、黄蜀葵花、鸡内金粉、平贝母、三七粉、西洋参粉、夏天无、鲜龙葵果、鲜竹沥
成都欣福源中药饮片有限公司	四川	川贝母粉、三七粉、鹿角粉、麦冬、白及粉、豆蔻粉、粉葛粉、灵芝孢子粉、板蓝根、浙贝母粉、水牛角、夏天无粉、西洋参粉、天麻粉
济南三源药业有限公司	山东	美洲大镰粉、白花丹参粉、地黄粉、猴头粉、花生红衣粉、蕨麻粉、灵芝粉、灵芝孢子粉、芦笋粉、膨润土粉、三七粉、三叶青粉、水蛭粉、天麻粉、西洋参粉
湖北大顶山制药有限公司	湖北	湖北贝母、川贝母、三七、人参、夏天无、珍珠粉、天麻、茯神、琥珀、红曲、茯苓、黄芪粉、灵芝粉、制何首乌粉、丹参粉、山楂粉、浙贝母、赤小豆、莲子、鹿茸、蛇蜕、花蕊石、红参、醋延胡索、西洋参、黄蜀葵花、平贝母、羚羊角粉、紫珠叶、炒白扁豆、白及、钩藤、甘草、茯苓、防风、当归片、大枣、川芎、赤小豆、车前子、蝉蜕、柴胡、苍术、白术、白芍

续表

企业名称	省份	系列产品
中国苏轩堂药业股份有限公司	江苏	人参（粉）、丁香（粉）、三七粉、夏天无（粉）、醋延胡索（粉）、川贝母（粉）、鹿血晶、黄蜀葵花（粉）、血竭（粉）
正光九资河药业	湖北	丹参粉、茯苓粉、红豆杉粉、黄芪粉、灵芝孢子粉、肉苁蓉、三七、山楂、水蛭、天麻粉、铁皮石斛粉、西洋参粉、浙贝母粉、淫羊藿粉、夏天无粉、水牛角粉、熟三七粉、人参粉、红景天粉、甘草粉、白芷粉、粉葛粉、当归粉、白及粉
三义堂中药饮片有限公司	安徽	铁皮石斛粉、天麻粉、松花粉、山药粉、红景天粉、葛根粉、当归粉、陈皮粉、茯苓粉、黄芪粉、山楂粉、西洋参粉、淫羊藿粉、肉苁蓉粉、三七粉、丹参粉
亳州普润药业	安徽	三七粉、铁皮石斛粉、黄芪粉、灵芝孢子粉、丹参粉、西洋参粉、丹参粉、黄芪粉、山药粉
天植中药股份有限公司	四川	三七粉、天麻粉、西洋参粉、灵芝孢子粉、川贝母粉、浙贝母粉、楤藤子、白及粉
康庆堂中药饮片有限公司	江西	珍珠粉、山楂粉、肉苁蓉粉、西洋参粉、粉葛粉、三七粉、灵芝孢子、灵芝粉
兴盛德药业	陕西	黄芪粉、人参粉、西洋参粉、三七粉、丹参粉、红景天粉、天麻粉、山楂粉、灵芝孢子粉、乌梅、薏苡仁、天麻、山楂、山药、芡实、胖大海、玫瑰花、麦冬、罗布麻叶、决明子、金银花、甘草、茯苓、当归、陈皮、百合、龙眼肉

统计发现，截至 2022 年 12 月，全国生产、销售直服饮片的企业共计 356 家，广泛分布于 28 个省（区、市），其中安徽、河北、四川的企业数量最多，共占据总企业数量的 37%（见图 1-22）。

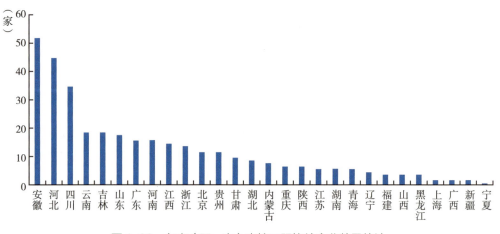

图 1-22　各省（区、市）直接口服饮片企业数量统计

四　展望

（一）中药饮片质量总体向好，市场稳步增长

随着人民生活水平的提高和人口老龄化，大众健康意识不断提升，对健康需求愈发看重，中医中药在保健、预防疾病方面的应用越来越多，中药饮片作为中药材炮制加工后的产物，使用方便、依从性强，其市场占有率逐年增高。

随着近年来我国对中医药行业的扶持与推进，国家及各省（区、市）相继发布中药饮片相关的质量整治、炮制规范以及质量标准等多项法规，相关政策得以完善。在药品监管部门的严格执行下，我国饮片质量也稳步提升，掺伪染色等质量问题也得以逐步解决。2021 年国家药监局开展中药饮片专项抽检活动，共抽检 9 个中药饮片品种1957 批次，合格率达到 98.36%，相比 2017 年提升了 14 个百分点。检查结果显示，5 年来，我国中药饮片的总体质量稳步提升，但相关部门及企业仍要继续加强饮片质量控制意识，严格遵守国家相关政策法规，对中药材种植、采收、品质控制、饮片炮制加工等多个环节严格把控，建立长效检测机制，保证中药饮片流通质量。

（二）饮片跨省流通壁垒仍广泛存在

我国中药饮片的炮制传统、用药方法具有明显的地域特性，不同省份之间存在明显差异。2010 年，国家食药监局明确了"各省市药品监管部门制定、颁布的中药饮片炮制规范仅适用于本辖区内中药饮片的生产、销售和检验等"。除了国标中药饮片，各省（区、市）关于中药饮片的炮制规范均为省级制定，据统计，全国各省（区、市）炮制规范共收载2800 多个中药饮片，是《中国药典》收载量的 4.67 倍。中药饮片市场出现省级割裂现象，本地企业垄断市场，优质饮片跨省流通不畅影响产业跨越发展。近几年虽有部分省（区、市）提出允许本区域外饮片流通销售，但对于饮片市场整体走向的影响收效甚微。

2022 年 1 月，我国 19 省（区、市）86 个城市开展了中药联合采集工作，其中包含了医疗机构中药饮片的数据采集汇总。4 月，中共中央、国务院出台《关于加快建设全国统一大市场的意见》，建议在基础制度及市场建设方面形成全国统一的制度规则。同年 5 月，国家药监局发布《中华人民共和国药品管理法实施条例（修订草案征求意见稿）》，提出中药饮片跨省流通需经销售省（区、市）药监局批准或备案，这是打通地标中药饮片的跨省流通壁垒的第一步。

值得注意的是，虽然政策上有所改善，但随着市场的形成，地标饮片跨省流通已经不仅是政策法律上的问题，更关乎社会和经济发展。我们要关注由中药材的地域特性导致的各省（区、市）中药饮片的质量标准差异、不同地区药材产量导致的饮片价格差异等。因此，应持续推进炮制机理和工艺规范化研究，逐步统一饮片炮制标准，打破市场流通壁垒，加快促进饮片产业的良性发展。

（三）新型饮片与传统饮片的特色定位、差异发展

国家对新型中药饮片市场一直持积极态度，主要表现在三个方面：其一，不断完善新型饮片相关政策，如将中药配方颗粒纳入医保范围、饮片采买更加标准透明；其二，不断提高新型饮片质量，如不断提高完善饮片炮制技术、制定饮片药品标准、每年开展饮片质量抽检等；其三，放宽市场投资范围，如取消禁止外商投资饮片规定，饮片市场对外开放，走向国际市场。但从中长期发展来看，中药饮片行业仍面临诸多问题。例如，截至2022年10月，全国从事中药饮片生产的企业达2518家，行业集中度低，小型企业遍地开花；饮片生产企业特色不明显，生产的饮片种类多而杂乱，无固定生产线，规模化程度与生产效率低；新型饮片市场分割零散，目前除中药配方颗粒形成了工业化生产，在临床广泛使用外，其他新型中药饮片还处于起步或研究阶段，未广泛使用。

伴随着科技创新与技术进步，新型中药饮片逐渐兴起，促进了中药饮片产业革新与发展。从新型中药饮片近年发展来看，市场占有率逐年提高。市场调查显示，现阶段传统饮片仍占据中药饮片行业的主要地位，但科技手段的进步和多种不同形态的新型饮片的出现，将会对传统饮片市场带来冲击，引发更多思考和讨论。因此，要在国家政策的支持下，调整和细化中药饮片的管理规范，根据不同饮片的优势特色，结合临床用药方式方法，进一步明确和定位新型饮片，实现传统饮片、新型饮片的良性竞争与差异发展，培育饮片大品种，提高行业集中度，形成稳定的中药饮片行业格局。

第五节　各地区中药产业发展规划及品牌建设

一　中国中药产业发展规划及品牌建设现状

为大力推进中国中药产业高质量发展，我国各级政府出台了相关政策措施，高度

重视中药产业发展规划与品牌建设。开展中药产业发展规划和品牌建设，是指导中药产业健康可持续发展必须面对且亟待解决的问题。发展规划有利于从战略层面建立健全适合中医药传承创新发展的评价指标体系和体制机制，更利于充分调动地方和社会各方面力量，解决中医药发展面临的困难和问题，形成各有关部门、地方党委政府共同推动中医药振兴发展的工作合力。品牌建设可以加速中药行业高质量发展，增强消费者对中药行业的信心。制定中药产业规划，加强中药材品牌建设，有利于中药产业的发展，有利于中药世界化发展。

中国中药产业的发展规划和品牌建设是中国政府和行业组织长期以来重点关注的邻域，旨在提升中药产业的国际竞争力，促进中药产业的健康发展，推动中药文化传播。近年来，我国发布了"十三五"规划，提出加强中药资源保护、提高中药质量标准、推动中药现代化产业体系建设等，以促进中药产业的升级和发展。实施了《中医药法》，强调对中药产业的管理和规范，包括药材资源的保护、中药质量的控制、中药生产的监管等方面内容。除了国家层面的规划外，许多地方政府也制定了中药产业的发展规划，根据当地的资源和优势，推动中药产业的发展，如中药材种植基地建设、中药加工产业园区建设等。

在一系列政策文件的引领下，我国中药行业品牌也逐步发展壮大，中国有许多知名的中药企业，如同仁堂、九芝堂、太极集团等，它们在中药产业中拥有较高的知名度和影响力，通过不断创新和提高产品质量，为中药产业的品牌建设作出了巨大贡献。另外，一些地方性的中药品牌也在不断崛起，如云南白药等，它们以地方特色药材和传统制药工艺为基础，形成了自己独特的品牌优势。除此之外，中国中药企业也在积极拓展国际市场，提升中药品牌的国际竞争力。一些知名中药企业已经在国际市场上建立了销售网络，推广中国中药文化，提升中国中药在国际市场的地位和影响力。[1]

总体而言，中国中药产业在发展规划和品牌建设方面取得了一定的成绩，但仍面临着一些挑战，如药材资源短缺、中药质量安全问题频发等，需要政府、企业和社会各界共同努力，推动中药产业的健康发展和品牌建设。

（一）我国各地区中药产业发展规划及品牌建设总体情况

目前，我国各地区中药产业总体呈现蓬勃发展的良好态势，但机遇与挑战并存。

---

[1] 苏海新：《湖南株洲市中药材产业现状、问题与发展建议》，《农业工程技术》2022年第20期。

中药行业当前仍面临着一系列问题，如地区发展不平衡、龙头企业的带动作用不强、一二三产业融合发展不充分、中药材全产业链体系建设发展不健全、专业人才队伍缺乏等。各省（区、市）特别是中药材产业发展基础较好的地区，地方政府高度重视中药产业发展规划和品牌建设，但仍存在着地区发展不平衡、中药产业发展规划的制定与产业发展实际情况不完全匹配、指导产业发展的指挥棒作用发挥不充分等问题。[①] 以上问题的存在，需要各地区中药行业主管部门高度重视，因地制宜制定出更切实可行的中药产业发展规划和品牌建设目标，指导各地区中药产业高质量发展。

（二）四大药材区中药产业发展规划及品牌建设现状

1. 北方药材区中药产业发展规划及品牌建设现状

（1）东北区

东北区主要包括吉林、黑龙江、辽宁等省份。据不完全统计，东北区出台的相关规划如表1-9所示。

表1-9　东北区中药产业发展规划统计

地区	省份	出台日期	发布单位	规划名称
东北区	吉林	2022.5.19	吉林省人民政府办公厅	吉林省中医药发展"十四五"规划
	黑龙江	2021.12.31	黑龙江省人民政府办公厅	黑龙江省"十四五"中医药发展规划
	辽宁	2023.3.21	辽宁省中医药工作领导小组	辽宁省"十四五"中医药发展规划

以吉林省为例，吉林省历来都是我国中医药资源大省，著名的人参、貂皮、鹿茸角几百年前已经成为国人熟知的"东北三宝"。长白山得天独厚的生态环境是中药材生长的天然温室，近年来被评为国内三大"中药材基因库"之一，良好的口碑形象使得"中药"几乎成了吉林省的代名词。打造"长白山人参"知名品牌。增强品牌意识，确立品牌标准，从年生、农残、皂苷含量等各项硬性指标入手制定品牌标准，严格人参品牌认证，建立品牌准入制度。将人参产业真正做大做强。严格按标准化、规范化组织生产。从源头抓起，确保生产低碳、绿色、有机的人参产品。加大力度发展龙头企业。抓好示范园区建设。在吉林省人参主产区白山、通化、延边、吉林四个市

---

① 李靖、杨敬宇：《甘肃省道地中药材发展现代物流模式的探讨》，《社科纵横》2014年第3期；洪晓蒙、吴冰晴、汪智灵：《"互联网+"背景下我国传统中药材发展现状——以安徽亳州为例》，《商场现代化》2020年第9期。

（州），特别是在产业核心区的白山市建立人参示范园区，通过示范园区的试验、示范、上规模、上水平，增强其辐射带动作用，打造长白山人参文化。[①]

（2）华北区

华北区主要包括内蒙古自治区、北京、天津、河北、山西等省份。据不完全统计，华北区出台的相关规划如表1-10所示。

表1-10　华北区中药产业发展规划统计

地区	省份	出台日期	发布单位	规划名称
华北区	内蒙古自治区	2021.12.31	内蒙古自治区卫生健康委	内蒙古自治区"十四五"中医药（蒙医药）规划
	北京	2022.1.26	北京市中医药管理局	北京中医药发展"十四五"规划
	天津	2021.9.10	天津市卫生健康委员会	天津市中医药事业发展"十四五"规划
		2023.12.12	天津市人民政府办公厅	天津市推动中医药产业高质量发展提升行动方案
	河北	2022.10.28	河北省中医药管理局等九部门	河北省基层中医药服务能力提升工程"十四五"实施方案
		2023.7.21	河北省人民政府办公厅	关于支持中医药产业高质量发展的若干措施
	山西	2021.12.30	山西省药品监督管理局、山西省发展改革委	山西省"十四五"药品安全与高质量发展规划

以内蒙古自治区为例，内蒙古自治区武川县是国内公认的中药材之乡（黄芪之乡），属于黄芪道地产区。依据《中国药材产地生态适宜性区划》技术数据库资料，武川县全县范围内的生态适宜性药材种类主要包括内蒙黄芪、防风、柴胡等。针对内蒙古地区的中药材品牌建设，在科研环节，重视发挥院士、专家和科研院所的作用，用足用好现有人才资源，以发挥专家人才资源在品种研发、科学种植、技术支撑等方面的作用，提升产品的科技含量和附加值。在种植环节，走特色、高端、品牌路线，在升级现有传统优势品种上下功夫，着力提升黄芪、芍药等品种的科学育苗、施肥、种植和田间管理水平，提高规范化、标准化程度，巩固和提升武川黄芪、芍药等品种的品质和口碑；在文化环节，挖掘中草药、中医药文化，加强宣传并与旅游衔接，武川县自古就有黄芪、党参等的种植传统，即所谓的道地药材，在中药界有较大名气，武川县也是中国公认的29个中药材之乡之一（黄芪之乡）。此外，由于武川县种植芍药、牡丹等开花植物已有一定规模，具有较高的观赏性，可与本地的草原、油菜花、

[①]　戴昀弟、杨海斌、王秀全：《吉林省中药材产业发展对策研究》，《经济纵横》2007年第9期。

向日葵等旅游资源进行联动开发，进一步丰富旅游资源。[①]

2. 南方药材区中药产业发展规划及品牌建设现状

（1）中南区

中南区主要包括湖北、河南、湖南等省份。据不完全统计，中南区出台的相关规划如表1-11所示。

表1-11　中南区中药产业发展规划统计

地区	省份	出台日期	发布单位	规划名称
中南区	湖北	2021.11.4	湖北省人民政府办公厅	湖北省生物产业发展"十四五"规划
		2021.12.25	湖北省人民政府办公厅	湖北省药品安全及促进医药产业高质量发展"十四五"规划
		2021.12.30	湖北省经济和信息化厅	湖北省医药产业"十四五"发展规划
	河南	2022.9.2	河南省人民政府办公厅	河南省"十四五"中医药发展规划
		2022.12.27	河南省人民政府办公厅	关于加快中药材产业高质量发展的意见
	湖南	2021.11.16	湖南省卫生健康委员会	湖南省"十四五"中医药发展规划

以湖南省为例，为推动湖南地区中药产业发展，湖南省推出了《湖南省中药材千亿产业发展规划》，进行中药材区域（产地县）布局以加强整体规划，以神农为中医药品牌，鼓励以千金药业为龙头的制药企业深入开展中成药、植物提取物、功能性食品、药膳产品、保健品、日化与化妆品等系列中医药产品的研发，促进"消、妆、健、食"字号以及"特殊医学用途配方食品"、日化生活用品等中药衍生品快速发展，进一步拓展中医药产业链。增强炎帝生物、慕她生物、泰阳药业、松本药业等企业的市场竞争能力，打响企业品牌，提升中药产业的经济效益，带动中医药产业高质量发展。出台适合地区中医药产业发展的相关文件与优惠政策，尽快把院内制剂药纳入医保范围，力争把中药材纳入"三农"扶持计划，[②]发挥中药产业在农业产业结构调整与乡村振兴中的积极作用。

（2）西南区

西南区主要包括重庆、云南、贵州、四川等省份。据不完全统计，西南区出台的相关规划如表1-12所示。

---

① 高巍：《依托区域特点的内蒙古自治区武川县中药材产业研究》，《经济研究导刊》2020年第20期。

② 《湖南中药材打造千亿元产业》，《农村百事通》2019年第3期。

表1-12 西南区中药产业发展规划统计

地区	省份	出台日期	发布单位	规划名称
西南区	重庆	2022.9.3	重庆市人民政府办公厅	重庆市中医药发展"十四五"规划
		2023.12.26	重庆市人民政府办公厅	重庆市中医药振兴发展重大工程实施方案（2023~2027年）
	云南	2022.9.2	云南省人民政府办公厅	云南省"十四五"中医药发展规划
		2023.7.26	云南省人民政府办公厅	云南省推进中医药振兴发展重大工程实施方案
	贵州	2022.6.8	贵州省中医药管理局	贵州省"十四五"中医药发展规划
		2023.1.16	贵州省人民政府办公厅	贵州省推动中医药产业高质量发展攻坚行动计划（2023~2030年）
	四川	2021.12.15	四川省人民政府办公厅	四川省"十四五"中医药高质量发展规划
		2023.4.6	四川省林业和草原局、四川省中医药管理局	四川省林草中药材规范化种植（养殖）示范基地认定管理办法

以云南省为例，为完善市场体系建设，云南省在产业条件成熟的地区按照"一县、一平台、一产业、一市场、一政策"规划布局。由云南白药集团牵头在昆明市综合保税区搭建可以精准到应对个人消费者的跨境电商平台和进出口服务贸易平台；构建以菊花园药材交易中心为核心区域（州、县级、口岸）和以专业化市场为辅的市场体系。培育云南白药成为世界级龙头企业。从现有骨干龙头企业中（龙津药业、大理药业、特安纳、三七科技等）培育一批国家级、省级龙头企业，同时培育一批县级龙头企业。打造绿色云药国家品牌。建设质量控制保障体系，建立省级公共检测平台，推动第三方检测认证，负责中药材及绿色食品的检验，并被法定检测机构所认同。[①]

（3）华南区

华南区主要包括海南、广东、广西等省份。据不完全统计，华南区出台的相关规划如表1-13所示。

---

① 吕国锋：《云南省道地中药材发展现状、问题及对策》，《南方农业》2017年第3期；金晓伟、何湘、刘加练等：《云南省中药材发展现状与建议》，《农业工程技术》2021年第13期；夏安玲：《云南省特色农产品品牌建设策略》，《世界热带农业信息》2020年第12期。

表 1-13　华南区中药产业发展规划统计

地区	省份	出台日期	发布单位	规划名称
华南区	海南	2021.12.21	海南省卫生健康委员会、海南省发展和改革委员会	海南省中医药发展"十四五"规划
	广东	2023.2.25	广东省工业和信息化厅、广东省农业农村厅、广东省林业局、广东省中医药局	广东省中药材产业化基地培育建设管理办法（试行）
		2022.6.14	广东省人民政府办公厅	广东省建设国家中医药综合改革示范区实施方案
		2021.12.8	广东省中医药局	广东省中医药发展"十四五"规划
	广西	2022.1.27	广西壮族自治区人民政府办公厅	广西中医药壮瑶医药发展"十四五"规划
		2022.8.23	广西壮族自治区人民政府办公厅	关于加快中医药壮瑶医药特色发展若干政策措施的通知

　　以广西为例，大健康产业是广西创新驱动发展的九大名片之一，政府出台了《广西健康产业三年专项行动计划》《关于加快发展大健康产业发展的若干意见》等政策文件。创建粉葛等具有广西优势特色的"桂字号"药食同源原料植物及健康产品的品牌，创建地理标志产品、有机产品、绿色无公害产品等，提升知名度，形成品牌效应。从全产业链考虑，统筹谋划，一体推进，加强药食同源产业关键技术研究及大健康产品研发；以大健康产品开发为中心，充分挖掘药食同源原料植物的资源和产业优势，开展药食同源产业关键技术研究与产业化示范工作，为广西地方经济发展和健康中国建设助力。加强广西药食同源植物的基础研究。开展基因组学、道地品种鉴定、营养活性成分挖掘等基础研究，科学评价药食同源植物的道地品种、功效因子、营养价值、药用价值等。[①]

　　（4）华东区

　　华东区主要包括江西、安徽、福建、山东、浙江、上海、江苏等省份。据不完全统计，华东区出台的相关规划如表 1-14 所示。

---

①　马留辉、黄少军、周媛：《乡村振兴战略下广西中药材种植业发展现状及对策》，《现代农业科技》2022 年第 10 期。

表 1-14　华东区中药产业发展规划统计

地区	省份	出台日期	发布单位	规划名称
华东区	江西	2022.7.20	江西省人民政府办公厅	江西省"十四五"中医药发展规划
		2023.10.14	江西省人民政府办公厅	关于印发江西省推动中医药振兴发展重大工程实施方案的通知
	安徽	2022.6.10	安徽省卫健委、省发改委、省中医药管理局	安徽省"十四五"中医药发展规划
		2022.5.9	安徽省人民政府办公厅	安徽省促进中医药振兴发展行动计划（2022~2024年）
	福建	2022.4.27	福建省人民政府办公厅	福建省"十四五"中医药健康发展规划
	山东	2021.8.31	山东省卫生健康委员会	山东省中医药发展"十四五"规划
	浙江	2021.5.25	浙江省发改委、省经信厅、省农村农业厅、省卫健委、省中医药管理局	浙江省中医药发展"十四五"规划
	上海	2021.11.29	上海市卫健委、上海市中医药管理局	上海市中医药发展"十四五"规划
	江苏	2022.1.12	江苏省卫健委	江苏省"十四五"中医药发展规划

以安徽省为例，根据安徽省《关于加快中药产业化发展的意见》等政策文件，出台相关扶持中药产业发展政策，从资金、技术、人才、基地建设等方面加大投入，同时出台防范自然灾害风险的金融保险及相关融资方面政策，为中药产业发展保驾护航。加强中药材研发合作，如加大与中国科学院、南京中医药大学、安徽中医药大学等高校科研院所以及相关中药材企业的项目对接，积极引进中药材领域的专家学者团队，建立中药产业技术研发合作平台，在标准化种植、品种开发保护、中成药制造、中药衍生产品制造、药食同源产品开发等方面开展合作，加强产学研结合，加快科技成果转化，延伸产业链，提高产品附加值。将大健康产业作为发展中药产业的重要抓手、作为农业供给侧结构性改革的发展方向，以建设现代中药产业园为重点，巩固优势，补齐短板，逐步形成药材种植、饮片加工、成药制造、保健医疗、科教研发、观光旅游等较为完整的现代中医药产业体系。[①]

3. 西北药材区中药产业发展规划及品牌建设现状

西北区主要包括宁夏回族自治区、新疆维吾尔自治区、陕西、青海、甘肃等省份。据不完全统计，西北区出台的相关规划如表 1-15 所示。

---

① 岳杰、陈师农：《安徽中药材产业发展现状与建议》，《安徽科技》2015 年第 3 期。

表 1-15　西北区中药产业发展规划统计

地区	省份	出台日期	发布单位	规划名称
西北区	甘肃	2022.6.10	甘肃省卫健委等八部门	甘肃省基层中医药服务能力提升工程"十四五"行动计划
	宁夏回族自治区	2022.1.24	宁夏回族自治区卫健委	宁夏回族自治区"十四五"中医药发展规划
	陕西	2021.10.26	陕西省人民政府办公厅	加快中医药特色发展的若干措施
	青海	2022.11.9	青海省人民政府办公厅	青海省"十四五"中藏医药发展规划

以甘肃省为例，未来几年，甘肃中药产业发展应聚焦药材的道地性、质量安全性、药效稳定性，在种子种苗繁育、规范化种植、加工转化、仓储物流、品牌培育等方面下硬功夫，在技术层面，重中之重是保质量，注重道地大品种药材种子种苗繁供基地建设，把源头控制好。强力推进规范化种植，把质量提上来。大力推进全程机械化，把成本降下来。药材生产的成本，关系市场的竞争力和发展的可持续性。抓紧品牌打造，促进药材优质优价机制形成。对入选"甘味"品牌名录的"岷县当归""陇西黄芪""渭源白条党参""文县纹党""武都红芪""靖远枸杞""瓜州肉苁蓉"等中药材区域公用品牌给予重点培育；对成县桔梗、礼县大黄、民勤甘草、西和半夏、通渭金银花、华亭独活、民乐板蓝根等特色品牌，给予积极培育，促进道地药材知名度的提升和市场占有率的扩大。注重对道地陇药品牌的保护，严厉打击各种商标侵权行为。靠品牌实现优质优价和持续增收。特别是应积极实行中药材科学分级检测制度，试验推行国际上通行的第三方检测检验制度，建立全产业链可追溯体系，为"优质优价"提供支撑。[①]

4. 青藏药材区中药产业发展规划及品牌建设现状

以西藏为例，在药品研制、注册和生产方面，《西藏自治区药品管理条例》规定，自治区推进建立中药（藏药）理论、人用经验、临床试验相结合的中药（藏药）特色审评证据体系，鼓励应用现代科学技术和传统中药（藏药）研究方法开展中药（藏药）科学技术研究和药物开发，鼓励开展基于古代经典名方、名老藏医方、藏医医疗机构制剂等具有人用经验的中药（藏药）新药研发。[②]县级以上人民政府应当加强保护和合理利用野生药材资源，推进合法化、规范化、规

---

① 周祯莹：《甘肃中药材全产业链发展的思考》，《甘肃农业》2022 年第 3 期。
② 徐婧：《〈西藏自治区药品管理条例〉鼓励开展中药（藏药）新药研发》，《中医药管理杂志》2022 年第 12 期。

模化、标准化种植养殖中药（藏药）材。自治区建立中药（藏药）材质量追溯体系。

二　我国各地区中药产业发展规划及品牌建设比较分析

（一）我国中药产业发展规划和品牌建设总体情况分析

中医药产业快速发展，中医药立法的基础和条件也日趋成熟。2003年国务院颁布实施的《中医药条例》是我国首部规范中医药管理工作的行政法规，但是对中药产业的发展与保护并未进行单独的规定。2016年颁布的《中医药法》是我国首部全面、系统体现中医药特色的综合性法律，第三章内容有关中药保护与发展，对中药材、中药饮片、中成药以及医疗机构中药制剂从法律层面作出了一系列重大制度设计和创新，为相关重要问题的解决提供了依据和途径。国内中药工业从20世纪90年代中期开始高速增长，在2009年新医改后更是加速上升。"十二五"期间，连年保持高位增长，"十三五"期间，在国家供给侧结构性改革和药品审评审批制度改革不断深化的推动下，医药产业由高速增长向高质量发展转型，医药工业产值出现小幅下降。近年来，我国中药产业规模和水平显著回升。同时，为推动中药学基础研究发展、产学研合作协同创新、推进中医药国际化发展，中央政府批准成立了一系列中药领域国家重点实验室。[①] 这些实验室为实现中药传承与创新协调发展，持续开展中药应用基础研究，聚集培养中药优秀科技人才，发挥了重要的作用。

（二）我国各地区中药产业发展规划及品牌建设比较分析

1. 各省（区、市）中药产业发展规划及品牌建设比较分析

"守正·创新"数据驱动中药产业高质量发展论坛上，现代产业数据智能服务商、中国产业大脑和产业大数据领域领先企业火石创造联合合肥市发展和改革委员会、亳州市药业发展促进局、通化市医药和食品产业服务中心、樟树市中医药产业发展中心共同发布了《中国中药工业发展报告》，2022年中国中药产业综合实力30强城市、30强区县也同期揭晓（见表1-16）。榜单基于中药产业特点，从产业动力、产品实力两个维度对338个市（含直辖市）、2826个区县中药产业发展实力进行了综合评价。

---

① 马忠明、李同辉、张丰聪：《从历史维度展望中药发展》，《中国食品药品监管》2023年第3期。

表 1-16 "守正·创新"论坛公布的 2022 年中国中药产业综合实力 30 强城市、30 强区县榜单

2022 年中国中药产业综合实力区域 30 强			
30 强城市		30 强区县	
北京市	兰州市	安国市	江宁区
亳州市	临沂市	北辰市	浏阳市
成都市	南昌市	滨海新区	南昌县
长沙市	南京市	呈贡区	磐安县
长春市	南宁市	昌平区	彭州市
重庆市	南阳市	朝阳区（长春市）	谯城区
抚州市	黔南布依族苗族自治州	大兴区	秦都区
广州市	上海市	敦化市	蜀山区
贵阳市	石家庄市	丰台区	武侯区
哈尔滨市	天津市	合川区	新市区
杭州市	通化市	黄埔区	秀英区
海口市	武汉市	海淀区	禹州市
合肥市	西安市	呼兰区	雁塔区
昆明市	烟台市	洪山区	岳麓区
济南市	宜春市	虎丘区	樟树市

（1）四大药材区中药产业规划比较分析

对近十年全国四大药材区发布的中药产业政策信息数量进行了初步统计，并对不同药材区发布的中药产业政策总数进行了比较分析，其结果如图 1-23 所示。

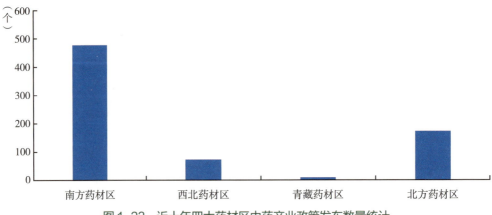

图 1-23 近十年四大药材区中药产业政策发布数量统计

从图 1-23 可以看出，各地对于中药产业的规划及建设规模存在差异，其中南方药材区及北方药材区对中药材的规划及建设程度相较靠前。南方药材区气候湿润、地形复杂，适宜种植一些温和药性的中药材，如何首乌、茯苓等。南方药材区在中药产业发展规划和品牌建设中注重提高药材的品质和质量，推动中药产业的国际化发展。西北药材区一般气候干燥、地形多样，适宜种植一些寒凉性中药材，如黄芪、党参等。在中药产业发展规划和品牌建设中注重提高药材的产量和质量，推动中药产业的标准化生产和品牌建设。青藏药材区地势高峻，气候严寒，适宜种植一些高原药性的中药材，如藏红花、冬虫夏草等。青藏药材区在中药产业发展规划和品牌建设中注重提高药材的采集技术和进行质量控制，加强对药材资源的保护和可持续利用，加快中药产业的可持续发展。北方药材区气候寒冷，土地肥沃，适宜种植温补作用药材，如东北三七、东北人参等，因此其规划重点通常是提高药材的品质和产量，加强药材加工，开发和推广适合北方地区气候和土地条件的新药材品种，促进中药材的产业化发展。综合对比，不难看出各地对于中药材的发展规划都是因地制宜，结合本地特色发展。

（2）各省（区、市）中药产业品牌建设汇总

中医药品牌建设是中医药行业发展的重要方向之一，随着现代人们对中药的需求及认可度的不断提高，加快中医药品牌建设也变得越来越重要，中医药品牌建设既是对中医药文化传承的一种弘扬，更是中医药行业发展的需要，近年来各地区对中医药品牌建设发展的力度也逐渐加大，先后发布了一系列品牌建设方针以加快中医药高质量发展（见表 1-17）。

表 1-17　代表性地区中医药品牌建设汇总

序号	省份	出台时间	品牌名称	核心内容
1	江西省	2020.2.27	赣十味	枳壳、车前子、江栀子、吴茱萸（中花）、信前胡、江香薷、蔓荆子、艾、泽泻、天然冰片（龙脑樟）
		2020.2.27	赣食十味	白莲、粉葛、芡实、百合、泰和乌鸡、陈皮（樟头红）、铁皮石斛、覆盆子、黄精（多花黄精）、瓜蒌（吊瓜子）
2	湖北省	2022.7.15	十大楚药	蕲艾、半夏、天麻、黄连、茯苓、福白菊、苍术、龟鳖甲、银杏、紫油厚朴和黄精（并列第十位），共11种
		2022.7.15	五大特色药材	资丘木瓜、野菊花、虎杖、金刚藤（菝葜）、马蹄大黄
3	湖南省	2019.8.17-2019.8.18	湘九味	湘莲、百合、玉竹、枳壳（实）、杜仲、黄精、茯苓、山银花、博落回
4	福建省		福九味	建莲子、太子参、金线莲、铁皮石斛、薏苡仁、巴戟天、灵芝、黄精、绞股蓝九大药食同源药材品种

续表

序号	省份	出台时间	品牌名称	核心内容
5	山东省	2023.4.8	潍九味	丹参、山楂、全蝎、柴胡、半夏、连翘、艾叶、酸枣仁和黄芩
		2023.12.27	鲁十味	金银花、阿胶、丹参、西洋参、全蝎、蟾酥、黄芩、北沙参、瓜蒌、山楂
6	四川省	2023.10.29	酒城九味	金钗石斛、赶黄草、龙眼、佛手、枳壳（枳实）、青果、天麻、黄精、栀子
7	浙江省	2022.8.2	丽九味	灵芝、铁皮石斛、三叶青、黄精、覆盆子、处州白莲、食凉茶、薏苡仁、皇菊
			浙八味	浙贝母（浙贝、贝母）、延胡索（元胡）、白术、杭白芍（白芍、芍药）、玄参、杭白菊（菊花）、浙麦冬（麦冬）和温郁金（郁金）
		2018.3.1	新浙八味	铁皮石斛、衢枳壳、乌药、三叶青、覆盆子、前胡、灵芝、西红花
8	安徽省	2016.12.15	十大皖药	霍山石斛、灵芝、亳白芍、黄精、茯苓、宣木瓜、菊花、丹皮、断血流、桔梗
9	河南省	2004	四大怀药	怀地黄、怀山药、怀菊花、怀牛膝
		2022.12.27	十大豫药	艾、山药、地黄、连翘、金银花、牛至、丹参、夏枯草、杜仲、山茱萸
10	广东省	2016.12.1	岭南中药	化橘红、广陈皮、阳春砂仁、广藿香、巴戟天、沉香、广佛手、何首乌
		2024.1.28	十大南药	化橘红、广陈皮、阳春砂仁、广藿香、巴戟天、沉香、广佛手、何首乌（以上是八大岭南中药）、广地龙、高良姜
11	广西壮族自治区	2021.1.29	桂十味	肉桂、罗汉果、八角茴香、广西莪术、龙眼肉、山豆根、鸡血藤、鸡骨草、两面针、广地龙
12	河北省	2022.7.6	十大冀药	酸枣、连翘、柴胡、金银花、黄芩、北苍术、苦杏仁、知母、防风、半夏
13	山西省	2020.11.11	十大晋药	黄芪、党参、连翘、远志、柴胡、黄芩、酸枣仁、苦参、山楂、桃仁
14	黑龙江省	2019.11.28	龙九味	刺五加、五味子、人参、西洋参、汉麻（火麻仁）、关防风、赤芍、板蓝根、鹿茸
15	辽宁省	2016.3.19	辽药六宝	人参、鹿茸、辽五味、辽细辛、蛤蟆油、关龙胆
16	陕西省	2019.11.28	十大秦药	黄芪、柴胡、元胡、丹参、附子、杜仲、天麻、猪苓、黄芩、山茱萸和黄精并列
17	甘肃省		十大陇药	当归、党参、黄芪、大黄、甘草、枸杞、板蓝根、柴胡、红芪、半夏
18	云南省	2020.8.6	十大云药	三七、滇重楼、灯盏花、石斛、砂仁、天麻、云茯苓、云当归、云木香、滇龙胆
19	西藏自治区		四大藏药	冬虫夏草、雪莲花、炉贝母、藏红花
20	贵州省		黔药	天麻、钩藤、太子参、薏苡仁、半夏、黄精、白及、花椒、艾纳香、何首乌、党参、茯苓、头花蓼、金（山）银花、生姜

目前中国中药行业在品牌建设方面也取得了一定的成效，其具体体现，一是国际知名度提升。一些中国中药企业的品牌已经在国际市场上获得了一定的知名度。例如，同仁堂、九芝堂等老字号中药企业在海外市场上有着一定的影响力，其产品得到了一些国际消费者的认可。二是产品质量提升。随着技术的不断进步和管理水平的提高，中国中药企业的产品质量得到了提升。一些企业注重研发创新，采用先进的生产工艺和质量控制体系，确保产品的安全性和有效性，增强了品牌的竞争力。三是地方特色品牌发展。一些地方性的中药品牌在本地市场上有着较高的认可度。这些品牌通常以地方特色的药材和传统制药工艺为基础，形成了自己独特的品牌优势，如川藏药业、云南白药等。四是国家政策支持。中国政府出台了一系列政策措施，支持中药企业的品牌建设和国际化发展。例如，加强对中药质量安全的监管，提升中药产业的整体形象；推动中医药国际化，促进中国中药品牌走向世界。五是跨界合作与创新发展。一些中药企业通过与跨国公司合作，开展技术创新和市场拓展，推动了品牌的国际化进程。同时，一些中药企业也积极拓展非药品领域，如保健品、化妆品等，进一步提升了品牌的影响力和市场竞争力。但中国中药企业需要进一步加强品牌建设，提升产品质量，不断创新，以适应市场变化和国际竞争的挑战。

三 对我国中药产业发展规划和品牌建设的思考

（一）对中药产业发展规划的思考

对于中药材发展规划，我们应大力促进民族药发展，将民族医药发展纳入民族地区和民族自治地方经济社会发展规划。要扎实推进中医药继承，包括加强中医药理论继承，加强中医药传统知识保护与技术挖掘等。要着力推进中医药创新，健全中医药协同创新体系，健全以国家级和省级中医药科研机构为核心，以高等院校、医疗机构和企业为主体，以中医科学研究基地为支撑，多学科、跨部门共同参与的中医药协同创新体制机制，完善中医药领域科技布局。还要加强中药资源的保护与利用，推进中药材规范化种植养殖，推进中药工业数字化、网络化、智能化建设。实施中医药大健康产业科技创业者行动，促进中药一二三产业融合发展。应大力发展中医药文化，培育一批知名中医药品牌和企业，提升中医药与文化产业融合发展水平。要积极推动中医药海外发展，加强中医药对外合作交流，扩大中医药国际贸易。

（二）对中药品牌建设的思考

在品牌建设方面，我们应以文化为内核，挖掘品牌内核，在实现中医药文化资源的产业化开发进程中，应当始终坚持以文化为内核的基本原则，讲好品牌故事，传承品牌文化。以质量为根本，创新营销模式，要根据市场需求研发出更多迎合消费者需求的大健康领域中医药产品，让中医药以及中医药文化渗透人们的生活。价格层面，在稳定销售价格的基础上增加产品附加值，通过拓展品牌的文化附着、强化终端客户服务等措施与消费者实现价值共创，提升消费者对产品价格的认可度。渠道层面，在完善体验馆定位的基础上拓展电商销售渠道，既要发挥实体店的产品展示和文化传播优势，又要开拓线上平台资源的宣传与销售功能，形成线上线下联动融合。促销层面，在彰显老字号传统的基础上创新品牌群建设，要利用官方媒体及新媒体打造品牌热点，做好事件营销，以此来增强品牌知名度与影响力。[①]

以科技为支撑，加强中西医结合。中医药文化产业的发展遇到很多瓶颈，究其根源是中医药基础和临床实证研究不够深入，不少炮制技术、配方及诊疗方法得不到有效推广。中医药文化品牌建设要借鉴西医疗法中的思路、手段与方法，打破学科壁垒，加强同高校、科研院所的技术交流与合作，突破技术桎梏，实现创新发展；同时加大中医药特色人才建设力度，打造高水平的复合型中西医结合专业队伍。以国际化为契机，实施"走出去"战略。中医药文化品牌建设应抓住时代机遇，大力实施"走出去"战略，为服务构建人类健康命运共同体作出更大贡献。

如今，大健康产业特别是中医药产业复兴越来越受到关注。国家高度重视中医药事业发展，把中医药事业提升到国家战略层面来发展，陆续出台了一系列具有顶层设计和指导性的措施和政策，目前市场中成药需求旺盛，中药材产量持续增长，中药材向绿色化种植升级，同类中药材中道地中药材更加受到市场追捧。但我国中药材市场仍面临着很多问题，我们必须要加大对中药产业的规划和品牌建设力度。

---

① 王亚立:《我国中药材发展问题及解决对策》,《黑龙江农业科学》2019 年第 1 期。

参考文献

[1]　李红艳:《基于新冠肺炎疫情防控的中药材发展研究》,《智慧农业导刊》2022 年第 13 期。

[2]　景龙:《中药材规范化种植的现状与前景探析》,《农业灾害研究》2021 年第 9 期。

[3]　李萍:《中药材规范化种植现状与前景探究》,《南方农业》2020 年第 15 期。

[4]　康传志、吕朝耕、黄璐琦等:《基于系统层次的常见中药材生态种植模式及其配套技术》,《中国中药杂志》2020 年第 9 期。

[5]　胡丽、张文生、张占军:《供应链管理体系下中药材种植企业发展模式探讨》,《中国现代中药》2007 年第 8 期。

[6]　万修福、王升、康传志等:《"十四五"期间中药材产业趋势与发展建议》,《中国中药杂志》2022 年第 5 期。

[7]　王福、陈士林、刘友平等:《我国中药材种植产业进展与展望》,《中国现代中药》2023 年第 6 期。

[8]　周丽娟:《中药材的产地初加工技术》,《现代园艺》2021 年第 13 期。

[9]　郑志安:《中药材产地加工机械化的思考与实践》,《农机市场》2021 年第 2 期。

[10]　初天哲、陈士林、刘友平等:《中药饮片发展进程及市场现状的分析与思考》,《环球中医药》2023 年第 3 期。

[11]《中药材保护和发展规划（2015~2020 年）》,2015 年 4 月 14 日。

[12]　郭东晓、于姗姗、郭衍珩等:《中药配方颗粒标准制定技术问题和对策分析》,《中国实验方剂学杂志》2022 年第 17 期。

[13]　黎雄:《Z 药业公司中药破壁饮片营销策略研究》,硕士学位论文,华南理工大学,2021。

[14]　苏海新:《湖南株洲市中药材产业现状、问题与发展建议》,《农业工程技术》2022 年第 20 期。

[15]　李靖、杨敬宇:《甘肃省道地中药材发展现代物流模式的探讨》,《社科纵横》2014 年第 3 期。

[16]　洪晓蒙、吴冰晴、汪智灵:《"互联网 +"背景下我国传统中药材发展现状——以安徽亳州为例》,《商场现代化》2020 年第 9 期。

[17]　戴昀弟、杨海斌、王秀全:《吉林省中药材产业发展对策研究》,《经济纵横》2007 年第 9 期。

[18]　高巍:《依托区域特点的内蒙古自治区武川县中药材产业研究》,《经济研究导刊》2020 年第 20 期。

[19]《湖南中药材打造千亿元产业》,《农村百事通》2019 年第 3 期。

[20]　吕国锋:《云南省道地中药材发展现状、问题及对策》,《南方农业》2017 年第 3 期。

[21]　金晓伟、何湘、刘加练等:《云南省中药材发展现状与建议》,《农业工程技术》2021 年第 13 期。

[22]　夏安玲:《云南省特色农产品品牌建设策略》,《世界热带农业信息》2020 年第 12 期。

[23]　马留辉、黄少军、周媛:《乡村振兴战略下广西中药材种植业发展现状及对策》,《现代农业

科技》2022 年第 10 期。

［24］岳杰、陈师农：《安徽中药材产业发展现状与建议》，《安徽科技》2015 年第 3 期。

［25］周祯莹：《甘肃中药材全产业链发展的思考》，《甘肃农业》2022 年第 3 期。

［26］徐婧：《〈西藏自治区药品管理条例〉鼓励开展中药（藏药）新药研发》，《中医药管理杂志》
2022 年第 12 期。

［27］马忠明、李同辉、张丰聪：《从历史维度展望中药发展》，《中国食品药品监管》2023 年第 3
期。

［28］王亚立：《我国中药材发展问题及解决对策》，《黑龙江农业科学》2019 年第 1 期。

第二章
中药产业政策分析

　　本章从我国中药产业政策的发展背景出发，分析了当前国家部委和地方政府两个层面关于中药产业政策的现状，重点分析了党的十八大以来国家部委在中药材生产、中药饮片和中成药生产、中药商贸流通、中药新药研发、中药健康服务等行业的中药产业相关政策；简要分析了地方政府和代表性地区中药产业相关政策概况；分析了我国中药产业政策演变，总结了中药产业政策引领产业发展的效果，并对完善我国中药产业政策提出了对策建议，供产业发展决策参考。

　　产业政策是指政府为了应对解决某一特定产业或跨越不同产业的各种问题而制定实施的政策，核心要义是对市场行为进行政策性干预，目的是引导产业持续健康发展，推动产业结构升级，优化调整资源配置方式，谋求有限资源效用最大化，弥补市场失灵。产业政策是促进产业发展的重要手段，对于提高产业竞争力、扩大产业规模、促进产业结构的合理布局，有着非常重要的作用。我国的中药产业在中医药事业发展中具有基础性地位，中药产业的高质量发展，对于推动中医药走向世界、健康中国建设，以及实现中华民族伟大复兴的中国梦，具有不可或缺的作用。

　　新中国成立以来，党和政府高度重视中医药事业发展，制定了一系列保护、扶持、促进中医药发展的方针政策。党的十八大以来，以习近平同志为核心的党中央把中医药工作摆在更加重要的位置，作出一系列重大决策部署，为中医药事业迎来了"天时、地利、人和"的大好时机，我国中药产业的发展更是进入了快车道。近年来，我国各级政府先后出台了多项中药产业政策，有力推动了中药产业发展。经过几十年的快速发展，我国中药产业已基本形成了以科技创新为动力、以中药农业为基础、以中药工业为主体、以中药装备工业为支撑、以中药商业为枢纽的新型产业体系。[①] 本章梳理当前我国中药产业政策内容，重点分析近 20 年以来的中药产业相关政策，在此基础上，进一步提出完善我国中药产业政策的建议。

第一节　我国中药产业政策的发展背景

一　我国中医药事业的发展历程

中医药是中华民族的伟大创造，为中华民族繁衍生息作出了巨大贡献，对世界文明进步产生了积极影响。党和政府一直高度重视中医药事业，并把保护、传承和发展传统中医药作为社会主义事业的重要组成部分，坚持不懈推动中医药与时俱进发展。本节回顾了自新中国成立以来我国的中医药事业发展历程，可将其分为三个阶段。

（一）事业奠基，曲折前进（1949~1977 年）

新中国成立以来，党和政府高度重视中医药事业发展，制定了一系列保护、扶持、促进中医药发展的方针政策。1950 年 8 月在第一届全国卫生会议上将"团结中西医"作为我国卫生工作方针之一，充分肯定了中医中药的实践价值和重要作用。1955 年 12 月卫生部中医研究院（现名中国中医科学院）成立，1956 年 9 月在北京、上海、广州、成都等地成立首批中医学院。1958 年 10 月 11 日，毛泽东在《卫生部党组关于西医学习中医离职班情况成绩和经验给中央的报告》上作出重要批示指出，"中国医药学是一个伟大的宝库，应当努力发掘，加以提高"，这一批示成为对中医药客观评价和工作方向的著名论断，为我国中医药及中西医结合工作指明了前进方向。1967 年 5 月 23 日启动防治疟疾药物研究项目，并举全国之力，以完成这项紧急任务。1969 年 1 月，卫生部中医研究院屠呦呦加入研发，1972 年 11 月 8 日，首次获得具有抗疟活性的单一化合物"青蒿素"，救治了亿万病患。

[①] 郭宇、丁文珺、熊斌：《2013~2016 年我国中药产业的发展情况分析》，《湖北中医杂志》2017 年第 12 期；赵智、刘琳、欧定华：《我国中药产业发展现状与未来趋势》，《南京中医药大学学报》（社会科学版）2015 年第 1 期。

（二）蓬勃发展，砥砺前行（1978~2012 年）

党的十一届三中全会以后，改革开放的春风也令中医药界万象更新。1978 年中共中央发出《关于认真贯彻党的中医政策，解决中医队伍后继乏人问题的报告》的文件，这就是改变中医命运的中共中央 56 号文件。邓小平批示说："这个问题应该重视，特别是要为中医创造良好的发展与提高的物质条件。"1982 年 4 月 16 日至 22 日，卫生部在湖南衡阳召开全国中医医院和高等中医教育工作会议，提出"突出中医特色，发挥中医药优势，发展中医药事业"的指导方针，明确中医、西医、中西医结合三支力量都要大力发展、长期并存的基本方针，为中医药事业的发展指明了前进方向，成为中医药事业迈过"生死存亡"门槛、迎来迅猛发展的转折点。国医大师邓铁涛在自己的著作《铁涛医话》中评价，衡阳会议是改变中医从属地位的开始。同年，"发展现代医药和我国传统医药"被写入《中华人民共和国宪法》，明确了中医药在我国卫生事业中的地位和作用，为中医药事业发展提供了法律依据。1985 年党中央、国务院明确指示"要把中医和西医摆在同等重要的地位"，1986 年国务院批准成立国家中医管理局。1988 年机构改革中又将中医中药结合在一起，成立了国家中医药管理局，从管理体制上改变了中医药从属于西医药的地位，结束了中医和中药分割管理的局面，走上了中医药自主发展道路，呈现出一派振兴和发展的景象。

1991 年，在全国人大七届四次会议上，将"中西医并重"列为新时期我国卫生工作的五大方针之一。2002 年 11 月科技部等八部门共同颁布了《中药现代化发展纲要（2002 年至 2010 年）》，开启了中药产业现代化建设的道路。[①]2003 年，中医药法制建设迈出重大步伐，我国第一部专门的中医药行政法规《中华人民共和国中医药条例》颁布实施，中医药立法被列入日程，24 个省（区、市）颁布了地方性中医药法规。2007 年 4 月 6 日，科技部、卫生部、国家中医药管理局等 16 部门联合发布《中医药创新发展规划纲要（2006~2020 年）》。2007 年，"坚持中西医并重""扶持中医药和民族医药事业发展"等方针政策，首次被写入党的十七大报告，充分表明了党中央将中医药作为一项关切民生的事业加以发展，标志着发展中医药已经成为全党共识和党的全面工作的重要内容。2012 年党的十八大召开，"坚持中西医并重""扶持中医药和民族医药事业发展"等方针政策，继续被写入党的十八大报告。

---

① 朱建平：《新中国中医药发展 70 年》，《中医药文化》2019 年第 6 期。

（三）全面振兴，踔厉奋进（2013 年至今）

党的十八大以来，以习近平同志为核心的党中央坚持中西医并重，把中医药工作摆在更加重要的位置，作出一系列重大决策部署，为中医药事业迎来了"天时、地利、人和"的大好时机，为中医药传承创新发展指明了方向。2014 年 10 月 30 日，时任国务院副总理刘延东把中医药概括为"五种资源"，将中医药事业推向国家战略层面。2015 年 4 月，国务院办公厅转发工业和信息化部、国家中医药管理局等 12 部门联合印发的《中药材保护和发展规划（2015~2020 年）》，为第一个关于中药材保护和发展的国家级专项规划。2015 年 4 月，国务院办公厅印发《中医药健康服务发展规划（2015~2020 年）》，为国家层面制定的首个中医药健康服务领域的专项发展规划。2015 年 10 月 5 日，中国中医科学院研究员屠呦呦因"有关疟疾新疗法的发现"获 2015 年诺贝尔生理学或医学奖。这是中国医学界迄今为止获得的最高奖项，也是中医药成果获得的最高奖项。2016 年 2 月，国务院制定了《中医药发展战略规划纲要（2016~2030 年）》，对新时期推进中医药事业发展作出系统部署，进一步聚焦中医药的继承、创新、现代化、国际化，提高中医药的贡献度，明确把中医药发展上升为国家战略。同年，中共中央、国务院印发《"健康中国 2030"规划纲要》，提出"推进健康中国建设"。

2017 年 10 月 18 日，党的十九大召开，大会报告作出"坚持中西医并重，传承发展中医药事业"的重要部署。2017 年 7 月 1 日，《中华人民共和国中医药法》正式实施。2019 年 10 月 20 日，《中共中央 国务院关于促进中医药传承创新发展的意见》印发，这是第一次以中共中央、国务院名义印发的中医药文件。2021 年是"十四五"开局之年，1 月 22 日，国务院办公厅印发《关于加快中医药特色发展的若干政策措施》，这是继 2019 年《中共中央 国务院关于促进中医药传承创新发展的意见》印发之后又一有关中医药的重要文件，再次凸显了党中央、国务院对中医药工作的高度重视，再次彰显了中医药在国家经济社会发展中的战略价值。2022 年 3 月 3 日，国务院办公厅印发《"十四五"中医药发展规划》，这是新中国成立以来首个由国务院办公厅印发的中医药五年发展规划，是继《中医药发展战略规划纲要（2016~2030 年）》《中共中央 国务院关于促进中医药传承创新发展的意见》《关于加快中医药特色发展的若干政策措施》之后，进一步对中医药发展作出的全局性、战略性、保障性谋划，是"十四五"时期贯彻落实党中央、国务院关于中医药工作的决策部署，推动中医药振兴发展的纲领性文件。2022 年 10 月 16 日，党的二十大召开，二十大报告中明确指出要"促进中医药传承创新发展，推进健康中国建设"，这更加坚定了推动中医药事业高质量发展的信心和决心。

二　中医药事业与共建人类卫生健康共同体

（一）中医药为我国人民健康保驾护航

在中国几千年的发展历史中，中医药对瘟疫具有深刻的认识，在防治瘟疫上也积累了丰富的经验。据不完全统计，在中国历史上曾爆发过 1400 多次瘟疫，大规模的有 300 次以上，[①] 正是因为有中医药的防控和治疗作用，中国从来没有发生过类似于西方历史上的死亡人数达到数千万的状况，中华民族才得以延续。在当代，中医药在疫情防治上仍发挥着巨大作用。1956 年，乙脑疫情中蒲辅周老先生采用通阳利湿芳香化浊法，迅速遏制住了疫情的蔓延。2003 年，在非典疫情中，中医药也是积极参与其中，并取得了优异的成绩，发挥了突出的作用。2020 年 1 月 25 日，习近平总书记主持中共中央政治局常务委员会会议研究新型冠状病毒感染的肺炎疫情防控工作，即强调在诊疗方案中要重视中医药的作用。2023 年 1 月 27 日，国家卫生健康委员会与国家中医药管理局联合发布《关于进一步做好新型冠状病毒感染的肺炎中西医结合救治工作的通知》。2023 年 2 月 7 日，"清肺排毒汤"作为有效方剂由国家推荐各地使用。2023 年 2 月 18 日，《新型冠状病毒肺炎诊疗方案（试行第六版）》公布，再次强调有关医疗机构要在医疗救治工作中积极发挥中医药作用。这些政策措施保障中医药能够及时、广泛、有效地参加新冠肺炎疫情防控。面对本次新冠疫情，张伯礼院士指出："中医药全程参与此次疫情的防治工作，全程发挥作用，彰显了中医药的特色和优势。"

近 20 年来，中西医市场长期处于一个不均衡的状态，西方医学的市场构成比例远远大于我国传统的中医药市场，且在我国对卫生资源的供给上，传统中医药的卫生资源明显低于西医，中医财政投入在国家医疗卫生总投入中的占比一直不足 10%。[②]中医药却以低投入换来了巨大的回报，有学者研究证明，中医医疗财政投入的增加可促进我国经济的增长，认为在今后应当调整我国在医疗卫生财政投入中的中西比例，

---

① 甄雪燕：《近百年中国传染病流行的主要社会因素研究》，博士学位论文，华中科技大学，2011。
② 李宗明：《制度变迁视角下的公立医院和谐医患关系模式研究》，博士学位论文，深圳大学，2020。

足够的财政支持将会使中医药进入临床和科研的重要发展阶段。[①]中医药在1848年西医学进入华夏大地前已为炎黄子孙的繁衍作出了保障，今后也必将为我国人民健康保驾护航，为全人类的福祉作出更大的贡献。

（二）中医药在海外的广泛传播与发展

中医药在世界范围内的传播历史可以追溯到数百年前。早在唐朝时期，中国的中医药就已经传入了日本，成为日本的重要医学体系。[②]随着中国文化的不断传播和交流，中医药也逐渐传入了朝鲜、越南、马来西亚、新加坡等国家。

近年来，我国中医药文化知识和技术的传播已经被100多个国家和地区所接受，而我国的针灸技术已经得到上百个世界卫生组织会员国的认可和使用。[③]2016年，《中国的中医药》白皮书指出，中医药已经传播到183个国家和地区。有103个会员国认可使用针灸，其中29个设立了传统医学的法律法规，18个将针灸纳入医疗保险体系。此外，中国已与相关国家和国际组织签订了86个中医药合作协议，中国与外国签署的中外自贸协定中有14个包含中医药内容。

中共中央、国务院《关于促进中医药传承创新发展的意见》提出："推动中医药文化海外传播。大力发展中医药服务贸易。鼓励社会力量建设一批高质量中医药海外中心、国际合作基地和服务出口基地。"中医药和海外中医药中心加快步伐发展的舞台已经搭起，趁势而为是中医药发展不可阻挡的历史潮流。毫无疑问，海外中医药中心对推动中医药国际化有着重要的意义。[④]

（三）中医药与"一带一路"高质量发展

2013年3月习近平主席初次提出构建人类命运共同体的倡议，特别是在这次疫情防控阻击战的伟大斗争中，中国明确提出了打造人类卫生健康共同体的国际合作倡议。2021年12月31日，国家中医药管理局、推进"一带一路"建设工作领导小组办公室联合颁布了《推进中医药高质量融入共建"一带一路"发展规划（2021~2025

---

① 李珊珊：《我国分级医疗体制改革研究》，博士学位论文，四川大学，2021。
② 毛和荣：《"一带一路"背景下荆楚中医药文化对外传播研究》，博士学位论文，湖北中医药大学，2021。
③ 李谋多、张园园、陶涛等：《中医药文化海外传播策略研究》，《文化创新比较研究》2023年第14期。
④ 钟俊、张丽、黄艳彬：《后疫情时代下中医药文化国际传播的影响力评价及提升对策》，《南京中医药大学学报》（社会科学版）2022年第3期。

年）》。2022年3月，国务院办公厅印发《"十四五"中医药发展规划》，其中提出的第八项任务是加快中医药开放发展，推进中医药高质量融入"一带一路"建设，实施中医药国际合作专项，推动社会力量提升中医药海外中心、中医药国际合作基地建设质量，依托现有机构建设传统医学领域的国际临床试验注册平台。指导和鼓励社会资本设立中医药"一带一路"发展基金。推进中医药高质量融入共建"一带一路"，是推进共建"一带一路"高质量发展的重要内容，也是推动构建人类卫生健康共同体的重要载体，同时也为中医药国际化发展提供了良好机遇。

习近平总书记在2020年6月2日主持召开的专家学者座谈会上指出，这次疫情发生以来，我们秉持人类命运共同体理念，积极履行国际义务，密切同世界卫生组织和相关国家的友好合作，主动同国际社会分享疫情和病毒信息、抗疫经验做法，向100多个国家和国际组织提供力所能及的物质和技术援助，体现了负责任大国的担当。他强调，我们要继续履行国际义务，发挥全球抗疫物资最大供应国作用，共同构建人类卫生健康共同体。2020年3月18日，中国工程院院士张伯礼等中医专家与美国同行们分享交流中医药抗疫经验。在此次抗击新冠病毒肺炎疫情中，中医药表现突出，疗效显著，组建五批国家中医医疗队，整建制接管病区、医院和方舱医院，发布"三药三方"等有效方药，制定和联合发布中医诊疗方案，及时走出国门援助国外抗疫，向世界分享中国智慧，提供中国方案。《中医药发展战略规划纲要（2016~2030年）》中指出建好若干个中医药海外中心，积极协助国外政府、社区、企业等参与抗疫，在维护世界人民健康中彰显中华文明、展示大国形象，积极构建人类命运共同体。新冠肺炎疫情为人类健康敲响了警钟，同时也为中医药走出国门创造了一次难得的机遇，要加快中医药走出国门的步伐，为构建人类卫生健康共同体注入中医药的力量。

三　中药产业对中医药事业的意义和作用

（一）中药产业的基础性地位

中医事业要发展，中药是关键。中药是祖国医药宝库中的一部分，是历史上劳动人民防病治病的结晶，直到现在仍造福于人民，当前国内外医药界都在运用和研究它。[1] 中药包括中药材、中药饮片和中成药。国家发布《中药材生产质量管理规范》（GAP）明确规范中药材生产、采收，保证中药材质量，促进中药标准化、现代化，也对保护野生药材资源和生态环境，坚持"最大持续产量"原则，实现资源可持续利用加以规范。GAP 是保证中医用药可控、安全、有效的重要措施，是中药现代化走向世界的基石。[2]

（二）中药产业的带动作用

中药材产业涉及农业、林业、药品、食品、生物保健品等多个应用领域，重视中药材产业发展，有利于带动中医药医疗、养生、康复、保健等相关应用领域发展，开拓中药材旅游、养老、文化等相关服务，提高医疗、卫生、社会保障等公共服务水平，对于推动一二三产业的科学技术进步和可持续健康发展具有重要意义。[3] 经过几十年的快速发展，我国中药产业已基本形成以科技创新为动力、以中药农业为基础、以中药工业为主体、以中药装备工业为支撑、以中药商业为枢纽的新型产业体系。中药产业在中医药事业发展中具有基础性地位，中药产业的高质量发展，对于推动中医药走向世界、健康中国建设，以及实现中华民族伟大复兴的中国梦，具有不可或缺的作用。

第二节　国家部委中药产业政策分析

一　政策指引

2016 年 12 月 25 日《中华人民共和国中医药法》颁布，该法根据中医药发展规律和自身特点，为中医药自身的继承与创新提供了法律制度保障，是具有里程碑意义的大事。《中医药法》的第三章内容是中药保护与发展，对中药材、中药饮片、中成药以及医疗机构中药制剂从法律层面作出了一系列重大制度设计和创新，为相关重要问题的解决提供了依据和途径。近年来，一系列中药相关政策法规的制订工作快速推

---

[1]　马光顺：《习近平关于中医药发展重要论述及其时代价值研究》，硕士学位论文，广州中医药大学，2021。

[2]　姚力：《新时代十年健康中国战略的部署、推进与成就》，《当代中国史研究》2022 年第 5 期。

[3]　张宗明主编《中医药"走出去"的文化自觉与自信》，东南大学出版社，2021，第 392 页。

进。[①] 本节对近 20 年以来（统计时间截至 2023 年 12 月）国家部委层面出台的中药产业相关的政策进行了梳理，按照这些政策与中药产业的关联性程度分为专门政策、行业政策、相关政策三种类型。

本节的"专门政策"是指专门针对中药产业所制定的法规政策，旨在规范和促进中药产业的健康发展。这些政策按其引导的中药行业领域，可分为中药材生产、中药饮片、珍稀濒危中药材、中药注册、中药商业和健康服务等领域，具体政策统计如表 2-1 所示。

表 2-1　近 20 年来国家为发展中药产业制订的专门政策

发布时间	发布机构	政策名称
2002.11.1	国务院办公厅	中药现代化发展纲要（2002 年至 2010 年）
2003.4.7	国务院	中华人民共和国中医药条例
2009.5.7	国务院	关于扶持和促进中医药事业发展的若干意见
2012.3.5	外交部、教育部、科学技术部、财政部、文化部、卫生部、海关总署、国家税务总局、国家质量监督检验检疫总局、国家林业局、国家知识产权局、国家中医药管理局、国家外汇管理局	关于促进中医药服务贸易发展的若干意见
2013.1.9	国务院办公厅	国务院办公厅转发对外经济贸易部关于加强对中药材出口管理报告的通知
2015.4.14	国务院办公厅	中药材保护和发展规划（2015~2020 年）
2015.5.7	国务院办公厅	中医药健康服务发展规划（2015~2020 年）
2016.2.22	国务院	中医药发展战略规划纲要（2016~2030 年）
2016.7.1	文化和旅游部、国家中医药管理局	关于促进中医药健康旅游发展的指导意见
2016.12.25	全国人民代表大会常务委员会	中华人民共和国中医药法
2017.3.1	国家中医药管理局	关于促进中医药健康养老服务发展的实施意见
2017.5.12	科学技术部、国家中医药管理局	"十三五"中医药科技创新专项规划
2017.8.1	国家中医药管理局、国务院扶贫办、工业和信息化部、农业部、中国农业发展银行	中药材产业扶贫行动计划（2017~2020 年）
2018.8.13	国家中医药管理局、科学技术部	关于加强中医药健康服务科技创新的指导意见

①　李慧、牟蓉:《我国中药相关政策法规的发展现状与解析》,《中医药管理杂志》2019 年第 11 期。

续表

发布时间	发布机构	政策名称
2018.8.28	国家药品监督管理局	中药饮片质量集中整治工作方案
2018.12.18	农业农村部、国家药品监督管理局、国家中医药管理局	全国道地药材生产基地建设规划（2018~2025年）
2019.1.7	国家中医药管理局、商务部	关于开展中医药服务贸易统计试点工作的通知
2019.3.27	商务部、国家中医药管理局	"国家中医药服务出口基地"建设工作
2019.5.16	国家市场监督管理总局	进口药材管理办法
2019.6.10	国家中医药管理局	"三区三州"中医药扶贫工作实施方案
2019.10.20	中共中央、国务院	关于促进中医药传承创新发展的意见
2020.12.21	国家药品监督管理局	关于促进中药传承创新发展的实施意见
2021.1.26	国家药品监督管理局	中药配方颗粒质量控制与标准制定技术要求
2021.2.1	国家中医药管理局、国家药品监督管理局、国家医疗保障局、国家卫生健康委员会	关于结束中药配方颗粒试点工作的公告
2021.2.9	国务院办公厅	关于加快中医药特色发展的若干政策措施
2021.6.29	国家中医药管理局、中央宣传部、教育部、国家卫生健康委员会、国家广电总局	中医药文化传播行动实施方案（2021~2025年）
2021.11.12	国家卫生健康委员会、国家中医药管理局	关于规范医疗机构中药配方颗粒临床使用的通知
2021.12.31	国家医疗保障局、国家中医药管理局	关于医保支持中医药传承创新发展的指导意见
2021.12.31	国家中医药管理局、推进"一带一路"建设工作领导小组办公室	推进中医药高质量融入共建"一带一路"发展规划（2021~2025年）
2022.2.24	国家林业和草原局	林草中药材产业发展指南
2022.3.8	国家中医药管理局、国家卫生健康委员会、国家发展和改革委员会、教育部、财政部、人力资源和社会保障部、文化和旅游部、国家医疗保障局、国家药品监督管理局、中央军委后勤保障部卫生局	基层中医药服务能力提升工程"十四五"行动计划
2022.3.17	国家药品监督管理局、农业农村部、国家林业和草原局、国家中医药管理局	中药材生产质量管理规范
2022.3.29	国务院办公厅	"十四五"中医药发展规划
2022.4.8	国家中医药管理局、教育部、人力资源和社会保障部、国家卫生健康委员会	关于加强新时代中医药人才工作的意见

续表

发布时间	发布机构	政策名称
2022.9.2	科技部、国家中医药管理局	"十四五"中医药科技创新专项规划
2022.10.14	国家中医药管理局	"十四五"中医药人才发展规划
2022.11.9	国家中医药局、中央宣传部、教育部、商务部、文化和旅游部、国家卫生健康委、国家广电总局、国家文物局	"十四五"中医药文化弘扬工程实施方案
2022.11.25	国家中医药管理局	"十四五"中医药信息化发展规划
2022.12.21	国家药品监督管理局	关于实施《国家中药饮片炮制规范》有关事项的公告
2023.1.3	国家药品监督管理局	关于进一步加强中药科学监管促进中药传承创新发展的若干措施
2023.2.10	国务院办公厅	中医药振兴发展重大工程实施方案
2023.2.10	国家药品监督管理局	中药注册管理专门规定
2023.4.17	国家中医药管理局	中医药专业技术人员师承教育管理办法
2023.7.14	国家药品监督管理局	中药饮片标签管理规定

　　本节的"行业政策"是指为发展中药产业，在全国医疗卫生行业中对包括或涉及中药产业的相关内容进行规范和引导，具体政策统计如表2-2所示。

表2-2　近20年来国家为发展中药产业制订的行业政策

发布时间	发布机构	政策名称
2008.3.28	国务院办公厅	国家食品药品安全"十一五"规划
2012.2.13	国务院	国家药品安全"十二五"规划
2012.10.8	国务院	卫生事业发展"十二五"规划
2013.9.1	国务院办公厅	关于促进健康服务业发展的若干意见
2016.3.11	国务院办公厅	关于促进医药产业健康发展的指导意见
2016.10.25	中共中央、国务院	"健康中国2030"规划纲要
2016.12.27	国务院	"十三五"卫生与健康规划
2017.2.21	国务院	"十三五"国家药品安全规划

续表

发布时间	发布机构	政策名称
2017.6.14	科技部、国家卫生计生委员会、国家体育总局、国家食品药品监管总局、国家中医药管理局、中央军委后勤保障部	"十三五"卫生与健康科技创新专项规划
2018.4.28	国务院办公厅	关于促进"互联网＋医疗健康"发展的意见
2018.6.11	国家药品监督管理局	关于进一步加强机构改革期间药品医疗器械化妆品监管工作的通知
2019.3.6	国家林业和草原局、民政部、国家卫生健康委员会、国家中医药管理局	关于促进森林康养产业发展的意见
2020.1.22	国家市场监督管理总局	药品生产监督管理办法
2020.1.22	国家市场监督管理总局	药品注册管理办法
2021.5.10	国务院办公厅	关于全面加强药品监管能力建设的实施意见
2021.10.21	商务部	关于"十四五"时期促进药品流通行业高质量发展的指导意见
2021.12.22	工业和信息化部、国家发展和改革委员会、科学技术部、商务部、国家卫生健康委员会、应急管理部、国家医疗保障局、国家药品监督管理局、国家中医药管理局	"十四五"医药工业发展规划
2022.8.3	国家市场监督管理总局	药品网络销售监督管理办法
2022.8.18	国家卫生健康委员会	"十四五"卫生健康人才发展规划

　　本节的"相关政策"是指为促进中药产业发展，在国民经济生活的各个门类中对包括或涉及中药产业的相关内容进行规范和引导，具体政策统计如表2-3所示。

表2-3　近20年来国家为发展中药产业制订的相关政策

发布时间	发布机构	政策名称
2008.3.28	国务院办公厅	生物产业发展"十一五"规划
2010.10.10	国务院	国务院关于加快培育和发展战略性新兴产业的决定
2011.12.30	国务院	工业转型升级规划（2011~2015年）
2012.7.9	国务院	"十二五"国家战略性新兴产业发展规划
2012.12.29	国务院	生物产业发展规划

续表

发布时间	发布机构	政策名称
2013.5.30	国务院	"十二五"国家自主创新能力建设规划
2015.12.30	国务院办公厅	国家标准化体系建设发展规划（2016~2020 年）
2016.7.28	国务院	"十三五"国家科技创新规划
2017.3.15	国务院	国务院关于印发中国（四川）自由贸易试验区总体方案的通知
2021.10.13	商务部、中央宣传部、中共中央网络安全和信息化委员会办公室、发展和改革委员会、教育部、科学技术部、工业和信息化部、财政部、人力资源和社会保障部、自然资源部、住房城乡建设部、交通运输部、农业农村部、文化和旅游部、中国人民银行、国务院国有资产监督管理委员会、海关总署、国家税务总局、国家广播电视总局、国家统计局、国家移民管理局、国家中医药管理局、国家外汇管理局、国家知识产权局	"十四五"服务贸易发展规划
2021.12.20	国家发展和改革委员会	"十四五"生物经济发展规划
2022.1.27	国务院	"十四五"市场监管现代化规划
2023.2.20	中共中央、国务院	质量强国建设纲要

二 产业链发展

（一）中药材生产

1. 中药材规范化种植

我国对中药农业产业历来高度重视。近 20 年来围绕中药材种植，国家在战略规划、政策法规中多有涉及，资金、项目投入力度越来越大。2002 年 11 月国务院办公厅发布的《国务院办公厅转发科技部、国家计委、国家经贸委、卫生部、药品监管局、知识产权局、中医药局、中科院关于中药现代化发展纲要的通知》中提出"加强中药材栽培技术研究，实现中药材规范化种植和产业化生产；加强植保技术研究，发展绿色药材""大力推行和实施中药材生产质量管理规范"。2009 年 5 月国务院发布的《关于扶持和促进中医药事业发展的若干意见》中提出"建设道地药材良种繁育体系和中药材种植规范化、规模化生产基地""推进实施中药材生产质量管理规范"。《国务院关于印发"十二五"国家战略性新兴产业发展规划的通知》中提到要促进"中药材规范种植等产业化"。2015 年 4 月，国务院办公厅转发的由工业和信息化部、国家中医药管理局等 12 部门印发的《中药材保护和发展规划（2015~2020 年）》，其中提出"实施优质中药材生产工程"，即建设濒危稀缺中药材种植养殖基地、大宗优质中药材生产基地和中药材良种繁育基地以及发展中药材产区经济，具体指出"建设常用大宗中药材规范化、规模化、产业化基地，鼓励野生抚育和利用山地、林地、荒地、沙漠建设中药材种植养殖生态基地，保障中成药大品种和中药饮片的原料供应""推广使用优良品种，推动制订中药材种子种苗标准，在适宜产区开展标准化、规模化、产业化的种子种苗繁育，从源头保证优质中药材生产""推进中药材产地初加工标准化、规模化、集约化，鼓励中药生产企业向中药材产地延伸产业链，开展趁鲜切制和精深加工。提高中药材资源综合利用水平，发展中药材绿色循环经济"。2016 年 2 月 22 日，国务院下发的《中医药发展战略规划纲要（2016~2030 年）》中提出要推进中药材规范化种植养殖，制定中药材主产区种植区域规划，加强道地药材良种繁育基地和规范化种植养殖基地建设，促进中药材种植养殖业绿色发展，提高规模化、规范化水平。

2016 年 12 月 27 日，国务院在《"十三五"卫生与健康规划》中也同样提出"推进中药材规范化种植养殖"。2017 年 6 月 14 日，科技部与国家中医药管理局联合印发的《"十三五"中医药科技创新专项规划》中对中药材种植养殖从中药材生态种植研究、药用动物生态养殖及保护、珍稀名贵药材野生变家种研究、高品质道地中药材规模化种植研究四个方面作出了具体要求。2019 年 10 月，《中共中央 国务院关于促进中医药传承创新发展的意见》中提出要大力推动中药质量提升和产业高质量发展，即"强化中药材道地产区环境保护，修订中药材生产质量管理规范，推行中药材生态种植、野生抚育和仿生栽培""严格农药、化肥、植物生长调节剂等使用管理，分区域、分品种完善中药材农药残留、重金属限量标准。制定中药材种子种苗管理办法。规划道地药材基地建设，引导资源要素向道地产区汇集，推进规模化、规范化种植"。2021 年 2 月，国务院办公厅发布的《关于加快中医药特色发展的若干政策措施》提出实施道地中药材提升工程，即"加强道地药材良种繁育基地和生产基地建设。制定中药材采收、产地初加工、生态种植、野生抚育、仿野生栽培技术规范，推进中药材规范化种植，鼓励发展中药材种植专业合作社和联合社"。2022 年 3 月，国务院办公厅印发的《"十四五"中医药发展规划》提出中药材规范化种植提升行动，加快中药材品种培优、品质提升、品牌打造和标准化生产，集中推广中药材标准化种植模式。开展适宜品种林下种植示范研究，形成生态种植技术体系。建设一批道地药材标准化生产基地。

2. 中药资源保护

1987年，国务院就出台了《野生药材资源保护管理条例》。2015年4月14日，国务院办公厅转发了由工业和信息化部、国家中医药管理局、国家发展和改革委员会、科技部等12个部门联合制定的《中药材保护和发展规划（2015~2020年）》，成为我国第一个针对中药材的国家级专项规划。该规划中提出要"实施野生中药材资源保护工程，开展第四次全国中药资源普查，建立全国中药资源动态监测网络，建立中药种质资源保护体系、濒危稀缺中药材种植养殖基地"。2016年2月22日，国务院颁布《中医药发展战略规划纲要（2016~2030年）》，提出要"加强中药资源保护利用。实施野生中药材资源保护工程，完善中药材资源分级保护、野生中药材物种分级保护制度，建立濒危野生药用动植物保护区、野生中药材资源培育基地和濒危稀缺中药材种植养殖基地，加强珍稀濒危野生药用动植物保护、繁育研究"。2022年2月24日，国家林业和草原局办公室颁布的《林草中药材产业发展指南》中提出"严格保护野生药用生物资源，根据资源种类和分布情况，保护种质资源及药材产区生态环境。科学选育品种，杜绝外来有害生物。加强投入品管理，强化绿色生产"。2022年3月3日，国务院办公厅发布的《"十四五"中医药发展规划》中提出要"加强中药资源保护与利用。支持珍稀濒危中药材人工繁育。公布实施中药材种子管理办法。制定中药材采收、产地加工、野生抚育及仿野生栽培技术规范和标准"。

（二）中药饮片

1. 饮片

中药饮片生产是中药炮制的一项独特技术，需依据中医理论，综合考虑药材特性以及调剂、制剂和临床应用情况，其生产管理和质量控制均有独特要求。2003年1月30日，国家药品监督管理局在《药品生产质量管理规范（1998年修订）》的基础上发布了《中药饮片GMP补充规定》。2004年10月26日，国家食品药品监督管理局发布《关于推进中药饮片等类别药品监督实施GMP工作的通知》，要求自2008年1月1日起所有中药饮片生产企业都必须在符合GMP的条件下生产。2011年1月，卫生部又发布了《药品生产质量管理规范（2010年修订）》中药饮片等3个附录，填补了2010年版药品GMP有关中药饮片生产质量管理的空白。为进一步加强中药饮片监督管理，提高中药饮片质量，国家药品监督管理局于2018年8月31日印发了《中药饮片质量集中整治工作方案》，开启了为期一年的中药饮片全国大整顿。2022年3月，国务院办公厅发布《"十四五"中医药发展规划》，提出制定实施全国中药饮片炮制规范，继续推进中药炮制技术传承基地建设，探索将具有独特炮制方法的中药饮片纳入中药品种保护范围。

2. 配方颗粒

长达多年的试点工作结束后，中药配方颗粒的渠道限制被放开，由原本的二级以上中医院扩增到符合中医执业资质的各级医疗机构，销售渠道的扩增带来了产业扩容趋势。截至2022年9月初，国家药典委分4个批次发布了合计219个中药配方颗粒国家标准。国家药监局发布的《关于进一步加强中药科学监管促进中药传承创新发展的若干措施》，明确提出要加强对中药配方颗粒的监管。该措施中明确指出，将督促中药配方颗粒生产企业严格按照备案的生产工艺生产，严格供应商审核，加强中药材鉴别、中药饮片炮制、颗粒生产、检验放行等全环节质量管理，确保生产全过程符合相应的药品标准和药品生产质量管理规范。

（三）珍稀濒危中药材替代品

我国历来都十分重视珍稀濒危中药资源的保护，一直致力于保护野生中药资源，开展珍稀濒危中药资源替代品的研究和开发利用。《中华人民共和国中医药条例》明确指出"国家保护野生中药材资源，扶持濒危动植物中药材人工代用品的研究和开发利用"。2009年5月国务院发布的《关于扶持和促进中医药事业发展的若干意见》中提出："在药用野生动植物资源集中分布区建设保护区，建立一批繁育基地，加强珍稀濒危品种保护、繁育和替代品研究，促进资源恢复与增长。"2019年10月，《中共中央　国务院关于促进中医药传承创新发展的意见》中提出："加强珍稀濒危野生药用动植物保护，支持珍稀濒危中药材替代品的研究和开发利用。"2023年6月30日，国家药监局珍稀濒危中药材替代品监管政策与技术要求研究专家工作组成立暨专家研究座谈会召开，会议宣布成立国家药监局珍稀濒危中药材替代品监管政策与技术要求研究专家工作组，进一步推进相关监管政策与技术要求的研究完善。2023年7月1日起实施的《中药注册管理专门规定》，支持珍稀濒危中药材替代品的研究和开发利用，对临床定位清晰且具有明显临床价值的新发现的药材及其制剂，或者药材新的药用部位及其制剂，相关新药注册申请实行优先审评审批。

（四）中药注册分类

我国中药注册管理经历了 1985 年版和 1999 年版的《新药审批办法》，以及 2002 年、2005 年、2007 年、2020 年的《药品注册管理办法》四版，中药注册分类多次变革。我国最早出现的中药分类注册管理规定是在 1985 年卫生部发布的《新药审批办法》中，共分为 5 类：第 1 类为"中药材的人工制成品、新发现的中药材、中药材新的药用部位"；第 2 类为"改变中药传统给药途径的新制剂、天然药物中提取的有效部位及其制剂"，其中包括注射剂；第 3 类为"新的中药制剂（包括古方、秘方、验方和改变传统处方组成者）"；第 4 类为"改变剂型但不改变给药途径的中成药"；第 5 类为"增加适应症的中成药"。1992 年进行了修订和补充规定，第 1 类中新增"中药材中提取的有效成分及其制剂"，将新药用部位调至第 2 类，并明确提出"中药注射剂"；第 3 类新增"中西药复方制剂"；第 3 类和第 4 类新增"从国外引种或引进养殖的习用进口药材及其制剂"和"国内异地引种和野生变家养的动植物药材"。1999 年颁布了新的《新药审批办法》，明确定义新药为"我国未生产过的药品"，中药注册仍分为 5 类，且均按新药管理，主要在第 1 类、第 2 类中新增"复方中提取的有效成分"和"复方中提取的有效部位群"。

2001 年版《药品管理法》修订，2002 年版《药品注册管理办法（试行）》取代了《新药审批办法》，首次明确了药品注册概念，中药分类也从原 5 类增至 11 类。有效成分类制剂调整为第 1 类，新的中药材划分为第 2 类，中药材代用品和药用部位分别为第 3 类、第 4 类，有效部位类制剂为第 5 类，中药复方制剂为第 6 类，第 7~11 类中药分别为中药注射剂、改变给药途径、改变剂型、改变工艺及已有国家标准中药；其中，前 10 类属新药。《药品注册管理办法》于 2005 年正式实施，修订了 2002 年试行版中与 WTO 规定相冲突的内容，中药注册分类调整主要是取消了原第 7 类"未在国内上市销售的中药注射剂"，并将原第 10 类"改变国内已上市销售药品工艺"的情形列为补充申请。因此，2005 年版《药品注册管理办法》中的中药注册分类调整为 9 类，前 8 类按新药管理，这基本上确立了我国近 10 年以药学物质基础为核心的中药注册分类模式的雏形。2007 年版《药品注册管理办法》提高了对新药的要求，将新药规定为前 6 类，将第 9 类"已有国家标准的中药、天然药物"改为"仿制药"。

2020 年颁布的新版《药品注册管理办法》不再仅以药学物质基础作为划分注册类别的依据，而是强调遵循中医药发展规律，以临床价值为导向，鼓励创新研制和二次开发，同时加强对古典医籍精华的整理和挖掘，促进中药传承发展；将中药的注册分类总体上由 9 类简化为 4 类，包括中药创新药、中药改良型新药、古代经典名方中药复方制剂和同方同名药。与 2007 年版《药品注册管理办法》相比，目前的中药注册分类经历了较大调整。尤其是将原先的第 1 类、第 5 类、第 6 类中药都划归为第 1 类中药创新药，规定饮片和提取物都可作为处方药，不再要求有效部位或成分的含量，这是新版《药品注册管理办法》的重要创新改革举措。然而，从药材资源的角度来看，目前的第 1 类和第 3 类"新药材及其制剂"中，只留存了原第 2 类"新发现的药材及其制剂"和原第 4 类"药材新的药用部位及其制剂"，而"新的中药材代用品"并未被包含在其中。2020 年版的新《药品注册管理办法》的实施标志着我国中药新药注册管理迈入全新的发展时期。①

（五）中药商业和健康服务

1. 中药商贸流通

2015 年 4 月 24 日，国务院办公厅发布的《中医药健康服务发展规划（2015~2020 年）》中指出"开展中药资源出口贸易状况监测与调查，保护重要中药资源和生物多样性"。2016 年 3 月 11 日，国务院办公厅发布的《关于促进医药产业健康发展的指导意见》中指出"紧密衔接医改，营造良好市场环境。深化对外合作，拓展国际发展空间"。2017 年 8 月 15 日，由农业部、国家中医药管理局、国务院扶贫办等多部门联合发布的《中药材产业扶贫行动计划（2017~2020 年）》中指出"培育一批经营主体，提升产业精准扶贫成效。发展一批健康产业，推动扶贫成果有效增值"。将中药材与扶贫相结合，用中药材生产带动经济发展。2021 年 12 月 31 日，国家中医药管理局与推进"一带一路"建设工作领导小组办公室联合颁布的《推进中医药高质量融入共建"一带一路"发展规划（2021~2025 年）》中指出"支持优质和紧缺的中药材资源进口，鼓励合作建立中药材海外基地""推动中药材的海外合作"。2016 年 2 月 22 日，国务院下发的《中医药发展战略规划纲要（2016~2030 年）》中提出构建现代中药材流

---

① 瞿礼萍、唐健元、张磊等：《我国中药注册分类的历史演变、现状与问题》，《中国中药杂志》2022 年第 2 期。

通体系，"制定中药材流通体系建设规划，建设一批道地药材标准化、集约化、规模化和可追溯的初加工与仓储物流中心，与生产企业供应商管理和质量追溯体系紧密相连。发展中药材电子商务。利用大数据加强中药材生产信息搜集、价格动态监测分析和预测预警。实施中药材质量保障工程，建立中药材生产流通全过程质量管理和质量追溯体系，加强第三方检测平台建设"。

2021 年 2 月，国务院办公厅发布的《关于加快中医药特色发展的若干政策措施》提出实施道地中药材提升工程，即"推动建设一批标准化、集约化、规模化和产品信息可追溯的现代中药材物流基地，培育一批符合中药材现代化物流体系标准的初加工与仓储物流中心。引导医疗机构、制药企业、中药饮片厂采购有质量保证、可溯源的中药材""建设第三方检测平台"。2022 年 3 月，国务院办公厅发布的《"十四五"中医药发展规划》提出加强中药材第三方质量检测平台建设，研究推进中药材、中药饮片信息化追溯体系建设。

2. 中药健康服务

中药健康服务业主要由医疗性健康服务和非医疗性健康服务两大部分构成，已经形成了四大基本产业链：以医疗服务机构为主体的医疗产业，以药品、医疗器械及医疗耗材为主体的医药产业，以保健食品、健康产品为主体的保健品产业，以个性化健康检测评估、咨询服务、调理康复、保健养生等为主体的健康管理服务产业，具有覆盖面广、产业链长、社会与经济效益显著的特点。2013 年《国务院关于促进健康服务业发展的若干意见》指出"支持自主知识产权药品、医疗器械和其他相关健康产品的研发制造和应用；大力发展第三方服务；支持发展健康服务产业集群"。该意见的出台，具有刺激消费、拉动内需，调整结构、惠及民生的重大意义。《中药材产业扶贫行动计划（2017~2020 年）》中指出"搭建一批服务平台，支撑扶贫产业可持续发展"。将中药健康服务业与扶贫产业结合，相互促进发展。

第三节　地方政府中药产业政策分析

一　各省（区、市）政府中药产业政策分析

党的十八大以来，党中央、国务院高度重视中医药事业，把中医药工作融入国

家和地方经济社会发展大局和医药卫生改革发展大局中推动和落实，要求充分发挥好中医药"五种资源"优势，从国家战略高度谋划推动中医药高质量发展。各地方政府也迅速积极响应，纷纷制订出台了省级的推动中药产业发展的相关指导意见、行动计划、发展规划等一系列政策文件。

（一）30个省（区、市）中药产业政策总体数量统计

对我国30个省（区、市）（不包括西藏，下同）近10年来的中药产业政策进行汇总可以发现，30个省（区、市）中广西壮族自治区政策发布数量最多，高达46部。国家中医药综合改革示范区上海、浙江、江西、山东、湖南、广东、四川这7个省份发布的政策数量较多，这说明第一批试点的7个国家中医药综合改革示范区对中药产业发展十分重视（见图2-1）。

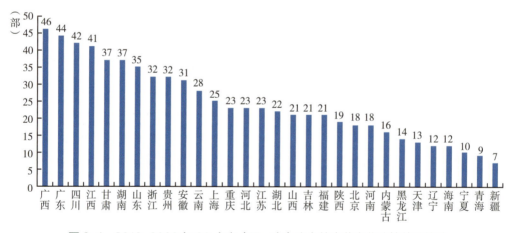

图2-1　2012~2022年30个省（区、市）出台的中药产业政策数量统计

（二）30个省（区、市）中药产业政策出台的年度趋势

汇总2012~2022年我国30个省（区、市）中药材产业政策数量可以看出，2012~2014年，各地出台的关于中药产业相关政策较少，从2015年开始中药产业政策的发布数量开始增多，2020年以来政策发布数量显著增多，尤其是2021年和2022年各地发布的政策数量较以往大幅增多，且配方颗粒和产地趁鲜切制加工相关政策数量也较多（见图2-2）。

图2-2　2012~2022年30个省（区、市）出台的中药材产业政策年度趋势

（三）地方政府中药产业政策热点分析

1. 中药材产地趁鲜加工（切制）政策

对2015~2023年30个省（区、市）发布的中药材趁鲜加工（切制）政策进行汇总分析，30个省（区、市）出台产地趁鲜切制相关政策并公布了品种目录。公布的品种名单中数量最多的是广东省（158），其中山西、青海、江苏、海南、北京、上海这6个省（市）尚未发布中药材趁鲜加工（切制）品种（见表2-4）。

大多数省份将天麻、桔梗、山药、党参、人参等列入趁鲜加工（切制）药材。一些省份趁鲜切制药材有其特有品种，比如鹅不食草是广东省独有的品种，艾纳香、八角枫、八角莲、八爪金龙、芭蕉根等是贵州省独有品种。

2. 中药配方颗粒政策

对2015~2023年30个省（区、市）发布的中药配方颗粒政策进行汇总分析，29个省（区、市）出台了产地中药配方颗粒相关政策并公布了品种目录。其中新疆没有公布品种目录，其余省（区、市）公布的配方颗粒品种目录中数量最多的是辽宁省（497）（见表2-4）。

表 2-4　2015~2023 年 30 个省（区、市）配方颗粒及趁鲜加工（切制）品种数量统计

序号	省份	配方颗粒品种数量	趁鲜加工（切制）品种数量	序号	省份	配方颗粒品种数量	趁鲜加工（切制）品种数量
1	辽宁	497	6	16	广西	212	25
2	山东	481	31	17	黑龙江	281	42
3	上海	472	0	18	北京	244	0
4	海南	422	0	19	云南	331	10
5	河北	356	37	20	湖南	278	15
6	广东	297	158	21	山西	232	0
7	江苏	413	0	22	内蒙古	196	16
8	四川	305	11	23	河南	172	20
9	贵州	340	91	24	湖北	336	25
10	甘肃	390	7	25	福建	181	16
11	江西	306	1	26	青海	179	0
12	浙江	286	6	27	陕西	70	85
13	吉林	234	13	28	重庆	97	10
14	安徽	337	26	29	新疆	0	11
15	宁夏	214	4	30	天津	419	52

二　国家中医药综合改革示范区中药产业政策

自 2019 年 10 月，中共中央、国务院印发的《关于促进中医药传承创新发展的意见》中明确规划建设一批国家中医药综合改革示范区以来，全国各省（区、市）积极争创国家中医药综合改革示范区，其中部分省（区、市）已出台相关的方案政策，先期对中医药综合改革作出了部署安排。2021 年 12 月，国家中医药管理局、国家发展和改革委员会、国家卫生健康委员会、工业和信息化部、国家药品监督管理局五部门联合批复，同意四川、上海、浙江、江西、山东、湖南、广东七个省（市）建设国家中医药综合改革示范区。2021 年 12 月 31 日，以加快打造一批中医药事业和产业高质量发展的标杆为主题的国家中医药综合改革示范区推进会召开，会议指出，建设国家中医药综合改革示范区，是学习贯彻落实习近平总书记关于中医药工作重要论述的实际行动，是党中央、国务院部署的重大改革任务，是中医药领域具有里程碑意义的一件大事，是推动中医药振兴发展的重要举措。在全面建设健康中国的征程中充分发挥

中医药独特优势，在更高起点、更高层次、更高目标上推进中医药深化改革，在实现高质量发展中激发和释放中医药多元功能和价值，迫切需要国家中医药综合改革示范区先行先试作出示范。

2022年3月25日，湖南省率先发布《湖南省2022年国家中医药综合改革示范区建设工作要点》，聚焦重点任务，落实重点改革措施，带动全年工作实现新突破。2022年4月22日，湖南省印发《湖南省建设国家中医药综合改革示范区实施方案》。随后，山东、广东、上海、四川、浙江5个省市结合本地区的中医药发展特点以及突出问题，相继制定出台了《山东省国家中医药综合改革示范区建设方案》《广东省建设国家中医药综合改革示范区实施方案》《上海市国家中医药综合改革示范区建设方案》《四川省建设国家中医药综合改革示范区实施方案》《浙江省国家中医药综合改革示范区建设方案》，主要提出了到2025年的工作目标、主要任务以及完成这个目标需要具备的保障措施，其中，在中药材产业相关问题上也作出了具体的说明（见表2-5）。国家中医药综合改革示范区实施/建设方案的提出，有利于推动解决制约中医药发展的突出问题，全面推进中医药强省建设，为全国中医药传承创新发展"破难题、探新路、作示范"。

表2-5 国家中医药综合改革示范区中药产业相关政策

省市	发布时间	政策	中药产业相关政策内容
湖南	2022.4.22	《湖南省建设国家中医药综合改革示范区实施方案》	1. 建设中药材优势特色产业集群； 2. 加强中药溯源管理； 3. 支持"邵东玉竹""隆回金银花""龙山百合""安仁枳壳""新化黄精"等获得国家地理标志的中药材品牌建设； 4. 引导中药企业在药材适生地区设立"定制药园"作为原料药材供应基地； 5. 鼓励研究采用符合产品特色的新技术、新工艺、新方法，对已上市中药品种进行二次开发
山东	2022.6.24	《山东省国家中医药综合改革示范区建设方案》	1. 强化区域合作，探索在道地药材产区、中药材市场或中药生产企业相对集中的地区共建检验实验室或检验检测平台，协同推动中药产业高质量发展； 2. 加大对中药材、中药饮片、中成药、医疗机构制剂质量监管力度，聚焦中药饮片存在的问题，开展专项检查和抽检； 3. 落实"四个最严"要求，发现违法违规问题依法处罚处理，切实保障中药质量安全； 4. 鼓励中药饮片生产企业将质量保证体系向中药材种植、采收、加工等环节延伸，从源头加强中药饮片质量控制，探索中药饮片生产经营全过程追溯体系建设

续表

省市	发布时间	政策	中药产业相关政策内容
广东	2022.6.30	《广东省建设国家中医药综合改革示范区实施方案》	1. 优化产业发展格局； 2. 打造新时代南药金字招牌； 3. 壮大产业集群
上海	2022.7.14	《上海市国家中医药综合改革示范区建设方案》	1. 实施中药饮片追溯体系建设，建立统一的中药饮片信息追溯平台，鼓励中药饮片生产企业使用可追溯的中药材，推动中药饮片高质量发展，依托上海中药标准化研究中心，建立若干中药饮片品质分级标准； 2. 探索建立以"产地""年份"为标准、以"区块链"技术为支撑、国际化的中药材交易中心，打造中药材国际定价平台
四川	2022.8.20	《四川省建设国家中医药综合改革示范区实施方案》	1. 构建链条健全的产业格局； 2. 实施中医中药协同发展工程
浙江	2022.9.23	《浙江省国家中医药综合改革示范区建设方案》	1. 培优做强中药工业； 2. 建立健全中药材种植和现代流通体系

三　粤港澳大湾区中药产业政策

推进粤港澳大湾区建设，是以习近平同志为核心的党中央立足全局作出的重大战略部署，是保持香港和澳门长期繁荣稳定的重大决策。2020 年国家和地方政府有关部门研究制定了《粤港澳大湾区中医药高地建设方案（2020~2025 年）》，其主要任务是，整合优势资源，打造医疗高地；促进融合发展，打造创新高地；夯实发展基础，打造人才高地；深化互利合作，打造产业高地；助力"一带一路"，打造国际化高地。

2021 年，澳门特区政府发布了《中药药事活动及中成药注册法》，制定了《澳门新型冠状病毒肺炎中医药诊疗方案》，同时还成立中医抗疫小组，不断地推进中医药在当地的发展，同时积极参与当地的疫情防控。

2022 年，横琴粤澳深度合作区执行委员会审议通过了《横琴粤澳深度合作区支持生物医药大健康产业高质量发展的若干措施》，该措施大力支持发展中医药澳门品牌工业，以中医药研发制造为切入点，努力推进国际一流、特色鲜明的生物医药大健康产业新高地建设，促进澳门经济适度多元发展。

　　2022年湖南省中医药管理局起草了《湘赣粤港澳中医药全产业链协同发展合作框架协议》。根据五方合作谋划，立足中医药"种、科、工、贸"全产业链，打造湘赣粤港澳中药材（种业与种植）、加工产业、信息化与商贸物流，并由科技支撑的中医药全产业链联盟，加速优质中医药资源在粤港澳大湾区流动。通过构建中药材、产业化、商贸、科技"四大合作中心"，适时引导成立中医药产业发展基金支持全产业链，推动湘赣粤港澳中医药大健康产业的高质量发展（见表2-6）。

表2-6　粤港澳大湾区中药产业相关政策

发布时间	政策名称	中药产业相关政策内容
2020.9.27	粤港澳大湾区中医药高地建设方案（2020~2025年）	1.支持完善地方饮片炮制规范，推动广东省中药全产业链质量标准体系建设，促进医疗机构中药饮片调配的标准化和现代化。支持粤港澳企业与医疗机构合作开展古代经典名方中药复方制剂的研究开发和临床应用。 2.充分发挥港澳中医药专业社团优势，支持中医药专业技术交流与人才培养。 3.推动在澳门审批和注册并在横琴粤澳深度合作区生产的中药产品依法在内地申请上市。 4.建立健全促进中医服务和中药产品走出去的新机制，助力国家"一带一路"建设
2020.9.27	粤港澳大湾区药品医疗器械监管创新发展工作方案	坚持新发展理念，深入推进"放管服"改革，创新药品医疗器械监管方式，整合监管资源，促进医药产业在粤港澳大湾区融合发展，更好地满足粤港澳大湾区居民用药用械需求，保障用药用械安全，塑造具有创新活力的健康湾区
2021.7.19	中药药事活动及中成药注册法	本法律订定中药药事活动准照制度及中成药注册制度
2021.12.31	推进中医药高质量融入共建"一带一路"发展规划（2021~2025年）	进一步发挥香港、澳门在共建"一带一路"中的独特优势，推动中医药发展
2022.3.29	"十四五"中医药发展规划	加强开展粤港澳大湾区中医药高地建设，支持横琴粤澳深度合作区中医药发展，推动中医药领域实现更高水平对外开放
2022.10.27	横琴粤澳深度合作区支持生物医药大健康产业高质量发展的若干措施	1.鼓励横琴研发中成药产品到澳门注册； 2.重点支持中药研发
2022.11.16	湘赣粤港澳中医药全产业链协同发展合作框架协议	以湘赣边区域为核心，围绕中医药产业协同发展需解决的共性问题，三省政协共同发力，形成协作机制，构建湘赣粤港澳联动共享、合作共赢新路径；湖南、江西、广东三省政协以"湘九味""赣十味""岭南中药材"（粤八味）等中药材品牌为重点，推动三省资源共享、基地共建、人才共育，培育壮大一批高质量品牌药材品种，打造种植产业集群
2023.10.25	广东省进一步完善医疗卫生服务体系的实施方案	加强粤港澳中医药交流互鉴，建设具有自主知识产权的中医药创新研发与转化平台，支持简化在港澳已上市传统外用中成药注册审批；开展"互联网＋中医药服务"，提升就医过程便捷性，增强诊疗服务连续性

第四节　对我国中药产业政策现状的思考

一　我国中药产业政策发展历程

我国中药产业政策发展历程可分为三个阶段。一是探索发展阶段（2000~2010年）。这一阶段中药产业的政策制定处于探索阶段，国家层面中药产业相关的政策出台还较少。二是稳定发展阶段（2011~2020年）。2010年以来国家层面出台的中药产业政策数量明显增多，从政策类型看，专门政策和行业政策数量显著增加（见图2-3）；从政策发布主体类型看，党中央/国务院发文数量持续增多，单个部门发文数量和多部门联合发文数量均出现增加，说明国家对中药产业发展的重视程度持续提升，中药产业发展已关联国家经济和国民生活发展的多个环节，产业发展开始进入细化，这一时期我国中药产业政策稳定发展（见图2-4、图2-5）。三是体系化发展阶段（2021年至今）。2021~2023年，无论是国家部委层面还是地方政府层面，出台的中药产业政策数量都远超以往，且呈现单部门发文数量和多部门联合发文数量持续增多的趋势，尤其是"十四五"以来多项中药产业专门政策的出现，标志着我国中药产业政策体系迈入体系化发展阶段。

图2-3　近20年中国中药产业政策发布数量分布（按政策类型）

图 2-4　近 20 年中国中药产业政策发布数量分布（按政策主体类型）

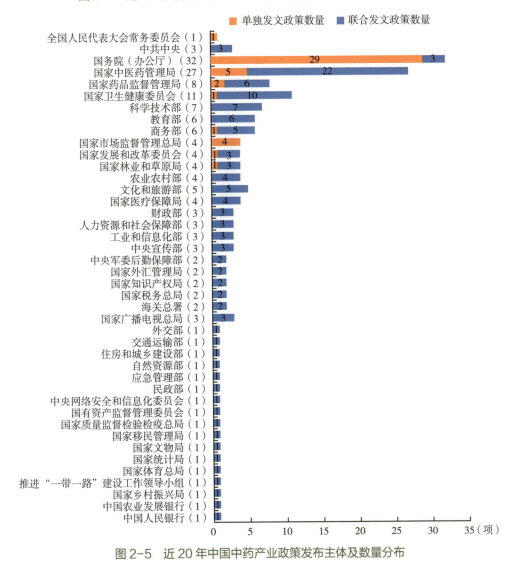

图 2-5　近 20 年中国中药产业政策发布主体及数量分布

二　我国中药产业政策引领产业发展的效果

（一）现代化中药产业体系日臻完善

在中央和地方政府合力推进下，经过几十年的快速发展，我国中药产业面貌发生了根本性的变化，已基本形成了以科技创新为动力、以中药农业为基础、以中药工业为主体、以中药装备工业为支撑、以中药商业为枢纽的新型产业体系。自20世纪90年代实施中医药现代化战略以来，中药产业发展模式开始从粗放型向质量效益型转变，标准化、规范化水平明显提高，涌现了一批具有市场竞争力的企业和产品，中药产业现代化步伐加快。

中药农业发展迅速，在中药材生产方面，加强优质、道地药材生产基地建设，规范化种植成效显著，目前已形成世界上规模最大、体系最完整的中药材生产体系，280余种常用中药材实现了规模化种植，基本满足了中医药临床用药、中药产业和健康服务业快速发展的需要。[①] 中药工业的现代化水平不断提升，中成药和中药饮片是我国中药产业的主体，现代工艺、制剂技术和新设备不断引入生产，同时生产过程的信息化、自动化水平不断提高。中药工业企业规模、效益不断提升，中药企业通过兼并重组，已经形成一批规模较大、现代化程度较高、具有较强创新能力的企业。[②] 一批中药及健康产品的企业脱颖而出并迅速成长，以企业为主体的创新队伍正在形成。在中药商贸流通领域，构建了新型的现代中药物流和信息追溯服务体系，为中药商业的跨越式发展奠定了基础。

（二）中药产业科技创新能力显著提升

在中药现代化发展进程中，我国实施创新驱动发展战略，把中医药科技创新摆到国家科技战略的高度。[③] 中药产业创新能力显著提升，在技术创新与药品创新等方面都有了长足进步。在中药现代化发展的推动下，一系列先进的技术被广泛应用到中药生产中，通过技术创新，我国中药生产能力大幅度提升；促进了西药制剂对中药制剂

① 黄菊、李耿、张霄潇等：《新时期下中医药产业发展的有关思考》，《中国中药杂志》2022年第17期。
② 丰志培、陶群山、彭代银等：《我国中药产业自主创新历史演进、特点与启示》，《中国中药杂志》2015年第11期。
③ 陈凯先：《把中医药科技创新摆到国家科技战略的高度推动我国科技的原始创新》，《中医药文化》2015年第2期。

技术的运用，优化和丰富了中药传统剂型，创制了中药注射剂、中药滴丸剂、中药超微饮片和单味中药配方颗粒剂等新剂型。[1]

同时，中药产业科技创新格局逐步由"政府主导"向"政府引导"转变，由"科研院所主持"向"企业主体"转变，初步形成了政府以政策和项目导向、高校以基础研究、科研院所以应用基础研究、企业以应用研究为侧重点的政产学研多方协同的中药产业科技创新体系。[2]

（三）中药产业被列入战略性新兴产业

当前，生物医药产业是重点发展的战略性新兴产业，《战略性新兴产业重点产品和服务指导目录（2016版）》中在生物医药产业项下列有"现代中药与民族药"。中药产业是我国拥有自主知识产权、具有极大自主创新潜力的少数产业之一，也是战略性新兴产业。[3]中药产业也已经成为西部开发、东北振兴、中部崛起过程中许多地方新的经济增长点和朝阳产业，为国家和区域的经济、社会协调发展作出了重要贡献。

三　完善我国中药产业政策的建议

（一）强化对中药产业政策的理论研究

合理的产业政策是推动产业发展的重要因素，因此研究并制定出合理的中药产业政策对于推动我国中药产业发展至关重要。目前，对于我国中药产业政策的理论研究还较少，尚处于起步阶段。作为重要的经济学理论之一，产业政策理论通过探寻产业发展变化规律，为产业政策的制定与选择提供原理、原则和方法。应借鉴目前研究发展较为成熟领域的产业政策理论研究体系，通过对中药产业政策的理论研究，形成符合中药特点的中药产业政策理论体系。

（二）完善中药产业及其相关配套政策体系

作为我国生物医药产业的重要组成部分，中药产业是相对独特的战略产业领域。

---

[1] 卢雅倩、胡豪、王一涛：《中药政策发展及影响分析》，《中国卫生事业管理》2015年第10期。

[2] 丰志培、陶群山、彭代银等：《我国中药产业自主创新历史演进、特点与启示》，《中国中药杂志》2015年第11期。

[3] 丰志培、常向阳：《中药材种植户垂直协作形式选择分析——基于安徽亳州的调查数据》，《中草药》2014年第14期。

在医药全行业"提质增效"迈向高质量发展的大环境下，中药产业整体变革步伐相对缓慢，整体竞争力相对下降，发展势头相对弱势。[①] 目前我国的中医药事业发展正处于能力提升推进期、健康服务拓展期、参与医改攻坚期和政策机制完善期。[②] 尽管已经取得了令人瞩目的发展，但我国中药产业和产业政策体系的发展都还处于待成熟完善阶段，从产业政策与产业链条对应支持方面来看，亟须制定中药材新品种登记制度、中药材战略储备制度、中药材优质优价保障制度、中药产业信息化制度以及中药监管体系和监管能力的科学化与现代化等措施，以完善我国中药产业政策体系。

与此同时，支撑中药产业相关的配套政策主要包括税收、财政和金融等方面。在税收政策方面，对从事中药产业的企业，对其给予一定程度的税收减免。在财政政策方面，在中央和省级层面设立推动中药产业发展的专项资金，并将其纳入财政预算；加大对民间资本参与中药产业发展的财政补贴力度。在金融政策方面，充分发挥政府信用担保的作用，由政府推动设立小额贷款融资平台，为中药产业相关企业提供融资；将中药产业信贷担保作为各地政府扶持中小企业发展信贷担保计划和扶持青年创业就业担保计划的重要组成部分。

（三）加强对中药产业政策的统筹协调与评估执行

在制定政策的过程中，各部门应在政策的口径、覆盖范围上加强统筹协调并明确政策执行的牵头部门，减少政出多门带来的推诿扯皮现象。此外，产业政策从出台、执行到评估，应该是一个闭环系统。如果中药产业政策没有得到有效落实，政策对于产业的引导作用就无法实现，也无法为政策的制定提供科学依据。只有让中药产业政策从制定到落地形成一个有效的闭环，才能使中药产业政策起到切实推动中药产业发展的作用。因此，加强对于中药产业政策的评估执行是产业政策实施过程中的重要环节。政策评估就是找出正在实施的政策所使用的方法及其所服务的目标的过程。政策评估的原则主要体现在三个方面，即政策的效益、政策的效率以及政策实施产生的价值。与此同时，应建立适合中医药事业发展的中药产业政策评估体系。[③]

---

① 张宗明主编《中医药"走出去"的文化自觉与自信》，东南大学出版社，2021，第 392 页。

② 黄菊、李耿、张霄潇等：《新时期下中医药产业发展的有关思考》，《中国中药杂志》2022 年第 17 期。

③ 刘秋风、田侃、沈夕坤等：《中医药政策实施效果评估》，《中医杂志》2018 年第 10 期。

（四）营造鼓励改革创新和试点探索的政策环境

国家发展改革委《关于 2016 年深化经济体制改革重点工作的意见》中提出"更加突出基层实践和创新。将顶层设计和基层探索创新有机结合，合理安排改革试点，鼓励地方结合实际进行探索创新，发挥基层首创精神，及时总结基层改革创新中发现的问题、解决的方法、蕴含的规律，推动面上制度创新"。党的二十大报告提出，深入推进改革创新，坚定不移扩大开放，着力破解深层次体制机制障碍，不断彰显中国特色社会主义制度优势，不断增强社会主义现代化建设的动力和活力，把我国制度优势更好地转化为国家治理效能。改革开放以来，我国历次改革的成功经验表明，顶层设计与试点探索，是改革创新的有效手段。中共中央、国务院印发的《关于促进中医药传承创新发展的意见》中已明确，自我国中药产业发展规划建设一批国家中医药综合改革示范区以来，全国各省（区、市）都积极争创国家中医药综合改革示范区，即是切实践行这一政策的有力举措。为了助推今后我国中药产业的高质量发展，应深入贯彻改革与创新的发展理念，鼓励各地方基层根据各自地区的中药产业发展特点，进行产业模式、产业措施以及产业政策等方面的改革创新和试点探索，营造积极正向的政策环境。

参考文献

［1］ 郭宇、丁文珺、熊斌：《2013~2016 年我国中药产业的发展情况分析》，《湖北中医杂志》2017 年第 12 期。

［2］ 赵智、刘琳、欧定华：《我国中药产业发展现状与未来趋势》，《南京中医药大学学报》（社会科学版）2015 年第 1 期。

［3］ 朱建平：《新中国中医药发展 70 年》，《中医药文化》2019 年第 6 期。

［4］ 甄雪燕：《近百年中国传染病流行的主要社会因素研究》，博士学位论文，华中科技大学，2011。

［5］ 李宗明：《制度变迁视角下的公立医院和谐医患关系模式研究》，博士学位论文，深圳大学，2020。

［6］ 李珊珊：《我国分级医疗体制改革研究》，博士学位论文，四川大学，2021。

［7］ 毛和荣：《"一带一路"背景下荆楚中医药文化对外传播研究》，博士学位论文，湖北中医药大学，2021。

［8］李谋多、张园园、陶涛等:《中医药文化海外传播策略研究》,《文化创新比较研究》2023 年第 14 期。

［9］钟俊、张丽、黄艳彬:《后疫情时代下中医药文化国际传播的影响力评价及提升对策》,《南京中医药大学学报》(社会科学版)2022 年第 3 期。

［10］马光顺:《习近平关于中医药发展重要论述及其时代价值研究》,硕士学位论文,广州中医药大学,2021。

［11］姚力:《新时代十年健康中国战略的部署、推进与成就》,《当代中国史研究》2022 年第 5 期。

［12］张宗明主编《中医药“走出去”的文化自觉与自信》,东南大学出版社,2021。

［13］李慧、牟蓉:《我国中药相关政策法规的发展现状与解析》,《中医药管理杂志》2019 年第 11 期。

［14］瞿礼萍、唐健元、张磊等:《我国中药注册分类的历史演变、现状与问题》,《中国中药杂志》2022 年第 2 期。

［15］黄菊、李耿、张霄潇等:《新时期下中医药产业发展的有关思考》,《中国中药杂志》2022 年第 17 期。

［16］丰志培、陶群山、彭代银等:《我国中药产业自主创新历史演进、特点与启示》,《中国中药杂志》2015 年第 11 期。

［17］陈凯先:《把中医药科技创新摆到国家科技战略的高度推动我国科技的原始创新》,《中医药文化》2015 年第 2 期。

［18］卢雅倩、胡豪、王一涛:《中药政策发展及影响分析》,《中国卫生事业管理》2015 年第 10 期。

［19］丰志培、常向阳:《中药材种植户垂直协作形式选择分析——基于安徽亳州的调查数据》,《中草药》2014 年第 14 期。

［20］刘秋风、田侃、沈夕坤等:《中医药政策实施效果评估》,《中医杂志》2018 年第 10 期。

第三章
中药材市场规模与竞争格局

本章从中药材市场规模与竞争格局出发，剖析国内外中药材市场现状，中药材进出口在"一带一路"倡议的加持下，中药材国际竞争优势将继续保持，给中药材带来长期需求上升的积极影响，助推中药材贸易顺差格局稳定，同时分析中药材市场机会点和市场风险，并提出了应对策略，为打造一个规范且优良的中药材市场提供参考。

第一节　国内中药材市场概况

一　中药材市场产业规模概况

（一）近五年中药材工业产值规模概况

中药产业作为我国医药产业的重要组成部分，是我国最重要的民族产业之一，在经济社会发展的全局中有着重要意义。中药产业包括中药材、中药饮片和中成药三大支柱产业。国家统计局数据显示，2021 年全国医药工业营业收入 32772 亿元，同比增长 19.02%，中药工业营业收入 6919 亿元，同比增长 12.39%，利润总额为 1004.5 亿元。可以看到，我国的中药市场处于飞速发展的状态，同时也带动了中药材市场的飞速发展。2018~2022 年我国中药材市场成交额如图 3-1、图 3-2、图 3-3 所示。

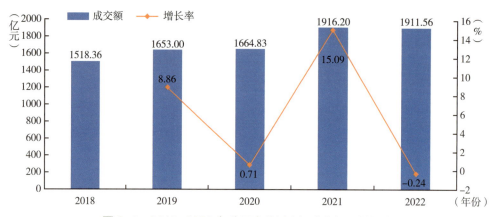

图 3-1 2018~2022 年我国中药材市场成交额及增长率

资料来源：国家统计局。

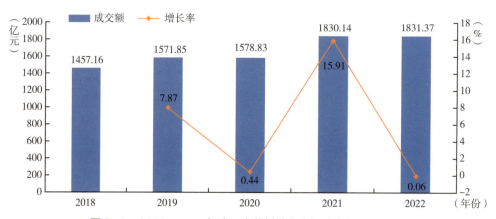

图 3-2 2018~2022 年我国中药材批发市场成交额及增长率

资料来源：国家统计局。

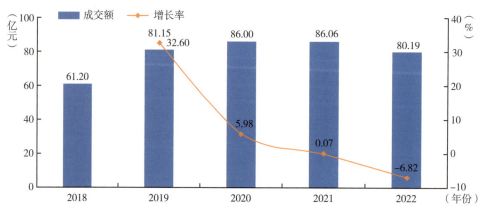

图 3-3 2018~2022 年我国中药材零售市场成交额及增长率

资料来源：国家统计局。

（二）2019~2023 年我国中药材主要交易品种的价格走势

我国中药材需求量比较大的药材有藏红花、人参、鹿茸、阿胶、三七、人工麝香、天麻、铁皮石斛、灵芝、虫草等，它们或名贵或需求量大，在中药材市场上都具有相当高的地位。根据中药材天地网的数据统计，上述几味药材 2019~2023 年的价格走势如表 3-1 所示。

表 3-1　2019~2023 年我国部分中药材价格走势

单位：元 / 千克

中药材	2019 年	2020 年	2021 年	2022 年	2023 年
藏红花	10000	7000	6500	4500	6000
人参 （生晒 45 支 东北）	430	290	300	280	300
鹿茸 （花二杠一等）	8000	8500	8500	8500	8500
阿胶 （胶块东阿）	3200	3150	3080	3000	2800
三七 （120 头春七）	590	400	330	280	130
人工麝香	50000	50000	50000	50000	50000
天麻 （家混等 较广）	105	100	130	120	130
铁皮石斛 （统条 云南）	400	400	350	350	280
灵芝 （家种 统个）	30	30	30	30	28
虫草（2000 条）	190000	180000	155000	155000	155000

资料来源：中药材天地网。

二　中药材行业产能规模概况

（一）中药材行业产能产量规模及增长率

我国中药资源丰富，现有品种达 12807 种，其中药用植物 11146 种、药用动物 1581 种、药用矿物 80 种。常用的 600 多种中药材中，有 300 多种已实现人工种养、栽培或者养殖，中药材品种的产量占中药材供应量的 70% 以上。根据工信部和国家统计局的数据，2021 年我国中药市场整体规模已经超过 8000 亿元，其中中药材市场规模为 1945 亿元，中药饮片市场规模达到 2057 亿元，中成药市场规模 4862 亿元。全国中药材产量从 2016 年的 400.2 万吨增长到 2020 年的 471.7 万吨，增长了 17.87%（见图 3-4）。中药材产量的不断增长，为我国中药行业的发展提供了充足的物质条件。企查查数据显示，截至 2023 年 12 月，我国共有 1390113 家企业名称或经营范围含"中药"，有 1131508 家企业名称或经营范围含"中药材"。状态为存续中药材相关企业有 688773 家，在业有 76410 家，迁入迁出有 849 家。其中，321892 家相关企业成立于 5 年之内，占中药材相关企业总数的 46.73%，且 10 年以上中药材相关企业有 318243 家。

图 3-4　2016~2020 年我国中药材总产量及增长率

资料来源：华经产业研究院。

我国中药材产业的形势随着中药市场这几年的飞速发展，也表现出稳中向好的前景。2021 年农业农村部印发的《"十四五"全国种植业发展规划》已经明确指出，2020 年全国中药材种植面积为 4358 万亩，为了满足中药材消费稳步增长的需求，到 2025 年，全国中药材种植面积将稳定在 4500 万亩左右。由于各种因素的影响，如疫情、人口增长、老龄化、人民生活水平提高等，全国中药产品需求大幅增长，消费市场需求在加大的同时，也加快了中药材产业发展的步伐，促进了中药材的市场需求，目前国内中药材市场年需求量在 400 万吨以上。

（二）中药材种植企业产能规模（排序不分先后）

太龙药业公司 2022 年实现营业收入 19.61 亿元，同比增长 22.20%。该公司主要经营黄芩、金银花、连翘等，种植面积高达 5 万亩。

中恒集团 2022 年实现营业收入 27.14 亿元，同比下降 14.17%。该公司中药种植面积 3 万亩。主要种植凉粉草、苦玄参、广金钱草、百部、五指毛桃、两面针、三七等 20 余个品种。

达仁堂公司 2022 年实现营业收入 82.50 亿元，同比增长 19.42%。其中，中药材种植面积 17300 亩，主营品种有当归、厚朴等。

同仁堂公司 2022 年实现营业收入 153.72 亿元，同比增长 5.27%。该公司种植有山茱萸、人参、党参、茯苓、白芍等品种，种植面积达 223000 亩。

振东制药公司的中药材种植面积达 82 万亩，主要种植凉粉草、苦玄参、广金钱草、百部、五指毛桃、两面针等 20 余个品种。

贵州百灵种植了 25 万亩的中药材，主营有吉祥草、虎耳草、山银花、灯盏花、白及、银杏、桔梗、牛蒡子、益母草、天花粉、黄柏、黄精等 20 余个品种。

太极集团订单式种植中药材 100 万亩，主营有川芎、川楝子、黄柏、麦冬、川贝母、枳壳、黄连、紫菀、天冬、百部、半夏、金荞麦、前胡、黄精、连翘、栀子、射干、桔梗、天冬、木瓜、金银、紫苏、前胡、苍术、厚朴、四季青、淫羊藿、苍术、板蓝根、地黄等 100 多个品种。

白云山药业有 69 个 GAP 基地，主要分布在西南地区和东北地区，包含 56 种药材，如穿心莲、板蓝根、丹参、蛤蚧、狗脊、川贝母、金银花、北山楂、半夏、山海棠、钩藤、黄芪、溪黄草、三七、山银花、天花粉、光慈菇、九节茶、小叶榕、岗梅、鸡蛋花、仙草、栀子、夏枯草、川芎、人参、五味子、白术、黄精、黄芪、鹿衔草、灵芝、雪莲花、防风等。

中国中药作为中国中药行业的主要龙头企业，在 2021 年年报中披露，该集团大力推进道地产区 GACP 基地建设，在全国 23 个省（区、市）累计自建和共建 GACP中药材基地 207 个，主要分布在西南、东北、华中等地，且种植面积超 15 万亩，共涉及 74 个中药材品种。

（三）中药材种植行业的影响因素及对策

1. 影响因素

（1）销售流通问题

目前中药材市场上的销售渠道比较传统，除了部分种植龙头企业拥有完整的供销链以外，市场大部分的销售模式还是以集散地贸易市场、传统中药材市场为主，交易流通时间长，市场管理也比较混乱。同时，中药材经销商的经营理念受到了我国传统思想"酒香不怕巷子深"的影响，只是被动等待市场的筛选，而不是主动走出去迎合市场。随着网络的普及，越来越多的经销商选择在电商平台上销售中药材，形成了线上线下相结合的形式，有效促进了销售。然而大部分的中药材销售渠道仍然是传统且零散的市场销售，因此，拓宽中药材的销售渠道，加强中药材在市场中的流通，缩短交易的时间和运输成本是非常重要的。

（2）中药材质量风险

中药材是一类特殊的植物，属于天然资源，其化学成分复杂，质量影响因素复杂，容易受产地、气候、土壤、海拔及栽培技术等的影响。[①] 因此，常出现中药材种植地受到污染，从而影响药材的质量等现象。《中国药典》2020年版"0212 药材和饮片检定通则"在农残检测方面作出了规定，不得检出或者检出限量33种禁用农药的残留。同时，在"9302 中药有害残留物限量制定指导原则"中也对一些人体有害的重金属限量作出了规定，如镉、铅、铜、砷、汞等重金属。中药材质量是中医药事业和中药产业发展的基石，因此，如何采取中药材有效的质量控制方法，构建中药材质量标准体系，从源头保障中药的用药安全，一直是医药领域不断攻坚克难的关键科学问题。

（3）价格波动风险

中药材是一种需求相对刚性的行业，种植门槛也不高，一旦高价刺激盲目种植，行情势必大幅下跌。中药材价格影响因素较多，与物价上涨、贸易进出口受阻和人为炒作等因素息息相关。普通农户容易倾向于种植价格上涨迅速的中药材，并纷纷扩大种植面积造成该中药材整体供大于求的局面，从而容易引起价格暴跌。循环往复，农户更换药材品种频繁，对收购的企业和供销商造成了品种的收购不确定性。此外，中

---

① 屠鹏飞、姜勇、何轶等：《中药材和饮片质量控制与质量标准体系的构建》，《中国食品药品监管》2022年第10期。

药材受气候变化的影响比较大，每年的中药材收成和气候息息相关，收成好的时候容易造成供大于求的情况，价格整体下跌，作为中药产业链上游原料，中药材价格波动幅度大容易导致中药饮片或者中成药价格波动大。

2. 对策建议

（1）完善中药材质量体系

中药材质量关系中药的用药安全，影响中药材质量的有气候、土壤等自然因素，也有人为的造假和掺杂劣质中药材以次充好因素。政府可以引导建设一个标准的、模范化的中药材生产基地，强化中药材产品追溯体系建设，完善以中医临床为导向的中药材质量体系，逐步解决中药材质量参差不齐问题，从源头根本上支撑中药质量提升，提高产品质量，保证中药市场的良好发展，打好"质量战"。

（2）拓宽销售渠道

近年来，"互联网＋农业"的模式应用范围越来越广，在中药材产业发展的过程中，不断增加新型销售渠道如直播、电子商务等的应用，多渠道进行中药材销售，提高销售量。延长产业链，拓宽市场需求，建设现代化、专业化的物流运输体系。建设完善的贸易中心的仓储区质量中心。在拓宽销售渠道的同时，还需加强市场监管，严格打击以次充好、真假掺卖、强买强卖的恶劣市场行为，保证市场的销售公平。

（3）增强信息获取能力

建设现代流通体系，推进市场信息化管理。市场促进信息化交易，让农户了解企业需求、企业了解市场需求，农户种植的时候可以通过更多途径获取更及时的信息，科学化种植，避免造成蜂拥种植的现象，减少由市场价格波动造成的损失。小企业之间沟通交流存在信息沟通不及时情况，[1] 推进市场信息化管理以后，企业之间可以更有效快速地沟通交流，也可以更了解瞬息万变的市场需求。

（4）提高企业自身竞争力

目前，市场种植龙头企业已经形成了自己的品牌，拥有完整的供销产业链，要想增强核心竞争力，就要不断地创新，掌握更先进的核心中药材种植技术，扩大中药材种植规模。对于中小企业来说，自身的硬件没有龙头企业发展得好，可以转变思路去依靠地域特色，利用当地的特色，提供差异化产品。同时，也可以

---

① 杨如馨:《岷县中药材产业中的销售渠道及其优化》,《全国流通经济》2017年第14期。

依靠国家政策提供的便利，大力发展民族医药，在立足本地的同时，争取走向国际。

综合以上分析可知，我国中药材行业整体的发展基调是积极向上的，并且存在很大的成长空间。中药材有着极强的民族特色性，加上国家政策对其扶植，各路投资的资金相继涌入，与此同时企业越来越注重自身的技术创新，拥有与时俱进的创新能力，为中药行业的发展提供了广阔的空间，行业极具投资价值。

中药材种植企业应当做到促进中药材种植业绿色发展，加快推动中药材优良品种筛选和现代化种植，为下游的中药饮片和中成药提供品质优良的中药材原料。政府部门应当做到有法可依，健全中药材行业规范，与此同时加强当地的中药材资源生态保护，建设中药材追溯系统，力求打造精品中药材，共同建设一个规范且优良的中药材市场。

三 中药材重点区域市场流通规模概况

截至 2022 年，通过国家中医药管理局等国家相关部门审批而开设的中药材市场有 22 个，其中包括我国四大药都，四大药都由来已久，分别是安徽亳州、河南禹州、江西樟树和河北安国。

（一）安徽亳州中药材市场

安徽亳州中药材市场位于安徽省西北部的亳州，有"中华药都"之称，是"四大药都之首"，也是全球最大的中药材集散中心和价格形成中心。亳州自商汤建都至今，已有 3700 年的文明史，是汉代著名医学家华佗的故乡。中药城总占地面积 1000 亩，内设市场日常服务及药材信息服务中心。2013 年 11 月正式开业后，每天上市的药材种类有白芍、亳菊、天花粉、桑白皮、龙骨等 2600 多种，日客流量为 5 万~6 万人。日上市量 6000 吨，年成交额 100 多亿元。2023 年亳州中药材产值为 46.5 亿元，同比增长 9.15%，现代中医药产业规模达 1852.5 亿元，同比增长 11.3%。2023 年 1~9 月，亳州市特色产品中药材出口 3.9 亿元，占安徽省中药材出口总值的 85.6%。2023 年，亳州市线上线下中药材交易额达 1350.0 亿元（见图 3-5）。

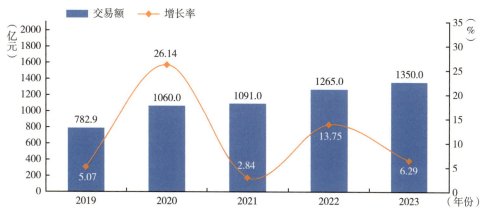

图 3-5　2019~2023 年亳州中药市场交易额及增长率

（二）河北安国中药材市场

河北安国中药材市场是举世闻名的中药材集散地，素有"药都"、"药州"和"天下第一药市"之称。市场面积 60 万平方米，上市品种 2000 多种，年成交额 38.8 亿元，药材吞吐量 10 万吨。全市现有中药材商贸公司 1087 家、个体工商户 4500 余家，经营品种 2800 多个，是我国北方最大的中药材集散地。安国市 2022 年中药材专业市场交易额 385 亿元（见图 3-6），药业税收实现 57670 万元。

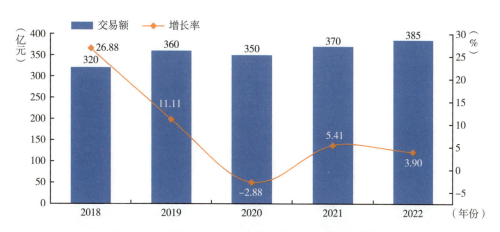

图 3-6　2018~2022 年安国中药市场交易额及增长率

（三）河南禹州中药材市场

素有"中华药城"之称的河南禹州，也是我国医药发祥地之一。禹州具有悠久的中药材种植、采集、加工历史，以加工精良、遵古炮制著称于世，历史上就有"药不到禹州不香，医不见药王不妙"之说。自春秋战国以来，神医扁鹊、医圣张仲景、药王孙思邈等都曾在禹州行医采药、著书立说。禹州市作为中国四大药都之一，中药材资源极其丰富，拥有动物、植物、矿物药材总计 1084 种，其中国家重点普查的野生名贵药材 147 种，储量 6000 吨，另有道地药材 47 种。中药材专业市场已集聚药商 650 多家，北京同仁堂、广州白云山等一批知名企业长年入驻经营。2017 年市场销售量达 8 万吨，交易额近 40 亿元，从业人员达 2 万人。

（四）江西樟树中药材市场

药都樟树，饮誉古今，名冠华夏。樟树药业历史悠久，跨朝越代有 1800 余年的历史。据史料记载，樟树药业始于汉、晋，成于唐、宋，盛于明、清，吴称药摊，唐谓药墟，宋号药市，明为药码头，清便有南北川广药材总汇之称，故自古就有"药不到樟树不齐、药不过樟树不灵"的美传。江西樟树中药材市场占地面积 400 余亩，有 1500 多个店面铺位，现有 16 个省（区、市）72 个县（市）的近 500 家经营户常年入驻该市场。市场内日经营枳壳、栀子、杜仲、车前草、吴茱萸等 1000 多个品种，药材交易辐射全国 21 个省（区、市）、港澳台及东南亚地区，2022 年江西樟树中药材种植面积达 50.77 万亩。2021 年江西樟树中医药种植、生产、流通等全产业链营业收入达到 1081 亿元（见图 3-7），上缴税收 7.72 亿元。

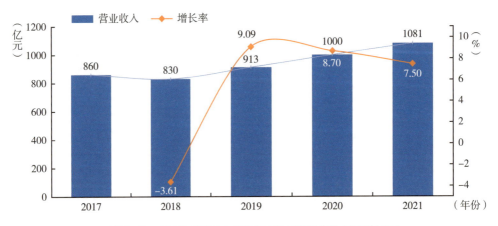

图 3-7　2017~2021 年樟树中药市场营业收入及增长率

第二节 中药材市场进出口贸易分析

一 中药材市场进口贸易分析

（一）中药材进口规模与市场分布概况

我国进口药材品种规模约 110 种，亚洲是进口药材的最主要货源地。2015~2019 年，我国中药材年进口数量从 4.4 万吨增加到 19.5 万吨（见图 3-8），年进口金额从 1.7 亿美元增长到 3.6 亿美元（见图 3-9）。2020 年 1~6 月，我国进口中药材 5.52 万吨，同比减少 14.84%，进口金额 1.21 亿美元，同比减少 17.01%。[①]

（二）中药材进口产品的结构

2010~2019 年，我国每年进口药材的货源国不足 60 个，其中，年进口数量超 10 吨的货源国仅约 40 个。以进口额较多的部分品种为例，龙眼肉主要从泰国进口，甘草主要从哈萨克斯坦、乌兹别克斯坦、土库曼斯坦、阿塞拜疆进口，人参主要从韩国、朝鲜进口，乳香及没药主要从非洲的埃塞俄比亚、索马里、肯尼亚进口，血竭主

图 3-8 2015~2019 年我国中药材进口数量及增长率

资料来源：于志斌、李得运、刘丽娜等《2010~2019 年药材进口贸易情况及法规标准体系分析》，《中国现代中药》2022 年第 1 期。

① 于志斌、李得运、刘丽娜等：《2010~2019 年药材进口贸易情况及法规标准体系分析》，《中国现代中药》2022 年第 1 期。

图 3-9 2015~2019 年我国中药材进口金额及增长率

资料来源：于志斌、李得运、刘丽娜等《2010~2019 年药材进口贸易情况及法规标准体系分析》，《中国现代中药》2022 年第 1 期。

要从印度尼西亚、菲律宾、新加坡进口，番泻叶主要从印度进口，姜黄主要从印度、缅甸进口，十年来一直变化不大。[①]

（三）影响中药材进口贸易的问题及对策

我国中药材进口贸易受新冠疫情的影响深远，进口总量降幅明显，且受到国际贸易摩擦的升级，国外政治局势变动频繁，动植物存在疫情传播的风险，药材的检疫准入难度大，贸易政策限制和国内外标准差异等多方面影响，不可控因素较多。国家可以逐步制定统一的进口中药材标准，加强海关方面的合规审查和监管，确保进口药材的品质符合要求。

二 中药材市场出口贸易分析

（一）中药材出口规模与市场分布概况

2022 年上半年，我国中药材出口的前十大市场（按出口额计算）分别为日本、越南、中国香港、中国台湾、韩国、马来西亚、美国、新加坡、德国、泰国，我国对前

---

① 于志斌、李得运、刘丽娜等：《2010~2019 年药材进口贸易情况及法规标准体系分析》，《中国现代中药》2022 年第 1 期。

十大市场出口额为 4.97 亿美元，占上半年药材出口总额的 80.36%。① 近几年我国中药材出口量及出口金额如图 3-10 和图 3-11 所示。

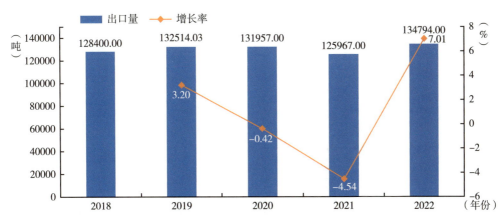

图 3-10　2018~2022 年我国中药材出口量及增长率

资料来源：国家统计局。

图 3-11　2016~2020 年我国中药材出口金额及增长率

资料来源：国家统计局。

（二）中药材出口产品的结构

2022 年上半年，我国中药材出口增长率最高的为茯苓，增长率达 81%。出口额

---

① 李得运、于志斌：《2020 年上半年中药材进出口贸易分析》，《中国现代中药》2020 年第 10 期。

最高的品种为肉桂，同比涨幅为28%；其次是枸杞，枸杞以宁夏枸杞较为出名，宁夏也是我国枸杞最大的出口省份，其出口额同比涨幅为12%。[①] 2022年上半年我国中药材及饮片出口前九大品种出口量及出口额如图3-12和图3-13所示。

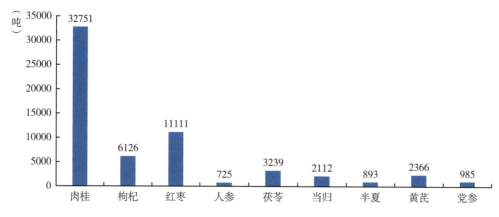

图3-12　2022年上半年我国中药材及饮片出口前九大品种出口量

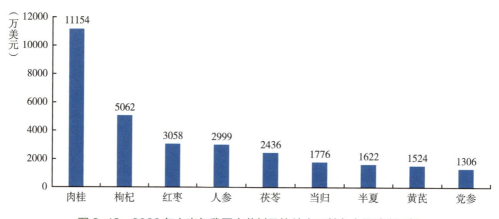

图3-13　2022年上半年我国中药材及饮片出口前九大品种出口额

（三）影响中药材出口贸易的因素及对策

影响中药材出口的因素有很多，比如国内中药资源稀缺性与大量出口和过度利用的矛盾，中药资源出口附加值低且企业间存在过度竞争，我国中药资源进出口贸易管

---

① 李得运、于志斌:《2020年上半年中药材进出口贸易分析》,《中国现代中药》2020年第10期。

理粗放，国际市场的准入问题以及中药材的重金属、农药残留检测标准问题。中药材大多属于农产品，在种植时可以大力推广 GAP，[①] 从源头解决中药材重金属和农药残留问题。

第三节　中药材市场竞争格局

一　市场竞争现状分析

（一）市场竞争力分析

1. 分析方法建立

集中率（CR）：反映的是一个地区的中药材生产变化趋势以及地理集中度的大小。由于不同地域间气候、土地条件等生产资源的差异，不同地域间中药材产量也不同，研究集中率，能够把握中药材产业整体的空间格局。其计算公示如下：

$$CR（\%）=（E_{ij}/E_i）\times 100$$

式中，i 为中药材产业，j 为某省份，E_{ij} 为某省中药材产量，E_i 为全国中药材产量。CR 值越大，表示该省份的中药材产业地理集中化程度越高，在全国中药材产量的占比越大；反之，表示该省份的中药材产业地理集中化程度越低，在全国中药材产量的占比越小。

区位熵（LQ）：反映的是一个地区的中药材产量对全国中药材产量的贡献程度。通过对不同省份中药材产业的区位熵进行计算，可以了解目前全国中药材产业发展区域分化和集中状况。其计算公式如下：

$$LQ=（E_{ij}/E_i）/（E_j/\sum E_j）$$

式中，E_j 为某省份农林牧渔业总产值，$\sum E_j$ 为全国农林牧渔业总产值。LQ > 1，表示某省份的中药材产量有结余，还能向外输出；LQ=1，表示某省份的中药材供需正好达到平衡；LQ < 1，表示某省份的中药材产量较少，无法满足该省份的需求。LQ 值越大，表示该省份中药材产量对全国中药材产量的贡献程度越大。

[①]　季琼：《"一带一路"背景下我国中药材出口现状、问题与对策》，《北京劳动保障职业学院学报》2018年第 4 期。

显示性对称比较优势指数（RSCA）：反映的是一个地区的中药材生产的专业化程度，在一定方面能够说明中药材产业是否为某省的优势产业，是衡量中药材产业竞争力的一个指标。其计算公式如下：

$$RSCA = （LQ_i-1）/（LQ_i+1）$$

式中，$-1 \leq RSCA \leq 1$。RSCA > 0，表示该省份中药材生产的专业化程度高于全国同期平均水平；RSCA < 0，表示该省份中药材生产的专业化程度低于全国同期平均水平。RSCA 值越大，表示该省份中药材生产的专业化程度越高。

空间基尼系数（GINI）：是以基尼系数为指标衡量产业地理空间集聚水平的常用指标，其主要用于反映产业的空间分布均衡性，一般以就业人数、工业产值、增加值为测算指标。其函数表达式为：

$$G= \sum_{i=1}^{N}（S_i-X_i）2$$

式中，G 表示空间基尼系数，S_i 表示 i 地区中药材产业的规模占全国中药材产业总规模的比重，X_i 表示 i 地区所有行业的规模占全国所有行业的比重，N 为全国地区的总数。其中，G 的取值在 0 和 1 之间，G 值越接近于 1，则产业集聚程度越高，G 值越接近于 0，则产业分布越均衡。

综合比较优势指数：该指数应用全面，能够反映出一个地区中药材产业的综合排名及竞争力情况。综合比较优势指数由规模比较优势指数（SAI）、效率比较优势指数（EAI）和综合比较优势指数（AAI）三个指标组成。SAI、EAI 和 AAI 三个指标分别从生产规模和专业化程度、生产效率和生产力水平及规模和效率两者综合方面对中药材产业的综合比较优势水平进行测算。其计算公式如下：

$$SAI_{ij} = （GS_{ij}/GS_j）/（GS_i/\sum GS_j）$$
$$EAI_{ij} = （AP_{ij}/AP_j）/（AP_i/\sum AP_j）$$
$$AAI_{ij} =\sqrt{（SAI_{ij} \times EAI_{ij}）}$$

式中，GS_{ij} 为某省中药材种植面积，GS_j 为某省农作物种植面积，GS_i 为全国中药材种植面积，$\sum GS_j$ 为全国农作物种植面积；AP_{ij} 为某省中药材单位面积产量，AP_j 为某省农作物单位面积产量，AP_i 为全国中药材单位面积产量，$\sum AP_j$ 为全国农作物单位面积产量。SAI > 1、EAI > 1 和 AAI > 1，分别表示该省中药材产业规模、效率和综合发展方面高于全国同期平均水平，SAI、EAI 和 AAI 值越大，表示优势越明显；反之，则表示该省中药材产业规模、效率和综合发展方面处于劣势。

通过查阅《中国统计年鉴》《中国农村统计年鉴》及各省（区、市）统计年鉴，选取 2019~2022 年全国各省（区、市）中药材产量、种植面积和单位面积产量等数据进行对比分析。本文选取种植面积和产量排名靠前的 8 个省份进行中药材产业集中率、区位熵、显示性对称比较优势指数、空间基尼系数、综合比较优势指数等指标的分析，探讨我国中药材产业的省域发展情况。

2. 结果分析

（1）集中率

集中率结果如表 3-2 所示。

表 3-2　集中率结果

单位：%

年份	集中率							
	黑龙江	河北	云南	贵州	山西	甘肃	四川	广西
2019	4.5665	9.2215	13.98689	28.44516	5.862856	19.15003	7.218089	11.54894
2020	7.2595	9.3676	15.91512	28.85383	6.086835	17.20229	7.496859	7.817953
2021	8.3424	9.4131	14.9727	32.25514	5.942015	15.47277	6.777427	6.824493
2022	8.0687	10.2378	14.5351	31.18648	5.430749	15.80832	6.667455	8.065470

（2）区位熵

区位熵结果如表 3-3 所示。

表 3-3　区位熵结果

年份	区位熵							
	黑龙江	河北	云南	贵州	山西	甘肃	四川	广西
2019	0.954893	1.345251	3.513724	9.069685	4.471059	12.58402	1.134546	2.604235
2020	1.553841	1.290853	3.704567	9.123584	4.332468	11.27188	1.12095	1.821941
2021	1.898338	1.317833	3.465576	10.10551	4.093141	9.321711	1.061795	1.537708
2022	1.873090	2.074145	3.417435	9.910555	3.831736	9.201858	1.054891	1.813510

（3）显示性对称比较优势指数

显示性对称比较优势指数结果如表3-4所示。

表3-4　显示性对称比较优势指数结果

年份	显示性对称比较优势指数							
	黑龙江	河北	云南	贵州	山西	甘肃	四川	广西
2019	-0.02307	0.147213	0.556907	0.801384	0.63444	0.852768	0.063032	0.445097
2020	0.216866	0.126963	0.574881	0.802442	0.624939	0.837026	0.057026	0.291268
2021	0.309949	0.137125	0.552129	0.819909	0.607315	0.806234	0.029971	0.211887
2022	0.303885	0.349413	0.547248	0.816691	0.586070	0.803957	0.026713	0.289144

（4）空间基尼系数

空间基尼系数结果如表3-5所示。

表3-5　空间基尼系数结果

年份	空间基尼系数							
	黑龙江	河北	云南	贵州	山西	甘肃	四川	广西
2019	0.0000047	0.00056	0.010012	0.064054	0.002072	0.031076	0.0000733	0.005061
2020	0.00067	0.000446	0.0135	0.066004	0.002192	0.024574	0.0000654	0.001244
2021	0.001559	0.000515	0.011347	0.084468	0.002016	0.01908	0.0000156	0.000569
2022	0.001414	0.002810	0.010572	0.078622	0.001611	0.01985	0.0000120	0.001309

（5）综合比较优势指数

综合比较优势指数结果如表3-6所示。

表3-6　综合比较优势指数结果

年份	综合比较优势指数（AAI）							
	黑龙江	河北	云南	贵州	山西	甘肃	四川	广西
2019	0.780277	1.570655	2.735345	5.203256	2.075249	4.058516	1.436622037	2.945041
2020	1.072582	1.717282	3.167325	5.708865	2.260121	4.135191	1.59368745	2.611422
2021	1.114733	1.698225	3.015005	5.87574	2.213552	3.837225	1.48906595	2.401738
2022	1.128522	1.801558	3.015976	5.85531	2.131772	3.913124	1.52553305	2.663481

（二）市场竞争类型分析

基于波特五力模型，首先从现有竞争者角度来看，中药材种植企业众多，且还面临着合作社等其他商业主体的竞争。此外，由于中药材种植的要求相对不高，我国中药材种植行业的企业还面临着来自潜在竞争者的危险。中药材行业的潜在进入者主要包含三类：一是投资于以中药材种植为主企业的投资者或者投资于中药材行业的其他行业集团企业，二是投资于西药行业的企业将要投资于中药的企业，三是原来被中医药同行业兼并的企业。

从上下游角度来看，由于中药材种植上游为种子批发、相关种植社等行业，且大部分中药材种植企业都会有自己的种源，对上游的议价能力较强；在下游方面，中药材主要供向中药制药企业，如中药饮片、中药配方颗粒制造等企业，下游应用范围较广，下游需求量比较大，因此对下游的议价能力也较好。

从可替代品角度来看，中药最大的对手是西药，而西药在我国应用较广，因此我国中药材种植企业还将面临来自西药的威胁。

（三）重点企业竞争策略分析

目前中国中药材企业整体竞争十分激烈，行业内分布的企业较多。后续整体企业发展的方向以龙头企业为发展基石，通过对行业其他企业的兼并和整合，提高资源利用效率。对于中小企业来说，自身的硬件没有龙头企业发展得好，可以转变思路去依靠地域特色，利用当体的特色，提供差异化产品。同时，也可以依靠国家政策提供的便利，大力发展民族医药，在立足本地的同时，争取走向国际。

二　市场机会点与投资策略

（一）机会点分析

2021年1月，国务院办公厅发布《关于加快中医药特色发展的若干政策措施》，优化具有人用经验的中药新药审评审批，有利于加快中药创新药获批上市速度和时间。

2021年12月，工信部等九部门发布《"十四五"医药工业发展规划》，提出要加大对中医药科技创新的支持力度，加强开展基于古代经典名方、名老中医经验方、有效成分或组分等的中药新药研发。支持儿童用中成药创新研发。推动设立中医药关键技术装备项目。该政策将大力推动创新产品的研发，加快中药创新药的上市。

2021 年 12 月，国家医疗保障局和国家中医药管理局发布《关于医保支持中医药传承创新发展的指导意见》，提出从五方面充分发挥医保对于中医药的传承作用：一是将符合条件的中医医药机构纳入医保定点，二是加强中医药服务价格管理，三是将适宜的中药和中医医疗服务项目纳入医保支付范围，四是完善具有中医药特点的支付方式，五是强化医保基金管理。此外，中药集采从 2020 年开始陆续温和开展。湖北省发布《中成药省际联盟集中带量采购公告（第 1 号）》，其口服制剂降幅较小。广东省发布《广东联盟清开灵等中成药集中带量采购文件》，其独家品种降幅温和。[①]

2022 年 1 月，国家药监局药审中心网站发布《基于"三结合"注册审评证据体系下的沟通交流技术指导原则（征求意见稿）》，针对在中医药理论、人用经验、临床试验相结合的中药注册审评证据体系下研发的中药新药，提出不同注册分类临床方面沟通交流的关键节点、会议资料要求以及关注点，有利于临床试验更加科学进行。

（二）投资策略

1. 未来投资热点展望

（1）中药种植

中药种植是中药赛道最核心的地方，没有中药种植，就没有中药这个赛道。中医以中药为本，中药种植是中药上游，类似于新能源汽车的锂电。因此，具有大量中药种植面积的上市公司，才具有这个赛道的核心竞争力。中药品类越名贵稀缺、种植面积越大，其核心竞争力也就越强。

（2）中药饮片

中国医药企业管理协会的数据显示，近年来中国中药行业主营业务收入呈现波动趋势，2021 年中药饮片、中成药从负增长转为 10% 左右的较高增速，中药饮片的利润增速高达 102%。中药饮片产业一直被纳入国家重点保护的范围，是中药行业的重要组成部分，起到承上启下的关键性作用，也是我国的战略性产业。过去 20 年间，中药饮片产业规模突飞猛进，取得了长足的发展。在全国医药工业各子行业中，中药饮片的增速一直是最高的，也是一个相当热门的投资点。

---

① 西南证券研究发展中心研报《中药行业投资逻辑全图谱：政策边际向好，三维度看中药细分领域》。

（3）中药配方颗粒

近几年中药配方颗粒市场规模快速增长，从 2015 年的 150 亿元快速增长到 2021 年的 300 亿元左右，预计随着使用范围限制的取消，中药配方颗粒市场规模仍将保持快速增长。近年来，中药配方颗粒占中药饮片市场的比重持续提升，据配方颗粒数据统计，2020 年我国中药配方颗粒市场总额约为 190 亿元，其中中国中药、红日药业、华润三九分别营收约 100.13 亿元、29.91 亿元、20.3 亿元，分别占总体市场份额的 52.7%、15.7%、10.7%。数据显示，中药配方颗粒自试点以来，一直保持快速增长。2016~2020 年，其营业收入从 228 亿元增长到 255 亿元。可预期的是，标准统一和省际联采加速推进，政策红利不断释放，配方颗粒市场前景广阔。

（4）中药创新药

2021 年 12 月 14 日，国家医疗保障局、国家中医药管理局发布《关于医保支持中医药传承创新发展的指导意见》，在政策端推进多项措施支持和推动中医药行业发展。中药创新药研发从开始到上市耗时相对较长，2021 年新上市的部分创新药从 IND 到上市耗时超过 10 年，可见中药创新药研发难度整体较大。从每年上市的中药新药数量来看，2008~2009 年是一个高峰期，2016~2020 年由于 2015 年启动的药审改革，上市的中药新药数量较少，2021 年到了药审改革后积压的第一批中药新药上市，迎来一个集中上市时期。据药融云中国药品审评数据库统计，2022 年 7 月 1 日至 9 月 2 日，已有 9 款 1 类中药创新药获批上市（其中，2 款 1.2 类、7 款 1.1 类），包括七蕊胃舒胶囊、坤心宁颗粒、广金钱草总黄酮胶囊、淫羊藿素软胶囊、玄七健骨片、芪黄胶囊、苏夏解郁除烦胶囊、虎贞清风胶囊、银翘清热片等，涉及 12 家企业，包括康缘药业、珅诺基药业、凤凰制药、天士力医药、康而福药业、健民药业、一力制药、康乐药业等。中药新药研发流程逐步规范化。多项与中药新药相关的法规和文件陆续出台，与化学药、生物药不同，更多符合中药发展路径的制度陆续完善，中药新药的研发流程逐步清晰化和规范化，也是值得投资的一个热门赛道。

2. 品种投资策略

（1）中药材品种投资

中药品种涨价期间，上游中药材迎来涨价，部分品种完成提价，此时具有极大的投资价值，相应的中药也会完成提价，有很大的投资空间。比如天然牛黄，它可以用在安宫牛黄丸和同仁牛黄清心丸上面，作为一味名贵的中药材，具有相当大的投资价值。

（2）中药饮片品种投资

中药饮片在市场上一般是在医院渠道方面销量比较大，临床处方中常用的饮片有甘草、茯苓、当归、白术、白芍、黄芪、丹参、柴胡、陈皮、黄芩等品种，这些中药饮片的需求量是巨大的。对于投资者来说，可以考虑投资需求量大的品种，市场需求量大，就不愁销路，中药饮片业绩稳中向好，具有很大的投资价值。

（3）中药配方颗粒品种投资

长城证券认为，当前中药原料价格普涨、公立医院端集采压价进一步压缩企业利润空间，人口老龄化带来中药消费热潮的行业背景利好中药配方颗粒企业，较公立医院端更加景气。近年来，国家出台多项扶持政策鼓励中药创新，中药创新活力不断释放。

三　市场风险与对策

（一）市场风险

1. 中药材市场环境风险

中药产业是我国医药健康产业的重要组成部分，也是我国的战略性产业，关系着国民健康以及中华民族的发展。目前，我国中药材种植形式主要分为四种：一是公司＋基地＋农户，二是企业＋科研单位＋基地＋农户，三是政府＋企业＋科研单位＋协会＋农户，四是企业＋农户。其中，"公司＋基地＋农户"是目前主要的经营模式。近年来，国家加大力度扶持建设中药种植基地，各中药大省纷纷投入建设，对部分偏远地区的中药种植基地造成了一定的竞争，给其带来一定的风险。

2. 中药材市场政策风险

主要是针对《中华人民共和国中医药法》、近期即将出台的新《中国药典》的风险，以及中药材追溯体系的形成。达到国家质量标准，防止农药残留和重金属含量超标，需要严格按照GAP操作。只有药材生产的标准化，才能实现药材质量的标准化。

例如，2021年国家药品监督管理局出台的《"十四五"国家药品安全及促进高质量发展规划》中明确提出了强化中药安全质量管理，修订中药材生产质量管理规范，促进中药材生产的标准化。企业的规范化改革需要时间，在这段时间内，对市场来说也会产生一定的投资波动。

3. 中药材市场需求风险

当前，中药材价格的连续上涨和库存增加，将直接导致未来几年中药材生产风险持续加大。目前来看，中药材市场供大于求的现状仍然没有发生根本性改变。

（二）对策与建议

1. 产品定位与定价

为了科学合理地对中药商品进行定价，首先需要考虑中药商品的原材料。中药商品成本导向型的定价策略是依据药材种植、药品生产、研发等成本因素制定其价格的定价策略。中药商品经营者要想更好地进行药品定价，需要在制作过程中有效控制成本，考虑市场可行性。同时还需要做一些市场调研，考虑区域内目标群体的消费能力和消费者的心理因素，适度调整定价。

中药产品相比于其他快速见效的医药产品来说竞争力相对较低，在新中药产品刚投放市场时，受众并不了解，会使得销量低迷。因此，中药新产品的定价对于其顺利进入市场并取得成功较为重要。在进行中药新产品的定价时，需要考虑到产品自身的性质、替代品的情况、消费者的购买习惯、需求弹性和竞争者的反应以及发展趋势等。常见的新产品定价策略有三种。一是市场暴利定价策略。在中药新产品研发出来之后，会以高于市场价很多的价格投放进市场，这样能够在短期内获取较多利润。但是，这样的定价策略只适用于市场需求量大且价格弹性小的中药新产品，且此类型的重要产品需要具备难以复制性以及价格界定复杂等条件。二是渗透定价。渗透定价与暴利定价的策略相反，是在新产品投放进市场时，中药商品经销商便将价格定得较低，使得商品能够以低价飞速进入市场并抢占市场份额，在市场内处于优势地位后，能够阻止竞争者的进入，进而再进行价格的调整。这种定价策略的优势是能够长期吸引消费群体，增强受众的黏性，使受众产生依赖性。三是满意定价。满意定价策略，顾名思义，便是能够使得中药经营者和消费者都满意的一种定价，其所定的价格介于暴利定价和渗透定价之间，又被业界称为"君子价格"或"温和价格"。[1]

2. 成本控制

中药企业的生产成本主要由原药材成本、辅助料材料成本、包装材料成本、直接人工、燃料机动力、制造费用等构成。近年来，随着产业发展的不断成熟，中药生产

---

[1] 范晖：《影响中药商品价格的因素与定价策略》，《价格月刊》2013年第5期。

企业中的原药材、辅料、包装材料等成本在生产成本中的占比逐步上升，构成了中药生产的主要成本。同时，受到劳动力市场的影响，中药生产企业的人工劳动成本的支出也在上涨，导致了药品成本的不断增加。在中药生产企业中，直接材料和人工成本占据了企业生产成本的 50% 以上，实现对原料成本和人工成本的有效控制，是当前企业进行成本控制与提高管理质量的关键。

（1）原料成本

由于企业的原药材成本、辅料成本占据了成品药的大部分成本，加强对企业采购环节的管理能够有效地实现企业产品成本的控制。首先，在企业的采购环节，企业可以通过以集中采购代替分散采购、多头采购的方式，一方面提高企业采购效率，降低多次、多批采购给企业带来的管理成本；另一方面集中采购增加了每次采购的原料数量，在提高企业议价能力的基础上，还能进一步降低原材料的物流运输等相关费用。其次，在采购工作进行的过程中，可以采用公开招标的方式，对同样品质原料的供应商选择价低者进行合作，提高采购信息的透明度，选择优质的供应商进行合作，从而降低采购资金浪费的可能性。最后，提高采购人员的业务素质，随时关注中药材市场的动向，研判原药材的价格走向，制定科学规范的采购流程和采购人员的工作考核机制，对采购成本情况和采购人员工作情况进行量化式的管理，切实落实采购环节的成本控制工作。中药生产企业也可以开辟自产自销的方式，自己种植中药材或者自己炮制饮片，都可以从根本上降低原材料成本。

（2）人工成本

中药生产企业的人工成本管理是个综合性的过程，结合增值含量以及其他情况等可知，在后续管理中需要进行维护和落实。结合技术含量低的生产岗位，企业可以选择季节性管理的方式，按照企业淡旺季的生产周期比例，控制总的人工成本支出，保障企业的经济效益。为了将各项政策进行落实，在整个管控中需要做好系统升级和管理，在成本制度执行的前提下，制定合适的管理模式。如果出现严重的质量问题，必须将责任进行落实。成本管理中按照生产企业的实际情况进行，保证采购信息的真实性。[1]

（3）技术与装备创新

中药制药装备作为保障中药饮片及中成药生产质量、防止生产差错及污染的关

---

[1] 叶淞文：《试析如何有效提升中药生产企业成本控制》，《经贸实践》2018 年第 8 期。

键环节，对饮片及中成药的质量和安全起决定性作用，中药制药装备产业的高质量发展，对我国中医药产业发展的重要性已日益凸显。以药品制备工艺流程为主线，将制药装备产业按生产单元划分为6大类：炮制设备、制剂前处理设备、制剂成型设备、制药用水生产设备、灭菌设备和药品包装设备，将其作为一级技术分支，其中炮制设备为专用于中药生产的制药设备，其他5个分支为中药与化学原料药和药剂通用的制药设备。

中药制药过程除使用与化学药通用的制剂生产设备外，还需要中药材前处理设备，如用于药材水洗、切制、炮炙等的炮制设备。炮制设备技术及市场高度集中于中国，但国内最具中药特色的炮炙设备技术创新力度明显不足，尚未发展成为中药制药装备产业优势。

除了炮制设备以外，滴丸设备已成为制丸设备中技术发展最迅速的分支，天士力公司作为滴丸设备重要的创新主体，其采取分阶段、递进式构筑滴丸设备专利组合的布局策略值得其他申请人借鉴。此外，设备创新依赖于工艺技术创新，天士力公司以"滴丸的振动滴制"工艺改进为突破点，带动了滴丸设备技术创新，布局多项滴丸振动滴制设备专利。

干燥是中药制造过程的关键环节，涉及中药材、中间体及制剂等加工过程。中药材干燥过程按技术发展可分为传统干燥方法与现代干燥方法。传统干燥方法分为阴干、晒干、烘房干燥，不需要特殊设备。随着科技的发展，新技术被引入干燥设备中，不仅加快了干燥速度，而且保持了传统干燥所要求的四气五味的药性。干燥技术用到的仪器有微波干燥器、真空冷冻干燥机、低温吸附干燥器、热泵干燥设备等，在实际生产中，药材干燥必须考虑保持原有的药用成分，实际生产中要根据药材的性质选用合适的干燥方法与设备。各种干燥技术运用是否会对中药的化学成分、药理作用和临床疗效产生影响还有待进一步研究。组合式干燥实现药材干燥过程的高效化和节能化，是干燥领域的发展趋势。生产中先要对干燥产品的特性进行系统分析，掌握干燥过程中温度、湿度、压力等对中药材性质与特性的影响，依据物料的干燥动力学特性曲线，在不同干燥阶段，从干燥工艺上进行改进，采用多种组合式干燥。热风—真空干燥组合技术具有效率高、经济性能好的优点。热风—微波干燥具有干燥速度快、效率高的优点，可以优势互补，降低能耗，提高产品质量；太阳能—热风—真空干燥，能利用天然能源，快捷卫生。节能是干燥技术设备考虑的一个方面，要重视干燥基础理论的研究，更快地引进其他领域的科研成果（如热管技术、超临界流体技术、热泵技术、计算机智能技术、脉动燃烧技术），加快对节能技术的利用。

随着科技的现代化，企业在中药材加工中，可以突破中药材产地加工共性技术、自动化控制和联动线控制等关键技术，研发中药材产地加工智能化、信息化专用设备，包括清洗、切制、干燥联动线设备以及控制系统，改变传统的人工物料转运和单机操作模式，提高产地加工生产效率，保证中药材的品质。

参考文献

［1］屠鹏飞、姜勇、何轶等：《中药材和饮片质量控制与质量标准体系的构建》，《中国食品药品监管》2022 年第 10 期。

［2］杨如馨：《岷县中药材产业中的销售渠道及其优化》，《全国流通经济》2017 年第 14 期。

［3］于志斌、李得运、刘丽娜等：《2010~2019 年药材进口贸易情况及法规标准体系分析》，《中国现代中药》2022 年第 1 期。

［4］李得运、于志斌：《2020 年上半年中药材进出口贸易分析》，《中国现代中药》2020 年第 10 期。

［5］季琼：《"一带一路"背景下我国中药材出口现状、问题与对策》，《北京劳动保障职业学院学报》2018 年第 4 期。

［6］范晖：《影响中药商品价格的因素与定价策略》，《价格月刊》2013 年第 5 期。

［7］叶淞文：《试析如何有效提升中药生产企业成本控制》，《经贸实践》2018 年第 8 期。

［8］杨雪、何玉成、刘成：《中国中药材国际竞争力及提升路径研究》，《中草药》2021 年第 16 期。

［9］危江平、张驰、肖亮等：《四川省水果产业竞争力浅析》，《农村经济与科技》2021 年第 7 期。

［10］许钰莎、李晓、赵颖文：《四川省茶叶产业市场竞争力分析与发展对策研究》，《中国食物与营养》2021 年第 1 期。

［11］李红霞、汤瑛芳、沈慧：《甘肃马铃薯省域竞争力分析》，《干旱区资源与环境》2019 年第 8 期。

［12］王欢芳、李密、宾厚：《产业空间集聚水平测度的模型运用与比较》，《统计与决策》2018 年第 11 期。

［13］周林荣、关晓溪、张新：《基于比较优势指数法的贵州省区域茶叶产业发展形势与竞争力分析》，《茶叶通讯》2020 年第 1 期。

［14］国家统计局编《中国统计年鉴（2021）》，中国统计出版社，2021。

［15］卓攀、董洪清、朱欣民：《四川省水果产业竞争力分析及其发展趋势研究》，《中国果树》2022 年第 8 期。

［16］施咏滔、舒佳宾、余文慧等：《道地中药材产地初加工集约化分析》，《现代农业科技》2022 年第 4 期。

［17］赵迪、郭东辉、张思文等:《我国中药流通中存在的问题及对策研究》,《中国市场》2019 年第 16 期。

［18］青子源、马韶青、郭丹丹:《中药材质量追溯监管的问题与对策》,《中国卫生法制》2022 年第 4 期。

［19］万修福、王升、康传志等:《"十四五"期间中药材产业趋势与发展建议》,《中国中药杂志》2022 年第 5 期。

［20］王春棠:《创建中药材种子种苗繁育基地》,《友报》2022 年 2 月 18 日。

［21］《引领中药材种业发展 推进中药追溯体系建设——中药材种业发展报告和追溯标准研讨会圆满召开》,《中国现代中药》2021 年第 7 期。

第四章

全国药材（饮片）生产企业分析

本章从全国中药材种植（养殖）企业、中药饮片生产企业、新型饮片生产企业数量以及分布区域等进行统计分析，结合中药材（饮片）产业发展现状，剖析制约企业发展的瓶颈问题，并提出相应的发展策略和建议，为药材（饮片）生产企业可持续发展提供参考。

第一节　全国药材生产企业分析

一　药材生产企业分析

（一）中药材种植企业概况

1. 全国中药材在产面积情况

2004~2021 年，全国中药材在产面积情况如图 4-1 所示。2018 年后，全国中药材在产面积呈下降趋势，2021 年全国中药材在产面积为 2289.13 万亩。

2. 全国中药材"产—存—消"情况

全国中药材"产—存—消"情况如图 4-2、图 4-3、图 4-4 所示。从图 4-2 可以看出，2018 年后中药材产量呈下降趋势，2020 年全国中药材产量达 541.49 万吨；从图 4-3 可以看出，中药材库存量逐年上升，2020 年全国中药材库存量达 333.63 万吨；从图 4-4 可以看出，中药材消耗量在 2019 年达到最高，为 583.64 万吨。

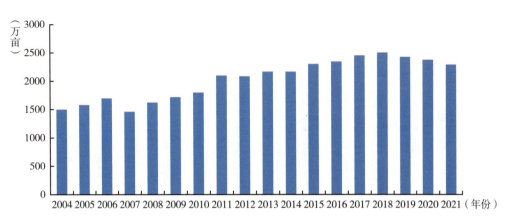

图4-1 2004~2021年全国中药材在产面积情况

资料来源：天地云图中药产业大数据平台。

图4-2 2009~2020年全国中药材产量

资料来源：天地云图中药产业大数据平台。

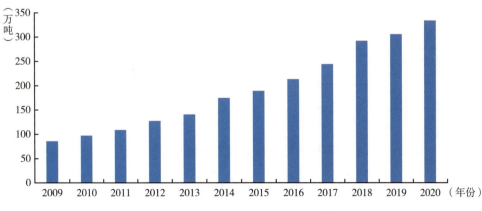

图4-3 2009~2020年全国中药材库存量

资料来源：天地云图中药产业大数据平台。

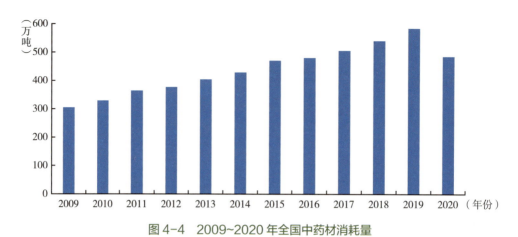

图 4-4　2009~2020 年全国中药材消耗量

资料来源：天地云图中药产业大数据平台。

3. 全国中药材种植基地情况

截至 2021 年，全国共计 235297 个中药材种植基地。2004~2021 年，全国中药材种植基地建设情况如图 4-5 所示。从图 4-5 可以看出，2020 年全国中药材种植基地减少 25542 个，2021 年又有所回升，增加了 14227 个。

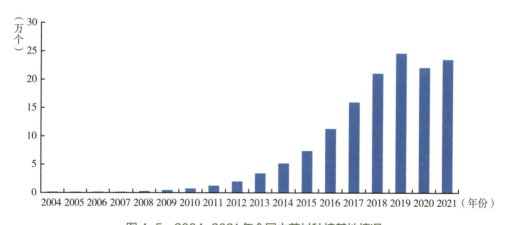

图 4-5　2004~2021 年全国中药材种植基地情况

资料来源：天地云图中药产业大数据平台。

31 个省（区、市）中药材种植基地分布情况如图 4-6 所示。其中，种植基地数排名前 9 的省份分别为甘肃省（30445 个）、河南省（23158 个）、四川省（20534 个）、湖南省（18274 个）、云南省（17996 个）、贵州省（17695 个）、安徽省（17112 个）、山西省（13043 个）、湖北省（11544 个）。

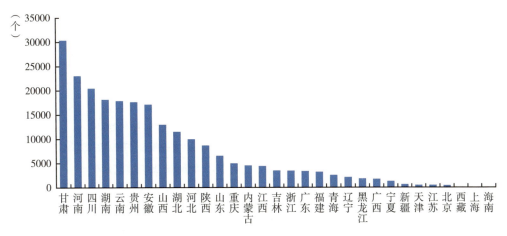

图 4-6　31 个省（区、市）中药材种植基地分布情况

资料来源：天地云图中药产业大数据平台。

以原国家食品药品监督管理局颁布的中药材 GAP 检查公告为统计源，在中药材 GAP 认证期间（2004~2016 年），全国中药材种植 GAP 认证基地共计 198 个，经筛查，去除重复认证基地，共包含 GAP 基地 169 个（见表 4-1）。由表 4-1 可以看出，获 GAP 认证基地数最多的公司为四川新荷花中药饮片股份有限公司，获批认证 5 个药材 GAP 种植基地；获 GAP 基地认证最多的品种为人参，共有 11 家企业，其次为丹参、金银花、黄芪、麦冬、三七、板蓝根，均为 6 家及以上企业。

表 4-1　全国已获 GAP 认证的中药材名录

序号	品种	公司名称
1	人参	北京同仁堂吉林人参有限责任公司
2		抚松县宏久参业有限公司
3		吉林加一土产有限公司
4		吉林省宏久和善堂人参有限公司
5		吉林省集安益盛汉参中药材种植有限公司
6		吉林长白参隆集团有限公司
7		吉林紫鑫药业股份有限公司
8		集安市新开河有限公司
9		江苏苏中药业集团股份有限公司
10		康美新开河（吉林）药业有限公司
11		通化百泉参业集团股份有限公司

续表

序号	品种	公司名称
12	丹参	方城县华丰中药材有限责任公司
13		菏泽步长制药有限公司
14		临沂升和九州药业有限公司
15		蒙阴县神农中药饮片有限公司
16		南阳白云山和记黄埔丹参技术开发有限公司
17		陕西天士力植物药业有限责任公司
18		四川逢春制药有限公司
19		亚宝药业集团股份有限公司
20	金银花	江苏康缘生态农业发展有限公司
21		临沂金泰药业有限公司
22		临沂利康中药饮片有限公司
23		山东广药中药材开发有限公司
24		山东三精制药有限公司
25		神威阿蔓达（平邑）中药材有限公司
26		四川惠丰天然药物发展有限公司
27		新乡佐今明制药股份有限公司
28	黄芪	大同丽珠芪源药材有限公司
29		甘肃扶正药业科技股份有限公司
30		甘肃九州天润中药产业有限公司
31		临沂升和九州药业有限公司
32		乌兰察布广药中药材开发有限公司
33		乌兰察布市中一黄芪技术开发有限责任公司
34	麦冬	江苏苏中药业集团股份有限公司
35		神威药业（四川）有限公司
36		四川天基康中药材种植有限公司
37		四川新荷花中药饮片股份有限公司
38		雅安三九中药材科技产业化有限公司
39		雅安三九中药材科技产业化有限公司
40	三七	昆明制药集团股份有限公司
41		云南白药集团文山七花有限责任公司
42		云南白药集团中药材优质种源繁育有限责任公司
43		云南哈珍宝三七种植有限公司
44		云南特安呐三七产业股份有限公司
45		云南维和药业股份有限公司

续表

序号	品种	公司名称
46	板蓝根	北京同仁堂河北中药材科技开发有限公司
47		大庆白云山和记黄埔板蓝根科技有限公司
48		大庆市大同区庆阳经贸有限责任公司
49		阜阳白云山板蓝根技术开发有限公司
50		黑龙江天翼药业有限公司
51		宁夏隆德县六盘山中药资源开发有限公司
52	红花	新疆步长药业有限公司
53		雅安三九中药材科技产业化有限公司伊犁分公司
54		亚宝药业新疆红花发展有限公司
55		裕民县华卫红花科技有限公司
56		裕民县永宁红花科技发展有限责任公司
57	山茱萸	北京同仁堂南阳山茱萸有限公司
58		北京同仁堂浙江中药材有限公司
59		佛坪汉江山茱萸科技开发有限责任公司
60		南阳张仲景山茱萸有限责任公司
61		南阳张仲景中药材发展有限责任公司
62	附子	四川佳能达攀西药业有限公司
63		四川江油中坝附子科技发展有限公司
64		四川新荷花中药饮片股份有限公司
65		雅安三九中药材科技产业化有限公司
66	铁皮石斛	光明食品集团云南石斛生物科技开发有限公司
67		天台县中药药物研究所
68		浙江省天台县中药药物研究所
69		浙江寿仙谷生物科技有限公司
70	当归	甘肃劲康药业有限公司
71		甘肃岷归中药材科技有限公司
72		沾益县益康中药饮片有限责任公司
73	党参	北京同仁堂陵川党参有限责任公司
74		东阿阿胶高台天龙科技开发有限公司
75		甘肃九州天润中药产业有限公司
76	茯苓	北京同仁堂湖北中药材有限公司
77		湖南补天药业有限公司
78		黄冈金贵中药产业发展有限公司

续表

序号	品种	公司名称
79	黄连	恩施九州通中药发展有限公司
80		西安安得药业有限责任公司镇坪分公司
81		重庆石柱黄连有限公司
82	玄参	湖北恩施硒都科技园有限公司
83		西安安得药业有限责任公司镇坪分公司
84		重庆市南川区瑞丰农业开发有限责任公司
85	川芎	四川绿色药业科技发展股份有限公司
86		四川新荷花中药饮片股份有限公司
87	穿心莲	清远白云山穿心莲技术开发有限公司
88		清远白云山和记黄埔穿心莲技术开发有限公司
89	地黄	南阳张仲景中药材发展有限责任公司
90		山东东阿阿胶股份有限公司
91	灯盏花	红河灯盏花生物技术有限公司
92		红河千山生物工程有限公司
93	甘草	大连绿波白城甘草科技开发有限公司
94		新疆康隆农业科技发展有限公司
95	化橘红	广东化州中药厂制药有限公司
96		化州市绿色生命有限公司
97	黄芩	宁夏隆德县六盘山中药资源开发有限公司
98		中国药材集团承德药材有限责任公司
99	桔梗	广安市凯瑞药材种植有限公司
100		山东鼎立中药材科技有限公司
101	龙胆	辽宁嘉运药业有限公司
102		辽宁天瑞绿色产业科技开发有限公司
103	牡丹皮	北京同仁堂安徽中药材有限公司
104		南阳张仲景中药材发展有限责任公司
105	平贝母	铁力市兴安神力药业有限责任公司
106		伊春北药祥锋植物药有限公司
107	太子参	贵州省黔东南州信邦中药饮片有限责任公司江中太子参分公司
108		宁德市力捷迅农垦高科有限公司
109	天麻	陕西汉王略阳中药科技有限公司
110		四川泰灵生物科技有限公司
111	头花蓼	贵州威门药业股份有限公司
112		贵州威门药业股份有限公司

续表

序号	品种	公司名称
113	五味子	抚顺青松药业有限公司
114		辽宁好护士药业（集团）有限责任公司
115	西洋参	吉林省西洋参集团有限公司
116		通化百泉参业集团股份有限公司
117	薏苡仁	浙江康莱特集团有限公司
118		浙江康莱特新森医药原料有限公司
119	银杏叶	江苏银杏生化集团股份有限公司
120		上海信谊百路达药业有限公司
121	鱼腥草	四川美大康中药材种植有限责任公司
122		雅安三九中药材科技产业化有限公司
123	白芍	四川逢春制药有限公司
124	白芷	四川银发资源开发股份有限公司
125	半夏	四川新荷花中药饮片股份有限公司
126	北柴胡	湖北神农本草中药饮片有限公司
127	苍术	黄冈九州通中药材有限公司
128	川贝母	四川新荷花中药饮片股份有限公司
129	滇重楼	丽江云鑫绿色生物开发有限公司
130	冬凌草	河南省济源市济世药业有限公司
131	短葶山麦冬	泉州东南中药材种植有限公司
132	枸杞子	中宁县杞瑞康商贸有限公司
133	管花肉苁蓉	和田天力沙生药物开发有限责任公司
134	广藿香	广州市香雪制药股份有限公司
135	何首乌	贵州省黔东南州信邦中药饮片有限责任公司
136	红芪	甘肃中天药业有限责任公司
137	厚朴	四川国药药材有限公司
138	虎杖	重庆科瑞南海制药有限责任公司
139	黄精	陕西步长制药有限公司
140	鸡血藤	华润三九医药股份有限公司
141	绞股蓝	安康北医大平利绞股蓝有限公司
142	金钗石斛	赤水市信天中药产业开发有限公司
143	荆芥	北京同仁堂河北中药材科技开发有限公司
144	菊花	麻城九州中药发展有限公司
145	决明子	北京市园禾方圆植物科技有限公司确山分公司
146	苦参	山西振东制药股份有限公司

续表

序号	品种	公司名称
147	苦地丁	北京同仁堂河北中药材科技开发有限公司
148	款冬花	巫溪县远帆中药材种植有限责任公司
149	螺旋藻	云南施普瑞生物工程有限公司
150	青蒿（仅供提取青蒿素使用）	重庆市华阳自然资源开发有限责任公司
151	山药	南阳张仲景中药材发展有限责任公司
152	山银花（灰毡毛忍冬）	重庆精鼎药材科技开发有限公司
153	石斛	云南恩红集团德宏呈荣石斛科技开发有限公司
154	天花粉	河北广一中药材科技开发有限公司
155	温莪术	温州市温医沙洲温莪术技术服务有限公司
156	温郁金	无锡济民可信山禾药业股份有限公司
157	西红花	上海华宇药业有限公司
158	夏枯草	北京市园禾方圆植物科技有限公司确山分公司
159	延胡索（元胡）	江西荣裕药业集团有限公司
160	野菊花	华润三九医药股份有限公司
161	益母草	成都壹瓶科技有限公司
162	淫羊藿（巫山淫羊藿）	贵州同济堂制药有限公司
163	罂粟、紫斑罂粟、红花罂粟	甘肃农垦集团有限责任公司
164	罂粟壳	甘肃省农垦集团有限公司
165	郁金、莪术（蓬莪术）	四川金土地中药材种植集团有限公司
166	云木香	丽江华利中药饮片有限公司
167	泽泻	福建金山生物制药股份有限公司
168	栀子	江西汇仁堂中药饮片有限公司
169	肿节风	三明市绿都生物科技有限公司

资料来源：原国家食品药品监督管理局中药材 GAP 检查公告。

2023 年 6 月 8 日，国家药监局综合司发布《〈中药材生产质量管理规范〉监督实施示范建设方案》，明确开展《中药材生产质量管理规范》（中药材 GAP）监督实施示范建设工作。

广东省、甘肃省、安徽省、山东省、云南省开展了中药材 GAP 符合性 / 延伸检查，三七（8）、大黄（6）、白及（4）、板蓝根 / 大青叶（4）、丹参（4）等药材共计 52 个基地通过新版 GAP 符合性检查（延伸检查），共有 18 家企业（被检查主体）中药材种植（养殖）基地通过新版中药材 GAP 符合性检查（延伸检查）。其中，广东省企业数量最多，有 7 家［广东一方制药有限公司、广州白云山和记黄埔中药有限公司、华润三九医药股份有限公司、华润三九现代中药制药有限公司、广州白云山光华制药股份有限公司、广州白云山明兴制药有限公司、华润三九（六安）中药材产业发展有限公司］；云南有 6 家（云南七丹药业股份有限公司、普洱良宝生物科技有限公司、普洱良品益康药业有限公司、云南白药集团太安生物科技产业有限公司、云南泽润三七种植有限公司、云南京新生物科技有限公司），甘肃有 2 家（甘肃九州天润中药产业有限公司、礼县春天药业有限责任公司健康产业分公司），山东有 2 家（山东丹红制药有限公司、山东中平药业有限公司），安徽有 1 家（中国中药霍山石斛科技有限公司）（见表 4-2）。

表 4-2　中药材 GAP 符合性检查（延伸检查）结果

单位：亩

序号	单位	品种	中药材品种	中药材生产企业	基地面积	基地地址	检查单位	公布时间
1	广东一方制药有限公司		金银花	山东中平药业有限公司	1568	山东省临沂市平邑县郑城镇		2023年11月24日
2	广东一方制药有限公司		忍冬藤	山东中平药业有限公司	1568	山东省临沂市平邑县郑城镇		2023年11月24日
3	广州白云山和记黄埔中药有限公司	板蓝根颗粒、复方板蓝根颗粒	板蓝根、大青叶	大庆白云山和记黄埔板蓝根科技有限公司	4300	黑龙江省齐齐哈尔市泰来县大兴镇时雨村	广东省药品监督管理局	2023年12月28日
4					2400	黑龙江省齐齐哈尔市泰来县大兴镇时雨村		
5					1800	黑龙江省大庆市大同区八井子乡		
6					1500	黑龙江省大庆市大同区双榆树乡		
7	广东一方制药有限公司	栀子配方颗粒及饮片、炒栀子配方颗粒及饮片、焦栀子配方颗粒及饮片、栀子炭配方颗粒及饮片	栀子	江西一方天江药业有限公司	746	江西省九江市湖口县武山镇		2023年12月28日
8	广东一方制药有限公司	肉桂配方颗粒及饮片、桂枝配方颗粒及饮片	肉桂、桂枝	国药集团冯了性（佛山）药材饮片有限公司	1000	罗定市㙟滨镇金滩村		2023年12月28日

续表

序号	单位	品种	中药材品种	中药材生产企业	基地面积	基地地址	检查单位	公布时间
9	广州白云山光华制药股份有限公司	小柴胡颗粒	柴胡	山西天熙药业有限公司	614.37	甘肃省定西市陇西县宏伟乡		2023年12月28日
10	广州白云山明兴制药有限公司	鸦胆子油乳注射液、鸦胆子油口服乳液	鸦胆子	广西那坡恒信药业有限公司	147	广西壮族自治区百色市那坡县百南乡		2023年12月28日
11	华润三九医药股份有限公司	感冒灵颗粒、三九胃泰颗粒	三叉苦	华润三九（六安）中药材产业发展有限公司	6110	广东高州市、云浮市云城区、罗定市、阳西县、台山市、化州市	广东省药品监督管理局	2024年2月8日
12			岗梅		25187	广东平远县、普宁市、高州市、化州市、信宜市、电白市		
13			两面针		1520	广东云浮市云城区、阳春市		
14			九里香		970	广东高州市、云浮市云城区、阳春市、揭西县		
15	华润三九现代中药制药有限公司	两面针配方颗粒	两面针		1520	广东云浮市云城区、阳春市		
16								
17	广东一方制药有限公司	三棱、醋三棱配方颗粒及中药饮片	三棱	浙江一方制药有限公司	120	浙江省东阳市六石街道		2024年2月8日
18	甘肃九州天润中药产业有限公司		当归	甘肃九州天润中药产业有限公司	1971	甘肃省定西市岷县麻子川乡麻子川村、上沟村	甘肃省药品监督管理局	2023年12月19日
19			黄芪		1442	甘肃省定西市岷县梅川镇车路村、宁宁村		
20			党参		1602	甘肃省定西市岷县梅川镇车路村、宁宁村		
21	礼县春天药业有限责任公司健康产业分公司		大黄	礼县春天药业有限责任公司健康产业分公司	2000	甘肃省陇南市礼县白河镇上文村		2023年12月19日
22					900	甘肃省陇南市礼县草坪乡中山村、后山村		
23					200	甘肃省陇南市礼县上坪乡青林村、蔡家村		

续表

序号	单位	品种	中药材品种	中药材生产企业	基地面积	基地地址	检查单位	公布时间
24	甘肃九州天润中药产业有限公司		当归	甘肃九州天润中药产业有限公司	1971	甘肃省定西市岷县麻子川乡麻子川村、上沟村	甘肃省药品监督管理局	2023年12月11日
25			黄芪		1442	甘肃省定西市岷县梅川镇车路村、宁宁村		
26			党参		1602	甘肃省定西市岷县梅川镇车路村、宁宁村		
27	礼县春天药业有限责任公司健康产业分公司		大黄	礼县春天药业有限责任公司健康产业分公司	2000	甘肃省陇南市礼县白河镇上文村		
28					900	甘肃省陇南市礼县草坪乡中山村、后山村		
29					200	甘肃省陇南市礼县上坪乡青林村、蔡家村		
30	华润三九（六安）中药材产业发展有限公司		野菊花	金寨古堂创福发展有限公司	155.9	金寨县吴家店镇古堂村	安徽省药品监督管理局	2023年12月13日
31	中国中药霍山石斛科技有限公司		霍山石斛	中国中药霍山石斛科技有限公司	359	安徽省霍山县太平畈乡东界岭B区，本次延伸检查地块，占地面积4.63亩，棚内栽培面积3.33亩		2023年12月13日
32	山东中平药业有限公司	金银花饮片	金银花	山东中平药业有限公司	1568	临沂市平邑县郑城镇	山东省药品监督管理局	2023年12月4日
33		忍冬藤饮片	忍冬藤		1568			
34	山东丹红制药有限公司	丹红注射液	丹参	山东丹红制药有限公司	1500	泰安市新泰市龙廷镇，新泰市泰慧中药材专业合作社		2023年12月8日
35					1190	泰安市新泰市龙廷镇，新泰市传芳中药材专业合作社		
36					1100	泰安市新泰市汶南镇，新泰市正旺中草药种植专业合作社		
37					730	潍坊市临朐县山旺镇，临朐县三金丹参种植专业合作社		

续表

序号	单位	品种	中药材品种	中药材生产企业	基地面积	基地地址	检查单位	公布时间
38	普洱良品益康药业有限公司		白及	普洱良宝生物科技有限公司	221.4	普洱市墨江县通关镇卡房村	云南省药品监督管理局	2024年3月6日
39					905	普洱市澜沧县东回镇怕令村		
40	普洱良宝生物科技有限公司		白及	普洱良宝生物科技有限公司	905	云南省普洱市澜沧县东回镇怕令村	云南省农业农村厅、云南省中药材GAP基地评价工作领导小组	2024年3月18日
41			白及		221.4	云南省普洱市墨江县通关镇卡房村，经度		
42	云南京新生物科技有限公司		美洲大蠊	云南京新生物科技有限公司	50	云省大理州巍山县大仓镇甸中村		
43	云南泽润三七种植有限公司		三七	云南泽润三七种植有限公司	1300	云南省曲靖市陆良县芳华镇游鱼村		
44			三七		350	云南省红河州建水县岔科镇水沟村		
45			三七	云南七丹药业股份有限公司	520	云南省文山州文山市坝心多中寨村		
46	云南七丹药业股份有限公司		三七		220	云南省文山州文山市厚镇凹子村		
47			三七		181	云南省文山州丘北县八道哨乡龙嘎新寨村		
48			三七		162	云南省文山州文山市薄竹镇三岔冲村		
49	云南七丹药业股份有限公司		三七	云南七丹药业股份有限公司	81	云南省文山州文山市平坝镇二道箐村		
50			三七		287	云南省文山州丘北县八道哨乡姑租村		
51	云南白药集团太安生物科技产业有限公司		当归	云南白药集团太安生物科技产业有限公司	112	云南省丽江市玉龙县太安乡太安村		
52			重楼		476.21	云南省丽江市玉龙县太安乡太安村		

　　四川省、江西省确定了第一批中药材 GAP 示范建设重点企业和品种，四川省有 4 个品种、7 个药材，江西省有 8 个品种、6 个药材（见表 4-3）。

表 4-3　四川省、江西省第一批中药材 GAP 示范建设单位及品种名单

序号	企业	品种	中药材品种情况	省份
1	四川新荷花中药饮片股份有限公司		川芎	四川
2	华润三九（雅安）药业有限公司	参附注射剂	人参、附子	
3	四川全泰堂中药饮片有限公司	参麦注射剂	人参、麦冬	
4	四川江油中坝附子科技发展有限公司		附子	
5	四川赤健中药科技有限公司		天麻	
6	四川新绿色药业科技发展有限公司	川芎配方颗粒	川芎	
7	四川天植中药股份有限公司		枳壳	
8	四川好医生攀西药业有限责任公司	康复新液	美洲大蠊	
9	四川利民中药饮片有限责任公司		枳壳	
10	江西青峰药业有限公司	喜炎平注射液	穿心莲	江西
11	江西普正制药股份有限公司	裸花紫珠颗粒	裸花紫珠	
		全杜仲胶囊	杜仲	
12	江西一方天江药业有限公司	栀子饮片/配方颗粒	栀子	
13	江西佑美制药有限公司	山蜡梅叶颗粒/山蜡梅叶片	山蜡梅	
14	江西康莱特新森医药原料有限公司	注射用薏苡仁油	薏苡仁	

4. 中药材种植企业现状

目前我国共有 109227 家药材种植企业，其中种植企业数前 10 的省份为广西壮族自治区（7538 家）、安徽省（6321 家）、贵州省（6131 家）、吉林省（5647 家）、四川省（5605 家）、福建省（5320 家）、云南省（5308 家）、河北省（4976 家）、甘肃省（4937 家）、广东省（4563 家）。各省（区、市）中药材种植企业分布如图 4-7 所示。

（1）不同年份全国中药材种植企业数分布情况

1980~2023 年全国中药材种植企业数分布如图 4-8 所示。由图 4-8 可以看出，2010 年以前全国范围内药材种植类公司增长缓慢，2010 年之后呈爆发式增长，2018 年达到最高的 15172 家，2018 年以后中药材种植企业数量开始呈下降趋势。

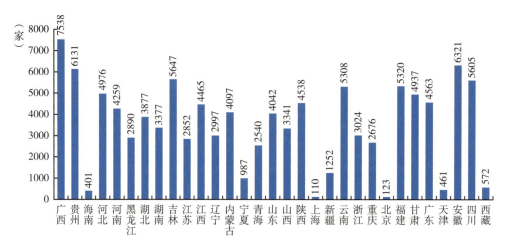

图 4-7 全国药材种植企业地域分布

资料来源：企查猫。

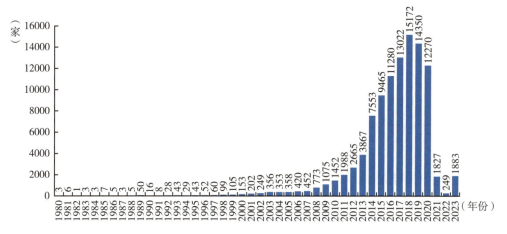

图 4-8 1980~2023 年全国中药材种植企业分布情况

资料来源：企查猫。

（2）中药材种植企业变化情况

1980~2023 年全国中药材种植企业变化情况如图 4-9 所示。由图 4-9 可以看出，到 2023 年全国中药材种植企业已经达到 109227 家，在 2000~2010 年、2010~2023 年间企业数增长较快。

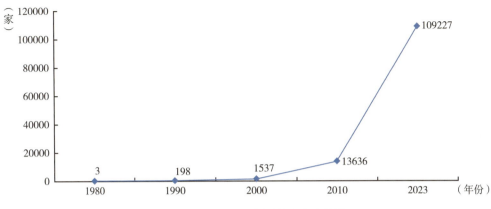

图 4-9　近 40 年中药材种植企业变化情况

资料来源：企查猫。

（二）中药材养殖企业发展概况

1. 药用动物养殖企业现状

各省（区、市）药用动物养殖企业分布如图 4-10 所示。目前我国共有 244 家药用动物养殖企业，其中药用动物养殖企业数前 10 的省份为广西（27 家）、贵州（23家）、陕西（23 家）、河南（18 家）、四川（14 家）、云南（13 家）、山东（12 家）、广东（10 家）、湖北（10 家）、安徽（9 家）以及吉林（9 家）（并列第 10）。

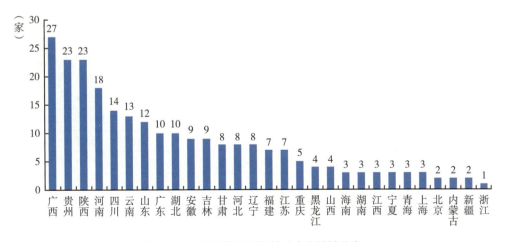

图 4-10　全国药用动物养殖企业地域分布

资料来源：企查猫。

2. 全国药用动物养殖企业变化情况

1985~2023 年，全国药用动物养殖企业变化情况如图 4-11 所示。由图 4-11 可以看出，全国药用动物养殖企业从 2005 年的 97 家，发展到 2023 年的 244 家，在 2005~2023 年间企业数增长较快。

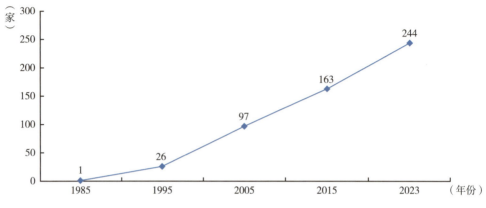

图 4-11　1985~2023 年我国药用动物养殖企业变化情况

资料来源：企查猫。

3. 全国药用动物养殖基地情况

在中药材 GAP 认证期间，全国药用动物 GAP 认证基地共计 3 个，均为美洲大蠊（见表 4-4）。

表 4-4　全国已获 GAP 认证的药用动物名录

序号	企业名称	品种
1	四川好医生攀西药业有限责任公司	美洲大蠊（2009 年）
2	腾冲县福德生物资源开发有限公司	美洲大蠊
3	四川好医生攀西药业有限责任公司	美洲大蠊（2015 年）
4	云南腾药制药股份有限公司	美洲大蠊

资料来源：原国家食品药品监督管理局中药材 GAP 检查公告。

4. 我国药用动物养殖品种情况

我国药用动物养殖品种情况如图 4-12 所示。由图 4-12 可以看出，海马是我国最早开始试养殖的药用动物，药用动物试养殖高峰出现在 1989 年，包括毛蚶、乌梢蛇、刺猬、黑熊。

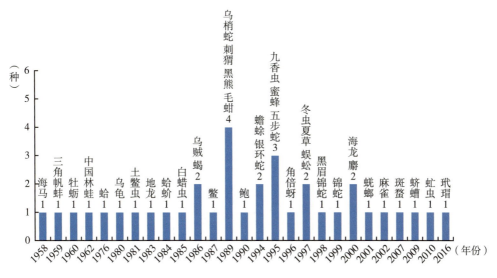

图 4-12　我国药用动物养殖品种数量与开始年份

（三）矿物类药和其他类企业发展概况

目前我国共有 71 家矿物类药和其他类企业，具体情况如表 4-5 所示。

表 4-5　我国矿物类药和其他类企业清单

编号	企业	编号	企业
1	贵州省铜仁市丽安汞业有限公司	14	湖南九居松药业有限公司佛山分公司
2	贵州铜仁市万福汞业有限公司	15	湖北益生药业有限公司
3	凤凰县红飞药用朱砂有限责任公司	16	诸城市棉织街鲁东化工原料经营部
4	凤凰县红飞药用朱砂厂	17	荆门市东宝区子陵南金石膏粉厂
5	湖北益生药业有限公司绿洲轻粉厂	18	龙胜县远强滑石制品有限责任公司
6	新泰市果都镇明利红粉厂	19	丹东市药用滑石粉厂
7	开阳县天启红粉厂	20	龙胜各族自治县民政福利药用滑石粉厂
8	湖南九居松药业有限公司	21	桂林银燕药用滑石粉有限公司
9	湖南九居松药业有限公司佛山分公司	22	龙胜各族自治县银燕滑石制品厂
10	湖北益生药业有限公司	23	莱州市滑石矿
11	湖南九居松药业有限公司淮阳分公司	24	辽宁艾海滑石有限公司海城分公司
12	湖北益生药业有限公司绿洲轻粉厂	25	宝鸡化工石粉厂
13	湖南九居松药业有限公司	26	北京市庆嵘医药新技术研究所

续表

编号	企业	编号	企业
27	灵寿县兰祥矿产品加工厂	50	河池市怡婧贸易有限公司
28	四川省川眉芒硝有限责任公司	51	凤山县宏益矿业有限责任公司那林金矿
29	敦煌西域特种新材股份有限公司	52	湘潭县柯奇矿石加工厂
30	四川省川眉芒硝有限责任公司	53	北京同仁堂商业投资集团有限公司
31	沂南县金冠盐业有限公司	54	梁平县莺桂化工产品贸易有限公司
32	桐柏明星化工有限公司	55	贵州德益天成矿业有限责任公司
33	青海和硕特生物技术工程有限公司	56	贵州省都匀市乡镇企业供销公司
34	潍坊市爱音商贸有限公司	57	凤凰县矿产供销公司
35	昌邑市鲁盐盐业商行	58	贵州铜仁汇来贸易有限公司
36	凤山县宏益矿业有限责任公司	59	北京同仁堂海口西海岸药店有限公司
37	松桃金顺生态养殖场	60	铜仁市碧江区汇来工艺品店
38	乐安县滇宏工贸有限公司	61	铜仁市碧江区建伟土特产商铺
39	湖南雄黄化工股份有限公司	62	全州县海萍雄黄加工厂
40	石门雄黄矿有限责任公司	63	广西河池市金华有色金属矿冶厂
41	松桃锦秀矿业有限公司	64	贵州省安顺市西秀区小范香蜡纸烛店
42	石门雄黄矿业有限公司	65	常州市武进康佳化工有限公司
43	义马市双和雄黄精品厂	66	上海京华化工厂有限公司
44	凤凰县茶田矿产购销部	67	四川康安生物医药有限公司
45	凌云县金矿	68	乐安县滇宏工贸有限公司
46	乐安县明宇工贸有限公司	69	上海长虹药品加工厂
47	佛山市南海区西樵清源鱼苗繁殖场	70	内蒙古矸瓷陶业有限公司
48	湖南安健中药饮片有限责任公司	71	融安县豪迈草药经营部
49	湘潭县冶金化工厂		

资料来源：企查查。

二 企业发展策略建议

（一）中药材种植

1. 贯彻落实《中药材生产质量管理规范》

2022 年 3 月 17 日，国家药监局、农业农村部、国家林草局、国家中医药局发布了《中药材生产质量管理规范》。该规范指出，农业农村部门牵头做好中药材种子种苗及种源提供、田间管理、农药和肥料使用、病虫害防治等指导。林业和草原部门牵头做好中药材生态种植、野生抚育、仿野生栽培，以及属于濒危管理范畴的中药材种植、养殖等指导。中医药管理部门协同做好中药材种子种苗、规范种植、采收加工以及生态种植等指导。药品监督管理部门对相应的中药材生产企业开展延伸检查，做好药用要求、产地加工、质量检验等指导。

2. 以"种子种苗繁育"为抓手，稳定中药材高质量

习近平总书记在主持召开中央全面深化改革委员会第二十次会议时强调，农业现代化，种子是基础，必须把民族种业搞上去，把种源安全提升到关系国家安全的战略高度，集中力量破难题、补短板、强优势、控风险，实现种业科技自立自强、种源自主可控。

药材种植企业应结合"产—学—研—用"，与科研院所合力建设中药材种子、种苗、种质资源库，开展中药材资源挖掘与创新利用、应用基础研究、育种技术和模式创新攻关，实现中药材种植关键技术和新品种选育的重大突破。与此同时，企业应建立中药材种子种苗或其他繁殖材料的标准，从源头控制药材质量。

3. 规模化科学种植，完善市场供需布局

中药材种植除大公司有规模化种植基地外，多以小农生产方式为主，种植分布分散，成片种植少，集约化程度较低，且部分道地药材产区缺少药材销售集散地，部分地区仍存在盲目引种、跟风种植市场热销中药材等问题，中药材道地性不突出。中药材种植企业应与当地政府一起，合理规划道地药材种植布局，在"企业＋合作社＋基地＋农户"的模式下，实现中药材产销一体化，并保证中药材质量。

（二）药用动物养殖

1. 突破人工养殖技术

我国已经成功突破了林麝、梅花鹿、黑熊等动物的驯化养殖技术。自20世纪50年代始开展林麝的人工养殖以来，林麝驯养与人工繁殖成绩显著。

2020年9月30日，国家林业和草原局发布《关于规范禁食野生动物分类管理范围的通知》。对64种在养禁食野生动物确定了分类管理范围，其中19种允许用于药用、展示、科研等非食用性目的的养殖动物包括刺猬、猪獾、狗獾、豚鼠、海狸鼠、蓝孔雀、中华蟾蜍、黑眶蟾蜍、齿缘龟、锯缘摄龟、缅甸陆龟、黑眉锦蛇、眼镜王蛇、乌梢蛇、银环蛇、尖吻蝮、灰鼠蛇、滑鼠蛇、眼镜蛇。应加大对其他药用动物的人工养殖技术研究，突破药用动物人工养殖技术瓶颈，实现更多品种药用动物的野生变家养。

2. 扩大种群规模，避免动物种源退化

目前，赛加羚羊养殖均源于最初引进的 12 只繁衍的后代，近亲繁殖现象突出，带来种群退化、种群数量不稳定等问题。为避免种群退化现象，需要加大赛加羚羊引进种群数量、扩大种群规模，以促进生物多样性及物种基因的保存。同时促进良种选育，结合个体表型、系谱、后代测验等指标综合优选种质。[①]

3. 加强疾病疫情防控研究

瘟疫等疾病疫情防控是动物养殖面临的重大难题，稍有纰漏就可能会面临动物的大面积死亡。应加强疾病防控防疫，有针对性地将危害性大、传染性强的传染病及寄生虫病作为防疫重点；对引种或驯化的动物进行检疫与隔离，确保非传染病携带者方可进入养殖种群；采用定期免疫与紧急免疫相结合的方法，注射疫苗和消毒封锁等措施，提高药用动物对相应传染病的特异性抵抗力，达到预防疾病的目的；做好定期驱虫与预防性驱虫工作，制定严格的卫生管理制度。[②]

（三）矿物类药及其他

1. 正本清源，规范矿物药品种和基原

矿物药存在品种混乱现象。同一药物有多个基原，如自然铜基原包括黄铁矿、褐铁矿、自然铜、黄铜矿等，禹余粮有褐铁矿、多水高岭土及千枚岩，紫石英有萤石、紫石英，滑石有滑石与高岭土等。另外，还存在同物异名现象，即同一矿物药有不同药名，如云母既作云母石，又作银精石使用；石膏既作石膏，又作玄精石使用。[③]品种混乱现象不仅影响临床用药的准确性，也给药材流通、药品管理带来不少困难。针对目前矿物药品种混乱、同物异名、归属类别模糊不清等问题，应加强品种整理，明确矿物药的内涵与外延，制定矿物药品种目录，规范其基原与拉丁学名，对归类模糊的品种展开研究讨论，确定其归属问题。[④]

2. 培养矿物药研究人才

矿物药研究人才短缺。矿物药资源的研究离不开地质学和中医药学人才，地质学

---

① 张辉、赵润怀、段金廒等：《〈中国药典〉2020 年版药用动物养殖研究进展与对策》，《中国现代中药》2022 年第 9 期。

② 张辉、赵润怀、段金廒等：《〈中国药典〉2020 年版药用动物养殖研究进展与对策》，《中国现代中药》2022 年第 9 期；苏积武、李岩、赵崇学等：《赛加羚羊检疫与防疫的探讨》，《甘肃农业大学学报》1998 年第 2 期。

③ 杨立国、王秀兰、孟和毕力格等：《东北地区矿物药资源种类与分布文献研究》，《中国现代中药》2023 年第 4 期。

④ 董继晶、齐路明、王科等：《西南地区矿物药资源分布及应用概况》，《中国现代中药》2023 年第 4 期。

或中医药学人员单方面开展矿物药资源研究心有余而力不足。专业性研究型人才的缺乏使得药用矿产的研究处于分散凌乱的状态，加之缺乏学术性的组织机构，无法开展学术交流活动，知识体系建设推动缓慢。

应当加强高等院校、科研院所矿物药资源学科建设，重视"地质学—中医药学"复合型人才的培养和相关矿物药资源学术组织的建立，推动矿物药资源的高质量发展。在加强从事地质学、中医药学研究工作者联合研究矿物药资源的同时，通过青年科技工作者的互派进修，达到专业知识融合，逐步培养出一批既懂矿物学，又懂中医药学的复合型专门人才，为矿物药资源的深入研究、开发利用储备专业人才。[①]

3. 提升矿物药质量标准

目前，对我国药用矿产资源的鉴定和评价尚无统一标准。例如，白石英与紫石英混用，但前者的主要成分为 SiO_2，而后者主要含 CaF_2。还存在将硬石膏（板块、柱状）、透石膏（板块、薄片状）、红石膏和农用石膏混用作石膏的现象，有的混用石膏品中含砷量较高，易导致中毒。[②]

加强矿物药标准研究，加强对药用矿物资源的基础研究，整理挖掘矿物药的特色疗效及用法，提高其在医疗行业的认可度。加强矿物药资源的安全性、有效性等质量评价，整理挖掘矿物药的特色疗效及用法，逐步形成矿物药在临床治疗疾病的优势病种及特色，不断扩大影响。在矿物药的性状鉴定、炮制加工优选、元素价态分析、成分构型分析等方面，加强显微成像技术、热分析技术、X 射线衍射技术、光谱技术等多种技术融合，结合药效学评价研究，提升矿物药安全性及质量控制水平。[③]

第二节　全国饮片生产企业分析

我国中药饮片产业呈现蓬勃发展态势，截至 2023 年 12 月，通过 GMP 标准认证

---

① 杨立国、王秀兰、孟和毕力格等：《东北地区矿物药资源种类与分布文献研究》，《中国现代中药》2023 年第 4 期；徐晨昱、赵倩、刘圣金等：《华东地区矿物药资源种类及分布概况》，《中国现代中药》2023 年第 4 期。

② 孟和毕力格、王秀兰、苏都那布其等：《华北地区矿物药资源种类与分布文献研究》，《中国现代中药》2023 年第 4 期。

③ 杨立国、王秀兰、孟和毕力格等：《东北地区矿物药资源种类与分布文献研究》，《中国现代中药》2023 年第 4 期；郑皓雪、郭岚、明晶等：《华中地区矿物药资源种类及分布概况》，《中国现代中药》2023 年第 4 期。

的企业达4419家，其中有毒饮片企业占9.35%，直饮饮片企业占3.80%。地域分布上，广东、安徽、四川等省份成为中药饮片生产的主要地区。

一　中药饮片生产企业概况

据统计，我国通过了GMP标准认证的中药饮片企业一共有4419家。按照饮片是否有毒，可将中药饮片分为普通饮片和毒性饮片；按照饮片是否可用于直接服用，又分类出了直饮饮片。①

近年来，我国加大了对中医药产业的扶持力度，中药相关市场发展持续向好，而中药饮片市场作为我国中药产业的三大支柱之一，也得到了快速的发展。目前，随着我国中药饮片法规标准体系日趋完善，我国中药饮片市场规模不断扩大，饮片质量也逐渐提升。

通过查询，我们对近年来每年通过GMP标准认证的企业数量情况进行了整理。从2003年至2008年，每年通过GMP标准认证的企业数呈逐渐递增趋势，而2008年至2011年，我国每年通过GMP标准认证的企业数呈下降趋势，2011年后又恢复递增趋势，2015年，我国通过GMP标准认证的企业数达到一个新的顶峰，而后又开始逐年递减（见图4-13）。

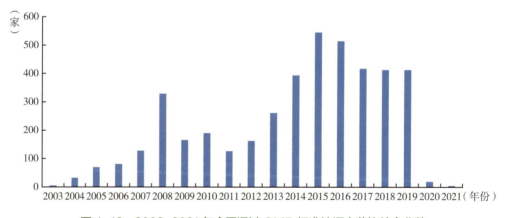

图4-13　2003~2021年全国通过GMP标准认证中药饮片企业数

从2003年起，我国中药饮片生产企业的数量不断增加，尤其是安徽、广东、四川、河北这四个省份增长最为迅速。

① 由于在2019年12月1日我国药监局取消了药品GMP、GSP认证，不再受理GMP、GSP认证申请，统计的时间范围为2003~2021年。

把所有通过了 GMP 标准认证的企业按照地域分布划分，拥有通过 GMP 标准认证的中药饮片生产企业数最多的前十个省份是广东省、安徽省、四川省、河北省、甘肃省、山东省、北京市、浙江省、云南省、湖南省（见图 4-14）。

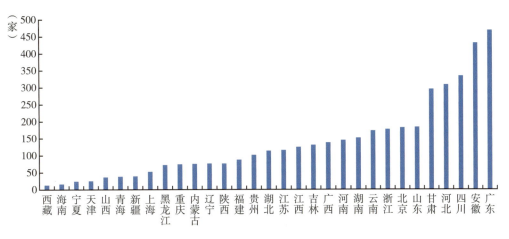

图 4-14　各地区通过 GMP 标准认证企业数

（一）有毒饮片生产企业发展现状

在上述所有的中药饮片生产企业中，可以生产毒性中药饮片的企业一共有 413 家，约占总中药饮片生产企业的 9.35%（见图 4-15）。

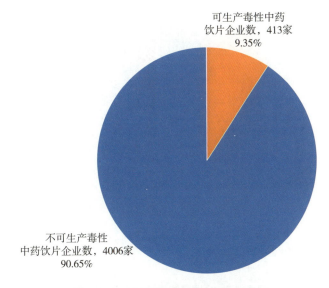

图 4-15　全国有毒饮片企业类型情况

按照地域将可生产有毒饮片的中药饮片企业进行划分，其结果如图 4-16 所示。

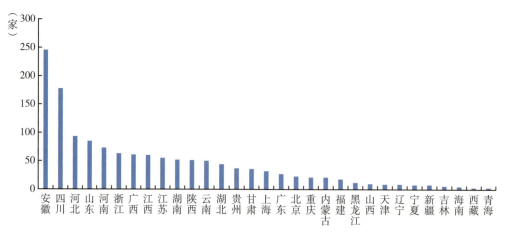

图 4-16　各地区通过 GMP 认证生产毒性饮片企业数

（二）直饮饮片生产企业发展现状

可以生产直饮饮片（即直接口服中药饮片）的中药饮片生产企业一共有 168 家，约占总中药饮片生产企业的 3.80%（见图 4-17）。

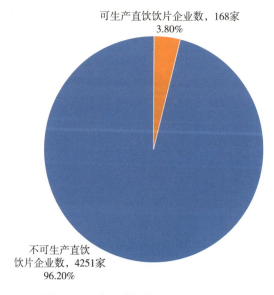

图 4-17　全国直饮饮片生产企业情况

按照地域将可生产直饮饮片企业进行划分，结果如图 4-18 所示。

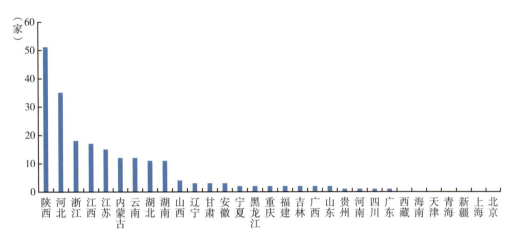

图 4-18　各地区生产直饮饮片企业分布情况

二　企业发展策略建议

通过对我国现有的已通过 GMP 生产标准认证的中药饮片生产企业进行查询和了解可以得知，目前我国拥有通过 GMP 生产标准认证的中药饮片生产企业最多的前三个省份为广东省、安徽省和四川省。然而，受新冠肺炎疫情以及我国药监局在 2019年 12 月 1 日取消了药品 GMP、GSP 认证，并不再受理相关认证申请的影响，2020 年和 2021 年通过 GMP 认证的中药饮片企业数量大幅减少。

中国作为中药材资源丰富的国家，地域辽阔，中药材种类多样。近年来，我国对中医药行业的重视不断增强，通过一系列政策文件，明确了中医药行业的发展方向和主要任务。从 2013 年国务院发布《关于促进健康服务业发展的若干意见》到 2022 年国务院办公厅发布《"十四五"中医药发展规划》，政策层面为中医药产业未来的发展指明了方向。

各地政府出台相关政策规范中药饮片生产的各个环节，企业也加大了研发投入和知识产权保护力度，培养了更多的专业人才，提升了产品品牌底蕴和国际竞争力。同时，企业之间加强合作，构建了良好的生态格局。

在经营方面，企业可以采取聚焦优势实业、强化规模商业、盘活潜力产业、清理边缘副业等经营策略，持续优化业务结构。聚焦优势实业有助于提高核心竞争力，强化规模商业则能够整合渠道网络，盘活潜力产业能够抓住行业资源，清理边缘副业则有助于释放内部资源。

总体而言，我国中药饮片生产市场前景广阔，企业发展迅速，国家政策和市场需求都有利于中药行业和中药饮片生产企业的发展。在未来，随着中医药行业的不断壮大和政策支持的持续加强，预计中药饮片生产企业将迎来更多的发展机遇。

第三节　全国新型饮片生产企业分析

一　新型饮片生产企业概况

（一）中药配方颗粒

自 2001 年《中药配方颗粒管理暂行规定》颁布到 2004 年，国家药品监督管理局相继批准了六家试点企业：广东一方制药有限公司、江阴天江药业有限公司、北京康仁堂药业有限公司、华润三九医药股份有限公司、四川绿色药业科技发展股份有限公司（已变更为四川新绿色药业科技发展有限公司）、培力（南宁）药业有限公司（以下分别简称"一方""天江""康仁堂""三九""新绿色""培力"）。至 2015 年《中药配方颗粒管理办法（征求意见稿）》颁布，其间未再批准其他试点企业。在此阶段，由于中药配方颗粒行业准入限制，形成了六家独大的局面，几乎包揽了国内中药配方颗粒市场：控股天江、一方两家国家级试点企业的中国中药公司，为国内中药配方颗粒行业龙头企业，占全国中药配方颗粒市场约 50% 的份额；新绿色、康仁堂和三九则为中药配方颗粒行业的第二梯队，约占全国中药配方颗粒市场 40% 的份额；培力与其他非国家级中药配方颗粒试点企业约占 10% 的市场份额。这些企业在药材原料、制备工艺、质量把控方面布局充分，销售终端的耕耘也更具深度和广度，全产业体系较为完整，所占市场份额巨大。

近年来，国家级试点企业在全国范围内积极布局生产基地，在"企查查"企业工商信息查询系统查询企业对外投资情况可知，六家国家级试点生产企业在全国范围内控股子公司或建立生产基地达 39 家（见表 4-6）。

表 4-6　六家国家级试点生产企业控股子公司或生产基地情况

序号	国家级试点生产企业名称	控股子公司或生产基地
1	江阴天江药业有限公司 （12家）	国药集团中联药业有限公司
		黑龙江国药天江药业有限公司
		重庆天江一方药业有限公司
		四川国药天江药业有限公司
		云南天江一方药业有限公司
		国药天雄药业有限公司
		安徽天祥药业有限公司
		泰州天江药业有限公司
		福建天江药业有限公司
		山西国新天江药业有限公司
		黑龙江国药双兰星制药有限公司
		国药五寨天江药业有限公司
2	广东一方制药有限公司 （9家）	山东一方制药有限公司
		湖南一方天江药业有限公司
		山东中平药业有限公司
		广西一方天江制药有限公司
		浙江一方制药有限公司
		陇西一方制药有限公司
		江西一方天江药业有限公司
		陕西一方平康制药有限公司
		甘肃陇中药业有限责任公司
3	四川新绿色药业科技发展有限公司 （5家）	江西新绿色药业科技发展有限公司
		广东新绿色药业科技有限公司
		重庆新绿色医药科技有限公司
		安徽新绿色药业科技发展有限公司
		云南新绿色药业科技发展有限公司
4	北京康仁堂药业有限公司 （7家）	山东红日康仁堂药业有限公司
		甘肃佛慈红日药业有限公司
		河南红日康仁堂药业有限公司
		重庆红日康仁堂药业有限公司
		天津红日康仁堂药业有限公司
		河北红日药都药业有限公司
		湖北辰美中药有限公司

续表

序号	国家级试点生产企业名称	控股子公司或生产基地
5	华润三九医药股份有限公司 （5家）	华润三九（枣庄）药业有限公司
		华润三九（南昌）药业有限公司
		华润三九（黄石）药业有限公司
		安徽华润金蟾药业有限公司
		华润三九（雅安）药业有限公司
6	培力（南宁）药业有限公司 （1家）	贵州培力农本方中药有限公司

资料来源：企查查。

2015年《中药配方颗粒管理办法（征求意见稿）》颁布后，逐步放开对各省开展中药配方颗粒试点的限制，多省份相继以科研、技改专项、试点研究、临床试点等名义批准中药配方颗粒试点企业，为打破原国家试点企业形成的行业壁垒提供了动力。2021年2月1日，国家药监局等四部门共同发布《关于结束中药配方颗粒试点工作的公告》，中药配方颗粒市场全面放开。中药配方颗粒生产企业应取得《药品生产许可证》，并同时具有中药饮片和颗粒剂生产范围，产品不实施批准文号管理，实施标准管理、备案管理，向省级药品监督管理部门备案后方可上市。截至2023年12月，除六家国家级试点企业及其控股或投资子公司外，国家药品监督管理局中药配方颗粒备案信息显示，已有61家中药配方颗粒生产企业进行中药配方颗粒品种备案（见表4-7、图4-19）。

表4-7　全国中药配方颗粒生产企业情况

省份	企业
湖北	李时珍医药集团有限公司、劲牌持正堂药业有限公司、湖北一正药业股份有限公司、湖北恒安芙林药业股份有限公司、湖北辰美中药有限公司
江西	江西百神药业股份有限公司、江西纳弗堂制药有限公司、江西瑞龙药业有限公司、江西草掌柜中药有限公司
安徽	安徽华润金蟾药业股份有限公司、安徽济人药业有限公司、安徽九洲方圆制药有限公司、安徽广印堂中药股份有限公司、安徽协和成药业饮片有限公司、安徽宏方药业有限公司
河南	仲景宛西制药股份有限公司、禹州市天源药业有限公司、白云山东泰商丘药业有限公司
云南	云南神威施普瑞药业有限公司、鸿翔中药科技有限责任公司
内蒙古	内蒙古普康药业有限公司、祈蒙股份有限公司
广西	广西强寿药业集团有限公司、广西仙茱制药有限公司

续表

省份	企业
浙江	浙江惠松制药有限公司、浙江景岳堂药业有限公司、浙江佐力药业股份有限公司、浙江贝尼菲特药业有限公司
陕西	陕西孙思邈高新制药有限公司、陕西盘龙药业集团股份有限公司
贵州	贵阳新天药业股份有限公司、贵州京诚药业有限公司、贵州益佰中药配方颗粒制药有限公司
广东	康美药业股份有限公司、广州市香雪制药股份有限公司
河北	神威药业集团有限公司、石家庄以岭药业股份有限公司、河北国金药业有限责任公司
甘肃	兰州佛慈制药股份有限公司
山东	青州尧王制药有限公司、山东宏济堂制药集团股份有限公司
重庆	重庆厚捷制药有限公司
江苏	济川药业集团有限公司、扬子江药业集团江苏制药股份有限公司、江苏康缘药业有限公司
湖南	湖南春光九汇现代中药有限公司、湖南新汇制药股份有限公司、天地恒一制药股份有限公司、湖南康寿制药有限公司
吉林	吉林敖东集团力源制药股份有限公司、吉林吉尔吉药业有限公司、吉林敖东延边药业股份有限公司、吉林百琦药业有限公司
黑龙江	黑龙江森工药业有限责任公司、黑龙江赛美药业有限公司
辽宁	辽宁上药好护士药业（集团）有限公司
天津	天士力医药集团股份有限公司
北京	北京春风中药股份有限公司
上海	上海万仕诚药业有限公司、上海雷允上药业有限公司
福建	水仙药业（建瓯）股份有限公司

资料来源：国家药品监督管理局。

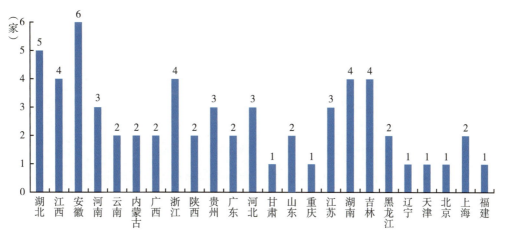

图 4-19　全国中药配方颗粒生产企业分布情况

1. 国家标准制定情况

2021 年 4 月，国家药监局颁布第一批中药配方颗粒国家标准 196 个。截至 2023 年 12 月，共颁布 6 批 296 个正式标准以及尚处于公开征求意见阶段的 59 个标准，共计 355 个。六家国家级试点企业是标准起草的主力军，一方、天江、三九、康仁堂、新绿色负责起草品种均在 40 个及以上，其中一方和天江两家企业起草的国家标准数量最多，分别为 103 个、95 个，共占全部标准的 56%。其次为三九，起草的国家标准数量为 51 个，康仁堂、新绿色起草国家标准分别为 43 个、40 个，培力起草国家标准 13 个，其他企业共起草国家标准 10 个。六家国家级试点企业主导起草的标准占全部品种的 97%（见图 4-20），可见以企业为主导的国家标准形成机制能提高企业参与标准制定的积极性，对国家标准的形成具有一定的推动作用。

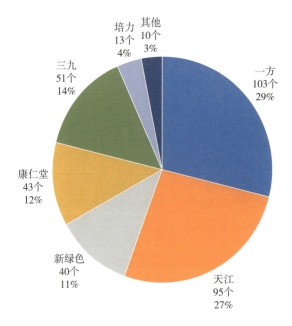

图 4-20　企业起草中药配方颗粒国家标准数量情况

2. 省级标准制定情况

国家标准的出台能科学规范地指导中药配方颗粒生产，对改善各地各企业之间工艺不一、标准不同的现状起到了积极作用。但目前已出台的国家标准品种数尚不能满足临床需求，国家标准以外的品种需以省级标准配合作为过渡，并在一定期限内向国家标准转化。目前各省份已相继制定关于中药配方颗粒的管理实施细则，陆续开展省级标准发布与备案审查工作。截至 2023 年 12 月，除西藏自治区和新疆维吾尔自治区外，全国 29 个省、自治区、直辖市（不含港澳台）发布的中药配方颗粒标准共计 8390 个（不含公示期）（见图 4-21）。从各地实施的中药配方颗粒标准发布与备案审查情况来看，颁布标准数量多的地区有 400 余个，如海南、河北；颁布标准数量少的地区也有 100 余个，如内蒙古。各地颁布中药配方颗粒标准的形式和进程存在较大差异，如一些省份发布中药配方颗粒标准的形式是成熟几个，颁布几个；一些省份是每批标准公示的品种数多，公示周期长，更新较慢。

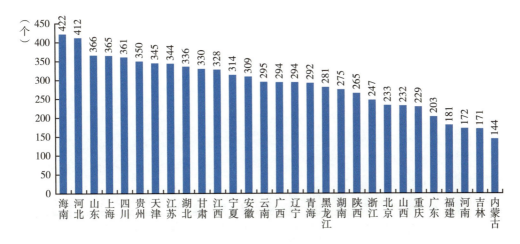

图 4-21　省级中药配方颗粒标准数量

（二）破壁饮片（超微饮片）

中药破壁饮片（超微饮片）是采用现代的破壁粉碎技术，将符合《中国药典》要求的植物类中药材，在现代的破壁粉碎技术生产且不添加任何辅料的前提下，制成的均匀干燥粉末状饮片，是一种新型的中药饮片。利用破壁粉碎技术制作的中药破壁饮片，改变了传统中药饮片入药物质基础的均匀性问题，消除了中药不同植株、部位、组织、细胞带来的差异，从而保证了中药入药的品质和中药质量的可控性；大幅提高了中药的利用率和药效，降低了中药自然资源的消耗 2/3 左右，具有重大的环保和可持续价值；同时，使用方式也更加便捷，可冲泡、可煎煮、可混悬成"咖啡"形态应用，成为养生、干预亚健康的新品类。与传统中药饮片比较，破壁饮片具有实现中药饮片标准化、活性成分高效利用、应用便捷的优点。

由于破壁饮片（超微饮片）还处于科研试点阶段，部分省份以科研试点名义批准一批企业生产。"企查查"企业工商信息查询系统数据显示，全国生产、加工以及销售中药破壁饮片的企业约100家，主要分布在安徽、河北、贵州、湖南、四川等省份，其中生产企业多集中于安徽和河北（见图4-22）。而通过对中药破壁饮片产业链进行分析发现，在产业链前端，涉及饮片原材料供应的大型企业占八成，如中国中药、红日药业、康美药业等，而产业链中后端，对饮片进行加工制备以及销售破壁饮片的大型企业较少，主要以中智药业、春光九汇为领头。近几年，石药集团、联盛药业、瑞药金方进入市场开始布局，但行业集中度较低。

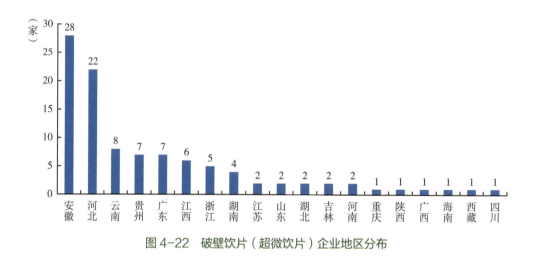

图4-22 破壁饮片（超微饮片）企业地区分布

在破壁饮片（超微饮片）质量标准研究方面，湖南省《湖南中药饮片炮制规范（2010年版）》收载180种中药超微饮片和中药超微配方颗粒。中智药业作为破壁饮片的全国最大的生产企业，已实现170多个品种的开发以及产业化发展，建立广东省破壁饮片标准61项，实现32个中药破壁饮片的上市，还研制玫瑰桑葚、菊花枸杞等多个品种的破壁代用茶，西洋参、黄芪、三七、红景天、鱼腥草、丹参6个破壁饮片产品还获得加拿大天然健康产品生产许可。

但破壁饮片（超微饮片）供临床医生配方使用，应有临床习用历史，即除药食同源品种及《中国药典》规定有粉末入药习惯的品种外，其他品种制备成破壁饮片（超微饮片）未得到国家药品监督管理局允许和认可。2018年4月19日，国家药监局发布了《省级中药饮片炮制规范修订的技术指导原则》，要求省级饮片炮制规范应严格按照《中华人民共和国药品管理法》及其实施条例的相关规定，其收载范围仅限于具有地方炮制特色和历史沿用的临床习用品种；不得收载未获得公认安全、有效性数据的尚处于科学研究阶段的科研产品，以及片剂、颗粒剂等常规按制剂管理的产品；对于饮片打粉，除确有公认的临床习用历史的品种之外，不应作为规格收载。除另有规定外，炮制规范所用的原药材应是国家药品标准或地方药材标准收载的品种。

2018年8月31日，国家药监局发布《关于印发中药饮片质量集中整治工作方案的通知》，要求各省级药品监管部门要按照本工作方案和具体实施方案组织开展中药饮片质量整治。突出重点问题，督促企业落实主体责任，对违法违规行为坚决查处；完善工作机制和相关管理制度，修订地方中药饮片炮制规范。并限令各省级药品监管部门须在2019年10月底前完成整治工作的总结，向国家局报送，工作总结应当包括检查和抽检情况、发现问题及处理情况、取得的成效和工作建议等。截至2020年1月，各省级药监局废止的打粉品种如表4-8所示。

表4-8 各省份废止的中药粉末饮片

省份	时间	叫停项目
上海市	2020.1.13	停止执行《上海市中药饮片炮制规范》2018年版豆蔻仁粉等7个品种
四川省	2020.1.13	停止执行百合粉等19个饮片
安徽省	2020.1.13	废止《安徽省中药饮片炮制规范》（2019年版）收载的赤链蛇粉中药饮片标准
黑龙江省	2020.1.10	停止执行《黑龙江省中药饮片炮制规范及标准》2012年版丹参粉饮片炮制规范
浙江省	2020.1.10	停止执行砂仁粉等5个粉末饮片规格炮制规范
江苏省	2020.1.10	废止现行版《江苏省中药饮片炮制规范》（2002年版）中"肉桂"和"灵芝"的标准
湖南省	2020.1.9	停止执行《湖南省中药饮片炮制规范》（2010年版）中的"三七"粉等11个中药饮片品规的炮制规范
山东省	2020.1.9	停止执行《山东省中药饮片炮制规范（2012年版）》中的沉香粉、水蛭粉、狗鞭粉3个中药饮片品规的炮制规范
山西省	2020.1.9	废止《山西中药炮制规范》（1984年版）中收载的"驴肾""狗肾""蝼蛄"3个品种中药饮片炮制规范
甘肃省	2020.1.9	废止《甘肃省中药炮制规范》（2009年版）中小白及粉、竹茹粉饮片规格
河南省	2020.1.9	停止执行红参、甜瓜蒂2个中药饮片标准
山东省	2020.1.9	停止执行《山东省中药饮片炮制规范（2012年版）》中的沉香粉
重庆市	2020.1.8	停止执行《重庆市中药饮片炮制规范及标准》2006年版中的海狗肾、滑石粉烫狗肾2个中药饮片打粉品规的炮制规范

续表

省份	时间	叫停项目
北京市	2020.1.8	停止执行《北京市中药饮片炮制规范》（2008 年版）中大黄粉、沉香粉、灵芝粉 3 个品规炮制规范
江西省	2019.12.31	废止生大黄粉饮片规格及炮制方法、沉香研成细粉炮制方法、海马及酒炒海马碾粉炮制方法
天津市	2019.12.31	撤销《天津市中药饮片炮制规范》（2018 年版）收载的大黄粉、白及粉、乌鸡粉和赶黄草的质量标准
重庆市	2019.12.16	停止执行沉香、降香等 18 个中药饮片打粉品规的炮制规范
云南省	2019.11.28	发布关于征求拟停止执行千斤坠粉等 27 个中药饮片标准意见的公告
新疆维吾尔自治区	2019.11.26	废止《新疆维吾尔自治区中药维吾尔药饮片炮制规范》（2010 年版）中收载的打粉炮制的炒阿育魏果等 11 种中药维吾尔药饮片打粉炮制规范
山东省	2019.11.19	停止执行《山东省中药饮片炮制规范（2012 年版）》中的 47 个饮片品规炮制规范
新疆维吾尔自治区	2019.11.15	废止新疆维吾尔自治区 71 个品种 113 个中药维吾尔药饮片炮制规范
浙江省	2019.10.30	停止执行雷丸粉等 21 个饮片规格的炮制规范

（三）其他新型饮片

1. 定量压制饮片

定量压制饮片是采用纯物理压制技术，将中药材或饮片根据临床所需剂量压制成紧密块状，无须称量，可直接调配使用的一种饮片。定量压制饮片是近几年研制发展的一种新型饮片，通过"企查查"企业工商信息查询系统查询发现，至 2023 年 8 月，研发、生产、销售定量压制饮片的企业共 78 家，分别分布于安徽、河南、广东、四川、湖北等 24 个省份（见图 4-23）。

标准方面，四川省药品监督管理局率先在 2015 年版《四川省中药饮片炮制规范》中将"压制"工艺纳入通则要求当中，随着饮片压制技术的发展，预计后期将会有更多的地方标准被纳入此项技术，或是在单品种项下直接增加相应炮制规范。

2. 冻干饮片

近年来，冷冻干燥技术应用于中药饮片的干燥呈增长的态势，如三七、天麻、枸杞等冷冻干燥饮片。2022 年 4 月，四川省药品监督管理局在全国率先发布《四川省中药饮片冷冻干燥技术指导原则（试行）》，对于推动冻干饮片的研发、生产具有重要意义。由于冻干饮片尚处于起步阶段，基础研究不充分，特别是冷冻干燥对中药饮片生物学性质、内在成分、质量稳定性等方面的影响等，全国生产及销售中药

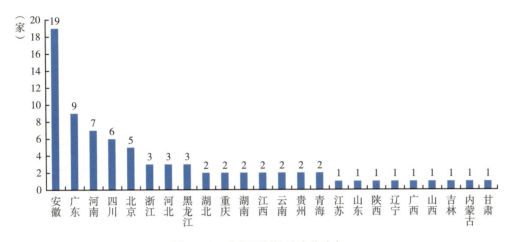

图 4-23 定量压制饮片企业分布

资料来源：企查查。

冻干饮片的企业只有 57 家（见图 4-24），主要集中在云南、河南、安徽、贵州等省份，如云南白药生产的三七、天麻、石斛、菲牛蛭冻干粉，北京同仁堂生产销售的冻干三七粉等。

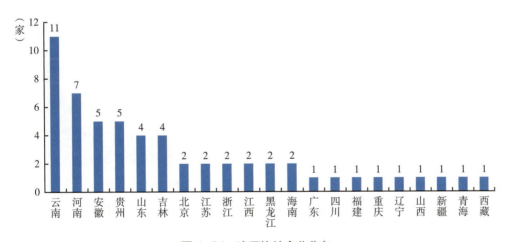

图 4-24 冻干饮片企业分布

资料来源：企查查。

二　企业发展策略建议 [①]

（一）中药配方颗粒

随着中药配方颗粒结束试点，生产企业迎来新的机遇和挑战。一方面，市场放开，预示着中药配方颗粒市场规模将出现极大增长；另一方面，竞争对手增加，配方颗粒企业由原来的 6 家增长到如今的 60 多家。除此之外，随着国家标准的出台，配方颗粒原料、检测成本明显增加和随时面临监管部门的抽检，都是企业发展需面对的问题。

1. 建立全产业链质量管控体系，降低过程成本

相关企业应加紧健全全产业链种植、生产、营销体系。在源头上充分布局中药材原材料种植，严格依托 GACP 规范进行基地种植建设，实现源头可控。中段应在中药饮片炮制、配方颗粒生产上充分布局，在严格把控质量的同时加大科研攻关力度，解决配方颗粒制剂过程中标准不达标、品种覆盖少等难点问题，健全规模化的产能体系。在对源头、中游产业布局的同时，关注完善终端中药配方颗粒配方机制，健全产品流通渠道和营销业务，尽可能拓宽终端客户市场。实施全产业链布局，使产业链中各环节相互协调、相互依托，以最大限度增加企业核心竞争力和减少生产成本。因此，质控体系健全、品种覆盖广、销售终端稳定的头部企业通过巩固先前基础更易把控市场。

2. 积极有序推进国标研究，保证临床配方品种完整

前述临床实际用药有挥发性、脂溶性、难溶性、贵细药、矿质药、动物药等难制为配方颗粒药材的参与，现有部分省份开始进行这类品种的备案，如广东颁布的生石膏［以含水硫酸钙（$CaSO_4 \cdot 2H_2O$）］为指标性成分配方颗粒标准，广东、山东、贵州、甘肃等省份发布鳖甲（以甘氨酸、脯氨酸等为指标性成分）配方颗粒标准，在一定意义上能填补部分标准缺失的不足，但其物质基础、质量特性、实际疗效等方面应经过充分论证。若确有其效，需加紧研究，促进省级标准朝国家标准转化。对于挥发性或有效成分非水溶性的药物，国家标准申报要求可否针对此类药物增加水提以外的提取工艺或方法；对于原多入丸、散剂，不宜入煎剂的贵细药（如牛黄、鹿茸等）或矿物药是否考虑以药粉形式（严格控制原料药质量、细度、规格）辅助配方颗粒处方

---

① 王涛、刘书琪、黎耀宏等：《中药配方颗粒发展现状及企业生存策略探讨》，《中国实验方剂学杂志》2023 年第 23 期；初天哲、陈士林、刘友平等：《中药饮片发展进程及市场现状的分析与思考》，《环球中医药》2023 年第 3 期。

的使用；对于有毒中药，在能明确解毒、降毒机理的基础上，如何在确保临床用药安全性的同时，在配方颗粒处方中达到协同增效的作用。即在实际用药情况中充分慎重考虑是否适合制成配方颗粒，避免简单追求配方颗粒品种数目而不考虑实际用药质量、临床疗效、安全性等。此外，对于国家标准过高难以过审的品种，是否能在保证质量、疗效的基础上，适当放宽申报标准。

3. 建立健全配方颗粒临床疗效评价机制，保证安全和有效

中药配方颗粒主管部门在实行严格质量监管的同时，构建针对中药配方颗粒的药品监管数据库，实现及时录入信息、高效传输数据、实时可查询等功能职责，将企业药品抽检不达标、行政处罚、不合格因素等进行信息化管理。企业内部构建形成自我约束，自我警戒的监管理念和内控标准，利用大数据技术手段在监管部门和企业间搭建的平台结合信息溯源系统，建立中药配方颗粒药品风险评估体系，形成更有力的质量标准保证。企业可定期与其中药配方颗粒使用的终端医院建立信息反馈机制，及时掌握实际基础研究数据。例如，上述国家标准统一后当量比变化影响临床疗效或出现用药安全性问题时，相关部门可组织专家开展专题研究，合理确定药物当量比，及时调整或改进企标转化为国标或企标配方颗粒与国标颗粒配合使用中可能会出现的问题，彻底解决中药配方颗粒临床安全、有效的用药难题。

（二）破壁饮片（超微饮片）

由于破壁饮片（超微饮片）还处于科研试点阶段，部分省份以科研试点名义批准一批企业生产。为加强中药饮片监督管理，提高中药饮片质量，国家药监局于2018年8月印发《中药饮片质量集中整治工作方案》，在全国范围内开展了为期一年的中药饮片质量集中整治，严厉查处中药饮片生产环节、流通使用等环节违法违规行为。对于采用现代生产技术对传统饮片进行加工的产品，如"打粉饮片""超微粉""破壁饮片""纳米饮片"等，直接冲服使用，改变了传统饮片的物质特性和服用方式，在缺乏安全性、有效性研究证据的情况下，大规模使用存在安全用药风险，药品监督管理部门历来重视对该类产品的监管。[1] 因此，对于破壁饮片（超微饮片）生产企业应加强以下几方面研究，促进企业可持续发展。

---

[1] 李飞鹤、苏静杰、赵建斌：《中药破壁饮片的研究进展》，《当代化工研究》2018年第11期；马宏亮、成金乐、乔卫林等：《中药破壁饮片全产业链质量保证体系与溯源体系建设》，《世界科学技术—中医药现代化》2017年第1期。

1. 重点布局或培育大品种，提高品牌知名度

中药破壁饮片（超微饮片）行业竞争激烈，品牌众多，市场份额难以占有。一方面，品牌知名度不高；另一方面，由于中药破壁饮片的生产技术相对比较成熟，市场进入门槛相对较低，市场上存在大量的中小型企业。中药破壁饮片（超微饮片）企业应聚焦药食同源和有粉末入药习惯的品种，如三七、川贝母、黄芪、西洋参等，重点布局或培育大品种，提高品牌知名度。

2. 加强临床用药安全性和有效性研究

破壁饮片（超微饮片）是以现代高速气流，打破植物细胞壁，把中药加工成为粉体，可以直接冲泡服用，与传统中药"饮片入药、临用煎汤"的用药模式不相符。对于非药食同源和粉末入药习惯的品种，特别是毒性品种，连同药渣服用后的安全性和有效性还缺乏科学数据，在很大程度上影响破壁饮片（超微饮片）的临床配方和市场推广。企业应加强对破壁饮片（超微饮片）临床用药安全性和有效性研究，并在此基础上开展与传统饮片等效等量研究，为临床医生合理用药提供指导。

3. 建立健全全产业链质量管控体系，保证产品质量

破壁饮片（超微饮片）采用现代科技手段制备成粉末后，失去了原饮片的外观性状，极易掺伪或以次充好。企业应从中药材源头种植、产地加工、饮片炮制、破壁饮片（超微饮片）生产建立全产业链质量管控体系，制定合理的破壁饮片（超微饮片）质量标准，保证产品质量。

（三）其他新型饮片

定量压制、冷冻干燥等新兴技术在中药饮片行业中的应用，有效解决了全草类药材由于体积大、密度低，在加工、包装、储藏、运输和配方中不便及中医临床"鲜药"应用。由于定量压制饮片和冻干饮片处于起步阶段，尚存在品种局限、生产成本高等问题，在一定程度上限制了其生产企业的发展。[①]

1. 加强基础研究，促进法定标准制定

冻干饮片在真空状态下冷冻干燥，能最大限度保证"鲜药"成分，可有效弥补传统"鲜药"在储藏、使用方面存在的问题。冷冻干燥对中药饮片生物学特性、物质基础、质量稳定性等方面的影响，应进行全面研究和评估，通过翔实的中药饮片冷冻干

[①] 吴巧娜、徐玉萍：《新型中药饮片的发展》，《河北医药》2017年第9期；牛超、石典花、孙立靖等：《新型中药饮片研究进展》，《药学研究》2015年第2期。

燥与传统干燥的比较研究数据，尽可能全面地反映冷冻干燥中药饮片与传统干燥饮片的关键质量属性是否一致，以证明采用冷冻干燥的必要性、科学性和合理性。[①]

2. 优化制备工艺，降低生产成本

定量压制饮片和冻干饮片生产过程运用定量压制设备、冷冻干燥设备等，其生产成本较传统饮片明显提高。[②] 企业应基于定量压制、冷冻干燥等，开展关键技术研究，优化制备工艺参数，降低生产成本，提高产品市场竞争力。

参考文献

［1］　张辉、赵润怀、段金廒等：《〈中国药典〉2020 年版药用动物养殖研究进展与对策》，《中国现代中药》2022 年第 9 期。

［2］　苏积武、李岩、赵崇学等：《赛加羚羊检疫与防疫的探讨》，《甘肃农业大学学报》1998 年第 2 期。

［3］　杨立国、王秀兰、孟和毕力格等：《东北地区矿物药资源种类与分布文献研究》，《中国现代中药》2023 年第 4 期。

［4］　董继晶、齐路明、王科等：《西南地区矿物药资源分布及应用概况》，《中国现代中药》2023 年第 4 期。

［5］　徐晨昱、赵倩、刘圣金等：《华东地区矿物药资源种类及分布概况》，《中国现代中药》2023 年第 4 期。

［6］　孟和毕力格、王秀兰、苏都那布其等：《华北地区矿物药资源种类与分布文献研究》，《中国现代中药》2023 年第 4 期。

［7］　郑皓雪、郭岚、明晶等：《华中地区矿物药资源种类及分布概况》，《中国现代中药》2023 年第 4 期。

［8］　王涛、刘书琪、黎耀宏等：《中药配方颗粒发展现状及企业生存策略探讨》，《中国实验方剂学杂志》2023 年第 23 期。

［9］　初天哲、陈士林、刘友平等：《中药饮片发展进程及市场现状的分析与思考》，《环球中医药》2023 年第 3 期。

［10］李飞鹤、苏静杰、赵建斌：《中药破壁饮片的研究进展》，《当代化工研究》2018 年第 11 期。

［11］马宏亮、成金乐、乔卫林等：《中药破壁饮片全产业链质量保证体系与溯源体系建设》，《世界科学技术—中医药现代化》2017 年第 1 期。

---

① 　夏雪倩：《浅谈真空冷冻干燥技术在生物制药方面的应用》，《现代盐化工》2021 年第 1 期。

② 　宋英、盛蓉、陈佳等：《金银花压制饮片和传统饮片的比较》，《中国实验方剂学杂志》2013 年第 16 期；宋英、盛蓉、谈静等：《中药饮片的定量压制研制》，《中国医院药学杂志》2012 年第 18 期。

［12］吴巧娜、徐玉萍:《新型中药饮片的发展》,《河北医药》2017 年第 9 期。

［13］牛超、石典花、孙立靖等:《新型中药饮片研究进展》,《药学研究》2015 年第 2 期。

［14］夏雪倩:《浅谈真空冷冻干燥技术在生物制药方面的应用》,《现代盐化工》2021 年第 1 期。

［15］宋英、盛蓉、陈佳等:《金银花压制饮片和传统饮片的比较》,《中国实验方剂学杂志》2013 年第 16 期。

［16］宋英、盛蓉、谈静等:《中药饮片的定量压制研制》,《中国医院药学杂志》2012 年第 18 期。

第五章

中药材全产业链分析

本章对中药材良种培育及繁育体系、种植养殖生产体系和采收加工体系等全产业链进行统计梳理，以期为中药材全产业链的各个环节提供指导，为中药材产业链的转型升级奠定基础。

第一节 中药材全产业链概况

中药材全产业链主要包括上游良种培育、中药材种植养殖，中游中药材采收、加工、炮制和仓储物流，下游中药材销售和康养旅游（见图5-1）。

图 5-1 中药材全产业链

一　上游—种植

（一）良种选育

种子是农业的芯片，优良品种是中药材产业发展的芯片。一个产业要健康发展首先必须要有优良的品种，优良品种是整个产业发展的关键。中药材的生产量和质量直接关系人们的健康和生命安全，中药材良种选育是实现中药材规范化生产的关键。中药材良种选育可以缩短生产周期、提高中药材产量和质量、降低生产成本、减少病虫害危害等。同时，它还可以推动中药材产业的发展，促进经济效益和社会效益的提高。

中药材部分地区存在盲目引种、跟风种植市场热销中药材等问题，导致部分药材种源混乱、品种变异、品质降低，质量参差不齐，中药材道地性不突出，对野生中药材资源保护和实现可持续利用亟待加强。大多数药用植物野生变家种是在近几十年开展的，药用植物的育种研究滞后，和大农业相比相差甚远，这可能影响大中药健康产业的发展。因此，加快建设一批优质化、标准化、集约化的中药材良种繁育基地，确保道地中药材种源纯正、品质优良。

（二）中药材种植养殖

在中药材产业链中，中药材种植业是产业链上游的最主要产业之一，随着社会需求的不断增加，国家政策逐渐加强中药行业规范化种植。《中医药振兴发展重大工程实施方案》提出，在中药材规范化种植方面，一是引导地方建设一批道地药材生产基地。二是建设一批珍稀濒危中药材野生抚育、人工繁育基地。三是制定常用300种中药材种植养殖技术规范和操作规程。四是广泛开展中药材生态种植、野生抚育和仿野生栽培，开发30~50种中药材林下种植模式并示范推广。五是统一中药材追溯标准与管理办法，依托现有追溯平台，建立覆盖主要中药材品种的全过程追溯体系。六是依托现有药品监管体系，搭建一批中药材快速检测平台。[①]

中药材种植业面临难得的发展机遇，要下决心解决中药材种植业的问题，有效梳理中药材产业链环节，鼓励道地中药材种植，培植中医药行业基础，保护药农利益，

[①] 《中医药振兴发展重大工程实施方案》，中国政府网，https://www.gov.cn/zhengce/content/2023-02/28/content_5743680.htm?dzb=true&eqid=fca412a90025780e00000003648216dc。

形成优质优价的利益共生机制，塑造中药材种植业健康发展的产业链，进而推动我国中医药事业更好更快发展。[①]

二 中游—加工

（一）中药材采收

中药材质量的好坏，取决于有效成分含量的多少，与产地、品种、栽培技术，以及采收的年限、季节、时间、方法等有密切关系。为保证中药材的质量和产量，大部分中药材成熟后应及时采收。中药材的成熟是指药用部位已达到药用标准，符合国家药典规定和要求。药材质量包括内在质量和外观性状，因此中药材最佳采收期应在有效成分含量最高，外观性状如形、色、质地、大小等最佳的时期进行，才能得到优质的药材，达到较好的效益。

（二）中药材产地加工和饮片炮制一体化

中草药采收后，绝大多数是鲜品，药材含水量高，若不及时加工处理，很容易霉烂变质，药用的有效成分亦随之分解散失，严重影响药材质量和疗效。除少数要求鲜用或保持原状外，大部分药材必须在产地进行初加工。常用400多种（药典品种）中药材中，需要产地加工的占70%。产地加工有利于中药材的贮藏保管，提高有效成分含量，降低或消除药物的毒性或副作用以及产生新的活性成分，是中药质量控制非常重要的一环，也是目前中药产业链条中基础最薄弱、质量问题最多、社会与行业关注最少，亟须规范与加强管理的重要环节。《中药材产地加工技术规范》的制定与实施，是保证中药材品质与物流过程中质量的首要环节，对于规范中药材产地加工、提高中药材产地加工技术水平、降低中药材损耗、保障中药材质量、保障人民的身体健康与生命安全，具有积极的推动作用，对中药材行业、中医药行业的发展，具有重要而深远的意义。[②]

通过实施中药材产地加工和饮片炮制一体化，可以将产地中药材是农副产品的商品属性，归纳提升进入中药饮片的药品属性范畴中，提高国家对中药材的监管标准；

---

① 高飞：《有效梳理中药材产业链 持续推动中药材道地种植》，《山西农经》2021年第20期。
② 《基原纯正 种采科学 加工专业 炮制规范——对中药材产业发展路径的思考》，《中国医药报》2019年1月31日。

同时，在药材种植集散地建立饮片加工厂，引入大型加工设备，提高产地加工的机械化、规模化程度，将本地可以直接加工成饮片的鲜药材实现集中加工、集中存储、统一配送，减少加工与流通环节，降低生产成本。

（三）中药材仓储物流

《"十四五"中医药发展规划》指出，提升中药产业发展水平。健全中药材种植养殖、仓储、物流、初加工规范标准体系。鼓励中药材产业化、商品化和适度规模化发展，推进中药材规范化种植养殖。鼓励创建以中药材为主的优势特色产业集群和以中药材为主导的农业产业强镇。制定实施全国中药饮片炮制规范，继续推进中药炮制技术传承基地建设，探索将具有独特炮制方法的中药饮片纳入中药品种保护范围。加强中药材第三方质量检测平台建设。研究推进中药材、中药饮片信息化追溯体系建设，强化多部门协同监管。加快中药制造业数字化、网络化、智能化建设，加强技术集成和工艺创新，提升中药装备制造水平，加速中药生产工艺、流程的标准化和现代化。[①]

三 下游—流通

（一）中药材销售

中药材流通环节必须体现优质优价原则，目前，社会流行低价中标、拼价格、捡漏等现象，其本质是追逐低成本。这些行为在一定的商品范围内有效，但不能涵盖所有商品。高品质的商品一定是优质优价，比如奢侈品不拼价格，只拼质量。不坚持优质优价，会造成劣币驱逐良币，产品质量下降。[②]

中药材产业必须鼓励道地中药材价格高于非道地中药材。该原则需要政府监管部门的制度支持和行业参与者的共同维护，尤其是直接的种植者和使用者更要精心呵护，确保优质优价，维护药农利益，促进行业良性循环。[③]

---

① 万修福、王升、康传志等：《"十四五"期间中药材产业趋势与发展建议》，《中国中药杂志》2022年第5期。

② 魏建和、王文全、王秋玲等：《〈中药材生产质量管理规范〉修订背景及主要修订内容》，《中国现代中药》2022年第5期。

③ 程显隆、郭晓晗、李明华等：《道地性和生产规范性是中药材质量属性形成的关键》，《中国现代中药》2020年第7期。

（二）中药材康养旅游

尤其以药食同源的药品、以中药为原材料或添加中药原材料制成的保健品、中药类食品等大健康衍生品贡献了主要市场规模，北京同仁堂、江中集团、东阿阿胶等国内中药龙头企业纷纷布局，抢占市场。

第二节　良种培育及繁育体系

一　中药材种质资源及种质资源库

自 2011 年第四次全国中药资源普查以来，国家中医药管理局会同相关部门支持全国 31 个省（区、市）2564 个县开展中药资源调查，摸清中药资源本底；支持中药种质资源库建设，广泛收集保存药用植物种质资源，不断提高资源评价利用水平，实现大部分有重大战略价值药用植物资源的保存、保护、利用、共享等（见表 5-1）。结合《"十四五"现代种业提升工程建设规划》实施，通过现有资金专项渠道，围绕种质资源保护、育种创新、测试评价、良种繁育四个关键环节，加大支持力度，完善基础设施条件，加快提升道地中药材种质资源保护利用和育种创新能力。[①]

表 5-1　主要中药材种质资源库

序号	名称	保存种类与数量	主持单位
1	国家中药种质资源库	中药种质 2 万余份	成都中医药大学
2	国家药用植物种质资源库	药用植物种质 2 万份、193 个科 1017 个属种子	中国医学科学院药用植物研究所
3	华南药用植物种质资源库	3000 种华南药用植物	广州中医药大学
4	湖北省药用植物种质资源库	药用植物种子 400 多种 2000 多份	湖北省农业科学院中药材研究所

---

① 邓彬、国锦琳、华桦等：《基于全产业链标准整合的中药材质量保障与溯源系统》，《世界中医药》2021 年第 14 期。

序号	名称	保存种类与数量	主持单位
5	甘肃省中草药种质资源库	野生中药材活体标本60多种960多份，种子40多种110份，采集制作干标本240多种800份	陇西药圃园
6	山东农业大学中药材种质资源库	760多种中药材	山东农业大学

二 中药材种子种苗基地建设

近年来，有关部门积极推进中药材种子科研创新和产业技术体系发展。国家中医药管理局通过"科技助力经济2020"重点专项，支持部分大宗品种中药材种质资源保护、新品种选育、良种繁育与推广体系建设、关键技术研究及应用示范等方面工作，促进成果转化，推进中药材种业发展。[①]

国家中医药管理局等部门继续强化中药材产业技术体系建设，并在国家重点研发计划"中医药现代化"专项中部署中药材种子种苗良种繁育等相关研究内容，发挥国家重点实验室、国家工程研究中心等平台作用，研发并集成一批中药材种苗良种繁育等技术，完善珍稀、濒危、道地药材种子种苗繁育和保护研究，发挥科技支撑和引领作用（见表5-2）。

表5-2 中药材种子种苗基地建设情况

序号	省份	主要繁育药材品种
1	吉林	玉竹1号（玉竹）、新开河1号（人参）、福星球（人参）、益盛汉参2号（人参）
2	甘肃	甘育甘草1号（甘草）、甘育甘草2号（甘草）、甘育甘草3号（甘草）、银杞1号（枸杞）、陇柴1号（柴胡）、定蓝1号（菘蓝）、松鸣一号（大青叶）
3	安徽	霍山石斛1号（霍山石斛）、霍山石斛2号（霍山石斛）、金梗1号（桔梗）、阜白术1号（白术）

---

① 吴宪、兰青山、王继永等：《打造中药全产业链科技创新体系 引领支撑中药产业高质量发展——中国中药有限公司科研守正创新15年》，《中国现代中药》2021年第2期。

续表

序号	省份	主要繁育药材品种
4	云南	苗乡三七1号（三七）、滇七1号（三七）、光明1号（铁皮石斛）、光明2号（铁皮石斛）、白药滇重楼1号（滇重楼）、白药滇重楼2号（滇重楼）、千山1号（灯盏花）、千山2号（灯盏花）、云红花7号（红花）、云红花8号（红花）、云红花9号（红花）、云红花10号（红花）
5	广东	航斛1号（铁皮石斛）、中科6号（铁皮石斛）、红润铁皮石斛（铁皮石斛）、丰润铁皮石斛（铁皮石斛）、黄花佑（木瓜）、云阳牛大力（牛大力）、广药大1号（金钱草）、湛砂6（砂仁）、湛砂7（砂仁）、湛砂11（砂仁）、湛砂12（砂仁）
6	贵州	龙斛1号（铁皮石斛）、贵多花2号（黄精）、黔芝2号（灵芝）、青冈芝1号（灵芝）、贵苏1号（紫苏）、贵苏7号（紫苏）、黔苏2号（紫苏）、贵紫3号（紫苏）、贵红2号（天麻）、贵麻九龙2号（天麻）、贵麻九龙6号（天麻）、黔藿1号（淫羊藿）、贵同柔毛1号（淫羊藿）、贵芨2号（白及）、中双1号（半夏）、中丰1号（半夏）、贵同箭叶1号（淫羊藿）、贵同箭叶2号（淫羊藿）
7	四川	川农金斛1号（石斛）、川精1号（黄精）、川芝8号（灵芝）、药芝1号（灵芝）、凉附1号（附子）、川重1号（重楼）、川柴2号（柴胡）、川柴3号（柴胡）、成明1号（川明参）、川荞7号（金荞麦）、中荞16号（金荞麦）、成苦2号（金荞麦）
8	湖北	黄恩1号（黄精）、野菊－华中野菊2号（菊花）、福白菊2号（菊花）、福黄菊1号（菊花）、野菊花－999华菊03（菊花）、野菊花－999华菊06（菊花）、蕲黄1号（艾草）、蕲黄2号（艾草）、蕲青1号（艾草）、香苏2号（紫苏）、峰麻1号（天麻）、宽叶金线蛭（水蛭）、华康独活1号（独活）、华康地乌1号（地乌）、蕲优1号（艾草）、美花1号（菊花）、富南苏（紫苏）、竹叶1号（半夏）、华荆夏1号（半夏）、华苍1号（苍术）、华苍2号（苍术）、华杖优1（虎杖）、华杖优2R（虎杖）、华中白及2号（白及）
9	河南	豫金4号（金银花）
10	福建	芝MRC1号（灵芝）、芝MRC2号（灵芝）、仙芝楼S3（灵芝）
11	重庆	阳菊1号（菊花）、阳菊2号（菊花）、芸阳徐艾1号（艾草）、芸阳徐艾2号（艾草）、渝青5号（青蒿）、渝膝1号（川牛膝）、渝膝2号（川牛膝）、渝苏15号（紫苏）、渝苏16号（紫苏）
12	河北	冀红1号（红花）、冀夏1号（半夏）、冀夏2号（半夏）、冀夏3号（半夏）、冀酸1号（酸枣仁）、冀丹4号（丹参）、冀翘3号（连翘）、冀翘4号（连翘）、冀芩1号（黄芩）
13	江苏	苏蓣8号（山药）
14	陕西	略麻1号（天麻）、略麻2号（天麻）
15	浙江	番红2号（西红花）、金康1号（金线莲）、天赐（佛手）

第三节　种植养殖生产体系

一　中药材生态种植模式

（一）按照系统层次分类

景观模式（生态景观层次）：甘草防荒漠化种植模式、金银花梯田堤堰生态种植技术、林下山参栽培模式、林下重楼仿野生栽培模式、铁皮石斛附生梨树仿野生栽培模式、续断野生抚育模式、连翘仿野生栽培模式、山坡地种植橘子模式（橘红）、银杏中药行道树模式、药用植物园生态旅游模式。

循环模式（生态系统层次）：附子等中药非药用部位秸秆还田模式、金银花套种大豆（马铃薯）循环生产栽培模式、"猪—沼—药"模式、中药废渣生物有机肥再利用模式、中药非药用部位再利用的养殖模式。

立体模式（生物群落层次）：阳春砂—龙眼立体种植模式，天南星—皂刺立体生态栽培技术，太子参—油茶立体种植模式，栝楼—油茶立体种植模式，三七、白及、黄连、黄精、人参、重楼、霍山石斛林下种植，黄芩—玉米套作，柴胡—玉米套作，麦冬—玉米套作，栝楼—黄豆套作，半夏—玉米间作，泽泻—莲田套作，附子—水稻套作，浙贝母—水稻水旱轮作，西红花—水稻轮作，当归—小麦轮作，地黄—小麦轮作，川芎—水稻水旱轮作，米仁—油菜轮作，水稻—黄连水旱轮作，太子参—水稻水旱轮作，"葡萄+浙贝母—青毛豆"高效种植模式（浙贝母—青毛豆属于轮作），栝楼"三位一体"高效栽培技术，金银花—鸡鸭立体种养，蟾蜍—水稻共生模式，西红花—水稻—鱼共生模式，黄芪—马铃薯—畜牧业生态种植模式，黄芪—畜牧业生态种植模式。

生物多样性模式（生物种群层次）：三木药材—菌类药材立体循环栽培模式、万寿菊—丹参抗根腐病模式、丹参—地瓜抗病模式。

良种良法模式（生物个体层次）：三七、地黄、枸杞、人参等抗逆性品种选育及田间管理配套技术模式，石斛设施栽培模式，西洋参有益微生物增殖模式。[①]

---

① 康传志、吕朝耕、黄璐琦等：《基于系统层次的常见中药材生态种植模式及其配套技术》，《中国中药杂志》2020年第9期。

（二）按照区域分布分类

基于"三项地带性"理论、"综合性和主导因素"原则以及"生态适宜区划"原则，参考植被分区，综合地貌、土壤、局部气候、水文及中药材应用的人文地理等特点，将中国药材划分为四大药材区，分别为北方药材区（Ⅰ）、南方药材区（Ⅱ）、青藏药材区（Ⅲ）和西北药材区（Ⅳ）。具体划分原则、区域分布、环境特征及代表性药材将在第六章进行详细说明。

二　中药材规范化种植规范（SOP）

中药材种植必须执行 GAP 规范，按照大气环境质量标准、农田灌溉水质量标准、土壤环境质量标准执行科学化种植，并推行"无公害"种植。以大黄、黄芪、当归、党参、羌活为例具体阐述。[1]

（一）选地

大黄：宜选择海拔在 1400~2500 米的北向或西北向阴坡，倾斜度 25°~30°，深厚的腐殖质土，或砂质壤土。大黄不宜连作。

黄芪：应选通风向阳、地势高燥、土层深厚、质地疏松、通气性良好、排水渗水力强、地下水位低、土壤含水量少的砂质壤土地块，以防鸡爪根和锈斑的发生。

当归：选择温凉、微酸性、排水良好、肥沃、疏松、微红色的砂壤土，不适于在含水量高的黑色土壤上生长。切忌连作。

党参：应选择土层深厚、疏松肥沃、排水良好的砂壤土栽培，不宜在容易干旱的岗地和低洼易涝地种植。

羌活：适宜在土层深厚、疏松、排水良好、富含腐殖质的砂壤土栽培，不宜在低湿地区栽种。喜凉爽湿润气候，耐寒，稍耐荫。

---

[1]　肖伟香、张士齐、杜洪志等：《天麻产地加工及其质量评价研究进展》，《农业技术与装备》2023 年第 2 期；钱程宇、史佳雯、王建忠：《河北省涉县连翘产业现状及发展对策》，《农业科技通讯》2023 年第 4 期；张鼎新：《陇西县中药材标准化种植技术规程》，《农业科技与信息》2016 年第 19 期。

（二）整地

中药材整地的主要作业包括浅耕灭茬、翻耕、深松耕、耙地、镇压、平地、起叠等。在深耕松土过程中，深耕类药材，如大黄，深耕应在 30 厘米以上，浅根类药材深耕应在 15 厘米以上，其他药材耕作深度在 30 厘米左右。

（三）施肥

中药材施肥应根据不同土壤类型和耕作制度、供肥状况和中药材的需肥特点，确定合理的肥料种类、数量、施用时间和使用方法，实行平衡施肥或配方施肥。提倡施充分腐熟的有机肥，增施磷钾肥，配合使用化肥，提倡施用微肥、生物菌肥等有机肥料，禁止使用硝态氮肥和含硝态氮的复合肥、复混肥，禁止使用城市医院、工业区等有害垃圾、污泥、污水。

中药材育苗时一般施农家肥 37500~45000 千克 / 公顷、磷二铵 11.5 千克 / 公顷、尿素 111 千克 / 公顷左右，移栽种植时施农家肥 45000~60000 千克 / 公顷、磷酸二铵 225~300 千克 / 公顷。追肥一般施用尿素 75 千克 / 公顷。在施入底肥时亩用高效低毒低留的农药均匀拌入农家肥一并施入土壤进行消毒处理，控制地下害虫。

（四）播种

1. 种子处理

种子精选，通过风选、筛选、盐水选等方法提高种子的纯度，同时按种子大小进行分级。

2. 打破休眠

打破休眠多采用机械方法，即将种子在农用碾米机上碾一两遍，见种脐擦伤或种皮微破即可。

3. 播种量

以上述五种中药材为例，大黄播种量为 5 千克 / 亩，黄芪播种量为 1~1.5 千克 / 亩，当归播种量为 4~5 千克 / 亩，党参播种量为 2 千克 / 亩，羌活播种量为 1 千克 / 亩。

4. 播种方式

大黄：条播，行距 23~27 厘米，开浅横沟播种其中，覆盖以草木灰，厚度以不现种子为度，并盖以藁草，防止鸦鹊啄食种子。也可撒播。

黄芪：穴播，按行距 33 厘米、穴距 27 厘米挖浅穴；条播，按行距 35 厘米左右开 3 厘米深浅沟，种子拌适量细沙，均匀撒于沟内，覆土 1~1.5 厘米，稍加镇压。黄芪幼苗细弱，生长慢，怕强光，略有荫蔽容易成活。

当归：播前将种子放入 30℃ 的温水中浸种 24 小时，取出晒干后用撒播法，将种子盖严，再盖以杂草。

党参：撒播，将拌好的种子均匀地撒在畦面上，然后覆一层薄土，以盖住种子为宜，再覆盖一层山草；条播，做成播种尺板，行距 20 厘米，或在整好的畦面上横开浅沟，行距 20 厘米，播幅 10 厘米，将拌好的种子均匀播于沟内，微盖细土，稍加镇压，再覆盖山草；垄播，在做好的大垄上用镐顺垄开浅沟，再将种子均匀播于沟内，微盖细土，稍加镇压。

羌活：按行距 33 厘米、穴距 23~27 厘米开穴，深 5~7 厘米，每穴播种子 10 多粒，盖堆肥或腐殖质土约 1~2 厘米，浇水。

（五）移栽

1. 移栽时间

移栽一般在 3 月下旬到 4 月上旬进行。

2. 种苗选择

健壮幼苗优先。大黄幼苗以块根有中指粗壮为宜，需剪去幼苗的侧根及主根的细长部分，这样便于定植，增进品质。

3. 移栽方法

大黄：生地，可在移栽前 1 个月将地里杂草铲除烧灰，然后深翻 35 厘米左右，充分碎土；熟地，翻地 1~2 次。周围修沟排水，然后挖穴，穴深 17 厘米以上，株行距各 68 厘米左右，穴内可施少许堆肥或草木灰作为基肥，然后将幼苗直栽于穴内，每穴 1 株，覆以细土或草木灰，压紧根部，每亩需种苗 1500~2000 株。如土壤过分干燥，栽后浇水定根。

黄芪：按 20 厘米 ×40 厘米的株行距边起边栽，沟深 10~15 厘米，将苗顺放于沟内，播后覆土，亩用苗 1.5 万株左右。

当归：株行距为 25 厘米 ×30 厘米，埋土并用手压实，后覆土。覆土不能过深，淹没苗子 5 厘米为好，覆土后用小铁铲将土拍实。

党参：垄栽，在垄上顺垄开 15~20 厘米深的沟，按株距 8~10 厘米斜栽，覆土 5~7 厘米，栽后及时镇压保墒；畦栽，在畦面上按行距 20 厘米开沟，沟深按种栽大小而定，一般以不窝卷须根为宜，按株距 8~10 厘米立栽或斜栽，覆土 3~5 厘米，栽后稍加镇压。

羌活：选具有芽的根茎，切成小段，繁段有 1~2 芽。条栽，按行距 33 厘米开沟，沟深 15~17 厘米，宽 15 厘米，把根茎横放沟内，每隔 8~10 厘米放 1 段，盖土杂肥或细土 14~16 厘米，浇水。

（六）田间管理

1. 灌溉

灌溉种类主要有播种前灌水、催苗灌水、生长期灌水及冬季灌水等，应提倡滴灌、喷灌等先进节水灌溉技术。

2. 中耕除草

中耕次数根据气候、土壤和中药材生长情况而定，苗期杂草易滋生，土壤易板结，中耕易勤；成株期枝叶繁茂，中耕次数宜少，以免损伤药材。

比如，大黄栽后 1~2 年植株尚小，杂草容易滋生，除草中耕的次数宜多，至第 3 年植株生长健壮，能遮盖地面抑制杂草生长，每年中耕追草 2 次即可。

大黄根块肥大，不断向上增长，每次中耕除草施肥时，结合壅土于植株四周，逐渐做成土堆状，既能促进块根生长，又利排水，若能与堆肥和垃圾壅植株四周，效果更好。在冬季叶片枯萎时，用泥土或藁草堆肥等覆盖 6~10 厘米厚，防止根茎冻坏，引起腐烂。

除草剂的使用应以药材播种前的土壤施药为主，争取一次施药便能保证整个生育期不受杂草危害。

3. 间苗、定苗

凡采用种子或块根、根茎繁殖的药材，要拔除部分幼苗，选留壮苗，如发现杂苗和生有病虫害的幼苗，也要及时拔除，间苗宜早不宜迟，最后一次间苗后即为定苗。黄芪一般苗高 10 厘米左右时定苗。

4. 遮阴

对阴生药材如党参等在苗期喜阴的药材，为避免高温和强光危害，需要搭棚遮阴。

5. 打顶

为控制植株的生长高度，减少地上养分消耗，加大根部养分用量，应根据植株长势对黄芪进行打顶，以提高产量。

6. 摘花除蕾

羌活在现蕾后，除留种株植外，应摘除花蕾，以防养分消耗。大黄抽出花茎时，除留种的部分花茎之外，应及时用刀割去，不使其开花，以免消耗养分，花可做饲料。

（七）病虫害防治

中药材病虫害防治策略是"预防为主，综合治理"，原则是安全、有效、经济、简易，因地制宜，合理运用农业的、化学的、生物的、物理的方法及其有效的生态手段，把有害生物控制在经济阈值以下，严格按照农药管理条例规定，采用最小有效剂量并选用高效、低毒、低残留农药，以降低农药残留和重金属污染，维护生态环境。

大黄：常见病是根腐病和叶斑病，前者选地势较高、排水良好的地方种植，忌连作，经常松土，增加透气度，并进行土壤石灰消毒，拔除病株烧毁；后者于发病初期，每 7~10 天喷 1 次 1：1：100 的波尔多液，共喷 3~4 次。虫害主要是蚜虫、夜蛾、蛴螬等，针对性施药即可。

黄芪：常见病主要是白粉病、根腐病等，防治方法是集中销毁、实行轮作，并对土壤进行消毒。

当归：病害主要有根腐病，受害植株根尖和幼根呈水渍状，随后变黄脱落，主根呈锈黄色腐烂。发病初期挖除病株，用石灰消毒病穴，或用 50% 多菌灵 500 倍液灌病区。主要虫害黄凤蝶，把叶吃成缺刻或仅剩叶柄。用 90% 敌百虫 800 倍液喷杀，每周一次，连续 2~3 次。

党参：主要病害有根腐病、锈病、紫纹羽病。防治方法是集中销毁、实行轮作，并对土壤进行消毒。

羌活：常见虫害主要是黄凤蝶幼虫咬食叶片，防治时用菊酯类农药杀灭。地下害虫用辛硫磷杀灭。

（八）采挖加工储藏

1. 采挖

不同中药材采挖年限和采挖时间不同。

2. 初加工

鲜大黄刮去粗皮之后用刀横切成6~10厘米厚的磴子，用无烟煤烘烤或用太阳晒干。但是切忌急干，一定要其慢慢干燥，才不致造成黑心或糠心。最好是半干的时候将其发汗2~3次，这样才能表里干燥一致，以提高品质。

黄芪根部挖出后，去净泥土，趁鲜切去根茎（芦头），剪去须根，即行暴晒，待晒至六七成干时，将根理直，扎成小杷，再晒至全干。

当归：垛放20天后出现萎蔫并变柔软的当归可进行加工。把头部直径大于3厘米、长度大于6厘米的当归，用刀削掉侧根及主根尾部加工成当归头，并用铁丝串成串；把当归头较大但头部较短的，削掉小的侧根，保留大的侧根并打掉根尖而加工成香归；对于比较小的当归，可7~8株捆成1把加工成当归把子；在加工当归头时被削下的侧根按大小加工成当归股节。加工后，便放在太阳下晒干或放在暖和（生炉火）的房子中阴干。

党参：采挖的参根去掉残茎，洗净泥土，按大小、长短、粗细分为老、大、中条，分级进行晾晒，晒至半干后，在沸水中略烫，再晒干或烘干（烘干只能用微火，温度以60℃左右为宜，不能用烈火；否则，易起鼓泡，使皮肉分离），晒至发软时，顺理根条3~5次，然后捆成小把，放木板上反复压搓，再继续晒干。搓过的党参根皮细，肉坚而饱满绵软，利于贮藏。理参时次数不宜过多，用力不要过大，否则会变成"油条"，降低质量。每次理参或搓参后，必须摊晾，不能堆放，以免发酵，影响品质。

羌活：将刨出的羌活地下根茎，去掉芦头，去净泥土，晒干或烘干。

3. 储藏

短期储藏于干燥、通风、清洁的阴凉处，长期储藏时用生石灰撒涂于仓库四周消毒，用清洁干燥青稞秸秆覆地防潮，保持药材与周围墙壁距离1~2米，药材堆放体积5米×5米×5米，堆间距1米，层间用橡木或木板隔开，库内干燥，荫蔽，6~7个月翻晒一次杀菌消毒，库内温度保持在5~10℃。

（九）中药材生产质量管理规范

2022年3月17日，《中药材生产质量管理规范》（以下简称"中药材GAP"）正式发布，实施GAP，对中药材生产全过程进行有效的质量控制，是保证中药材质量稳定、可控，保障中医临床用药安全有效的重要措施。[①]GAP 制定的根本目的是指导生产优质药材。为此，一方面，中药材 GAP 强调要考虑环境条件对中药材生产和质量的影响，合理有效干预和调控；另一方面，为了贯彻国家生态文明建设和生态环境保护战略，也多处明确要避免种植、养殖对生态环境造成不良影响，如生产基地选址和建设、农药使用、肥料使用、药材采收、药材初加工等，以实现中药材生产可持续发展。中药材 GAP 共 14 章 144 条，其中 97 条全面规定了中药材 GAP 生产的总则、基地选址、种子种苗或其他繁殖材料、种植与养殖、采收与产地初加工、包装、放行与储运等相关内容。对影响中药材质量的关键环节尽可能地进行了细化和明确，突出关键环节的管、控、防、禁、建，并且首次引入统一规划生产基地，统一供应种子、种苗或其他繁殖材料，统一肥料、农药、饲料、兽药等投入品管理措施，统一种植或养殖技术规程，统一采收与产地加工技术规程，统一包装与贮存技术规程等概念。

中药材 GAP 不但适用于中药材的种植和养殖，也适用于野生抚育和仿野生栽培。野生中药材并不涉及种植、养殖过程，但从采收加工起各环节也需要规范。中药材 GAP 指出，野生中药材的采收加工可参考本规范，以保证质量。

三 已制定规范化种植技术标准（SOP）的中药材品种情况

已制定规范化种植技术标准（SOP）的中药材品种情况如表 5-3 所示。

表 5-3 已制定规范化种植技术标准（SOP）的中药材品种情况

序号	品种名称	适用地区	图书／论文名称	来源
1	预知子	贵州省	中药材预知子规范化种植技术标准（SOP）	《农技服务》2020 年第 11 期
2	川麦冬	四川省	川麦冬规范化种植技术标准操作规程（SOP）	《亚太传统医药》2012 年第 9 期
3	柴胡	四川省剑阁县及周边地区	剑阁柴胡规范化种植技术标准操作规程	《中国现代医药》2009 年第 3 期

① 张晨晨、林晓静：《构建全产业链打造新型特色农业体系——浙江省青田县中药材产业农合联发展经验》，《中国合作经济》2021 年第 8 期。

续表

序号	品种名称	适用地区	图书/论文名称	来源
4	桔梗	四川省中江县	四川中江桔梗规范化种植技术标准操作规程	《绵阳师范学院学报》2017年第2期
5	白术	浙江省景宁县	白术生长发育特性及规范化种植技术标准	《现代农业科技》2016年第9期
6	丹参	山东省蒙山地区	丹参规范化产业化种植技术	《浙江农业科技》2019年第10期
7	黄芪	甘肃省张掖市	张掖市沿山冷凉灌区黄芪GAP种植规范化栽培技术	《农业科技与信息》2021年第21期
8	钻山风	江西省	江西特色中药材钻山风规范化种植技术	《江西中医药》2018年第3期
9	赶黄草	四川省古蔺县	赶黄草的GAP种植技术	《时珍国家医药》2018年第1期
10	枸杞	宁夏回族自治区	宁夏枸杞标准化规范化生产技术	"新型职业农民培育工程系列教材"
11	黑草	广西壮族自治区	黑草规范化种植标准操作规程	《江苏农业科学》2013年第11期

第四节 采收加工体系

中药材质量好坏直接关系中药的疗效，从而也影响中医中药事业的发展。近年来，中药饮片质量问题十分突出，原因是多方面的，诸如药材来源、产地、栽培年限、采收季节、产地加工、炮制方法和贮藏等。本节对中药材的采收、加工、炮制、仓储物流进行汇总。这些环节应引起人们的重视，针对不同品种、不同产地，要采取科学的、客观的、可操作性强的采收、加工、炮制等方法，确保中药材质量，确保临床应用安全有效。[①]

一 中药材采收

中药材质量的好坏，取决于有效成分含量的多少，与产地、品种、栽培技术，以及采收的年限、季节、时间、方法等有密切关系。为保证中药材的质量和产量，大部分中药材成熟后应及时采收。中药材的成熟是指药用部位已达到药用标准，符合国家

---

① 崔庆荣：《中医药全产业链产值形成要素分析》，《西部中医药》2021年第12期。

药典规定和要求。药材质量包括内在质量和外观性状，因此中药材最佳采收期应在有效成分含量最高、外观性状如形、色、质地、大小等最佳的时期进行，才能得到优质的药材，取得较好的效益。[①]

（一）以根及根茎类入药的品种

此类中药材一般以根及根茎结实、根条直顺、少分叉、粉性足的质量较好，采收季节多在秋、冬或早春，待其生长停止、花叶凋谢的休眠期及早春发芽前采收。大部分品种春季发芽前采收为最适时期，因为初春时药用植物准备萌发，根茎部贮存的大量营养物质还没有或刚开始分解，因此有效成分含量最高，营养物质最丰富，质量最好。但也有例外情况，如黄芪、草乌、黄连、党参等在秋季采收，而太子参、半夏、附子等则以夏季刨收有效成分含量高、质量好。半夏、延胡索则以夏季采收为宜。

（二）以花入药的品种

花类中药材多在花蕾含苞未放时采收质量较好，如花已盛开，则花易散瓣、破碎、失色、香气逸散，严重影响质量。例如，金银花应在夏秋花蕾前头蓬大由青转黄时，丁香在秋季花蕾由绿转红时，辛夷在冬末春初花未开放时，玫瑰在春末夏初花将要开放时，槐米在夏季花蕾形成时采收最适宜，其有效成分含量高、质量好。但也有部分花类中药材品种需在花朵开放时采收，如凌霄花、桂花、合欢花、月季花在春夏季当花微开时，闹羊花在4~5月花开时，洋金花在春夏季花初开时，菊花在秋冬花盛开时，红花在夏季花由黄变红时，为最适宜的采收期。

（三）以果实及种子类入药的品种

果实类中药材多在自然成熟或将近成熟时采收较好，种子类中药材应在种子完全发育成熟、籽粒饱满、有效成分含量高时采收较好。如火麻仁、马兜铃、地肤子、青葙子、五味子、王不留行、肉豆蔻、莱菔子、覆盆子、木瓜、山楂、瓜蒌、苦杏仁、郁李仁、乌梅、金樱子、沙苑子、草决明、补骨脂、葫芦巴、枳壳、吴茱萸、巴豆、酸枣仁、胖大海、大风子、使君子、诃子、小茴香、蛇床子、山茱萸、连翘、女贞

---

① 齐永红：《推进山西中药材全产业链发展的措施》，《中国农技推广》2019 年第 6 期；孙晓波、刘海涛：《中药材大品种全产业链创新研究的模式构建》，《中国现代中药》2018 年第 1 期。

子、马钱子、菟丝子、牵牛子、天仙子、枸杞子、牛蒡子、薏苡仁、砂仁、草果、益智仁等。对成熟度不一致的品种，应在成熟时随熟随采，分批进行，如急性子、千金子等。

（四）以皮类入药的品种

树皮类。通常在清明至夏至之间，植物生长旺盛、树液丰富、皮部养分增多、形成层细胞分裂旺盛时期进行采剥。此时剥皮不仅树皮质量好，而且有些树种（如杜仲等）剥后给予适当保护，可由形成层分化出新的皮层，达到剥皮再生、保护资源、降低生产成本的目的。

根皮类。采收时期与根类相同。皮类药材一般生长期较长，如牡丹皮需 3~4 年，杜仲、厚朴、肉桂需 10~20 年才能剥皮。

（五）以叶入药的品种

叶类中药材品种宜在植株生长最旺、花未开放或花朵盛开时采收，此时植株已经完全长成，光合作用旺盛，有效成分含量最高，如板蓝根、紫苏叶、番泻叶、臭梧桐叶、艾叶等。

（六）以全草入药的品种

全草入药的中药材应在植株生长最旺盛而将要开花前采收，如薄荷、穿心莲、伸筋草、鱼腥草、淫羊藿、仙鹤草、透骨草、马鞭草、藿香、泽兰、半枝莲、白花蛇草、千里光、佩兰、蒲公英、茵陈、淡竹叶、石斛等。但也有部分品种以开花后秋季采收，其有效成分含量最高，如麻黄、细辛、垂盆草、紫花地丁、金钱草、荆芥等。

（七）昆虫类药材

大多是根据生长时期和活动季节确定捕捉时间，如蚯蚓、水蛭、斑蝥虫、红娘虫等。蜈蚣应在出土后未进食前捕捉。

不同季节适宜采收中药材的基本情况如表 5-4 所示。

表 5-4　不同季节适宜采收中药材的基本情况

季节	部位	药材名
春季	根、根皮及地下茎类	龙胆、秦艽、白薇、徐长卿、紫草、丹参、玄参、茜草、北重楼、藜芦、黄芩、羊乳、海州常山、托盘、黄芪、葛根、苦参、远志、狼毒、白蔹、独活、柴胡、防风、紫菀、南沙参、党参、漏芦、青木香、羊蹄、赤芍、银柴胡、威灵仙、土白芍、小蘗、山豆根、三棱、天麻、天南星、百合、薤白、地骨皮、接骨木（根皮）、桑白皮、香加皮、白鲜皮、蛇白蔹、五加皮、刺老芽（根皮）、椿皮、地黄、玉竹、芦根、射干、穿地龙、知母、黄精、白茅根、贯众、水菖蒲、波叶大黄、手掌参、藁本、苍术、拳参、升麻、白头翁、天花粉
	全草、茎、枝、叶及皮类	1. 全草：铃兰、地丁、蒲公英、冰凉花、委陵菜； 2. 茎枝叶：鸡树条（叶、嫩枝）、箭羽（枝）、文冠果（茎叶）、刺南蛇藤； 3. 地上部分：卷柏、连钱草、茵陈； 4. 皮类：秦皮、黄柏
	花及花粉类	黄芫花、松花粉
	果实及种子类	槐角
	动物类	瓦楞子、海螵蛸、海螺、蛤壳、地龙、全蝎、蛇蜕、桑螵蛸
	其他类	其他类
夏季	根、根皮及地下茎类	地榆、毛黄连、商陆、接骨木、椿皮、牡丹皮、落新妇、两头尖、半夏、延胡索、天花粉、平贝母
	全草、茎、枝、叶及皮类	1. 全草：列当、车前草、土三七、细辛、藜芦、斩龙剑、伸筋草、浮萍、泽兰、盘龙参、蓬子菜、龙葵、睡菜、石苇、野西瓜苗、小蓟、斩龙草、蒲公英、刺针草、山梗菜、东方蓼、漏斗菜、星星草、穿叶蓼、白屈菜、委陵菜、凤仙花、松萝、黄柏（皮）、飞燕草； 2. 地上部分：藿香、香薷、荆芥、刘寄奴、鸭跖草、益母草、问荆、野薄荷、猪毛菜、茅、葎草、透骨草、角蒿、老头草、老鹳草、木贼、红旱莲、鼠曲草、大蓟、豨莶草、萹蓄、马齿苋、瞿麦、血见愁、瓦松、仙鹤草
	花及花粉类	凤仙花、莲须、洋金花、金银花、马蔺花、蒲黄（花粉）、刺玫、啤酒花、葛花、旋复花、玉簪
	果实及种子类	枸杞子（果）、鹤虱（果）、夏枯草（果穗）、天仙子、车前子、桑葚（果穗）、山核桃（青果）、花楸（果实）、杏仁、水辣蓼（果实）、葶苈子（种子）、白芥子、王不留行（种子）、急性子
	动物类	土鳖虫、蝼蛄、蜗牛、地龙、全蝎、斑蝥、石决明、海螵蛸、海螺、蝉蜕、蟾酥、虻虫、蛇蜕
	其他类	猪苓、麦角、五倍子

续表

季节	部位	药材名
秋季	根、根皮及地下茎类	秦艽、龙胆、白薇、徐长卿、紫草、丹参、玄参、茜草、北重楼、藜芦、桔梗、麻黄、萱草、黄芩、板蓝根、海州常山、羊乳、类叶牡丹、地榆、葛根、苦参、远志、狼毒、北沙参、白蔹、独活、柴胡、防风、人参、南沙参、党参、紫菀、漏芦、银柴胡、羊蹄、威灵仙、赤芍、土白芍、白头翁、小檗、毛黄连、山豆根、商陆、菊三七、牛膝、东当归、白芷、黄芪、地骨皮（根皮）、地黄、缬草、桑白皮（根皮）、败酱、玉竹、射干、穿地龙、知母、黄精、白茅根、芦根、水菖蒲、贯众、香加皮（根皮）、波叶大黄、手掌参、白首乌、甘草、白鲜皮、蛇白蔹、五加皮（根皮）、刺老芽（根皮）、藁本、苍术、拳参、升麻、土木香、山药、东川芎、牡丹皮（根皮）、三棱、土贝母、香附子、百合、天麻、薤白、半夏、天南星、孩儿参、草乌、白附子、禹白附、山椒、托盘、飞燕草、瓜蒌、马兜铃
	全草、茎、枝、叶及皮类	1. 全草：松萝、当药、细辛、伸筋草、铃兰、盘龙参、蓬子菜、通经草、星星草、龙葵、兔儿伞、睡菜、香茶菜、野西瓜苗、蒲公英、小蓟、穿叶蓼、白屈菜、紫苏、飞燕草； 2. 地上部分：香薷、荆芥、斩龙剑、问荆、木贼、益母草、卷柏、野薄荷、泽兰、角蒿、老鹳草、红旱莲、野菊花、大蓟、鼠曲草、老头草、马齿苋、瞿麦、瓦松、仙鹤草； 3. 茎枝叶：麻黄（茎）、关木通（茎）、刺南蛇藤（茎）、马兜铃（茎）、洋金花（叶花）、忍冬藤（茎枝）、桑叶、桑枝、板蓝根（叶）、珍珠梅（茎皮）、箭羽（嫩枝）、西河柳（嫩枝）、满山红（叶）、淫羊藿（叶）、山皂角（棘针）、花楸（茎皮）
	花及花粉类	啤酒花、东北蛔蒿（花蕾）、鸡冠花、红花、款冬花
	果实及种子类	鹤虱、梓实、鸡树条、赤包、山核桃、刺玫果、托盘、山椒、合欢、蛇床子、牛蒡子、苍耳子、蒺藜、凤眼草、山皂角、马兜铃、水红子、地肤子、五味子、山楂、瓜蒌、酸浆、菟丝子、天仙子、车前子、火麻仁、马蔺、柏子仁、白果、益母草、野亚麻、沙苑子、萝藦、桃仁、杏仁、酸枣仁、冬葵子、郁李仁、芡实、急性子、牵牛子、青葙子、草决明、补骨脂、茴香、白芥子、蓖麻子、黑芝麻、白扁豆、王不留行、胡卢巴、薏苡仁、花楸
	动物类	土鳖虫、瓦楞子、石决明、海螺、蛤壳、蝉蜕、斑蝥、全蝎、田鸡油、地龙、蜗牛、蝼蛄、虻虫、桑螵蛸
	其他类	猪苓、马勃、麦角
冬季		麻黄（根）、忍冬藤、关木通（茎）、珍珠梅（茎皮）、满山红（叶）、野菊花（花、地上部分）、槐角、萝藦（种子）、田鸡油、蜂房
四季可采的中草药		接骨木（茎枝）、桑枝、侧柏叶（枝）、油松节（枝节）、松针、牡蛎、刺猬皮、鸡内金、暴马子

二 中药材产地初加工

（一）产地初加工的一般工序

中药材加工处理程序：清洗→清理和选择→去皮→修整→蒸、煮、烫→浸漂→熏硫→发汗→干燥。因药材品种要求和产地习惯不同，以上程序不是每种药材都需要。

1. 清洗

清除泥土、污垢、剥皮、去须根等，主要有喷淋、涮洗、淘洗等方法，如动物类药材牡蛎、石决明、刺猬皮等。

2. 修整

植物类药材主要用刀、剪除去非药用部分使之整齐，便于捆扎、包装。有的需要刮去外皮，如白芍、黄芩；有的需要削去粗皮，如黄柏；有的需要抽取木心，如丹皮、远志。动物类药材修整方法主要有挑（拣净杂质、去除质量恶劣者）、刮（用刀刮去非药用部分）、碾（去除泥块或使药材呈碎粒状，如牛黄、石决明、牡蛎等）、研（将药物置于钵中研成极细粉末，如珍珠、麝香等）、锉（用木锉或钢锉将药物锉成粉末状，如羚羊角、水牛角等）、切、碎等方法。

3. 蒸、煮、烫

将鲜药在蒸汽或热水中加热处理，目的是杀青（杀死细胞及酶、寄生虫体、病原微生物）、使淀粉糊化等，以保证药效，也便于干燥，如黄精、百合、天麻、白及、马齿苋、全蝎、土鳖虫等。

4. 浸漂

目的是减除药材的毒性和不良性味，要注意勤换水，如附子、紫河车等。

5. 消毒

为防霉、防虫等，有的用硫黄熏蒸，如山药、泽泻、天麻等。

6. 发汗

鲜药干燥往往要逐步进行，先是表面水分挥散、堆积，使内部水分向外蒸发，再加温，直到达到干燥的要求，如丹参、厚朴、茯苓等。

7. 干燥

干燥是药材加工的重要环节，通常有 2 种方法。一是自然干燥方法：利用太阳辐射热、热风、干燥空气达到药材干燥的目的，如日晒、摊晾（阴干）。二是人工加温干燥法：重要的是严格控制加热温度，如炕干、烘干、真空干燥、远红外干燥、微波干燥、冷冻干燥。干燥温度常因所含有效成分而异：一般含甙类和生物碱中药材的干燥温度为 50~60℃，这样可抑制所含酶的作用，避免有效成分的分解；含维生素 C 的多汁果实可用 70~90℃迅速干燥；含挥发油的中药材干燥温度不宜超过 35℃，避免挥发油散失；杏仁、枇杷仁、芥子等需要借助酶的作用增加有效成分的含量，干燥温度不宜超过 50℃。含挥发油或所含成分受日晒易变色变质的中药材如黄连、大黄，在烈日晒后易开裂的中药材如郁金、白芍，不宜采用日光直接晒干的方法。富含淀粉的中药材如欲保持其粉性，可采用烘干的方法，烘干温度需慢慢升高，防止新鲜药材遇高温淀粉发生糊化。

（二）各省（区、市）已发布的产地趁鲜加工中药材品种目录

为规范中药材产地加工，解决因加工工艺交叉重复、加工操作烦琐所导致的中药饮片有效成分流失等问题，以达到优化生产环节、便于贮藏运输、降低成本、提升饮片质量等目的，建议采用中药材产地趁鲜加工，即在产地就将药材切制成片（段、块），然后干燥。[①]

产地趁鲜加工分为两种：一是直接趁鲜切制，即在产地将新鲜的药材，经过挑选、清洗后，趁鲜切制成片或段、块，然后干燥；二是保持传统产地加工的趁鲜加工，即在产地将新鲜药材先按照传统方法（如发汗、蒸、煮、杀青等）加工，待药材干燥至一定程度后再直接切成片（或段、块）。产地趁鲜加工片仍作为中药材管理，到饮片厂后，只作简单的净选即可。如此大大降低了药材因再次软化导致质量不合格的风险，也降低了饮片企业的加工成本。《中国药典》（2020 年版）收载的产地趁鲜加工中药材品种目录见第一章表 1-1，各省（区、市）已发布的产地趁鲜加工中药材品种目录见第一章表 1-2。

（三）中药材炮制

1. 中药炮制的概念

为了充分发挥中药防治疾病的作用，并克服某些毒副反应，保证安全有效，中药材经产地加工后，在使用前必须根据病情和实际需要，采用不同的方法进行炮制处

---

① 刘敏彦：《突出道地品种强化全产业链强力推进中药材产业快速健康发展》，《河北农业》2020 年第
5 期。

理。中药炮制的目的是多方面的，往往一种炮制方法或者炮制一种药物同时可具有几方面的目的，这些不同的炮制目的虽有主次之分，但彼此间往往又有密切的联系。

某些药物虽有较好的疗效，但也存在一定的毒性或副作用，通过炮制则可降低或消除其毒性和副作用，使服用后既达到应有的疗效，又不致产生不良的反应。如草乌生用是大毒，经用豆腐炮制后，毒性显著降低而又保持其固有的疗效；柏子仁具宁心安神、滑肠通便作用，如果要用于治疗失眠而又需避免病人产生滑肠，则可将柏子仁去油制霜，以消除其致泻的副作用。

2. 中药炮制的方法

南北朝时期，我国第一部炮制专著《雷公炮炙论》问世。该书记载了300种药物的炮制方法与技术，在总结前人炮制技术的基础上，又将整个中药炮制的技术水平大大提高，所列的方法主要有蒸、煮、炙、炒、焙、炮、煅、浸、飞等。其中，蒸分为清蒸、酒浸蒸、药汁蒸，煮分为盐水煮、甘草水煮、黑豆汁煮，炙分为蜜炙、酥蜜炙、猪脂炙、药汁涂炙，浸分为盐水浸、蜜水浸、米泔水浸、浆水浸、药汁浸、酒浸、醋浸等，为临床用药的炮制提供了极其重要的宝贵经验，其中的许多炮制方法一直沿用至今。

3. 区域性炮制流派及特色

我国地大物博，孕育了各具特色的民族，由于各居住地的风土人情、传统民俗习俗、自然界的中草药资源、临床医疗卫生条件、用药制药习惯的差别，不同地区形成了独具一格的中药炮制理论，并在此过程中构筑了与之相应的体系，同时也形成了自己的特色炮制帮派，如樟帮、建昌帮、川帮等（见表5-5）。回顾我国悠久的中医药发展史，在中医百家争鸣的时期，中药炮制亦相应地呈现了百花齐放的精彩局面。

表5-5　地区代表性炮制方法举例

名称	地点	特色	代表性炮制举例
川帮	发源于我国四川省，包括重庆、云南、贵州等中国西南地区。其中成都地区是川帮炮制技术的核心所在	以"炮"法，即用火制而闻名。"辨证施治，随方炮制，以方制药"	1. 川产临江片：附子洗泥→胆水：清水（2:1）混合→附子浸泡其中7天→老水、胆水混合→煮附子过心→老水、清水各半混合，附子浸泡→剥皮后浸泡→横切成厚附片→清水、老水、胆水混合浸泡，漂至转色→蒸12小时至油润光泽→杠炭火烤制至附子水分消散80%~90%→微火烤干后即成。炮制后的附子增强了原有的回阳助火、温中和胃、祛寒除湿之功效。 2. 九制大黄：生大黄切厚片→黄酒：水（10:1）混合→加入大黄片搅拌均匀闷透→常压下蒸2小时→晒至七八成干→将其拌入药汁→晒干→重复操作，九次干燥→体质酥脆、断面淡黑有光泽即成。九蒸九晒大黄即"九制大黄"，具有清热泻火、消食化滞、润肠通便等功效，后世历代医家认为其疗效高、副作用小，尤其适合小儿及年老体虚的患者

名称	地点	特色	代表性炮制举例
京帮	发源于北京，其炮制技艺继承和发扬了北京和天津两地药派的传统中药炮制技术经验和特色	京帮300余年来在炮制操作工艺等方面积累了丰富的宝贵经验，并且一直自觉秉承着"炮制虽繁必不敢省人工，品味虽贵必不敢减物力"的古训，炮制匠人亦树立"修合无人见，存心有天知"的约束自律意识，其中药炮制的主要特点集中反映在蒸煮炮制法和辅料特色上	1. 九转胆星：于秋后将天南星轧成细粉→加适量胆汁，搅拌均匀→置于缸内，埋入地下→次年春再加胆汁，置于牛胆皮囊内→挂于阴凉的房檐下1年（注意不受日光直照）→春季取出内容物，轧成粗粉，加入胆汁→反复操作共8年→轧成细粉，加入绍兴黄酒→蒸1小时后切块→九转胆星即成。九转胆星的炮制比较复杂，如加入的胆汁随着时间的推移各有不同，此处不做详述。九转胆星与天南星相比其毒性降低，燥烈之性缓和，功能由温化寒痰转化为清化热痰，并且息风定惊能力增强。 2. 酒蒸大黄：铜罐装大黄→加入绍兴酒→文火转武火→换罐一次→蒸固定时间→倒入木槽内晒干→酒蒸大黄即成。炮制后的酒大黄具有清上焦血分热毒之功，因其借酒的升提之性引药上行发挥作用，且其苦寒泻下作用减弱
樟帮	我国的江西省樟树市是樟帮炮制流派的发源地，此地目前是我国南北药材的集散中心，颇受海内外认同	樟树的中药炮制在清洗、晾晒、储藏等方面均具特色，其形成的樟帮特色中药炮制文化和发展体系享有"药不到樟树不齐""药不过樟树不灵"的美誉。樟帮的"刀"使樟帮中药饮片具有"薄、轻、齐、美"的盛名。片刀、铡刀以面小口薄、轻便锋利为特点	1. 白芍片：取原材料→拣去杂质→加60℃水浸润1小时→闷润时长72小时→切制饮片厚度0.5毫米。炮制后的白芍片具有养血调经、敛阴止汗、柔肝止痛、平抑肝阳的功能。 2. 凤眼片：挖去内瓤→洗净后润软→压扁→上架压3~5天→待稍见霉点后使其对合形成扁半圆弧形→切为0.2厘米厚→晒干即成
建昌帮	发源于江西建昌府，与"樟帮"合称为"江西帮"，享有"樟树的路道，建昌的制炒""药不过建昌不行"之美誉	炮制工艺与辅料的选择独具特色，在烹饪的同时讲究形色气味俱全，达到毒性低而疗效高的效果。建昌帮善于传统饮片加工，其独特的煨蒸煮炮制法也闻名于内外。建昌帮常以蒸代润来软化药材，这是其独特蒸法炮制的体现；在降低毒性方面，多采取加入辅料后隔水蒸以替代煮法。在炮制滋补类中药时建昌帮的纹法是其特色炮制法	1. 炆熟地：大生地浸漂后沥干→放入纹药坛，加净水→将其置于灶内→于坛底与坛间放置稻草、木炭，坛周围堆置干糠→点燃→加入砂仁、陈皮→糠尽灰凉后起坛→取出晒半干→加入黄酒搅拌均匀→隔水蒸制→停火焖一夜→晒六七成干后切厚片→晒九成干→色黑而光亮即成。生地黄纹制时因加入砂仁、陈皮等芳香行气的中药材而使其辛温香窜之气增加，腻膈之性大大减弱，使熟地黄气味纯正厚实，在发挥补血作用的同时而不黏腻凝滞。 2. 四制香附：取光香附，置容器内→用童便浸漂→洗净尿汁→清水浸漂→铲碎成米粒状→晒干→取黄酒、醋、生姜汁、食盐水混合溶化→洒入盛装香附米的容器拌匀→闷润至吸干→香附倒入热锅→文火快速翻炒→药材干燥、外表呈黑褐色即成

（四）中药材仓储物流

2013 年初，商务部委托中国仓储与配送协会、中国中药协会对我国中药材现代物流体系进行课题研究，完成并经专家评审通过了《中药材现代物流体系建设研究报告》。在报告中课题组建议，未来五年在全国建立 25 个中药材仓储基地，新建中药材公共仓库 200 万平方米。[①]

1. 中药材贮藏方法

中药材采收加工后，必须及时进行科学的包装、贮藏，才能保持其药效、质量和价值。否则，会出现虫蛀、霉烂、变质、挥发、变味等现象，不仅失去药效，而且服用后还会产生毒副作用（见表 5-6）。

表 5-6　中药材贮藏方法

类别	特点	贮藏方法	举例
含挥发油类药材	含挥发油，气味浓郁芳香，色彩鲜艳，不宜长期暴露在空气中	宜用双层无毒塑膜袋包装，扎紧后贮藏于干燥、通风、避光处	细辛、川芎、白芷、玫瑰花、佛手花、月季花、木香、牛膝等
果实、种子类药材	含淀粉、脂肪、糖类、蛋白质等成分，若遇高温则其油易外渗，使药材表面出现油斑污点，引起变质、酸败和变味，不宜贮藏在高温场所，不宜用火烘烤	放在陶瓷缸、坛或金属桶等容器内，贮藏于阴凉、干燥、避光处，可防虫蛀和霉烂变质	郁李仁、薏苡仁、柏子仁、杏仁、芡实、巴豆、莲子肉等
淀粉类药材	含淀粉、蛋白质、氨基酸等多种成分	宜用双层无毒塑膜袋包扎紧后放在装有生石灰或明矾、谷壳等物的容器内贮藏，可防虫蛀、回潮、变质、霉烂	党参、北沙参、何首乌、大黄、山药、葛根、泽泻、贝母等
含糖类药材	含糖类较高的药材，易吸潮而糖化发黏，且不易干燥，致使霉烂变质	首先应充分干燥，然后装入双层无毒的塑膜袋内包好扎紧，放在干燥、通风而又密封的陶瓷缸、坛、罐内，再放些生石灰或明矾、干燥且新鲜的锯木屑、谷壳等物覆盖防潮	白及、知母、枸杞子、玉竹、黄精、何首乌、地黄、天冬、党参、玄参

2. 中药材仓储建议

（1）提高中药材管理人员的素质

中药材在检验和入库时要经严格手续，并由有经验的专业人员直接负责，以确保

[①]　曾建国、陈松、向波：《以"湘九味"为代表的湖南省中药材全产业链发展》，《中国现代中药》2017年第 10 期。

入库药材的质量。此外，要对中药材保管人员中药的鉴定、制剂、加工以及操作规程等方面进行系统的培训，提高管理人员的业务素质。

（2）中药库的管理要规范化、标准化

库存中所有的品种应分类，分别保管。如草类、花类、叶类、根茎类、海藻类、矿石类、动物类、毒麻、细类贵重药材应有专人、专柜、专库、专袋、专锁严格管理。

（3）防虫蛀的管理

药材经虫蛀后，有的形成虫洞，有的被毁或形成蛀粉，破坏药性。一般含脂肪油（如苦杏仁、柏子仁等）、淀粉（如白芷、山药）、蛋白质（如蕲蛇、金钱白花蛇）的药材容易虫蛀，储藏时正常温度控制在16~35℃，如果温度相对在60%以上，害虫容易生长繁殖，特别在5~10月是害虫繁殖最旺期，其预防的办法除杀虫外，还有密封法、冷藏法，干燥通风和对流法。

（4）防生霉的管理

在适当的温度下，虫存在着大量的聚菌孢子。如散落在药物表面，萌发为菌，分化酶素，会易解和溶蚀药材，使药材腐败变质。因此，防霉的简要措施是保证药材干燥、防湿、防热、通风，并选择晴朗天气进行翻晒。

（5）防变色的管理

各种药材都有其固有的颜色，有些药材在酶的作用下，易氧化、聚合成大分子有色化合物，使药材颜色加深，失去药性，此类药物常需干燥、避光和冷藏。

（6）防走油的管理

一般含脂肪油、挥发油或糖类（如苦杏仁、山楂、天门冬等）成分的药材易走油，这主要与储藏时温度过高，储藏年久或长期日晒有关，防止走油的办法是干燥、冷藏、隔绝空气和避光。

此外，有些药材在储藏过程中所含的有效成分会自然分解或起化学变化而降低疗效（如绵马贯众等），这类药材不易久储。

3. 中药材物流的特点

中药材物流是通过对中药材产品的加工、包装、储存、运输和配送等物流环节，做到中药材的保值与增值，最终送到工业生产和消费者手中的过程。调研发现，由于中药材的特殊性，中药材物流与普通物流有很大不同，且有其自身的特点。

（1）中药材量大品多

我国中药材资源丰富，有药用植物、动物和矿物12807种，其中常用中药材和饮片的品种为769种。中药材名目种类繁杂，对存储的温度和湿度有特定的需要。目前，全国中药材基础年销售量为150万吨，产值逾300亿元，成为农村产业结构调整的重要组成部分，家种中药材面积为1800万~2000万亩，已成为国内多个地区的重要经济支柱产业。

（2）中药材是特殊商品，物流要求高

一是中药材是特殊的商品，要保障其治病防病的需要，在流通过程中特别要求"绿色物流"，做到不污染、不变质。二是为有效降低用药成本，要求低成本运行。三是中药材流通涉及保证与提高药农的收入。因此，在物流过程中一定要做到服务增值，即中药材产地的初加工和建立可保证质量的储存仓库。

（3）中药材具有农副产品的特性，物流难度大

每个行业的物流都有其特殊性，中药材包含植物、动物、矿物，物流具有复杂性，其物流管理有更高的要求。目前，中药材物流具有包装难、运输难、仓储难等难题。近年，我国虽然有中药材物流管理活动，但无论是在中药材物流理论研究还是在实际操作上，发展都很缓慢。

4. 中药材物流发展趋势

目前的中药材交易存在交易周期长、货物多次往来运输、储运管理费用高、中药材产销脱节、价格传导机制失效、价格波动巨大、交易模式落后、不适应现代发展需要等诸多问题。根据中药材物流自身的特点和中药材物流当前存在的问题，提出以下发展建议。

（1）加大对中药材物流基础设施建设的投入

中药材物流的基础设施建设，包括中药材批发市场的建设，中药材仓储、交通运输条件和工具等设施的建设。要做好这方面工作，需加强中药材产区的中药材运载工具的开发生产，发展与改进能保证质量的运输工具；加强中药材物流仓库的建设；发展中药材加工配送中心和具有质量管理规范的中药材产、销地的批发市场。

（2）培育与壮大中药材物流主体

通过体制创新，改造、培育与壮大中药材物流主体，使其在中药材物流发展中发挥重要作用。中药材物流主体可以是以下几类企业：一是流通企业，如各种体制的从事中药材经营的公司、供销社等；二是生产企业，即我国从事中药产业经营的企业；

三是中药材第三方物流企业。第三方物流具有巨大的社会效益，能将社会上众多的闲散物流资源进行有效的整合，提高整体物流效率。此外，中药材第三方物流企业可根据需求方的信息反馈，对药农或中药材生产基地直接下订单，以减少种植生产的盲目性，实现订单生产、种植和加工。

（3）加强中药材物流信息化建设

现代物流信息技术应用的落后，严重制约了我国物流业的发展，使得上下游企业之间的物流活动难以协调，削弱了企业对市场的快速反应能力和竞争力。面对全国的中药材市场流通格局，需要有科学准确的市场信息作为指导，从而发展中药材种植生产。地方政府相关部门有必要强化规划协调作用，以市场为导向，做好中药材市场交易信息采集和发布工作以及中药材生产技术和《中药材生产质量管理规范》（GAP）知识的普及、指导工作，并建立相关的信息交流和服务体系。在原有中药材经济信息系统的基础上，加强市场信息硬件基础设施建设，实现种植、生产、销售计算机联网，信息共享，对中药材物流的各环节进行实时跟踪、有效控制、全程管理，并逐步做好中药材信息处理与发布工作以及市场信息咨询服务，建立中药材物流信息管理系统。

（4）加快中药材物流标准化进程

我国医药物流配送中心在过去一段时间内得到了快速发展，但中药材物流运作的标准化问题已成为制约其发展的瓶颈。目前，在全国范围内，中药材物流的非标准化装备、设施和行为十分普遍，缺乏必要的行业规范和标准化体系，特别是没有形成一个与国际接轨的标准体系。要对中药材物流的包装、运输和装卸等环节制定有关中药材物流设施、物流工具的标准，才能实现物流活动的合理化。政府有关部门应制定中药材物流管理的质量标准，以加快中药材物流标准化建设的进程。在中药材物流中心的运作过程中实施标准化战略，是中药材产业立足国内、面向国际，持续健康稳定发展，获得最佳的经济效益和社会效益的必然选择。

（5）加强对中药材物流管理的法规制定

为了规范中药材物流管理及流通经营秩序，有效整合区域性中药材资源，政府应尽快制定有关中药材物流配送市场规范、中药材批发市场规则、市场准入制度、软硬件设施管理的法律法规，将中药材物流管理纳入法制化轨道。

（6）加强对中药材物流技术的研发

包装是物流的要素之一，它是生产的终点、物流的起点，在储存、运输、销售过程中具有保护、定量和标志功能。研究中药材的包装技术，其主要目的在于保护中药材的使用价值，以防被污染或腐烂变质。应根据中药材的特性，不断改进包装的实用性、合理性、科学性，发展中药材包装的标准化、系列化。目前，从事中药材流通环节的企业和人员对中药材仓储管理的物流理论认识不足，使用的技术手段落后。因此，要加快中药材物流技术的研究。

未来几年，中药材产业发展应聚焦药材的道地性、质量安全性、药效稳定性，在种子种苗繁育、规范化种植、加工转化、仓储物流、品牌培育等方面下硬功夫，努力确保产品质量安全可控，价格合理稳定，产业效益整体提升，药农收益增长可期。注重道地大品种药材种子种苗繁供基地建设，把源头控制好。强力推进规范化种植，把质量提上来。中药材田间生产环节是提高中药材品质的"第一车间"。应坚持品质至上，通过生态种植、仿野生种植、绿色标准化生产，推动绿色药源基地建设。制定标准，分品种分区域组织制定大宗道地药材标准化栽培技术规程，全面推广土壤培肥、配方施肥、绿色防控、旱作节水和水肥一体化等关键技术。找出产、加、销、管等环节的短板和弱项，进而从技术、产业和政策层面分别提出对策建议，为有关部门进一步指导推动中药材产业绿色高质量全链条发展、促进产业转型和结构升级提供参考。

参考文献

［1］《中医药振兴发展重大工程实施方案》，中国政府网，https://www.gov.cn/zhengce/content/2023-02/28/content_5743680.htm?dzb=true&eqid=fca412a90025780e00000003648216dc。

［2］高飞：《有效梳理中药材产业链持续推动中药材道地种植》，《山西农经》2021年第20期。

［3］《基原纯正 种采科学 加工专业 炮制规范——对中药材产业发展路径的思考》，《中国医药报》2019年1月31日。

［4］万修福、王升、康传志等：《"十四五"期间中药材产业趋势与发展建议》，《中国中药杂志》2022年第5期。

［5］魏建和、王文全、王秋玲等：《〈中药材生产质量管理规范〉修订背景及主要修订内容》，《中国现代中药》2022年第5期。

［6］程显隆、郭晓晗、李明华等：《道地性和生产规范性是中药材质量属性形成的关键》，《中国现代中药》2020年第7期。

［7］邓彬、国锦琳、华桦等：《基于全产业链标准整合的中药材质量保障与溯源系统》，《世界中医药》2021年第14期。

［8］ 吴宪、兰青山、王继永等:《打造中药全产业链科技创新体系 引领支撑中药产业高质量发展——中国中药有限公司科研守正创新 15 年》,《中国现代中药》2021 年第 2 期。

［9］ 康传志、吕朝耕、黄璐琦等:《基于系统层次的常见中药材生态种植模式及其配套技术》,《中国中药杂志》2020 年第 9 期。

［10］肖伟香、张士齐、杜洪志等:《天麻产地加工及其质量评价研究进展》,《农业技术与装备》2023 年第 2 期。

［11］钱程宇、史佳雯、王建忠:《河北省涉县连翘产业现状及发展对策》,《农业科技通讯》2023 年第 4 期。

［12］张鼎新:《陇西县中药材标准化种植技术规程》,《农业科技与信息》2016 年第 19 期。

［13］张晨晨、林晓静:《构建全产业链打造新型特色农业体系——浙江省青田县中药材产业农合联发展经验》,《中国合作经济》2021 年第 8 期。

［14］崔庆荣:《中医药全产业链产值形成要素分析》,《西部中医药》2021 年第 12 期。

［15］齐永红:《推进山西中药材全产业链发展的措施》,《中国农技推广》2019 年第 6 期。

［16］孙晓波、刘海涛:《中药材大品种全产业链创新研究的模式构建》,《中国现代中药》2018 年第 1 期。

［17］刘敏彦:《突出道地品种强化全产业链强力推进中药材产业快速健康发展》,《河北农业》2020 年第 5 期。

［18］曾建国、陈松、向波:《以"湘九味"为代表的湖南省中药材全产业链发展》,《中国现代中药》2017 年第 10 期。

第六章

中药材生态区划及生产布局分析

本章基于"三向地带性"理论，运用"药用植物全球产地生态适宜性信息系统"和泰森多边形模型，开展中药材的生态区划与生产布局，并以人参为案例解析药材的种植格局与市场、企业分布的空间匹配度，旨在为优质中药材科学种植与长期发展计划制订提供数据支撑，为药材规范化生产与布局提供理论依据。

第一节　中国中药材区划及生产布局

一　内容和意义

区划（regionalization）即区域的划分，是在充分认识地域特点和地域差异规律基础上，基于特定目的提取空间信息，以地域为基础的分类合并，最终达到认识自然环境或社会环境的一种可行性方法。[1] 在中国区划研究中，学者进行了农业区划、土地利用区划、生态空间区划以及生态地理学区划等多种不同类型自然资源的区划研究。该研究经历从单一到综合、从以自然属性为主到自然属性与人文属性结合、从定性为主到定性与定量融合的发展过程，众多区划方案的提出都与当前经济的发展水平和需求相关。中药区划是农业区划的组成部分，具有地域性、综合性及宏观性三大特征。[2]具体而言，中药区划的研究对象是中药资源及其生产地域，从自然、技术、经济等多

---

[1]　全国农业区划委员会《中国综合农业区划》编写组编《中国综合农业区划》，农业出版社，1981；胡世林主编《中国道地药材》，黑龙江科学技术出版社，1989。

[2]　冉懋雄、周厚琼：《中药区划与中药材 GAP 和区域经济发展》，《中药材》2015 年第 4 期。

维角度根据生态环境、区域分布规律进行分区，旨在因地制宜进行中药材生产、开发利用与保护。[1] 中药区划有益于阐明不同地域药用植物资源分布与中药材生产布局的特点及优势，合理布局中药企业生产以及中药市场的分布，推动中药资源的保护抚育并增强中药事业发展的科学性。中药生产区划是在中药资源区划和中药生态区划的基础上，系统地探究中药资源所在地的社会经济条件的空间分异规律。随着社会经济的发展，研究并制定科学的中药材生产区划，对于与时俱进地促进中药材规范化生产及合理布局，强化《中药材生产质量管理规范》（GAP）与中药资源高质量发展具有重要意义。

生产布局即生产的再分布。[2] 中国药材生产布局是指建立或调整一定地域空间范围内的中药材生产要素分布和组合的过程，即中药材产业的配置，包括建立、调整中药材生产的地域分工和生产的地域结构。[3] 中国药材的生产布局能形成中药材生产的地域分工和有差异的生产力水平，同时形成各具特色的区域生产结构，并决定各地分工协作，形成中药材产业总体效益。因此，一个合理的生产布局除了自然禀赋外，还需要综合考虑产业关联模式、种植制度、经济环境、消费需求、政策扶持、科技创新等多种因素。如从产业链的视角，第一、第二、第三产业状况，种植（养殖）生产基地的选址、分布及规模，饮片生产企业的选址、分布及规模以及下游行业（进出口、市场）等均需考虑。总之，深入解析新时代尤其是"一带一路"背景下中国药材生态区划与生产布局，为中药材产业健康、高水平可持续发展奠定基础并为科学决策提供理论依据。

二　沿革现状

20世纪80年代，第三次全国中药资源普查，根据自然和经济社会条件的地域分异规律，对中国中药资源初步区划，分为9个一级区和28个二级区，[4] 为中药材生产布局和分类提供定性数据。20世纪90年代，学者应用定量的方法，基于药用植

---

① 陈士林、肖培根主编《中药资源可持续利用导论》，中国医药科技出版社，2006。
② 屈宝香：《区域农业生产布局的若干理论模式及其演变过程》，《地域研究与开发》1990年第1期。
③ 徐海亚、朱会义：《基于自然地理分区的1990~2010年中国粮食生产格局变化》，《地理学报》2015年第4期。
④ 中国药材公司编著《中国中药区划》，科学出版社，1995。

物的地理分布，应用计算机以组平均法聚类划分为 4 个区和 8 个亚区。[①] 前期学者们的研究工作扎实而丰富，为我国中药资源的发展奠定了坚实的基础。但是随着全球气候的变化以及社会科学与经济发展等多种客观因素的综合效应影响，中药的生境也发生了一定的变迁，因此建立新的中药资源区域划分将有利于我国中药资源事业发展。

三　方法框架和模型

本章节拟基于"三向地带性"理论，应用"药用植物全球产地生态适宜性信息系统"（Geographic Information System for Global Medicinal Plants，GMPGIS）对中药资源开展基于生态特征的分布与区划分析，通过泰森多边形模型分析中药材种植基地、饮片企业、中药材市场与进出口口岸的空间位置及数量，探讨中药资源分布与市场及企业分布的空间匹配度。

（一）区划的基本原则

中国优越的自然环境孕育了丰富多样的中药生物资源，现有药用植物 11118 种，药用动物 1574 种，药用矿物 80 种。中药生物资源类群遵循一定的水热气候条件规律，分布在特定的地区和生态环境。水分和温度的变化使植被地理分布沿纬度方向呈带状规律交替（纬度地带性），由沿海至内陆方向呈带状规律交替的趋势（经度地带性）；随着海拔高度的递增，植被分布也呈现规律交替（垂直地带性），即"三向地带性"理论。[②] 该理论对一个地区的植被类型和分布的基本特点具有重要影响，是陆地生态系统植被类型分布和分区的综合作用结果。[③] 因此，本章节以"三向地带性"理论、"综合性和主导因素"原则[④]和"生态适宜区划"原则为基础，参考植被分区，综合地貌、土壤、局部气候、水文及中药材应用的人文地理等特点，划分了中国药材的四大药材区。

①　陈士林、肖小河：《中国药用植物的数值区划》，《资源开发与市场》1994 年第 1 期。

②　孙革：《论中国晚三叠世植物地理分区及古植物分区原则》，《地质学报》1987 年第 1 期。

③　徐文铎、何兴元、陈玮等：《中国东北植被生态区划》，《生态学杂志》2008 年第 11 期；谢彩香、宋经元、韩建萍等：《中药材道地性评价与区划研究》，《世界科学技术—中医药现代化》2016 年第 6 期。

④　徐文铎：《中国东北主要植被类型的分布与气候的关系》，《植物生态学与地植物学丛刊》1986 年第 4 期。

（二）区划的方法框架

以900毫米年降水量与秦岭—淮河线、400毫米等降水量线、2000米以上高程结合青藏高原边缘线三条地域界线为基准，将中国药材分为四大区（见表6-1），即北方药材区（Ⅰ）、南方药材区（Ⅱ）、青藏药材区（Ⅲ）和西北药材区（Ⅳ），面积大小排名为Ⅲ＞Ⅳ＞Ⅱ＞Ⅰ。其中，秦岭、淮河一线将北方药材区与南方药材区分隔，大兴安岭—阴山—贺兰山将北方药材区和西北药材区分隔，昆仑山脉—祁连山脉—横断山脉将青藏药材区与其他三个药材区分隔。同时，厘定了四大药材区19个与药用植物生长发育密切相关的生物气候因子范围值，并厘定了四大药材区19个与药用植物生长发育密切相关的生物气候因子范围值。整体而言，可将19个生物气候因子按照温度条件与水分条件归为两大类，代表温度条件的是 Bio1~Bio11，代表水分条件的是 Bio12~Bio19。其中，年平均气温（Bio1）变化幅度（$|\Delta|$）最大的是青藏药材区，年平均温度为 -17.8~24.2℃（$|\Delta|$=42.0℃），其次是西北药材区 -17.6~14.8℃（$|\Delta|$=32.4℃），北方药材区 -8~17.4℃（$|\Delta|$=25.4℃）和南方药材区 -0.5~25.9℃（$|\Delta|$=26.4℃），年平均气温变化数值幅度一致。四大药材区的年降水量（Bio12）是南方药材区（484~4589毫米）＞北方药材区（360~1118毫米）＞青藏药材区（17~4021毫米）＞西北药材区（12~622毫米）。

表6-1　中国四大药材区涵盖的省级行政区及面积

单位：万平方千米

四大药材区	覆盖省级行政区	面积
北方药材区	黑龙江省、吉林省、辽宁省、北京市、河北省、山西省、山东省、天津市、河南省、陕西省（关中地区）、江苏省（北部）、安徽省（北部）、甘肃省（东南部）、湖北省（西北部）、内蒙古自治区（东北部）、宁夏回族自治区（东南部）、四川省（东北部）	200.1
南方药材区	云南省、四川省（东南部）、贵州省、重庆市、陕西省（南部）、河南省（南部）、江苏省（南部）、湖北省、安徽省、湖南省、江西省、福建省、浙江省、台湾地区、海南省、上海市、广东省、广西壮族自治区、香港特别行政区、澳门特别行政区	239.0
青藏药材区	新疆维吾尔自治区（南部边缘）、西藏自治区、青海省、甘肃省（南部）、四川省（西北部）、云南省（北部与四川和西藏交界处）	268.0
西北药材区	内蒙古自治区、新疆维吾尔自治区、宁夏回族自治区、甘肃省（北部）、陕西省（北部）、山西省（北部）、河北省（北部）	256.3

（三）区划的模型构建

首先，数据标准化处理运用 GMPGIS 系统提取药用植物分布记录。其次，利用相似性聚类分析厘定影响植物适宜生境的主要气候和土壤等环境因子的阈值。最后，运用栅格重分析划分药用植物的适宜生境面积范围并且可视化呈现。模型构建的详细步骤如下。

1. 数据标准化

栅格标准化能够去除由不同生态因子量纲拟合导致的影响。GMPGIS 系统应用线性标准化的方式完成数据处理，公式如下：

$$x' = \frac{x - \min}{\max - \min} \times 100\%$$

原理是将环境因子包含的数据集标准化为 0~100 的区间，随后利用相似性聚类的方法细化处理。

2. 相似性聚类分析

相似性聚类分析是针对单元栅格标准化分析之后的环境因子数值，应用运算模式是改良后的欧氏距离算法，将栅格视为空间中的一点，按照距离因素将栅格进行空间最小距离聚类，公式为：

$$dij = \sqrt{\left(x11 - x12\right)^2 + \left(x12 - x22\right)^2 + \cdots \left(xp1 - xp2\right)^2} = \left[\sum_{k=1}^{p} \left(xki - xkj\right)^2\right]^{0.5}$$

3. 栅格重分析和可视化呈现

根据距离计算结果 [mindij，maxdij]，对栅格进行重分类分析，找出生态相似度最大的生长区域，并且利用 ArcGIS 软件将所得数据的基础图层以可视化地图的形式呈现。

（四）生产布局的依据

泰森多边形（Thiessen Polygon）是一种基于分析空间邻近性的算法，由连接两邻点线段的垂直平分线组成的连续多边形构成。[①] 泰森多边形被广泛应用于气象规划、

---

① Aurenhammer F., Klein R., Lee D-T., *Voronoi Diagrams and Delaunay Triangulations*, Elsevier Science B.V., 2000:201-290.

空间地理位置规划、计算机图形学、图像处理与模式识别等基础设施空间格局优化。本章节基于泰森多边形分析原则，根据国家药品监督管理局（NMPA）收集的数据，分析现阶段中国中药材的生产布局情况，具体数据收集与分析方法如下。

1. 中药饮片企业、中药材市场、药品及药材口岸分析

以"药品生产企业、中药饮片"为限定条件在 NMPA 数据库进行检索，共得到 623 家中药饮片企业（TCM Decoction Piece Enterprises，TDPEs）基础信息，随后将检索的所有数据都存储在 Excel 中用于分析（数据截至 2023 年 12 月）。另外，NMPA 网站检索中药材市场、药品进口及药材边境口岸的信息，并通过百度拾取坐标系统搜索矫正其经纬度信息，随后将其导入 ArcGIS 10.7 可视化绘图分析。

2. 泰森多边形模型分析

由于 NMPA 缺乏 TDPEs 的准确位置信息，仅使用 17 个中药材市场、药品进口口岸以及中药材进口边境口岸的位置在 ArcGIS 中绘制泰森多边形，揭示中国中药材贸易的分布概况。首先，将 17 个中药材市场的分布位置经纬度坐标导入 ArcGIS，应用"ArcToolbox"选择分析工具"邻近分析"，构建"泰森多边形"，导入中国边界的"shp"图层。其次，将泰森多边形的边界设定为"与图层显示相同"对其进行裁剪。最后，使用"区域制表"统计各中药材市场在当前区域范围内的占地面积。

3. 进出口形势分析

2015 年，国务院授权发布的《推动共建丝绸之路经济带和 21 世纪海上丝绸之路的愿景与行动》文件表明，应当"扩大在传统医药领域的合作"。2017 年，《中医药"一带一路"发展规划（2016~2020 年）》颁布，一系列政策法规要求促进与"一带一路"共建国家的卫生合作。[1] 为展示我国中药材产业的国际输出交流，尤其是"一带一路"共建国家，分析 17 个中药材市场邻近的 34 条"中欧专列"的分布，整体表明，出入境频率最高的口岸是阿拉山口岸，共计 17 次，兰州黄河中药材专业市场距离该口岸最近，其范围涵盖我国青藏药材区和西北药材区。阿拉山口岸位于中国新疆西北部，毗邻哈萨克斯坦共和国，被誉为"中国西部的第一门户"，东部是我国经济腹地，具有良好的合作发展空间，西部接壤中东、欧洲市场。该口岸不仅促进了新疆等内陆地区在国内与沿海地区的物资、经济流通，而且为内陆偏

---

① 张伯礼、陈传宏主编《中药现代化二十年（1996~2015）》，上海科学技术出版社，2016。

远城市搭建了国际化桥梁，使偏远城市对外开放和经济交流的作用更加突出，迎来了高速发展的黄金时期。南方的中药材市场涉及的中欧班列，也多由阿拉山和满洲里两大口岸出境（从南方途经我国西北荒漠地区），再经由哈萨克斯坦、俄罗斯等国家向欧洲传输。这可能促进我国四大药材区域的中药饮片跨省流通事业，促进中药流通产业快速发展，促进中药产业与文化在"一带一路"共建国家及欧洲地区的传播。

我国 2019 年的中药总贸易额为 61.74 亿美元，与 2013 年相比增长高达 46.3%。[①]根据中国医药保健品进出口商会统计的数据，2019 年我国医药企业向"一带一路"共建国家市场完成药品及相关产品出口 223.06 亿美元，其中，西药类产品出口占比最高，中药类产品出口占比仅为 4.85%，说明与西药相比，我国传统中药对外输出贸易有更进一步的发展空间。[②]分析 2017~2019 年我国与欧盟国家的中药类商品贸易现状，整体展现为中药在欧盟国家的主要市场包括德国、法国、荷兰、意大利、西班牙及比利时，贸易流通以中药材与饮片、植物提取物为主。[③]其中，德国正处于六大经济走廊之一——新亚欧大陆桥经济路线，经中国江苏、安徽、河南、陕西、甘肃、青海、新疆 7 个省区，由阿拉山口出国境，经 3 条运输线路抵达鹿特丹港，中途路经哈萨克斯坦、俄罗斯以及比利时等国家，展现"一带一路"倡议强化中医药事业在欧盟的振兴与发展。

第二节　北方药材区生态区划及生产布局

一　生态区划特征

北方药材区位于中国季风气候区的北部，1 月 0℃等温线和 900 毫米等降水量线以北地带性特征区域，包括秦岭—淮河以北，大兴安岭、乌鞘岭以东，东临渤海、黄海。涵盖东北三省、黄河中下游各省的全部或大部分地区，以及甘肃省东南部和江苏省、安徽省的北部（104.4~134.9°E，31.7~53.7°N），占地面积约为 200.1 万平方千米。

① 张囡、李丝雨、刘国秀等：《"一带一路"背景下我国与欧盟的中药贸易现状分析及发展策略思考》，《中国现代中药》2019 年第 2 期。
② 黄林芳、孟祥霄、张惠惠等：《中国药材生产布局的数值分析》，《中药材》2023 年第 3 期。
③ 舒燕：《我国面向"一带一路"沿线国家中药出口贸易格局的演变和影响因素研究》，《中国卫生经济》2021 年第 11 期。

（一）区域分布

北方药材区可细划分为东北区、华北区。东北区包括大兴安岭、小兴安岭和长白山地以及松辽平原。地处东北寒温带、温带区和华北暖温带区。其中，东北寒温带、温带区位于中国东北部，属寒温带以及温带湿润、半湿润地区。一般是指行政区域的东北三省，是中国纬度最高、气候最冷的自然区域。[①] 华北区包括黄土高原、冀北辽东山地和华北平原。华北暖温带区西部与青藏高原临近，东部接壤黄海、渤海，北部和东北部地区与内蒙古自治区相接。南部与秦岭北麓、淮河与华中地区接壤。行政区域包括京津冀、山东、山西、陕西与河南大部分，以及安徽北部。华北地区整体位于中纬度地区，介于温带和亚热带之间，呈现为暖温带大陆性气候（见表 6-2）。

表 6-2　中国四大药材区区划特征

四大药材区	9 个中药材一级区	8 个植被区	优势典型的植被型或其组合	优势植物	土壤带	代表性药材品种
北方药材区	Ⅰ.东北寒温带、中温带野生、家生中药区	Ⅰ.大兴安岭北部落叶针叶林区（欧亚大陆泰加林区东西伯利亚落叶针叶林亚区的南泰加林带的一部分）	寒温落叶针叶林	松科的落叶松属，只有少数阔叶树种，如桦木科的棘皮桦、壳斗科的蒙古栎等	寒温带棕色泰加林土	人参、北五味子、北沙参、刺五加、关龙胆
		Ⅴ.内蒙古、东北草原区（欧亚大陆草原区的亚洲中部亚区的一部分）	温带草原	禾本科的针茅属为主，还有羊草属、芨芨草属、落草属、隐子草属，豆科、菊科、莎草科、百合科等壳斗科的栎属（落叶的）以及椴树科、械树科、桦木科、胡桃科、榆科、木樨科等	温带黑钙土、暗栗钙土和暖温带的栗钙土、黑垆土以及温带的灰棕色森林土和暖温带的棕色森林土、褐色土	
	Ⅱ.华北暖温带家生、野生中药区	Ⅱ.东北、华北落叶阔叶林区（远东季风落叶阔叶林区的一部分）	落叶阔叶林、温带和暖温带针叶林			

① 郝莹莹、罗小波、仲波等：《基于植被分区的中国植被类型分类方法》，《遥感技术与应用》2017 年第 2 期。

续表

四大药材区	9个中药材一级区	8个植被区	优势典型的植被型或其组合	优势植物	土壤带	代表性药材品种
南方药材区	Ⅲ.华东北亚热带、中亚热带家生、野生中药区 Ⅳ.西南北亚热带、中亚热带野生、家生中药区	Ⅲ.华中、西南常绿阔叶林区（远东季风常绿阔叶林区的一部分）	常绿阔叶林、落叶阔叶—常绿阔叶混交林、亚热带针叶林、亚热带竹林，西部亚区还有硬叶常绿阔叶林和肉质有刺灌丛	壳斗科的青冈属、栲属、柯属，樟科、杜英科、山茶科、冬青科、山矾科、杜鹃科、金缕梅科、木兰科、五加科、茜草科、紫金牛科，松科的松属、柳杉属、油杉属，杉科的杉木属，柏科的柏木属等	亚热带红壤、黄壤、黄棕壤	黄连、厚朴、钩藤、麦冬、穿心莲、灯盏花、巴豆、栀子、头花蓼、鱼腥草、广藿香、泽泻、化橘红
	Ⅴ.华南南亚热带、北亚热带家生、野生中药区	Ⅳ.华南、西南雨林区（印度支那季风雨林区的一部分）	雨林性常绿阔叶林、常绿阔叶雨林、常绿阔叶—落叶阔叶混交季雨林，东部亚区海边还有红树林和肉质有刺灌丛	梧桐科、大戟科、桃金娘科、桑科、龙脑香科、豆科、无患子科、棕榈科、番荔枝科、夹竹桃科、漆树科、楝科、仙人掌科、猪笼草科、野牡丹科、紫金牛科、红树科、姜科、芭蕉科、天南星科等	热带砖红壤性土、砖红壤	
	Ⅸ.海洋中药区	—	—	—	—	—
青藏药材区	Ⅷ.青藏高原野生中药区	Ⅶ.青藏东南部高寒草甸、草原区	高寒草甸和高寒草原	莎草科的蒿属、莎草属，禾木科、毛茛科、菊科、蓼科、豆科等	高寒半干旱气候区的高山草甸土、高山草原土	红景天、藏茵陈、甘松、绿绒蒿、冬虫夏草、雪莲花、胡黄连
西北药材区	Ⅵ.内蒙古中温带野生中药区	Ⅵ.新、蒙、青荒漠区（亚洲荒漠区的亚洲中部亚区的一部分）	温带灌木、半灌木荒漠和小半灌木荒漠	藜科的许多属，蒺藜科的白刺属、霸王属，柽柳科的柽柳属、琵琶柴属，蓼科的沙拐枣属，麻黄科的麻黄属，菊科、豆科等	温带的灰棕色荒漠土和暖温带的棕色荒漠土	肉苁蓉、甘草、锁阳、枸杞、黄芪、新疆紫草、苦豆子、罗布麻、胡杨、梭梭
	Ⅶ.西北中温带、暖温带野生中药区	Ⅷ.藏西高寒荒漠	高寒荒漠	藜科的优若藜属，菊科的蒿属和蓝雪科的刺矶松属等	高寒干旱气候区的高山荒漠土	

（二）环境特征

北方药材区的气候特征是冬季寒冷漫长，夏季温暖湿润而短促，春季多风，地表干燥，秋季多为晴朗而温暖的天气，降水集中在夏季。年平均温度（Annual Mean Temperature，Bio1）范围为 –8~17.4 ℃，变化幅度（|Δ|）为 25.4 ℃，最热季均温（Mean Temperature of Warmest Quarter，Bio10）范围为 9.9~28.6 ℃，最冷季均温（Mean Temperature of Coldest Quarter，Bio11）范围为 –29.6~7.2 ℃，年降水量（Annual Precipitation，Bio12）范围为 360~1118 毫米，最热季降水量（Precipitation of Warmest Quarter，Bio18）范围为 210~727 毫米，最冷季降水量（Precipitation of Coldest Quarter，Bio19）范围为 4~118 毫米，其他气候特征详见表 6-3。北方药材区分布较广的地带性土壤有寒温带棕色泰加林土、温带黑钙土、暗栗钙土和暖温带的栗钙土、黑垆土以及暖温带的棕色森林土、褐色土等。森林植被以寒温落叶针叶林、温带草原落叶阔叶林以及温带和暖温带针叶林为主。林下灌木和草本植物茂盛，动物资源丰富。

表 6-3　中国四大药材区的生态因子适宜生长范围

四大药材区	适宜生态因子	生态因子取值范围	单位
北方药材区	年平均温度（Annual Mean Temperature，Bio1）	–8~17.4	℃
	温差月均值（Mean Diurnal Range，Bio2）	5.2~16.1	℃
	等温性（Isothermality，Bio3）	17~38	—
	温度季节性变化标准差（标准偏差×100）（Temperature Seasonality，Bio4）	629.1~1711.6	—
	最热月最高温（Max Temperature of Warmest Month，Bio5）	14.5~35	℃
	最冷月最低温（Min Temperature of Coldest Month，Bio6）	–39.6~2.1	℃
	年温度变化范围（Temperature Annual Range，Bio7）	28.4~61.4	℃
	最湿季均温（Mean Temperature of Wettest Quarter，Bio8）	9~27.6	℃
	最干季均温（Mean Temperature of Driest Quarter，Bio9）	–29.6~37.6	℃
	最热季均温（Mean Temperature of Warmest Quarter，Bio10）	9.9~28.6	℃
	最冷季均温（Mean Temperature of Coldest Quarter，Bio11）	–29.6~7.2	℃
	年降水量（Annual Precipitation，Bio12）	360~1118	mm

续表

四大药材区	适宜生态因子	生态因子取值范围	单位
北方药材区	最湿月降水量（Precipitation of Wettest Month，Bio13）	86~236	mm
	最干月降水量（Precipitation of Driest Month，Bio14）	1~29	mm
	降水的季节性（变异系数）（Precipitation Seasonality，Bio15）	53~150	—
	最湿季降水量（Precipitation of Wettest Quarter，Bio16）	221~727	mm
	最干季降水量（Precipitation of Driest Quarter，Bio17）	72~296	mm
	最热季降水量（Precipitation of Warmest Quarter，Bio18）	210~727	mm
	最冷季降水量（Precipitation of Coldest Quarter，Bio19）	4~118	mm
南方药材区	年平均温度（Annual Mean Temperature，Bio1）	−0.5~25.9	℃
	温差月均值（Mean Diurnal Range，Bio2）	4.2~13.9	—
	等温性（Isothermality，Bio3）	15~55	—
	温度季节性变化标准差（标准偏差×100）（Temperature Seasonality，Bio4）	247.5~934.6	℃
	最热月最高温（Max Temperature of Warmest Month，Bio5）	10.5~34.8	℃
	最冷月最低温（Min Temperature of Coldest Month，Bio6）	−16.7~17.5	℃
	年温度变化范围（Temperature Annual Range，Bio7）	13.8~34.5	℃
	最湿季均温（Mean Temperature of Wettest Quarter，Bio8）	6~29.5	℃
	最干季均温（Mean Temperature of Driest Quarter，Bio9）	−7.8~27.6	℃
	最热季均温（Mean Temperature of Warmest Quarter，Bio10）	−6~29.5	℃
	最冷季均温（Mean Temperature of Coldest Quarter，Bio11）	−7.8~22	℃
	年降水量（Annual Precipitation，Bio12）	484~4589	mm
	最湿月降水量（Precipitation of Wettest Month，Bio13）	67~1108	mm
	最干月降水量（Precipitation of Driest Month，Bio14）	2~216	mm
	降水的季节性（变异系数）（Precipitation Seasonality，Bio15）	11~108	—
	最湿季降水量（Precipitation of Wettest Quarter，Bio16）	168~2274	mm
	最干季降水量（Precipitation of Driest Quarter，Bio17）	9~773	mm
	最热季降水量（Precipitation of Warmest Quarter，Bio18）	138~2274	mm
	最冷季降水量（Precipitation of Coldest Quarter，Bio19）	9~995	mm

续表

四大药材区	适宜生态因子	生态因子取值范围	单位
青藏药材区	年平均温度（Annual Mean Temperature，Bio1）	−17.8~24.2	℃
	温差月均值（Mean Diurnal Range，Bio2）	7.5~17.2	℃
	等温性（Isothermality，Bio3）	23~49	—
	温度季节性变化标准差（标准偏差×100）（Temperature Seasonality，Bio4）	415.8~1125.8	—
	最热月最高温（Max Temperature of Warmest Month，Bio5）	−0.3~32.5	℃
	最冷月最低温（Min Temperature of Coldest Month，Bio6）	−37~10.8	℃
	年温度变化范围（Temperature Annual Range，Bio7）	−21~47.2	℃
	最湿季均温（Mean Temperature of Wettest Quarter，Bio8）	−15~28.5	℃
	最干季均温（Mean Temperature of Driest Quarter，Bio9）	−27.5~18.6	℃
	最热季均温（Mean Temperature of Warmest Quarter，Bio10）	−5.8~28.6	℃
	最冷季均温（Mean Temperature of Coldest Quarter，Bio11）	−30.6~18	℃
	年降水量（Annual Precipitation，Bio12）	17~4021	mm
	最湿月降水量（Precipitation of Wettest Month，Bio13）	6~918	mm
	最干月降水量（Precipitation of Driest Month，Bio14）	0~20	mm
	降水的季节性（变异系数）（Precipitation Seasonality，Bio15）	39~154	—
	最湿季降水量（Precipitation of Wettest Quarter，Bio16）	14~2449	mm
	最干季降水量（Precipitation of Driest Quarter，Bio17）	0~103	mm
	最热季降水量（Precipitation of Warmest Quarter，Bio18）	11~2345	mm
	最冷季降水量（Precipitation of Coldest Quarter，Bio19）	0~206	mm
西北药材区	年平均温度（Annual Mean Temperature，Bio1）	−17.6~14.8	℃
	温差月均值（Mean Diurnal Range，Bio2）	7.9~17.2	℃
	等温性（Isothermality，Bio3）	17~35	—
	温度季节性变化标准差（标准偏差×100）（Temperature Seasonality，Bio4）	870.1~1643.7	—
	最热月最高温（Max Temperature of Warmest Month，Bio5）	1.6~41.3	℃
	最冷月最低温（Min Temperature of Coldest Month，Bio6）	−37.3~−9.2	℃
	年温度变化范围（Temperature Annual Range，Bio7）	35.6~58.9	℃
	最湿季均温（Mean Temperature of Wettest Quarter，Bio8）	−12.1~31.9	℃

续表

四大药材区	适宜生态因子	生态因子取值范围	单位
西北药材区	最干季均温（Mean Temperature of Driest Quarter，Bio9）	−37.3~17.1	℃
	最热季均温（Mean Temperature of Warmest Quarter，Bio10）	−5.5~31.9	℃
	最冷季均温（Mean Temperature of Coldest Quarter，Bio11）	−19.1~−3.11	℃
	年降水量（Annual Precipitation，Bio12）	12~622	mm
	最湿月降水量（Precipitation of Wettest Month，Bio13）	2~142	mm
	最干月降水量（Precipitation of Driest Month，Bio14）	0~22	mm
	降水季节性（变异系数）（Precipitation Seasonality，Bio15）	22~149	—
	最湿季降水量（Precipitation of Wettest Quarter，Bio16）	5~335	mm
	最干季降水量（Precipitation of Driest Quarter，Bio17）	0~85	mm
	最热季降水量（Precipitation of Warmest Quarter，Bio18）	5~335	mm
	最冷季降水量（Precipitation of Coldest Quarter，Bio19）	0~115	mm

（三）代表性药材

北方药材区覆盖了 Ⅰ 和 Ⅱ 两个中药材一级划分区域，以及 3 个植被区（Ⅰ、Ⅱ 和 Ⅴ），代表性的中药材包含人参、北五味子、北沙参、刺五加与关龙胆等（见表 6-2）。

二　产业规划与布局

北方药材区的上游端的中药 GAP 认证种植基地有（72 个），占总体的 36.73%，排名前 3 的省份是河南省（16 个）、吉林省（14 个）以及山东省（11 个）。中游的中药饮片企业在北方药材区共有 149 家，占总体的 23.91%，排名前 3 的省份是山东省（60 家）、河北省（17 家）以及黑龙江省（16 家）。对于下游端的中药材贸易的药品进口口岸，统计其分布结果发现，28 个药品进口口岸分布多集中在南方药材区（19 个），北方药材区仅有 9 个药品进口口岸。统计 22 个药材边境口岸分布结果发现，北方药材区占有 6 个口岸（见表 6-4）。对 17 个中药材市场分布区域进行可视化分析，结果显示，影响中药材流通发展的下游端中药材市场位于北方药材区的有河北省安国中药材专业市场、哈尔滨三棵树药材专业市场、西安万寿路中药材专业市场、安徽亳州中药材交易中心、河南禹州中药材专业市场、山东鄄城县舜王城药材市场，各自的泰森多边形面积分别为 81.04 万平方千米、69.38 万平方千米、36.98 万平方千米、18.50 万平方千米、15.66 万平方千米和 14.78 万平方千米（见表 6-5）。

表 6-4 中国药材四大区相关情况（数据不含港澳台地区）

四大药材区	省份	中药饮片企业数量（家）	中药材市场数量（个）	GAP 基地数量（个）	药材边境口岸数量（个）	药品进口口岸数量（个）
北方药材区	山东省	60	1	11	0	2
	河北省	17	1	8	0	0
	黑龙江省	16	1	5	2	0
	陕西省	12	1	9	0	1
	河南省	12	1	16	0	1
	辽宁省	10	0	5	0	2
	北京市	9	0	0	0	1
	吉林省	7	0	14	4	1
	山西省	4	0	4	0	0
	天津市	2	0	0	0	1
南方药材区	安徽省	112	1	3	0	0
	广东省	73	2	6	0	4
	湖南省	43	2	1	0	1
	四川省	40	1	30	0	1
	江西省	33	1	2	0	0
	浙江省	23	0	9	0	2
	云南省	22	1	20	4	0
	湖北省	20	1	9	0	1
	广西壮族自治区	19	1	0	4	1
	江苏省	18	0	3	0	4
	贵州省	13	0	6	0	0
	上海市	6	0	2	0	1
	重庆市	6	1	6	0	1
	福建省	0	0	4	0	2
	海南省	0	0	0	0	1

续表

四大药材区	省份	中药饮片企业数量（家）	中药材市场数量（个）	GAP基地数量（个）	药材边境口岸数量（个）	药品进口口岸数量（个）
青藏药材区	青海省	5	0	0	0	0
	西藏自治区	1	0	0	3	0
西北药材区	甘肃省	20	1	10	0	0
	新疆维吾尔自治区	9	0	7	3	0
	宁夏回族自治区	7	0	4	0	0
	内蒙古自治区	4	0	2	2	0

注：根据地理区划，安徽省的亳州中药材交易中心属于北方药材区。

资料来源：国家药品监督管理局《药品生产企业—中药饮片企业》和《中药现代化二十年·资源篇》。

表6-5 中药材市场、中国药品进口口岸、药材进口边境口岸在四大药材区覆盖的泰森多边形区域

单位：万平方千米

中国药材四大区	中药材市场	泰森多边形面积	中国药品进口口岸	泰森多边形面积	药材进口边境口岸	泰森多边形面积
北方药材区	河北安国中药材专业市场	81.04	长春空港口岸	102.73	吉林省集安口岸	67.51
	哈尔滨三棵树药材专业市场	69.38	西安市口岸	83.40	黑龙江省黑河口岸	41.54
	西安万寿路中药材专业市场	36.98	北京市口岸	58.40	黑龙江省东宁口岸	16.87
	安徽亳州中药材交易中心	18.50	沈阳航空口岸	32.13	吉林省图们口岸	8.69
	河南禹州中药材专业市场	15.66	郑州航空港口岸	24.90	吉林省长白口岸	3.88
	山东鄄城县舜王城药材市场	14.78	济南航空口岸	12.95	吉林省三合口岸	0.78
			天津市口岸	6.98		
			青岛市口岸	5.43		
			大连市口岸	4.58		
南方药材区	昆明菊花园中药材专业市场	79.71	成都市口岸	452.80	云南省瑞丽口岸	94.39
	成都市荷花池药材专业市场	66.94	南宁市口岸	35.00	广西壮族自治区东兴口岸	80.96
	重庆市解放路药材专业市场	24.60	重庆市口岸	29.04	广西壮族自治区龙邦口岸	58.32

续表

中国药材四大区	中药材市场	泰森多边形面积	中国药品进口口岸	泰森多边形面积	药材进口边境口岸	泰森多边形面积
南方药材区	江西樟树中药材市场	22.66	长沙航空口岸	25.11	云南省天保口岸	35.15
	湖北省蕲州中药材专业市场	19.54	武汉市口岸	19.21	云南省景洪口岸	8.66
	广西玉林中药材专业市场	19.55	南京市口岸	12.64	云南省河口口岸	6.20
	湖南省邵东县药材专业市场	18.16	广州市口岸	11.82	广西壮族自治区崇左市爱店口岸	0.58
	广东省普宁中药材专业市场	13.63	福州市口岸	11.11	广西壮族自治区凭祥口岸	0.58
	湖南岳阳花板桥中药材市场	12.35	厦门市口岸	9.68	—	—
	广州市清平中药材专业市场	9.91	杭州市口岸	7.37	—	—
			海口市口岸	4.91		
			深圳市口岸	3.61		
			江阴港口岸	2.79		
			宁波市口岸	2.23		
			上海市口岸	1.38		
			中山市中山港口岸	1.30		
			无锡航空口岸	0.86		
			苏州工业园区口岸	0.77		
			珠海市口岸	0.27		
青藏药材区	—	—	—	—	西藏自治区樟木口岸	88.10
					西藏自治区普兰口岸	44.92
					新疆维吾尔自治区红其拉甫口岸	17.90
西北药材区	兰州市黄河中药材专业市场	249.38	—	—	内蒙古自治区二连浩特口岸	191.52
					新疆维吾尔自治区阿拉山口口岸	118.81
					内蒙古自治区满洲里口岸	41.22

续表

中国药材 四大区	中药材市场	泰森多边形 面积	中国药品进口口岸	泰森多边形 面积	药材进口边境 口岸	泰森多边形 面积
西北药材区	兰州市黄河中药材 专业市场	249.38	—	—	新疆维吾尔自 治区霍尔果斯 口岸	21.32
					新疆维吾尔自 治区吐尔尕特 口岸	15.52

第三节　南方药材区生态区划及生产布局

一　生态区划特征

南方药材区地处中国季风气候区的南部，1月0℃等温线和900毫米等降水量线以南（97.5~122.7°E，18.8~33.9°N），占地面积约为239.0万平方千米。其涵盖范围为秦岭—淮河以南，青藏高原以东，东南部临东海、南海，主要包括长江中下游、南部沿海和西南各省、自治区、直辖市（见表6-1）。

（一）区域分布

南方药材区可进一步分为华中区、华南区和西南区，包括华中亚热带区、西南亚热带区、华南亚热带区和热带区。华中区包括华南区以北至秦岭—大别山—淮河一线以南的广大亚热带区。华中亚热带区介于秦岭、淮河与南岭之间，西临青藏高原东侧，东至东南沿海，主要包括长江中下游流域，湖北、湖南、江西、陕西、四川、重庆、海南、浙江全省，福建大部和广东、广西北部。华南区主要是指华南亚热带区、热带区，包括云南与广东、广西的南部，福建的东南沿海一带，以及台湾、海南岛和南海各群岛，地处热带、亚热带季风气候区域。西南区主要是指西南亚热带区，包括青藏高原以东的横断山区和周围山地，行政区属于川西、贵州与滇北，是自然条件最复杂的地区。

（二）环境特征

南方药材区以山地、丘陵为主，间有盆地、台地、平原，是我国境内热带植物成分最集中的地区，海陆药材兼备，独具特色。南方药材区多位于亚热带地区，年平均温度范围为 –0.5~25.9℃，变化幅度（|Δ|）为 26.4℃，最热季均温范围为 –6~29.5℃，最冷季均温范围为 –7.8~22℃，年降水量范围为 484~4589 毫米，最热季降水量范围为 138~2274 毫米，最冷季降水量范围为 9~995 毫米，其他气候特征详见表 6-3。南方药材区的土壤带为亚热带红壤、黄壤、黄棕壤以及热带砖红壤性土和砖红壤。森林植被有常绿阔叶林、落叶阔叶—常绿阔叶混交林、亚热带针叶林、亚热带竹林，西部亚区还有硬叶常绿阔叶林和肉质有刺灌丛，草本及木本植物资源丰富，其他植被情况详见表 6-2。

（三）代表性药材

南方药材区的平行峡谷和复杂的垂直自然分类，形成许多利于物种分化的环境，整体覆盖了Ⅲ、Ⅳ、Ⅴ和Ⅸ四个中药材一级划分区域，以及 2 个植被区（Ⅲ和Ⅳ），代表性的中药材包含巴豆、广藿香、黄连、厚朴、钩藤、麦冬、穿心莲、灯盏花、栀子、鱼腥草、泽泻、头花蓼、化橘红等（见表 6-2）。

二　产业规划与布局

南方药材区的上游端的中药 GAP 认证种植基地有 101 个，占总体的 51.53%，排名前 3 的省份是四川省（30 个）、云南省（20 个）以及浙江省（9 个）和湖北省（9 个）。中游的中药饮片企业在南方药材区共有 428 家，占总体的 68.70%，排名前 3 的省份是安徽省（112 家）、广东省（73 家）以及湖南省（43 家）。对于下游端的中药材贸易的药品进口口岸，统计其分布结果发现，28 个药品进口口岸有 19 个在南方药材区，统计 22 个药材边境口岸分布结果发现，南方药材区占有 8 个口岸（见表 6-4）。对 17 个中药材市场分布区域进行可视化分析结果显示，影响中药材流通发展的下游端中药材市场位于南方药材区的有昆明菊花园中药材专业市场、成都市荷花池药材专业市场、重庆市解放路药材专业市场、江西樟树中药材市场、湖北省蕲州中药材专业市场、广西玉林中药材专业市场、湖南省邵东县药材专业市场、广东省普宁中药材专业市场、湖南岳阳花板桥中药材市场、广州市清平中药材专业市场，各自的泰森多边形面积分别为 79.71 万平方千米、66.94 万平方千米、24.60 万平方千米、22.66 万平方千米、19.54 万平方千米、19.55 万平方千米、18.16 万平方千米、13.63 万平方千米、12.35 万平方千米和 9.91 万平方千米（见表 6–5）。

第四节　青藏药材区生态区划及生产布局

一　生态区划特征

青藏药材区北起昆仑山，南至喜马拉雅山，西至喀喇昆仑山，东到横断山脉，包括西藏、青海以及四川西部地区（73.6°~104.5°E，27.2°~40.1°N），占地面积约为 268.0 万平方千米（见表 6–1）。

（一）区域分布

青藏药材区以东南部高寒草甸和高寒草原为主，以及中部、西北部、藏北高原、藏南谷地与喜马拉雅山。该区域覆盖的行政区域包括西藏、青海、新疆（南部边缘）、甘肃（南部）、四川（西北部）、云南（北部与四川和西藏交界处）（见表 6–1）。

（二）环境特征

青藏高原由于海拔高，气候寒冷，形成了独特的地理生境。该区气压低、光照充足，气候条件严酷，是我国太阳辐射量最大的地区。高原地表起伏不大，面积宽广，有大面积草原，有很多耐高寒气候的药用植物。年平均温度范围为 –17.8~24.2℃，变化幅度（|Δ|）为 42.0℃，最热季均温范围为 –5.8~28.6℃，最冷季均温范围为 –30.6~18℃，年降水量范围为 17~4021 毫米，最热季降水量范围为 11~2345 毫米，最冷季降水量范围为 0~206 毫米，其他气候特征详见表 6–3。该地区涉及的地带性土壤为高寒半干旱气候区的高山草甸土及高山草原土，植被类型常为高寒草甸和高寒草原。

（三）代表性药材

青藏药材区高原地表起伏不大，面积宽广，有大面积草原，有很多耐高寒气候药用植物，整体覆盖了 1 个中药材一级划分区域（Ⅷ），以及 1 个植被区（Ⅶ），代表性中药材包含绿绒蒿、红景天、甘松、藏茵陈、冬虫夏草等（见表 6-2）。

二　产业规划与布局

青藏药材区上游端的中药 GAP 认证种植基地青藏药材区无分布。中游的中药饮片企业在青藏药材区共有 6 家，占总体的 0.96%，其中青海省 5 家、西藏自治区 1 家。对于下游端的中药材贸易的药品进口口岸，统计其分布发现，28 个药品进口口岸在青藏药材区无分布。统计 22 个药材边境口岸分布结果发现青藏药材区占有 3 个口岸（见表 6-4）。对 17 个中药材市场分布区域进行可视化分析结果显示，影响中药材流通发展的下游端中药材市场在青藏药材区无分布。

第五节　西北药材区生态区划及生产布局

一　生态区划特征

西北药材区位于我国非季风气候区，400 毫米等降水量线以西（73.5~122.3°E，35.8~50.9°N），占地面积约为 256.3 万平方千米，主要包括内蒙古、新疆和青藏高原柴达木盆地的广大干旱地区（见表 6-1）。

（一）区域分布

西北地区的地形以高原和盆地为主，位于大兴安岭以西，长城和昆仑山—阿尔金山以北。东部以草原、荒漠草原景观为主；西部盆地中有大面积的沙漠分布，在盆地边缘有稀少的绿洲；西部干旱、半干旱区，与亚欧大陆腹地降水量自沿海向内陆迅速减少，自然植被呈现南北延伸、东西交替的特点。行政区划包括新疆、宁夏、内蒙古三个自治区，以及甘肃、陕西、山西、河北等省份靠近 400 毫米等降水量线的部分地区（见表 6-1）。

（二）环境特征

西北药材区是以干旱为主要自然特征的地区，深居内陆，并有山岭阻隔，海洋水汽很少输送到这里，干燥度自沿海向内陆增大，主要为中温带和暖温带气候区。年平均温度范围为 −17.6~14.8℃，变化幅度（|Δ|）为 32.4℃，最热季均温范围为 −5.5~31.9℃，最冷季均温范围为 −19.1~−3.11℃，年降水量范围为 12~622 毫米，最热季降水量范围为 5~335 毫米，最冷季降水量范围为 0~115 毫米，其他气候特征详见表 6-3。西北药材区的土壤带为温带的灰棕色荒漠土、暖温带的棕色荒漠土。森林植被以温带灌木、半灌木荒漠和小半灌木荒漠为主，植被丰富度较为单一。

（三）代表性药材

西北药材区覆盖了 Ⅵ 和 Ⅶ 2 个中药材一级划分区域，以及 2 个植被区（Ⅵ 和 Ⅷ），代表性的中药材包含枸杞、甘草、肉苁蓉、锁阳、黄芪等（见表 6-2）。

二　产业规划与布局

西北药材区上游端的中药 GAP 认证种植基地有 23 个，占总体的 11.73%，排名前三的省份是甘肃省（10 个）、新疆维吾尔自治区（7 个）以及宁夏回族自治区（4 个）。中游的中药饮片企业在西北药材区共有 40 家，占总体的 6.42%，排名前三的省份是甘肃省（20 家）、新疆维吾尔自治区（9 家）以及宁夏回族自治区（7 家）。对于下游端的中药材贸易的药品进口口岸，统计其分布结果发现，28 个药品进口口岸在西北药材区无分布（见表 6-4）。统计 22 个药材边境口岸分布结果发现，西北药材区占有 5 个口岸。对 17 个中药材市场分布区域进行可视化分析结果显示，影响中药材流通发展的下游端中药材市场位于西北药材区的有兰州市黄河中药材专业市场，泰森多边形面积为 249.38 万平方千米。

第六节　案例分析——人参的生态区划及生产布局

一　人参的生态区划

人参（*Panax ginseng* C.A.Mey）在朝鲜、韩国、日本和中国均具有悠久的栽培历史。但由于人参连作障碍，土壤理化性状劣变，人为掠夺式采挖和生态环境破坏，其野生资源濒临枯竭，已被《国家重点保护野生药用动植物名录》和《中国物种红色名录（2004）》列为濒危物种。因此，寻找人参的适宜生长区并推广种植，对促进人参产业健康可持续发展，增加我国珍贵药材储备具有重要意义。本节运用 GMPGIS 系统探讨当前气候情景下驱动人参适宜生长的关键生态因子，区划人参的潜在适宜生境分布。

（一）模型构建

从全球生物多样性信息平台（GBIF）、中国数字植物标本馆（CHV）、国家标本资源共享平台（NSII）、英国丘园植物名录、《中国植物志》以及已出版文献收集 371 个人参分布点的数据。环境气候数据源于 WorldClim 全球气候数据库、全球生物气候学建模数据库（CliMond-global Climatologies for Bioclimatic Modelling）以及全球土壤数据库（HWSD-harmonized World Soil Database）。随后通过 GMPGIS 系统的数据标准化、相似性聚类分析和栅格重分类等步骤，准确预测药材的生态相似区域，使用细节参考《中国药材产地生态适宜性区划》。[①]

（二）区域分布

生态相似区划是对具有相似的生态环境和生态单元的划分或合并研究，源于自然地理区划，但伴随着生态学学科体系的完善而逐渐独立，更强调地理单元中的生态系统特征分异，并形成了基于不同目标的全球生态区（Ecoregion）划分方案。

---

① 陈士林等编著《中国药材产地生态适宜性区划》，科学出版社，2011。

1. 全球的生态相似区域分布

人参的最大生态相似区域主要位于亚洲的中国、韩国、日本、朝鲜、孟加拉国和格鲁吉亚，北美洲的美国、加拿大以及欧洲的俄罗斯等国家（见图6-1a）。人参在全球潜在适宜分布区域总面积约为103.77万平方千米，其中，中国、俄罗斯和朝鲜是人参分布最广泛的3个国家，区域面积分别为53.59万平方千米、18.45万平方千米和10.70万平方千米，分别占全球人参分布总面积的51.65%、17.78%和10.31%。影响人参适宜生境最主要的环境变量是Bio18，贡献率为56.56%，适宜范围为386.33~937.00毫米；其次是Bio4，贡献率为29.76%，适宜范围为857.38~1450.25（见表6-6）。

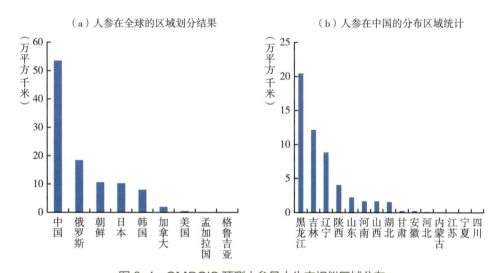

图6-1　GMPGIS预测人参最大生态相似区域分布

表6-6　人参的生态因子适宜生长范围

生态因子	解释	贡献率（%）	生态因子取值范围
Bio1	年平均气温（℃）	3.39	（1.07~5.40）U（8.49~13.65）
Bio2	温差月均值（℃）	0.13	9.49~13.35
Bio3	等温性	0.17	23.14~30.28
Bio4	温度季节性变化标准差	29.76	857.38~1450.25
Bio5	最热月最高温（℃）	0.06	24.16~30.05

续表

生态因子	解释	贡献率（%）	生态因子取值范围
Bio6	最冷月最低温（℃）	0.78	（−27.89~−22.18）∪（−13.83~−3.72）
Bio7	年温度变化范围（℃）	1.37	（34.10~42.29）∪（47.44~55.79）
Bio8	最湿季均温（℃）	0.25	17.41~23.92
Bio9	最干季均温（℃）	0.40	（−18.92~−12.59）∪（−6.06~4.56）
Bio10	最热季均温（℃）	0.61	17.485~24.211
Bio11	最冷季均温（℃）	1.71	（−18.52~−12.80）∪（−5.89~2.31）
Bio12	年降水量（mm）	0.21	622.56~1632.12
Bio13	最湿月降水量（mm）	1.29	134.32~418.41
Bio14	最干月降水量（mm）	0.47	4.336~49.21
Bio15	降水季节性	2.29	71.89~105.34
Bio16	最湿季降水量（mm）	0.36	352.91~845.45
Bio17	最干季降水量（mm）	0.20	17.67~182.81
Bio18	最热季降水量（mm）	56.56	386.33~937.00
Bio19	最冷季降水量（mm）	0.01	17.94~144.87

2. 中国的生态相似区域分布

人参在中国的最大生态相似区域，主要分布在黑龙江、吉林、辽宁、陕西、山东、河南及山西等 15 个省区。其中，黑龙江省的适宜生境区域面积最大，达到 20.44 万平方千米，占全国总适宜面积的 38.10%；其次是吉林省，其适宜面积为 12.17 万平方千米，占全国总适宜面积的 22.70%；此外，辽宁省、陕西省和山东省三省适宜面积分布均超过 2.26 万平方千米，都占到全国总适宜面积的 4.23% 以上（见图 6−1b）。

总体而言，人参的适宜生境多分布于俄罗斯、日本、朝鲜、韩国以及格鲁吉亚等"一带一路"沿线的亚欧地区。其中，中国的适宜生境多沿大兴安岭、小兴安岭、长白山、燕山、太行山以及秦岭等山脉分布。可能是由于山脉作为植物生物多样性的中心之一，陡峭的山脉被河谷和深峡谷分隔，形成高度剖析的地形，能够通过替代性循环促进物种形成和生长，且地形多样性高的山区有许多微生境，可以通过缓冲干扰形成避难所，这也促进了物种多样性的拓展。在中国，考虑将长白山、大兴安岭、小兴安岭、燕山、太行山以及秦岭等富集高适宜生境的山脉区域作为首选栽培地区，这将利于培育品质优良的人参。

二 人参的生产布局

《中医药发展战略规划纲要（2016~2030 年）》中提出"需加强道地植物药材良种繁育基地和规范化种植养殖基地建设"。本节探究人参的 GAP 种植基地与生产企业的聚集地区以及适宜生境的覆盖情况，药材、药品口岸以及中药材市场的设置，旨在为深入分析和规划我国人参产业布局提供参考依据。

（一）人参的种植及生产企业概况统计

人参生产企业的分布数据来自 NMPA 网站，选择"药品生产企业"和"GMP 认证企业"，搜索"人参"作为限定词，去除重复和记载信息不全的企业，得到 20 个生产企业，统计所在县区。整理国家食品药品监督管理局《中药材 GAP 检查公告》（第 1~22 号）文件，统计人参 GAP 种植基地的数据，并在 ArcGIS 软件中完成可视化分析。

（二）产业布局分析

《中药材生产质量管理规范》（GAP）认证，是由国家食品药品监督管理局 1998 年起草、2002 年发布实施、终止于 2016 年的一项国家级认证。其通常针对中药材生产企业，涵盖药用植物栽培管理、采收与初加工管理和包装、运输与贮藏的管理等内容，推动了我国中药材生产的规范化、规模化及现代化进程。[①] 在实施期间全国共认证了 81 个中药种植（养殖）品种，其中有 11 个中药品种具有 4 个以上 GAP 基地，人参有 10 个 GAP 基地。申请人参 GAP 认证的企业通常需要满足两个基本条件：一是具有一定规模的人参种植基地及匹配基地鲜人参产量的厂房、设施、设备和专业技术人员；二是企业应在人参种植加工行业有五年以上经验（满足人参一个生长周期），并且申请认证的年份企业第一批按 GAP 标准种植的人参能够完成采收加工。本研究从 NMPA 在线网站收集人参 GAP 种植基地在全国的分布，结果显示

[①] 张惠惠、孟祥霄、林余霖等：《基于 GMPGIS 系统和 MaxEnt 模型预测人参全球潜在生长区域》，《中国中药杂志》2023 年第 18 期。

集中分布于吉林省通化市、珲春市、抚松县、靖宇县、长白县与集安市等人参适宜生境，反映了基地选择时非常注重当地的生物气候因子的适宜性以及中药材的道地性（见表6-7）。

表 6-7 人参 GAP 种植基地所在区域

序号	企业名称	注册地址	种植品种	种植区域	公告号
1	北京同仁堂吉林人参有限责任公司	吉林省靖宇西大街北路	人参	吉林省靖宇县、临江县	第1号
2	吉林长白参隆集团有限公司	吉林省长白镇白山街15号	人参	吉林省长白县宝泉山参场种植区、尼粒河参场种植区、马鹿沟参场种植区	第2号
3	集安市新开河有限公司	吉林省集安市建设北街7号	人参	吉林省集安市麻线乡、榆林镇、大路镇、台上镇、清河镇、头道镇	第5号
4	抚松县宏久参业有限公司	吉林省抚松县抚松镇环城路23号	人参	吉林省抚松县抽水乡：参场村、桦树包、泉阳班；抚松县东岗镇：锦北林场村、板石河村；抚松县北岗镇：胜利林场村、东泉村、大顶子林场村	第6号
5	北京同仁堂吉林人参有限责任公司	吉林市靖宇县西大街24号	人参	吉林市靖宇县蒙江乡徐家店、临江市林业局桦树镇大西林场	第9号
6	康美新开河（吉林）药业有限公司	吉林省集安市创业路788号	人参	太平参场（集安市麻线乡太平村、石庙村）、复兴参场（集安市榆林镇复兴村、榆林村）、大路参场（集安市大路镇大路村、爬宝村）、双岔参场（集安市台上镇老岭村、板岔村、东明村）	第14号
7	吉林省宏久和善堂人参有限公司	抚松县抚松镇环城路23号	人参	吉林市抚松县北岗镇：胜利林场村、东泉村、西泉村、大顶子林场村	第20号
8	通化百泉参业集团股份有限公司	吉林省通化市保安路2058号	人参	吉林省通化市东昌区江东乡银厂村5组	第22号
9	江苏苏中药业集团股份有限公司	江苏省泰州市姜堰区苏中路1号	人参	珲春市密江乡三安村、杨泡乡东阿拉村、板石镇太阳村、英安乡里化村	第22号
10	吉林省集安益盛汉参中药材种植有限公司	集安市鸭江路669号	人参	集安市台上镇双岔村、东明村、板岔村，集安市财源镇马蹄村、新建村，集安市头道镇西村、团结村，集安市大路镇高地村、正义村	第22号

人参是药食两用的代表性中药，具有显著的药理活性和丰富的营养价值，产地的贮藏保存、加工炮制是影响其质量和产品开发的重要因素之一。根据 NMPA 网站的人参生产企业统计分析表明全国有 20 家人参生产企业，分别分布在吉林、河北、辽宁。

将区划结果与生产企业所在地区比较，二者有较好的吻合。其中，除分布在松原、安国、博野、定州的企业不在适宜区范围内，其他人参生产企业地理所在地均归属适宜生境。随后，将 17 个中药材市场的泰森多边形分布区域导入人参的适宜生境，结果显示适宜生境分布在哈尔滨三棵树药材专业市场的区域范围内，表明该市场可能是人参贸易流通的关键市场。

总之，人参的 GAP 种植基地与生产企业的聚集地区以及适宜生境均被高适宜生境包含，这在一定程度上保证了优质人参的培育和炮制。适宜生长区域内存在 5 个药材进口边境口岸，分别是集安、长白、三合、图们与东宁口岸；3 个药品进口口岸，分别是大连市口岸、沈阳航空口岸和长春空港口岸，以及 1 个中药材市场——哈尔滨三棵树药材专业市场。口岸和中药材市场的设置在一定程度上可以促进人参产业在国内外的交流发展，促进中医药产业文化的输出传播。然而，我国的中药材市场和企业也多聚集在南方药材区，北方药材区相对较少，说明南北方中药材市场和中药饮片企业分布不匹配，应当在中国西南、西北和东北建立更多的中药材市场，在资源丰富的省份建立药用植物苗圃，更好地保护利用当地药用植物并且进一步促进医药事业的发展。本节内容可为人参等濒危五加科植物的种植区选择、生产分区以及产业链发展提供理论参考，并就防止种植栽培管理人员的盲目引种提出相关建议。

参考文献

［1］　全国农业区划委员会《中国综合农业区划》编写组编《中国综合农业区划》，农业出版社，1981。

［2］　胡世林主编《中国道地药材》，黑龙江科学技术出版社，1989。

［3］　冉懋雄、周厚琼：《中药区划与中药材 GAP 和区域经济发展》，《中药材》2015 年第 4 期。

［4］　陈士林、肖培根主编《中药资源可持续利用导论》，中国医药科技出版社，2006。

［5］　屈宝香：《区域农业生产布局的若干理论模式及其演变过程》，《地域研究与开发》1990 年第 1 期。

［6］　徐海亚、朱会义：《基于自然地理分区的 1990~2010 年中国粮食生产格局变化》，《地理学报》2015 年第 4 期。

［7］　中国药材公司编著《中国中药区划》，科学出版社，1995。

［8］　陈士林、肖小河：《中国药用植物的数值区划》，《资源开发与市场》1994 年第 1 期。

［9］　孙革：《论中国晚三叠世植物地理分区及古植物分区原则》，《地质学报》1987 年第 1 期。

［10］徐文铎、何兴元、陈玮等：《中国东北植被生态区划》，《生态学杂志》2008 年第 11 期。

［11］谢彩香、宋经元、韩建萍等：《中药材道地性评价与区划研究》，《世界科学技术—中医药现代化》2016 年第 6 期。

［12］徐文铎：《中国东北主要植被类型的分布与气候的关系》，《植物生态学与地植物学丛刊》1986 年第 4 期。

［13］Aurenhammer F.，Klein R.，Lee D-T., *Voronoi Diagrams and Delaunay Triangulations*, Elsevier Science B.V., 2000:201-290.

［14］张伯礼、陈传宏主编《中药现代化二十年（1996~2015）》，上海科学技术出版社，2016。

［15］张囡、李丝雨、刘国秀等：《"一带一路"背景下我国与欧盟的中药贸易现状分析及发展策略思考》，《中国现代中药》2019 年第 2 期。

［16］黄林芳、孟祥霄、张惠惠等：《中国药材生产布局的数值分析》，《中药材》2023 年第 3 期。

［17］舒燕：《我国面向"一带一路"沿线国家中药出口贸易格局的演变和影响因素研究》，《中国卫生经济》2021 年第 11 期。

［18］郝莹莹、罗小波、仲波等：《基于植被分区的中国植被类型分类方法》，《遥感技术与应用》2017 年第 2 期。

［19］陈士林等编著《中国药材产地生态适宜性区划》，科学出版社，2011。

［20］张惠惠、孟祥霄、林余霖等：《基于 GMPGIS 系统和 MaxEnt 模型预测人参全球潜在生长区域》，《中国中药杂志》2023 年第 18 期。

第七章

中药材种子种苗与新品种

本章从中药材种子种苗和新品种选育大环境分析出发，结合中药材品种选育发展现状，剖析当前中药材品种选育过程中存在的问题，就如何顺应发展趋势，以技术革命突破品种选育现有瓶颈，以科技创新推动品种选育技术创新，以解放思想推动中药材品质育种新理念，加快培育新质生产力，激活中药材品种选育发展新动能，将育种理论优势和育种创新技术优势转化为市场竞争优势提出对策建议，供产业发展决策参考。

第一节　中药材种子种苗繁育和选育现状分析

中药材是中医药事业传承和发展的物质基础，是关系国计民生的战略性资源。种子种苗是中药质量和中医疗效的根本保障，是发展中药材产业的源头。中药材的种子种苗繁育，因种类繁多、繁殖方式各异，繁育技术也千差万别。此外，国内中药材种子种苗繁育和生产，往往因为产业领域不同、生产的目的不同、收获的产品器官不同，从而选择不同的生产地域。目前，全国仅有几十家有从事中药材生产经营资质的企业，但其中大部分仅有资质，却未真正从事中药材种子种苗的生产经营。市场上流通的中药材种子，主要来源于农户自繁自用的剩余物和药材收获后的副产品，很少有专业从事中药材种子繁育的机构。中药材种子种苗相比于其他农作物种子，具有种类繁多、种群混杂、人工驯化栽培和野生生长并存、繁育良种周期长且技术难度大等特点。在其他农作物良种繁育中较为成熟且普遍采用的技术与方法，目前在药用植物良种繁育上很少应用。①

---

① 赵鑫、葛慧、王盼等:《中药材种子种苗繁育现状及发展建议》,《中国种业》2021年第5期。

中药材种子种苗繁育产业的不健全，也反映了中药材育种工作的很多不足。在农作物上，"品种选育—良种—繁育—生产"的体系已经健全，支撑着农作物产业化高质量发展。而在中药材产业上，品种选育面临着极大的问题，更没有良种可供种子种苗的大规模繁育。良种是支撑整个中药材种子种苗产业的基础。目前，市场上流通的中药材种子，基本上来源于农户自繁自用的剩余物和药材收获后的副产品，缺乏良种繁育的机构、体系和专用技术。此外，目前人工栽培的中药材中，有近一半的药用植物以无性繁殖的方式繁殖后代或生产药材。如枸杞、连翘、金银花等采用扦插繁殖，这些种苗年年都在更新，而半夏、麦冬、地黄、黄连、附子、川芎、百合等药材，则通过分离繁殖产生新个体，在生产药材的同时获得种苗，用于下一季的生产，导致良种性状退化。而为了防止多年使用导致的病虫害频发、植物种性退化、种苗质量参差不齐等问题，需要时刻保持良种资源更新。而资源更新，需要靠品种选育。

第二节　中药材新品种选育成果总结

一　中药材优良品种选育管理规范政策分析

2018 年《中药材生产质量管理规范》规定："鼓励企业开展中药材优良品种选育，但应符合以下规定：禁用人工选育的多倍体或者单倍体品种、种间杂交品种和转基因品种；如需使用非传统习惯使用的种间嫁接材料、人工诱变品种（包括物理、化学、太空诱变等）和其他生物技术选育品种等，企业应当提供充分的风险评估和实验数据证明新品种安全、有效和质量可控；只用于提取单体成分的中药材除外。"

二　中药材育种目标

中药材的育种目标包括生物学目标和经济学目标。生物学目标是指在一定的时间、环境和技术条件下，中药材通过改良后所应具备的优良特性，如优质、抗病、高产等；经济学目标即中药材经过改良后所应达到的经济效益，其中生物学目标是经济学目标的基础。

一般来说，植物育种的生物学目标包括高产、稳产、优质、早熟、适应性广和抗虫抗病等。中药材的产量和品质一直是育种工作者追求的两个重要目标。一方面，依靠科学的栽培技术，从外部环境对植物生长进行调控；另一方面，可通过品种选育，从内部改变其遗传的特性。品种选育是提高产量及品质的关键。经过十余年发展，中药材品种选育的目标已从最初单纯追求产量逐渐向产量与品质并重的方向转变。药用植物育种必须在保持和提高药效的前提下力求提高产量。此外，药用植物育种既要重视产品质量，又要重视品种的物理性状（气味、色泽、质地、形状等）。又因不同中药材的入药部位不一致，品种选育时的育种目标也需要"具体情况具体分析"。表 7-1列举了部分入药部位不同的中药材品种选育情况。

表 7-1　不同入药部位的中药材品种选育情况（部分）

入药部位	药材	品种	性状	选育方法	选育单位
根茎	人参	新开河1号	优质、稳产、抗性较强	系统选育	中国医学科学院药用植物研究所等
	人参	农参1号	抗性高、产量高	分子标记辅助育种	中国中医科学院中药研究所等
	黄芪	陇芪3号	丰产、优质	系统选育	甘肃省农业科学院等
	三七	苗乡抗七1号	抗病强	分子标记辅助育种	中国中医科学院中药研究所等
	贝母	浙贝3号	产量高、抗病性强	系统选育	浙江省中药研究所等
	天麻	鄂天麻1号	块茎形态质量好、抗病	杂交育种	宜昌市林业学校
	天麻	略麻1号	产量高、优质	系统选育	中国中医科学院中药研究所等
	柴胡	柴胡2号	产量高	杂交育种	西南科技大学
	桔梗	吉梗1号	抗倒伏、抗病、高产	分子标记辅助育种	中国农业科学院
	麦冬	川麦冬2号	优质高产高规格	系统选育	西南交通大学
	丹参	冀丹3号	高产、抗病、高品质	系统选育	河北省农林科学院经济作物研究所
	白芷	川芷3号	丰产、稳定性良好	系统选育	四川农业大学等
	川芎	蜀芎2号	高产、高品质	系统选育	四川省农业科学院等

续表

入药部位	药材	品种	性状	选育方法	选育单位
花	红花	川红花3号	品质高、产量高	系统选育	四川省农业科学院等
	菊花	金菊3号	抗性强、产量高、优质	芽变选育	浙江省中药研究所等
	灯盏花	滇灵4号	产量高、优质	杂交育种	云南红灵生物科技有限公司等
	金银花	豫金4号	植株长势好、直立性强、抗病性强	杂交育种	河南师范大学
果实、种子等	罗汉果	永青1号	稳产	杂交育种结合组培快繁	广西壮族自治区药用植物园等
	枸杞	宁杞7号	抗逆性强、丰产、优质	系统选育	宁夏枸杞工程技术研究中心
	砂仁	云砂1号	高产、优质	系统选育	中国医学科学院药用植物研究所等
	酸枣仁	丽园珍珠14号	丰产、稳产、性强	杂交育种	河北农业大学
	莲子	武植子2号	植株大、品质优、营养品质高	杂交育种	中国科学院武汉植物园
全草、茎皮等	紫苏	龙紫苏1号	高产、优质、抗逆性强	系统选育	黑龙江省科学院大庆分院等
	紫苏	华中药紫1号	品相美观、高产	杂交育种	药用植物生理生态研究所
	紫苏	中研肥苏1号	高油、丰产、高抗、耐瘠	杂交育种	药用植物生理生态研究所
	青蒿	中康优青2号	高产、优质	杂交育种	湖北康农种业股份有限公司等
	青蒿	海青一号	产量高、优质	系统选育	中国中医科学院青蒿素研究中心等
	石斛	航斛1号铁皮石斛	农艺性状好、产量高、品质优、抗逆性强等	杂交育种	华南农业大学国家植物航天育种工程技术研究中心
	艾草	南阳艾9号	综合性状好、产量高、抗病抗倒伏	系统选育	南阳市农科院中药材团队
	大青叶	松鸣一号	高产、优质、抗逆	系统选育	甘肃中医药大学
	金线莲	金康1号	高产、优质、抗病	系统选育	金华市农业科学研究院
	蒲公英	郑农蒲3号	抗病、高产	系统选育	郑州市农林科学研究所

经济学目标就是药用植物通过改良后所应达到的经济效益。[①] 随着用药量的增加，产量的高低日趋重要。因此，不管是大田作物还是经济植物，高产常作为育种的重要目的，也是任何一个药材种植者的基本愿望。例如，河南地黄"金状元"和"小黑黄"产量分别为 1750 千克 / 亩和 1000 千克 / 亩，而"北京一号"可达 1500~2000 千克 / 亩，若三者选择其一，在其他性状相同的情况下，生产者无疑要选"北京一号"。但按照经济学目标，药用植物通过改良后所应达到的经济效益才是主要的，产量提高可能导致市场价格下降。药用植物是一种为人类提供医疗保健的特殊植物，它的收获部分含有特有的药效成分，因此在培育新品种的过程中，必须测定其药效成分的含量，以达到高产、优质的目的，不能只顾提高产量，而忽略了所含的药效成分。特别是名贵药用植物的育种，更需要注重高产、优质、稳产等目标，因其经过改良后所应达到的经济效益比其他植物更高。目前，很多名贵药用植物都在进行育种研究，如最有名的药用植物——人参，[②] 其育种工作目前主要集中在中国和韩国，吉林是国内主要的研究地，研究选育的"吉参 1 号"在幼苗期和成龄期均表现出良好的丰产性，单根重量大，主根较长，根形好，但抗病性一般；"吉林黄果人参"，其产量中等，但是药效成分含量高。据报道，吉林省人参产业在 2022 年保持了连续多年的增长势头，总产值 642.5 亿元，同比增长 7%，连续两年突破 600 亿元。

三　现有中药材品种选育情况和方法

目前，我国选育品种的中药材为 131 种药材 687 个品种，排名靠前的药材分别是石斛、黄精、灵芝、菊花、金银花、枸杞子、紫苏、艾叶、丹参、地黄、瓜蒌等（见表 7-2）。

主要应用的中药材品种选育方法有选择育种（系统育种），如青蒿、人参、甘草、麦冬、荆芥等新品种选育；杂交育种，如石斛、天麻、酸枣仁等；利用无性系，选育出山银花、金银花和厚朴等品种；利用引种驯化，选育出柴胡、灵芝等品种；利用倍性育种，成功选育太子参、杜仲、罗汉果等；优势育种是利用雄性不育系，选育出丹参、桔梗等；在浙贝母和金银花的选育上采用芽变育种；利用实生苗，成功选育酸枣仁新品种；将诱变育种应用在当归、黄芪、党参等品种的选育上。

---

① 赵鑫、葛慧、王盼等：《中药材种子种苗繁育现状及发展建议》，《中国种业》2021 年第 5 期。
② 张晶晶、张宁、华霜等：《人参育种研究进展》，《特产研究》2021 年第 2 期。

表7-2　2012~2023年选育品种的中药材数量统计

单位：种

药材名	品种数	药材名	品种数	药材名	品种数	药材名	品种数	药材名	品种数	药材名	品种数
石斛	59	川贝母	9	附子	4	金荞麦	6	苦参	2	川牛膝	3	前胡	1
黄精	24	灯盏花	9	甘草	4	山茱萸	3	麦冬	3	川银花	1	三叶青*	1
灵芝	24	红花	14	黄芪	4	五味子	3	壮蒿*	2	刺五加	1	桑黄	1
菊花	23	龙胆	9	连翘	5	西红花	4	木通	2	防风	1	石菖蒲	1
金银花	21	半夏	15	罗汉果	4	野菊花	3	蒲公英	2	佛手	3	大青叶	2
枸杞子	20	牛至*	8	秦艽	4	鱼腥草	3	千斤拨*	2	茯苓	1	天冬	1
瓜蒌	15	板蓝根	7	酸枣仁	5	玉竹	3	砂仁	2	藁本	1	头花蓼	1
地黄	15	桔梗	7	太子参	4	云芝*	3	山银花	2	钩藤	1	细辛	1
丹参	16	薏苡仁	7	益母草	4	薄荷	2	射干	2	黑果枸杞	1	小茴香	1
杜仲	13	山药	6	淫羊藿	8	苍术	4	水飞蓟	3	黑老虎*	1	雄白	1
艾叶	18	草果	5	皂荚	4	党参	2	瓦布贝母*	2	厚朴	1	延胡索	1
白及	14	当归	5	枳壳	4	冬凌草	2	西洋参	2	虎杖	3	益智	1
沉香	11	青蒿	6	白芍	3	姜黄草*	2	续断	2	莲子	1	知母	1
人参	13	天麻	11	白芷	3	葛根	2	玄参	2	迷迭香*	1	紫金龙*	1
三七	11	乌头	5	百合	3	何首乌	2	远志	2	木瓜	1	血竭	1
重楼	12	白术	5	覆盆子	3	黄连	2	浙贝母	2	木香	1	金钱草	1
紫苏（籽、叶、梗）	19	川芎	4	黄芩	4	姜黄、郁金（姜黄）	2	栀子	2	牛大力	1	
柴胡	12	莪术、郁金（蓬莪术、广西莪术）	3	绞股蓝	3	金线莲	3	百部	1	平贝母	1	川明参	1
水蛭	1	独活	1	地鸟	1								

注：*代表地方中药材品种。2022~2023年药材选育品种详细信息见附表一。

资料来源：网络信息收集和统计。

随着现代生物技术的发展，越来越多的技术手段被引入中药材种质资源的创制和品种选育，所采用的技术手段如图 7-1 所示。

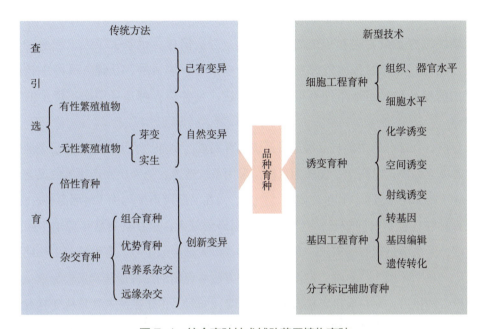

图 7-1　综合育种技术辅助药用植物育种

四　系统选育中药材新品种的研究成果回顾和评述

（一）传统系统选育技术流程

利用自然现有的变异材料，经选择培育成新品种的方法，即为系统选育，又称为选择育种。选择又分自然选择和人工选择。自然选择是自然环境条件对生物的选择作用。人工选择是通过一定的程序，将符合人类一定目标的植株选出，使其遗传性渐趋稳定，形成新品种。人工选择使目标群体向着对人类有利的方向发展。

系统选育以自然变异的材料或者种质资源为基础。而目前自然界中变异的来源主要为天然杂交和基因突变。自花授粉植物后代基因型基本不变，但大部分重要药用植物是异花授粉（如元胡、贝母、黄芪、地黄等）和常异花授粉（如人参、西洋参、白术、洋地黄等），故天然异交率较高。而药用植物在生长过程中也会产生自然变异，如黄果人参（基因为 r）为普通栽培红果人参（基因为 R）自然产生的隐形纯合突变，为后续人参品种的选择培育提供了种质资源。①

（二）系统选育的优势和不足

系统选育是最古老和传统的育种方法，方法简单，也省去了人工创造变异的过程。此外，选择的种质资源是在当地生态条件下形成的，从地方品种中较快地选育出的新品种对当地条件有很好的适应性，是各项育种途径中必不可少的重要手段。

目前，大部分的中药材品种通过系统选育而成。例如，为了选育出满足企业需求的优质灵芝品种，以高产、优质为目标，采用系统选育，选育出高产优质的灵芝新品种——"药赤芝 1 号"，其生产周期、产量、内在品质等指标均优于对照品种。然而，系统育种往往耗费时间较长，且受现有资源局限较大；过往耗费数年育出中药品种的速度，无法满足现有的需求。系统选育的"川天麻金绿 1 号"有性繁殖生长期约为 462 天，比对照增产 17.60%，但由于该育种方法培育出的品种遗传背景较为单一，大面积推广种植后，存在病虫害暴发的潜在危险。同时，由于系统选育是从现有自然群体中筛选优良个体，不能创造新的基因型，也难以直接获得有重大突破的品种。中国农业科学院特产研究所进行了西洋参系统选育研究，收集综合性状表现好的优良单株 461 份、集团种子 20 份，经多年田间比较筛选，培育出优良株系 6 个，其中 4 个优良株系的产量及人参皂苷和氨基酸含量均显著高于混杂群体，但是系统选育依赖于现有遗传资源的收集和筛选，无法将优异基因有效地结合，在品种改良上难以有较大的突破和创新。人参的传统育种也是从后代中筛选出优异的基因进行杂交繁殖，其特点是直接对优良性状进行选择，由于受环境因素影响较大，在短时间内难以选择到控制优良性状的基因。因此，选育出 1 个品种至少需要几十年的时间，如"边条 1 号"人参选育耗时近 20 年。从长远发展角度考虑，药用植物育种必须与高新科学技术相结合，才能达到高质量、高产出、高效益的目标。

（三）系统选育成的中药材新品种

目前，传统的中药育种多采用系统选育方式，审批通过的中药材品种也多采用此方式，除人参、麦冬等，益母草如川益 1 号（川审药 2016003）、附子如成附 1 号（川

---

① 张晶晶、张宁、华霜等：《人参育种研究进展》，《特产研究》2021 年第 2 期。

认药 2020001）、天麻如蜀箭南乌 1 号（川认药 202001）和略麻 1 号（ZYXP-2020-006）等，[①] 都经过系统选择方式培育（见表 7-3）。

表 7-3　2016~2023 年审定或认定的种植热点药材选育品种

药材	基原	植物学名	品种	登记时间
铁皮石斛	兰科石斛属铁皮石斛	*Dendrobium officinale* Kimura et Migo	中科 5 号铁皮石斛	2018 年
			中科双春 1 号铁皮石斛	2018 年
			斛茂 1 号	2020 年
			红鑫 9 号	2019 年
			西林 1 号	2019 年
			福斛 1 号	2016 年
人参	五加科人参属人参	*Panax ginseng* C. A. Meyer	中盛农参一号	2020 年
			新开河 2 号	2016 年
			中大林下参	2016 年
			中农皇封参 1 号	2016 年
三七	五加科人参属三七	*Panax notoginseng* (*Burkill*) F. H. Chen ex C. Chow & W. G. Huang	苗乡 1 号	2017 年
			文院紫七 1 号	2019 年
			苗乡三七 2 号	2019 年
			苗乡抗七 1 号	2016 年
天麻	兰科天麻属天麻	*Gastrodia elata* Bl.	略麻 1 号	2020 年
			蜀箭南乌 1 号	2020 年
			川天麻金绿 1 号	2016 年
金银花	忍冬科忍冬属忍冬	*Lonicera japonica* Thunb.	豫金 1 号	2022 年
			和山合水 1 号	2020 年
			南银 1 号	2016 年
			华金 6 号	2016 年
枸杞	茄科枸杞属	*Lycium chinense* Miller	宁杞 10 号	2017 年
			宁农杞 15 号	2021 年
黄精	百合科黄精属黄精	*Polygonatum sibiricum* Delar. ex Redoute	华鸿 1 号	2020 年
			保精 3 号	2020 年
			保精 1 号	2020 年

---

① 彭芳、陶珊、周会等：《四川省中药材育种现状分析》，《中国现代中药》2020 年第 9 期。

续表

药材	基原	植物学名	品种	登记时间
白及	兰科白及属白及	*Bletilla striata*（Thunb）Reichb.f.	普洱1号	2016年
			普科1号	2020年
			秦白1号	2018年
			秦黄1号	2018年
			华中白及1号	2021年
			华中白及2号	2022年
重楼	百合科重楼属华重楼	*Paris polyphylla* Smith var. chinensis（Franch.）Hara	川重1号	2023年
	百合科重楼属滇重楼	*Paris polyphylla var. yunnanensis*	保重2号	2020年
			宏康1号	2016年
			宝田2号	2019年
灵芝	多孔菌科灵芝属赤芝	*Ganoderma lucidum*（Leyss ex. Fr,）P. Karst.	药赤芝1号	2020年
			川芝1号	2020年
			攀芝1号	2016年
			攀芝2号	2016年
			龙芝1号	2018年
	多孔菌科灵芝属紫灵芝	*Ganoderma sinense* J.D. Zhao, L.W. Hsu & X.Q. Zhang	紫芝1号	2020年

五　有性杂交育种中药材新品种成果总结

（一）杂交育种选育流程、优势和不足

杂交育种包括有性杂交和无性杂交，但实际生产中常常采用有性杂交。根据品种选育目标，有目的地选配遗传性不同的品种、变种或亚种作为亲本，通过人工交配使它们的雌雄配子结合产生变异的后代，再进行一系列的培育选择，经比较鉴定后，获得遗传性相对稳定的新品种——定型品种，称为有性杂交育种。

杂交育种广泛应用于品种改良，为提高产量、抗性和适应性等方面带来了显著效果。品种间杂交育种通过杂交带来的基因交流，有效拓展了遗传基因库。不同品种之间存在丰富的遗传变异，杂交可将这些变异引入新的组合，从而提高遗传多样性，有助于提升植物对不同病虫害、气候条件和土壤类型的适应性，提高整体的稳定性和抗逆能力。品种间杂交育种利用了杂种优势，即所谓的"杂种增效"，杂交后的植物常

表现出比亲本更强大的生长抗性和适应性。品种间杂交育种有助于引入新的优良性状。不同品种在生长发育、抗病性、品质等方面存在差异，通过杂交可以将这些优良性状进行有效组合，培育出具备多种优点的新品种。例如，结合不同品种的耐旱性、高产性和抗病性，可以培育出适应干旱地区的优良品种。然而，杂交后代会出现性状分离，且育种过程缓慢和复杂。药用植物杂交只能在同一物种的不同品种或品系内进行，或在同一属的比较近的物种间进行，但不能跨物种进行。[①]

（二）杂交育种的新品种概况

魏建和等利用细胞质雄性不育系和自交系配制，选育出了长势强、抗病能力强、根部药材产量高的桔梗杂交新品种"中梗1号""中梗2号""中梗3号"，成为我国中药材育种领域中真正意义上的首个杂种一代新品种。[②] 马小军等采用杂交育种育成了果实大、果形美观、丰产稳产、抗逆性强的罗汉果新品种"永青1号""普丰青皮"等。以绞股蓝新品种"恩七叶甜"的选育为例，利用收集的绞股蓝种质进行分类，以改变其苦味，提高人参皂苷、氨基酸等含量为育种目标，最终以 *Gynostemma pentaphyllum* Makino DanTian No 592 为父本，以 *Gynostemma pentaphyllum* Makino DanTian No 19371 为母本，杂交得到 F_1 代，并利用 F_1 的根茎繁育种苗，以保持遗传稳定，最终育出口感清甜、活性成分含量高的新品种。[③] 以"北柴胡种内杂交制种技术"（ZL 201610498460.0）为基础制得的北柴胡种内杂交种川北柴2号较四川主推品种单株产量和单位面积产量均提升50%以上，表现出显著的茎基腐病和菌核病抗性，且药材无急性毒性（川认药20200003）。由中国科学院华南植物园与国家植物航天育种工程技术研究中心合作选育的中药材新品种"中科5号铁皮石斛"，经广东省农作物品种审定委员会正式审定（粤审药20180002）。"中科5号铁皮石斛"利用引自福建连城冠豸山铁皮石斛作父本、中科从都铁皮石斛作母本杂交选育而成。该品种生长旺盛，茎直立丛生，干茎多糖含量高，生长旺盛，产量高，质量好，抗逆性强，适宜简易设施栽培。在广州地区设施栽培条件下种植一年半，每平方米（90丛）的鲜品产量1.2千克。此外，沙棘、金银花等中药材通过品种间杂交，育成了优质的杂交新品种。沙棘杂交一般采用蒙古沙棘亚种

① 孙莹莹、罗睿、杜禹珊等：《药用植物杂交育种技术研究进展》，《中药材》2016年第2期。
② 魏建和、杨成民、隋春等：《利用雄性不育系育成桔梗新品种'中梗1号'、'中梗2号'和'中梗3号'》，《园艺学报》2011年第6期。
③ 刘金龙：《药用植物绞股蓝新品种"恩七叶甜"的选育及栽培技术与系列产品研究》，硕士学位论文，华中农业大学，2006。

（*Hippohae rhamnoides* subsp. Mongolica）优良品种"乌兰格木"为亲本之一，另采用我国沙棘亚种进行杂交后选育，如中棘1号、中棘2号、中棘3号等。无性繁殖技术一般以组培繁殖法为主。华南植物园利用组培繁殖法，使开花周期不一致的铁皮石斛和霍山石斛花期相遇，并进行试管杂交结实，最终将杂交后代苗种于大田。以茎尖诱导获得的铁皮石斛同源四倍体花自-2株系为材料，通过茎段扩繁和原球茎诱导增殖分化二种途径，建立倍性株系无菌高频快繁体系，为铁皮石斛同源四倍体株系的大规模扩繁提供了技术支撑。

六　分子标记辅助育种的成果和总结

（一）分子标记辅助育种优势和不足

分子育种是在经典遗传学和分子生物学等理论指导下，将现代生物技术手段应用到传统育种方法中，实现表型和基因型选择的有机结合，培育优良新品种的育种方法。分子标记辅助育种手段与常规育种是相辅相成的。尽管常规育种可以把高产、优质、抗病基因综合到一个品种，但其间需通过大量的基因重组、筛选过程，还掺杂有筛选遗漏问题，其周期长、工作量大。而利用分子标记辅助选择技术大大减少了其连锁累赘现象，增加了目标性，在回交低世代即可找到其目标材料（见图7-2）。

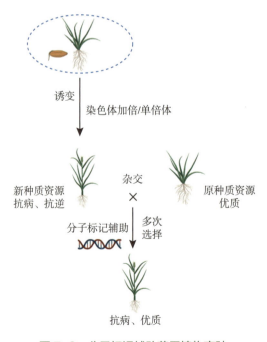

诱变

染色体加倍/单倍体

新种质资源
抗病、抗逆

杂交
×

原种质资源
优质

分子标记辅助

多次
选择

抗病、优质

图 7-2　分子标记辅助药用植物育种

（二）分子标记辅助培育新品种

以往，因很多药用植物的基因组未被揭示，能够利用分子育种方式的中药材不多。但随着高通量测序技术的提高，目前包括灵芝、丹参、三七、人参、连翘、红花、黄连、紫苏等药材的基因组序列接连被组装。[①] 紫苏作为我国原卫生部首批公布的 60 种药食两用型植物之一，用途广泛。通过全基因组测序，结合分子标记 SNPs 辅助鉴定的方式，对紫苏进行优良品种选育，最终选育形成叶籽两用、高抗、耐贫瘠和丰产等特性的中研肥苏 1 号紫苏新品种。[②] 三七作为传统的活血化瘀中药，在 400 余年的栽种历史中，已发展成产业化程度高、市场规模大的名贵中药材品种。利用 DNA 标记技术，首个三七 DNA 标记辅助选育的新品种"苗乡抗七 1 号"，对根腐病致病菌 *Fusarum oxysporum* 的抗性显著。[③] 在杜仲优良种质筛选过程中，利用高密度遗传连锁图谱和 QTLs 定位研究结果，分别筛选获得了与树高、地径、产叶量、杜仲胶含量、绿原酸含量、芦丁含量等产量和品质指标相关标记。[④] 目前，基于转录组学和基因组学分析，已成功开发了丹参、天麻、蓖麻、毛茛、川贝母等分子标记，为进一步开展相关中药材的分子标记辅助育种奠定了基础。[⑤]

随着大规模基因组测序计划的兴起，基于组学技术的基因工程育种具有周期短、定向性和精确性等优点，在改良药用植物、丰富中药资源、提高抗病性和抗逆性等方面有着极大的优势。在提高药用植物的有效成分含量方面，世界范围内已对多种药用植物展开了基因工程育种研究，包括红豆杉、黄花蒿、黄连等。黄花蒿作为青蒿药材的基原植物，是抗痢疾一线药物青蒿素的唯一天然来源。黄花蒿广泛分布于欧洲和亚洲，但大部分青蒿素质量较低，无工业提取价值。黄花蒿属于异花授粉植物，杂合度高，常选择系统选育、混合选育等传统育种方法结合组织培养等进行选育，但存在后代分化严重，育种周期长、效率低，需要持续选育等缺点。黄花蒿的分子设计育种是黄花蒿分子育种的未来发展方向，可实现从传统育种到高效、定向

① 王洁、陈江、鲜彬等：《中药品种选育与"中药品质育种"研究思路》，《中草药》2023 年第 6 期。

② 沈奇、张栋、孙伟等：《药用植物 DNA 标记辅助育种（Ⅱ）丰产紫苏新品种 SNP 辅助鉴定及育种研究》，《中国中药杂志》2017 年第 9 期。

③ 董林林、陈中坚、王勇等：《药用植物 DNA 标记辅助育种（一）：三七抗病品种选育研究》，《中国中药杂志》2017 年第 1 期。

④ 赵旭东、李周岐、邓鹏：《杜仲杂交子代优良单株分子标记辅助选择》，《森林与环境学报》2017 年第 3 期。

⑤ 王洁、陈江、鲜彬等：《中药品种选育与"中药品质育种"研究思路》，《中草药》2023 年第 6 期。

的精确育种。[①] 上海交通大学唐克轩教授团队经过多年选育，成功培育出高产青蒿素新品种——沪蒿 1 号，并对其进行了基因组测序和转录组分析，成功破译 6 万青蒿的"基因密码"，为进一步利用基因组学选育青蒿新品种奠定了基础。研究并发布的黄花蒿全基因数据，为发掘青蒿素、抗病、耐涝等代谢路径及调控途径提供了坚实的基础。基于已构建的黄花蒿遗传连锁和 QTL 图谱，及黄花蒿核基因组、叶绿体基因组和转录组数据，发掘与选育目标一致的目标基因型，同时发掘相关代谢路径及转录调节途径，从而通过整体设计实现黄花蒿高效精准的分子设计育种。[②]

第三节　以提取物为目标的中药材育种成果总结和分析

一　倍性育种研究成果回顾和评述

（一）单倍体育种和多倍体育种

《中国药典》中共收载 618 种中药材，其中，多基原中药材约 147 种，占收载中药材总数的 24%。在多基原药材中，倍性变异普遍存在，即使单一基原的药材中也普遍存在倍性变异。柴胡为药典收载的伞形科植物，药用部位为干燥根。药典规定基原为柴胡或狭叶柴胡，又称为北柴胡和南柴胡。狭叶柴胡（南柴胡）染色体数目为 $2n=2x=12$，是二倍体植物，而北柴胡多倍体类型有四倍体（$2n=4x=24$）和八倍体（$2n=8x=48$）。黄连基原为毛茛科植物黄连（味连）、三角叶黄连（雅连）或云连。味连和云连均为二倍体（$2n=2x=18$），雅连为同源三倍体（$2n=3x=27$）。

染色体的加倍促使细胞核物质与细胞的体积增大，使药用植物的农艺性状发生了明显变化，主要表现在营养器官巨大性，如叶片变大变厚，对以叶入药的中药材来说意义重大；花器变大，对于采集花的药用植物来说增加了花的产量；果实、种子变大，有利于以果实入药的药用植物的选育；营养器官根增大增粗，有利于根类药材提高产量。此外，细胞核中遗传物质的增加可引起植物生理方面的变化，而中药材多倍

① Liao B., Shen X., Xiang L., Guo S., Chen S., et al., "Allele-aware Chromosome-level Genome Assembly of Artemisia Annua Reveals the Correlation between ADS Expansion and Artemisinin Yield," *Mol Plant*, 2022, 15（8）:1310-1328.

② 马婷玉、向丽、张栋等:《青蒿（黄花蒿）分子育种现状及研究策略》,《中国中药杂志》2018 年第 15 期。

体生理生化的变化必然引起代谢合成及其产物的变化。中药材中的药效物质多为植物生长发育中产生的次级代谢产物。多倍体有利于一些药用植物的次生代谢产物含量的提高，进而增加有效成分，大幅度提高药效。[①] 然而，利用倍性技术创制和选育的种质只能作为提取特定化合物的原料，而不能直接加工成饮片。

（二）倍性育种在中药材育种中的利用

利用技术改良，获得四倍体药用无性系大麻，相比与二倍体对照植株，四倍体植株扇叶和气孔较大，但气孔密度约为二倍体的 1/2；四倍体植株的糖叶毛状花序密度增加约 40%，萜烯含量和花蕾密度显著增加。高山林等在含有 10 毫克 / 千克的 MS 培养基上接种丹参芽丛，并利用秋水仙素处理产生四倍体丹参植株；后将四倍体丹参移栽至田间与正常植株、二倍体植株进行比较，发现四倍体丹参的丹参酮含量高于对照。以铁皮石斛原球茎为材料、经秋水仙素和二甲基亚砜诱导后获得四倍体植株，其叶绿素含量、可溶性糖和蛋白等含量显著高于二倍体。[②]Chung 等诱导产生四倍体秋葵（高级药用兰花），发现四倍体产生了较高的生物活性物质，包括总黄酮和天麻素。以茅苍术的组织培养方法为依据，与秋水仙素离体心肌细胞诱导等多项鉴定方法相结合，筛选出了茅苍术同源的四倍体株系，其叶和茎中的可溶性糖、蛋白和淀粉均显著提高。[③]

二 诱变育种在药用植物选育中的应用

（一）化学诱变、空间诱变和射线诱变

诱变技术主要分为物理诱变和化学诱变，其中物理诱变又分为空间诱变和射线诱变。1987 年我国第 9 颗返回式卫星首次搭载药用植物如甘草、人参、东方罂粟等进行空间诱变处理，返地后开展了中药资源空间诱变育种工作。之后的 30 多年来，先后搭载的药用植物种类包括红景天、铁皮石斛、五味子、防风、甘草、红花、柴胡、灵

---

① 许陶瑜、田洪岭、郭淑红等：《药用植物多倍体育种研究进展》，《山西农业科学》2021 年第 3 期。

② 高山林、朱丹妮、蔡朝晖等：《丹参多倍体性状和药材质量的关系》，《植物资源与环境》1996 年第 2 期。

③ Chung H.H., Shi S.K., Huang B., Chen J.T., "Enhanced Agronomic Traits and Medicinal Constituents of Autotetraploids in Anoectochilus Formosanus Hayata, a Top-Grade Medicinal Orchid," *Molecules*, 2017 Nov 7, 22 (11):1907.

芝、射干、黄芩、黄芪、红豆杉、洋金花、冬虫夏草菌种、枸杞子、知母、远志、板蓝根、白术、麻黄、胡枝子、牡丹、刺五加、牛膝、丹参、薏苡、肉苁蓉等。[1]

除空间诱变外，射线诱变也是获得中药材育种新种质的重要手段。苏雨苗等研究了 60 Co-γ 射线辐照诱变对穿心莲植物学性状和品质性状的影响，60 Co-γ 射线辐照诱导穿心莲变异的适宜辐照剂量范围为 50~200 Gy，后续将进行优良突变单株的筛选。利用 60 Co-γ 射线辐射，获得红茎的金荞麦，并对相应的农艺性状和（–）-表儿茶素含量进行了研究。化学诱变通常以甲基磺酸乙酯（EMS）为诱变剂。利用 EMS 诱变技术，很多中药材能够广泛获得突变体，并构建突变体库，如金钱草、党参、铁皮石斛和三七等。

（二）空间诱变在新品种选育中的应用

利用空间搭载的丹参种子萌发率明显提升，太空丹参开花结果的时间有所提前，搭载后代种子的千粒重、单株籽粒重也有所增加，地上的分支数和主果穗长度显著增加，地下鲜根重增加，太空丹参产量较对照增加了 14%；太空丹参 SP_1–1 表现出植株较矮、茎节间距短、叶片肥厚、表面皱缩、深绿色、叶形较大、根表面红棕色等表型，且根系抗根腐病和线虫病。[2] 此外，太空诱变的丹参中的丹酚酸 B、丹参酮ⅡA 的含量分别较对照提高 13% 与 50%，多糖含量提高 16%。洋金花植物材料经过空间搭载之后，植株变高、出苗速度快且发芽率高，植株的分蘖数增多。空间诱变对肉苁蓉种子的生活力、发芽率和接种寄生率均有一定的促进作用，寄生芽体的腐烂率大幅度降低，且种子中蛋白质和可溶性糖类含量增加。高文远等发现空间搭载的甘草种子，其初生的胚根内甘草酸（GA）和甘草苷（LQ）的含量分别比对照组高 2.19 倍和 1.18 倍。太空诱变的 SP1–SP6 代的夏枯草生物特性如果穗性状、茎分支等都有显著改变，活性成分如迷迭香酸含量要比对照显著提高。板蓝根中多糖类含量增加明显，提升了抗病毒能力，其他有效物质如甾体、三萜类及黄酮类化合物成分含量均有不同程度的增加。太空桔梗中非晶态有机物成分及含量有所改变，且活性成分（如皂苷、甾体、多糖类等）含量明显增多，同时木质素、氨基酸的含量也有所增加。[3] 在中药材太空诱变育种的实践方面，以 2008 年搭载"神七"飞船的丹参 SP1 代变异材料为种

---

[1] 孔四新、崔旭盛、李海奎：《药用植物太空育种研究进展》，《中国农学通报》2014 年第 6 期。

[2] 杨先国：《太空丹参 SP1–1 的生物学效应及诱变育种研究》，博士学位论文，湖南中医药大学，2012。

[3] 朋冬琴、刘录祥、郭会君等：《中药材辐射诱变育种的研究进展》，《中草药》2023 年第 13 期。

质，天士力集团培育的"天丹一号"丹参品种产量和有效成分含量都显著高于普通品种，且目前已获省级品种审定（DB61/T 1142.85-2018）。

三 转基因育种成果总结

转基因技术也属于广义的基因工程育种。培养高天然药物含量的新型转基因中药材有着诱人的应用前景，对中药现代化和可持续发展具有重要意义。但中药（药用植物）是防治疾病的药材，有别于其他经济作物，不仅存在转基因作物方面的安全问题，还存在药用价值是否改变的问题。现有转基因中药材，其目的主要分为两类：一是提高药用植物的抗旱抗病等抗性研究，二是以提高某些单体成分含量为育种目标。[①]

（一）抗性转基因

在提高药用植物抗性方面，毛碧增等用基因枪介导法转化水稻几丁质酶基因和苜蓿 B-1，3- 葡聚糖酶基因（AGLU），对所获得的转基因株系进行 PCR 分析、GUS 染色以及抗病性检测，获得了抗立枯病的转基因白术株系。[②] 枸杞生产中面临较多的病虫害，利用农杆菌侵染，罗青等将对蚜虫表现明显抗性的雪花莲外源凝集素酶基因 GNA34 转化至枸杞细胞，再经过愈伤组织培养，获得了完整的转基因抗蚜虫枸杞植株。[③] Chen 等通过农杆菌转化法，将拟南芥的 ATHK1 基因引入枸杞离体叶片，并成功表达，再将离体培养得到的成熟小苗转入正常土壤条件与同龄野生型枸杞共同培育 8 周，在高渗、高盐和干旱试验中，转基因枸杞均表现出抗盐抗旱特性，生长状态优于野生型，且在恢复正常培养条件后，转基因枸杞能更快地适应环境，恢复正常生长。[④] 利用睡莲的花粉管通道，Yu 等将与低温诱导启动子连接的胆碱氧化酶（CodA）基因转化进不耐低温的睡莲，获得的转基因睡莲耐寒性显著提高，能够将种植范围从之前的最北的北纬 24.3° 移至杭州（30.3° N），该育种方法扩大了睡莲可种植环境范围。[⑤]

① 王洁、陈江、鲜彬等：《中药品种选育与"中药品质育种"研究思路》，《中草药》2023 年第 6 期；黄惻隐、李林、闻伟锷等：《遗传转化技术在药用植物研究中的应用》，《遵义医科大学学报》2022 年第 3 期。

② 毛碧增、孙丽、刘雪辉：《基因枪转化双价防卫基因获得抗立枯病白术》，《中草药》2008 年第 1 期。

③ 罗青、曲玲、曹有龙等：《抗蚜虫转基因枸杞的初步研究》，《宁夏农林科技》2001 年第 1 期。

④ Chen, N., Liu, Y., Liu, X. et al., "Enhanced Tolerance to Water Deficit and Salinity Stress in Transgenic Lycium Barbarum l. Plants Ectopically Expressing Athk1, an Arabidopsis Thaliana Histidine Kinase Gene," *Plant Mol Biol Rep*, 2009, 27, 321–333.

⑤ Yu, C., Qiao, G., Qiu, W. et al., "Molecular Breeding of Water Lily: Engineering Cold Stress Tolerance into Tropical Water Lily," *Hortic Res*, 2018, 5, 73.

（二）单体化合物含量转基因

现已从拟南芥、甘草等多种植物中分离和克隆了许多编码 p450 的基因，应用这些基因，可对植物中异黄酮类代谢途径进行修饰或导入其他作物中进行异源表达，培育能够大量特异生产所需黄酮类化合物的"化学工厂"的转基因植物，满足医药业对这些中药有效成分的需求，或者应用这些转基因植物生产出更有价值的植物品种。因基因组小、有性杂交生殖方式等优势，丹参的转基因（遗传转化）体系已经成功构建。利用转基因丹参，可提高迷迭香酸和丹酚酸 B 等活性物质的含量。构建丹参转基因株系，在丹参毛状根中过表达 *SmMYB9b* 可使丹参酮含量增加 2.2 倍。[1] 转基因甘草毛状根中总黄酮、甘草苷、甘草素和异甘草素的含量明显提高。采用基因枪转化方法将目的基因转入黄连，构建黄连的转基因品种，提高小檗碱、药根碱的含量，提高黄连有效成分的产量；转基因桔梗可提高植物甾醇和三萜类化合物的积累。采用基因工程方法克隆得到苯丙氨酸解氨酶基因 *RgPAL1*，并选育出过表达载体的品种，获得了毛蕊花糖苷含量显著提高的转基因地黄；通过转基因技术提高山银花中的有效成分木犀草苷；通过发掘可调控紫杉醇代谢途径的转录因子，高表达相关转录因子，激活紫杉醇生物合成的多个关键酶，将会极大提高红豆杉细胞的紫杉醇产量，获得高产转基因红豆杉品种。[2]

四　远缘杂交育种成果总结分析

（一）远缘杂交的定义

植物分类学上不同种或不同属间的有性杂交称为远缘杂交。此类杂交产生的后代称远缘杂种。药典规定的基原种之间杂交不叫远缘杂交，如川麦冬与浙麦冬杂交为种间杂交，与山麦冬杂交为远缘杂交。远缘杂交后代可作为原材料来进行单体成分提取，某些药食两用的药材，也可利用远缘杂交来培育新品种。

---

[1]　Zhang J., Zhou L., Zheng X., et al., "Overexpression of SmMYB9b Enhances Tanshinone Concentration in Salvia Miltiorrhiza Hairy Roots," *Plant Cell Rep*, 2017, 36:1297-1309.

[2]　张鹏、李书涛、付春华等：《过表达 Dbtnbt 基因提高中国红豆杉细胞的紫杉醇含量》，《中国生物化学与分子生物学报》2014 年第 4 期。

（二）远缘杂交育种在药食同源药材中的应用

王秋颖等通过天麻品种之间多年的正交及反交实验，培育出了 4 个杂交品种，其中有 3 个高产品种，而且遗传稳定性强，可以大面积推广栽培。[①]吴才祥等采用天麻远缘杂交，通过对湖南家栽红杆猪屎麻、湘黔野生乌杆卵形麻、锥形麻、湖北家栽红杆脚板麻、本地野生乌杆拇指麻等几个品种之间的单交、回交、三杂交、双杂交等杂交育种试验，培育出在产量和质量上均具有杂交优势的 y1、y2、y3 杂交后代。[②]阮汉利等以川贝母 *Fritillariali chuanensis* 为父本与以湖北贝母 *F. hupehensis* 为母本杂交而成的杂交贝母就具有结实率高、种子饱满、发芽率高、病虫害少等特点。[③]

第四节　中药材育种未来发展方向分析

一　新机遇与大挑战

（一）国家政策支持

"十三五"期间，中医药发展顶层设计加快完善，政策环境持续优化，支持力度不断加大。2017 年，《中医药法》施行。2019 年，中共中央、国务院印发《关于促进中医药传承创新发展的意见》，国务院召开全国中医药大会。中医药传承发展能力不断增强，中医药防控心脑血管疾病、糖尿病等重大慢病及重大传染性疾病临床研究取得积极进展，屠呦呦研究员获得国家最高科学技术奖，中医药人才培养体系持续完善，中成药和中药饮片产品标准化建设扎实推进，第四次全国中药资源普查基本完成。中医药开放发展取得积极成效，特别是新冠肺炎疫情发生以来，坚持中西医结合、中西药并用，中医药全面参与疫情防控救治，作出了重要贡献。《"十四五"中医药发展规划》提出加快提升中药质量，加快中药材品种培优、品质提升、品牌打造和标准化生产。

①　王秋颖、郭顺星:《天麻优良品种选育的初步研究》，《中国中药杂志》2001 年第 11 期。
②　吴才祥、杨晟永、葛芝富:《天麻远缘杂交育种初报》，《湖南林业科技》2007 年第 1 期。
③　阮汉利、张勇慧、皮慧芳等:《杂交贝母非生物碱成分的结构研究》，《中草药》2004 年第 1 期。

（二）育种手段落后、选育和评价体系的缺乏

首先，可供中药材育种利用的基因资源较为丰富，这是中药材育种的优势条件，但对大部分种质资源的考查、搜集、整理、鉴定和保存工作还不够到位，致使其繁殖习性、遗传规律研究不清晰，也缺乏经典遗传育种学各项遗传参数的研究资料的积累，对于优良品种选育、生长发育规律、种子特性、药材质量与栽培因素的关系等研究较少。加强其整理和利用可以加快中药材育种的步伐。

其次，在栽培的多种中药材中，经选育的优良品种不多。由于缺乏遗传基础研究工作，中药材的育种工作长期停留在比较初级的阶段，主要是移植和农作物传统应用的常规育种技术，许多方面还不具备应新技术的条件。

再次，中药材育种基础薄弱，群体一致性差，可供应用的稳定品种太少，从而限制了进一步的诱变和杂交育种实践的创新应用，严重影响了育种的工作进程，致使难以获得突破性成就。目前在我国常用的中药材有1000多种，其中人工栽培的中药材有400余种，但是真正已经选育过的优良品种只有几十种，可见育种工作任重道远。

最后，目前从事中药材育种的科研力量不足，研究目标分散，尚没有专门从事中药材育种研究的机构；一些基层单位采用系统选育法选育出的优良品系在生产上有一定面积的推广，而科研单位采用新型技术等方法选育出的新品系，大部分还没有得到很好的推广，既没有产生经济效益，也没有产生社会效益。这除了受科研单位的体制影响外，还与国内中药材种子产业不发达有关。

（三）育成品种推广应用滞后、转化不足

中药材新品种的种子种苗繁育是中药材规范化生产的源头工程。但由于中药材单品种面积小，各地重视程度不高，加之种植技术要求高，各乡镇缺乏中药材种植技术服务的专业人才，严重制约了中药材新品种推广工作的开展。根据文献报道及实地调查情况，魏建和等统计了62种新品种的选育与应用情况，发现过往育种多采用传统的常规选择育种法，占82.1%，只有15种（24.2%）选育出的新品种并经种子管理部门认定，大面积推广应用的品种更少，仅有10%左右。以四川省为例，目前省内还没有专门从事中药材种子种苗经营的企业，种子种苗仍然是中药材生产的副产品，各乡镇农业技术服务站没有将中药材品种推广纳入工作计划，因此中药材新品种推广工作

进展缓慢，应用面积十分有限。[①] 近年来，四川选育并通过审定（或认定）的中药材品种约 82 种，但实际转化、推广面积大且有一定经济产值的只有几个品种，如柴胡品种川柴 2 号、川麦冬 1 号等。[②] 这表明，与普通农作物育种相比，药用植物育种工作还停留在比较初级的研究阶段，与生产实际结合需进一步加强。

二 创新育种技术和方法，源头推动产业发展

创新育种技术和方法的前提，需要重视药用植物遗传基本理论和育种方法。加强种质资源的遗传规律研究，积极引进和创造新的优异育种原始材料，通过筛选和创新加强种质资源的利用。同时，根据中药资源的不同性质采用与之相适应的育种策略。

选择育种将是近时期中药材育种的主要研究内容，加大选择整理力度，从混杂群体中分离选择品种是中药材育种的简单快捷且有效的途径。创造更多的稳定品种，满足生产对品种的需求，获得大量供诱变、杂交的药用植物的核心亲本或骨干亲本。通过诱变及杂交育种，进一步培育出适合国内外市场需要的材料。

而在充分发掘药用植物基因库现有遗传资源的同时，需要将传统遗传育种研究与现代生物技术相结合，从分子水平上认识药用植物遗传变异机理，利用基因工程技术打破生殖隔离，转化利用其他物种的有益基因，创造更为丰富的遗传变异，培育性状更加全面、生产性能更好的药用植物新品种。

最后，全面加强多学科合作，提高育种水平，建立稳定的育种及良种繁育基地，扩大育种人才队伍，使更多的人来从事药用植物育种工作，联合攻关。

三 与时俱进，拓展思路，明确育种方向

中药材品种繁多，不同的中药材入药部位不同，品种选育要兼顾药材的质量和产量。同时，药用植物多为多年生植物，选育周期长，加之研究基础薄弱等因素，造成中药材品种选育的复杂性及难度较高。中药材品种选育是一项系统工程，一个优良品种必须含有较多的药效成分并具有较高的成分含量。这要求人们在进行药用植物品种

---

① 魏建和、杨成民、隋春等:《中药材新品种选育研究现状、特点及策略探讨》,《中国现代中药》2011年第 9 期。

② 李敏、赵文吉、敬勇等:《"十二五"川产道地药材种质资源和优良品种选育研究》,《中国现代中药》2017 年第 6 期。

选育时要找到产量与质量的平衡点和最佳点。目前育出的中药材品种大部分都是基于现有种质资源多年系统选育得到，耗费时间长、消耗资源多。随着"千种草本基因组学计划"的实施，整合多组学（基因组学、转录组学、代谢组学和表观遗传学等）挖掘药用植物药效物质合成和调控的遗传规律，定位药效物质和关键表型性状的基因，解析其遗传机理，为后续分子辅助结合常规育种技术手段来加速药用植物优良品种的选育。未来通过分子育种，培育有效成分高、抗性高的药用植物新品种，如高青蒿素含量的黄花蒿品种，高人参皂苷含量的人参品种，高吗啡含量的罂粟品种，高长春花碱含量的长春花品种，耐连作障碍的人参、三七等，是药用植物分子育种的研究方向。[①]

参考文献

［1］ 赵鑫、葛慧、王盼等：《中药材种子种苗繁育现状及发展建议》，《中国种业》2021 年第 5 期。

［2］ 张晶晶、张宁、华霜等：《人参育种研究进展》，《特产研究》2021 年第 2 期。

［3］ 彭芳、陶珊、周会等：《四川省中药材育种现状分析》，《中国现代中药》2020 年第 9 期。

［4］ 孙莹莹、罗睿、杜禹珊等：《药用植物杂交育种技术研究进展》，《中药材》2016 年第 2 期。

［5］ 魏建和、杨成民、隋春等：《利用雄性不育系育成桔梗新品种'中梗 1 号'、'中梗 2 号'和'中梗 3 号'》，《园艺学报》2011 年第 6 期。

［6］ 刘金龙：《药用植物绞股蓝新品种"恩七叶甜"的选育及栽培技术与系列产品研究》，硕士学位论文，华中农业大学，2006。

［7］ 王洁、陈江、鲜彬等：《中药品种选育与"中药品质育种"研究思路》，《中草药》2023 年第 6 期。

［8］ 沈奇、张栋、孙伟等：《药用植物 DNA 标记辅助育种（Ⅱ）丰产紫苏新品种 SNP 辅助鉴定及育种研究》，《中国中药杂志》2017 年第 9 期。

［9］ 董林林、陈中坚、王勇等：《药用植物 DNA 标记辅助育种（一）：三七抗病品种选育研究》，《中国中药杂志》2017 年第 1 期。

［10］ 赵旭东、李周岐、邓鹏：《杜仲杂交子代优良单株分子标记辅助选择》，《森林与环境学报》2017 年第 3 期。

［11］ Liao B., Shen X., Xiang L., Guo S., Chen S., et al., "Allele-aware Chromosome-level Genome Assembly of Artemisia Annua Reveals the Correlation between ADS Expansion and Artemisinin Yield," *Mol Plant*, 2022, 15（8）:1310-1328.

［12］ 马婷玉、向丽、张栋等：《青蒿（黄花蒿）分子育种现状及研究策略》，《中国中药杂志》

---

① 陈士林、吴问广、王彩霞等：《药用植物分子遗传学研究》，《中国中药杂志》2019 年第 12 期；Sun W., Xu Z., Chen S., et al., "Herbgenomics: Decipher Molecular Genetics of Medicinal Plants," *Innovation (Camb)*, 2022, 14, 3（6）:100322.

2018 年第 15 期。

[13] 许陶瑜、田洪岭、郭淑红等:《药用植物多倍体育种研究进展》,《山西农业科学》2021 年第
3 期。

[14] 高山林、朱丹妮、蔡朝晖等:《丹参多倍体性状和药材质量的关系》,《植物资源与环境》
1996 年第 2 期。

[15] Chung H.H., Shi S.K., Huang B., Chen J.T., "Enhanced Agronomic Traits and Medicinal
Constituents of Autotetraploids in Anoectochilus Formosanus Hayata, a Top-Grade Medicinal
Orchid," *Molecules*, 2017 Nov 7, 22(11):1907.

[16] 孔四新、崔旭盛、李海奎:《药用植物太空育种研究进展》,《中国农学通报》2014 年第 6 期。

[17] 杨先国:《太空丹参 SP1-1 的生物学效应及诱变育种研究》,博士学位论文,湖南中医药大学,2012。

[18] 朋冬琴、刘录祥、郭会君等:《中药材辐射诱变育种的研究进展》,《中草药》2023 年第 13 期。

[19] 黄恻隐、李林、闻伟锷等:《遗传转化技术在药用植物研究中的应用》,《遵义医科大学学报》
2022 年第 3 期。

[20] 毛碧增、孙丽、刘雪辉:《基因枪转化双价防卫基因获得抗立枯病白术》,《中草药》2008 年
第 1 期。

[21] 罗青、曲玲、曹有龙等:《抗蚜虫转基因枸杞的初步研究》,《宁夏农林科技》2001 年第 1 期。

[22] Chen, N., Liu, Y., Liu, X. et al., "Enhanced Tolerance to Water Deficit and Salinity Stress in
Transgenic Lycium Barbarum l. Plants Ectopically Expressing Athk1, an Arabidopsis Thaliana
Histidine Kinase Gene," *Plant Mol Biol Rep*, 2009, 27, 321–333.

[23] Yu, C., Qiao, G., Qiu, W. et al., "Molecular Breeding of Water Lily: Engineering Cold Stress
Tolerance into Tropical Water Lily," *Hortic Res*, 2018, 5, 73.

[24] Zhang J., Zhou L., Zheng X., et al., "Overexpression of SmMYB9b Enhances Tanshinone
Concentration in Salvia Miltiorrhiza Hairy Roots," *Plant Cell Rep*, 2017, 36:1297-1309.

[25] 张鹏、李书涛、付春华等:《过表达 Dbtnbt 基因提高中国红豆杉细胞的紫杉醇含量》,《中国
生物化学与分子生物学报》2014 年第 4 期。

[26] 王秋颖、郭顺星:《天麻优良品种选育的初步研究》,《中国中药杂志》2001 年第 11 期。

[27] 吴才祥、杨晟永、葛芝富:《天麻远缘杂交育种初报》,《湖南林业科技》2007 年第 1 期。

[28] 阮汉利、张勇慧、皮慧芳等:《杂交贝母非生物碱成分的结构研究》,《中草药》2004 年第 1 期。

[29] 魏建和、杨成民、隋春:《中药材新品种选育研究现状、特点及策略探讨》,《中国现代中
药》2011 年第 9 期。

[30] 李敏、赵文吉、敬勇等:《"十二五"川产道地药材种质资源和优良品种选育研究》,《中国现
代中药》2017 年第 6 期。

[31] 陈士林、吴问广、王彩霞等:《药用植物分子遗传学研究》,《中国中药杂志》2019 年第
12 期。

[32] Sun W., Xu Z., Chen S., et al., "Herbgenomics: Decipher Molecular Genetics of Medicinal
Plants," *Innovation(Camb)*, 2022, 14; 3(6):100322.

附表一　2022~2023 年审定或认定的中药材品种

药材名	品种名	编号	育种单位（只统计排名第一的）
石斛	航斛 1 号铁皮石斛	粤评药 20220001	华南农业大学国家植物航天育种工程技术研究中心
	中科 6 号铁皮石斛	粤评药 20220002	中国科学院华南植物园
	红润铁皮石斛	粤评药 20220003	广东省农业科学院环境园艺研究所
	丰润铁皮石斛	粤评药 20220004	广东省农业科学院环境园艺研究所
	龙斛 1 号	黔认药 20230001	贵州省农作物品种资源研究所
	川农金斛 1 号	川认药 2023001	四川农业大学
黄精	贵多花 2 号	黔认药 20230003	贵州大学中药材研究所
	川精 1 号	川认药 2022003	四川农业大学
	黄恩 1 号	鄂品鉴药 2023-001	湖北民族大学
金银花	豫金 4 号	—	河南师范大学
灵芝	黔芝 2 号	黔认菌 20230004	贵州星原生物科技有限公司
	青冈芝 1 号	黔认菌 20230005	贵州黔芝灵药业有限公司
	川芝 8 号	川认菌 2023006	四川省食用菌研究所
	仙芝楼 S3	闽认菌 2022008	中国医学科学院药用植物研究所
	芝 MRC1 号	闽认菌 2022009	福建农林大学
	芝 MRC2 号	闽认菌 2022010	福建农林大学
	药芝 1 号	川认药 2022004	四川省中医药科学院
菊花	阳菊 1 号	渝品审鉴 202345	重庆市中药研究院
	阳菊 2 号	渝品审鉴 202346	重庆市中药研究院
	野菊－华中野菊 2 号	鄂品鉴药 2022-001	湖北中医药大学
	美花 1 号	鄂品鉴药 2023-012	安利（中国）植物研发中心有限公司
	福白菊 2 号	鄂品鉴药 2023-016	湖北中医药大学
	福黄菊 1 号	鄂品鉴药 2023-017	湖北中医药大学
	野菊花-999 华菊 03	鄂品鉴药 2023-018	华润三九医药股份有限公司
	野菊花-999 华菊 06	鄂品鉴药 2023-019	华润三九医药股份有限公司
艾草	芸阳徐艾 1 号	渝品审鉴 202351	重庆市农业科学院
	芸阳徐艾 2 号	渝品审鉴 202352	华艾珍品科技（重庆）股份有限公司
	蕲优 1 号	鄂品鉴药 2023-003	中国中医科学院中药研究所
	蕲黄 1 号	鄂品鉴药 2023-004	湖北中医药大学
	蕲黄 2 号	鄂品鉴药 2023-005	湖北中医药大学
	蕲青 1 号	鄂品鉴药 2023-006	湖北中医药大学
人参	福星球	20221003123	吉林参博士福星种苗有限公司
	益盛汉参 2 号	20221003798	吉林省益盛汉参生物科技有限公司
重楼	川重 1 号	川认药 2023008	达州市农业科学研究院

续表

药材名	品种名	编号	育种单位（只统计排名第一的）
紫苏	渝苏 15 号	渝品审鉴 202349	西南大学
	渝苏 16 号	渝品审鉴 202350	西南大学
	贵苏 1 号	黔认油 20230001	贵州省油料研究所
	贵苏 7 号	黔认油 20230002	贵州省油料研究所
	黔苏 2 号	黔认油 20230003	贵州省油菜研究所
	贵紫 3 号	黔认油 20230004	贵州省油菜研究所
	富南苏	鄂品鉴药 2023-013	中国中医科学院中药研究所
	香苏 2 号	鄂品鉴药 2023-014	湖北省棉花科学研究所
柴胡	川柴 2 号	川认药 2023006	西南科技大学
	川柴 3 号	川认药 2023007	西南科技大学
红花	冀红 1 号	冀认药（2023）010	衡水厚土农业科技有限公司衡水市冀州区农业技术推广站
	云红花 7 号	—	云南省农业科学院经济作物研究所
	云红花 8 号	—	云南省农业科学院经济作物研究所
	云红花 9 号	—	云南省农业科学院经济作物研究所
	云红花 10 号	—	云南省农业科学院经济作物研究所
半夏	中丰 1 号	黔认药 20230007	毕节市中药研究所
	中双 1 号	黔认药 20230008	毕节市中药研究所
	冀夏 1 号	冀认药（2023）005	河北省农林科学院经济作物研究所
	冀夏 2 号	冀认药（2023）006	河北省农林科学院经济作物研究所
	冀夏 3 号	冀认药（2023）007	河北省农林科学院经济作物研究所
	竹叶 1 号	鄂品鉴药 2023-002	中国中医科学院中药研究所
	华荆夏 1 号	鄂品鉴药 2023-015	华中农业大学
苍术	华苍 1 号	鄂品鉴药 2023-007	华中农业大学
	华苍 2 号	鄂品鉴药 2023-008	华中农业大学
虎杖	华杖优 1	鄂品鉴药 2023-009	华中农业大学
	华杖优 2R	鄂品鉴药 2023-010	华中农业大学
山药	苏蓣 8 号	—	江苏省农业科学院

续表

药材名	品种名	编号	育种单位（只统计排名第一的）
青蒿	渝青5号	渝品审鉴202344	重庆市中药研究院
天麻	略麻1号	20221004319	中国中医科学院中药研究所
	略麻2号	20221000946	陕西汉王略阳中药科技有限公司
	贵红2号	黔认药20230004	贵州大学
	贵麻九龙2号	黔认药20230005	贵州大学
	贵麻九龙6号	黔认药20230006	贵州大学
	峰麻1号	鄂品鉴药2023-011	湖北中医药大学
白术	阜白术1号	皖品鉴登字第2006013	阜阳市农业科学院
附子	凉附1号	川认药2023003	四川农业大学
	成附2号	川认药2022001	成都大学
酸枣仁	冀酸1号	冀认药2023012	河北圣源园艺科技开发有限公司
西红花	番红2号	浙认药2022001	浙江省农业技术推广中心
金线莲	金康1号	浙认药2021004	金华市荆龙生物科技有限公司
麦冬	涪麦1号	川认药2023005	绵阳市农业科学研究院
水飞蓟	北蓟1号	皖品鉴登字第2006004	
水蛭	宽叶金线蛭（蚂蟥）	鄂品鉴药2023-020	湖北千叶生物科技有限公司
川牛膝	渝膝1号	渝品审鉴202347	重庆市中药研究院
	渝膝2号	渝品审鉴202348	重庆市中药研究院
佛手	天赐	20201005915	金华市农业科学研究院
	天赐	20201003719	浙江师范大学
木瓜	黄花佑	CNA20211000173	广东省农业科学院果树研究所
大青叶	松鸣一号	20182868.3	甘肃中医药大学
淫羊藿	黔藿1号	20211004759	贵州贵基生物医药有限公司
	贵同柔毛1号	20201006175	国药集团同济堂（贵州）制药有限公司
	贵同箭叶1号	20191006216	中国医学科学院药用植物研究所
	贵同箭叶2号	20201004330	中国医学科学院药用植物研究所
砂仁	湛砂6	20201000979	中国热带农业科学院湛江实验站
	湛砂7	20201000980	中国热带农业科学院湛江实验站
	湛砂11	20201000982	中国热带农业科学院湛江实验站
	湛砂12	20201004913	中国热带农业科学院湛江实验站
牛大力	云阳牛大力	粤评药20230002	广东小阳生态农业有限公司

续表

药材名	品种名	编号	育种单位（只统计排名第一的）
金荞麦	川荞 7 号	川认杂粮 2023001	凉山州农业科学研究院
	中荞 16 号	川认杂粮 2023002	凉山州农业科学研究院
	成苦 2 号	川认杂粮 2023003	成都大学
枸杞子	燕杞 1 号	20211001555	中国中医科学院中药研究所
丹参	冀丹 4 号	冀认药（2023）003	河北省农林科学院经济作物研究所
	丹杂 5 号	冀认药（2023）004	河北省农林科学院经济作物研究所
金钱草	广药大 1 号	粤评药 20230001	广东药科大学
连翘	冀翘 3 号	冀认药（2023）008	河北省农林科学院经济作物研究所
	冀翘 4 号	冀认药（2023）009	河北省农林科学院经济作物研究所
黄芩	冀芩 1 号	冀认药（2023）011	承德医学院
白及	贵芨 2 号	黔认药 20230002	贵州省农作物品种资源研究所
	华中白及 1 号	鄂品鉴药 2021-002	五峰神康堂药业有限公司
	华中白及 2 号	鄂品鉴药 2022-004	五峰神康堂药业有限公司
独活	华康独活 1 号	鄂品鉴药 2022-002	湖北康农种业股份有限公司
地乌	华康地乌 1 号	鄂品鉴药 2022-003	湖北康农种业股份有限公司
川明参	成明 1 号	川认药 2022002	成都大学

第八章
中药材种植养殖及濒危药材替代

近20年来，我国的中药资源种类和产量在逐步增加。中药材大多具有鲜明的地域特点，中药野生和栽培资源主要集中于西南地区，各省份中药材分布不均匀。中药材种植产业是保障中医药事业健康发展的源头产业，是中医药事业传承和发展的物质基础，是关系国计民生的战略性资源。适宜的种植模式，可确保中药材品质的安全、稳定、可控，并改善生态环境，促进中药材种植业的发展。我们要大力推进中药材的保护和科学利用，加强规范化种植技术的创新，以期生产优质的中药材。

第一节　中药材种植养殖现状

一　中药材种植养殖规模及区域分布

与20世纪末相比，我国各地中药资源种类多有增加。云南、贵州、广西、四川和湖南等地野生种类数量名列前茅，山西、贵州、云南等地种植和养殖的中药材种类数量位居前列。

（一）我国中药资源与蕴藏总量

据初步统计，我国有药用资源1.6万余种，其中药用植物1.4万余种，药用动物2000余种，药用矿物100余种。目前记载的中国特有种中，药用植物特有种为3150种，分属于153科的785属。在地理分布上，特有种最丰富的是西南地区，其次是华中地区和西北地区，这些区域是药用资源综合开发和利用的重点区域，也是药用植物特有种保护的重点区域。

《中国中医药报》的数据显示，目前仍有 70% 左右的中药材品种来自野生资源，只有约 30% 的为栽培和养殖的药材品种，但栽培和养殖的药材产量却占到了中药材供应量的 70% 以上。依托众多的中药材种植、养殖农户和各类中药材交易市场，分布在全国各地的各类中药材生产基地形成了全世界规模最大、体系最完整的中药农业体系，人工种植养殖的品种不断增加。

（二）中药材种植规模

我国的中药材种植面积和产量均居世界首位。1978~2003 年，我国中药材种植面积增加了 3 倍，近年来种植面积、产量都较为稳定。自 2010 年以来，受中国中药材消费量逐年增加的趋势影响，我国中药材种植面积稳步上升，但单产水平呈现先下降又有所回升的趋势。2011~2018 年，全国中药材种植面积增长了 2566 万亩，增长率为90.35%；中药材行业产量增加 141.1 万吨，增长率为 46.19%。

近年来，各地推动落实《中药材产业扶贫行动计划（2017~2020 年）》，中药材的种植面积进一步扩张。截至 2020 年底，全国中药材种植总面积（含野生抚育）约 8938.95 万亩，中药资源品种达 12807 种，常用的 600 多种中药材中，有300 多种已实现人工种养，栽培、养殖中药材品种的产量占中药材供应量的 70%以上。

（三）中药材种植区域分布

据初步统计，目前各省（区、市）药用资源种类及栽培中药材种类分布不均。我国各省（区、市）可药用资源种类及栽培中药材种类中，云南、贵州、广西、四川、湖南药用资源种类最为丰富。栽培品种中，山西最为丰富，其次为甘肃、河南、湖北、湖南、云南、贵州等地，这些省份多为传统的药材产区，也是近些年我国中药材种植养殖产业发展势头迅猛的地区。目前，全国约有 1000 多种药材的蕴藏量得到了初步评估，为中药产业发展提供了坚实的基础。

基于"全国中药资源普查信息管理系统"中的数据，有 7 个省（区、市）16 个县的中药资源种类超过 1000 种，包括浙江景宁畲族自治县、磐安县、淳安县，安徽黄山市黄山区，湖北竹溪县、南漳县、利川市，广西那坡县、凌云县、田林县、凤山县、环江毛南族自治县，重庆丰都县，贵州六盘水市六枝特区、大方县、威宁彝族回族苗族自治县，云南禄劝彝族苗族自治县、永德县。

全国乔木类中药材种植面积占比最大，草本类次之。广西、陕西、辽宁、吉林等省域乔木类中药材的种植面积占比较大，青海、西藏、山西、宁夏等省域灌木类中药材的种植面积占比较大，山东、贵州、湖南、河北等省域藤本类中药材的种植面积占比较大，内蒙古、黑龙江、云南、安徽等省域草本类中药材的种植面积占比较大。

中药材大多具有鲜明的地域特点，即道地性，[①]这与我国幅员辽阔、地形复杂、气候多变，各地疾病谱、使用习惯、交通、经济、技术等多种自然与人为因素有关。因此，区域特色药材的使用情况不一。

二　常用中药材种植规模产量

近10年来，国内中药材生产无论是基地建设还是种植面积，都保持着高速增长，云、贵、渝、桂、甘是热点省（区、市），政策扶持带来了中药材种植面积的高速增长。

（一）常用中药材种植规模

600多种常用中药材中，近300种已经开展了人工种植或养殖。50余种濒危野生中药材已经实现了种植养殖或替代。2019年全国中药材种植面积达到7000余万亩，各地面积差异较大，其中云南、广西分别达到794万亩、685万亩，贵州、湖北、河南3个省在500万~600万亩，湖南、陕西、广东、四川、山西5个省均在300万~500万亩，河北、重庆、山东、内蒙古、甘肃、吉林、安徽、辽宁、黑龙江、海南、宁夏等11个省（区、市）在100万~300万亩。国家中药材产业技术体系的初步汇总数据显示，2020年全国中药材种植面积约为8000万亩。

云南、河南、山西等省域临床常用中药材种植面积较大，其中云南的草果、砂仁、生姜等种植面积较大，河南的连翘、山茱萸等种植面积较大，山西的连翘等种植面积较大。不同中药材的种植面积差异较大。仅以2019年有统计数据的59种常用大宗中药材为例，其种植总面积为2046万亩，其中12种中药材突破50万亩，连翘居

---

①　刘付松、任艳、吴发明等：《中药材"道地论"的生态内涵》，《中华中医药杂志》2023年第11期。

首位，达到 322 万亩，枸杞、黄芪、金银花（含山银花）、丹参等超过 100 万亩，黄芩、山楂、党参、当归、柴胡、山茱萸、苦参等超过 50 万亩。

（二）常用中药材产量

通过对 385 种常用中药材历史产能进行统计，2020 年全球中药材产能达到 541.49 万吨；其中，近 5 年国内中药材生产高速增长，2020 年为 472.29 万吨（含大枣和花椒），连续 3 年回落，较 2019 年下降 5.92%。在产能上，有些省份单品种产量占据总产值的 1/2 左右，比如青海的枸杞产能超过 10 万吨，广西的肉桂、八角 2 个品种占据该区产能的过半份额。

超过 70 种中药材开展了林下种植、拟境栽培、野生抚育、间套轮作等生态种植模式的探索与应用。其中，人参林下种植已成为东北地区人参生产的重要方向，面积超过 270 万亩，为药用和食用人参未来的差异化发展奠定了资源基础。通过对林下种植、间套作、轮作等 30 种中药材的生态种植模式进行分析发现，生态种植较常规种植每亩年均增收 4000 余元，其中 25 种生态种植模式下的中药材平均增产 17.58%，如苍术和玉米间套作较常规种植增产 45%，年均增收 4000~5000 元 / 亩，生态种植的人参、黄芪、苍术和柴胡的年均收益分别是常规种植的 7.65 倍、11.96 倍、3.12 倍、1.61 倍，投入产出比平均下降 57.90%。

三　中药材种植养殖模式及存在的问题

（一）中药材种植养殖模式

我国中药材种植养殖模式多种多样。近年来，在传统模式的基础上提出了不少新理念，产生了多种种植养殖模式。中药材种植养殖业不是孤立的存在，其发展与生态、经济、社会等各方面息息相关。为确保中药材品质的安全、稳定、可控，需对中药材种植养殖的全过程进行宏观调控。基于此，提出了规范化种植养殖模式、无公害种植养殖模式、绿色种植养殖模式及有机种植养殖模式，以期指导中药材合理种植养殖。为了改善生态环境，实现资源最大化利用，还提出了生态种植养殖模式，以期推动中药材种植养殖业的可持续发展。在"精准医学"思想的启发下，新近提出了"精准药材定向培育"的理念，以期在临床上实现更精准的用药。多种种植养殖模式被不断提出，并在中药材生产实践中逐渐完善，更好地促进了中药材种植养殖产业的发展。

1. 规范化种植养殖模式

该模式是指在传统种植养殖经验的基础上，以 GAP 为指导制定规范化种植养殖模式。

2. 无公害种植养殖模式

无公害种植养殖过程中可以使用人工合成的农药化肥，但有毒有害物质残留量要控制在安全质量允许的范围内。无公害种植养殖中，防控病虫害本着"预防为主，综合防治"的基本原则，运用农业、生物、物理防治手段代替化学防治，大幅减少了化学农药的使用。农业农村部近期提出，鼓励无公害产品向绿色、有机产品转型。无公害种植养殖模式将逐渐被绿色种植养殖模式及有机种植养殖模式取代。

3. 绿色种植养殖模式

农业农村部对 A 级绿色食品和 AA 级绿色食品的产地环境技术条件分别做出了规定，故绿色种植养殖应分为 A 级和 AA 级。A 级绿色种植养殖过程中，允许使用农药化肥，但对用量和残留量有比无公害种植养殖更为严格的规定。种植养殖基地的水质、大气、土壤质量均应符合相关标准，在种植养殖过程中，尽量使用腐熟的农家肥，减少化肥的用量。采用多样化种植养殖模式，提高肥料利用率，绿色防控病虫害，实现用地、养地相结合，符合可持续发展的理念。

4. 有机种植养殖模式

在有机种植养殖过程中，不能使用任何农药、化肥、激素等人工合成物质以及转基因技术。例如，使用发酵的有机肥种植养殖库拉索芦荟，制肥原料需先进行碳氮含量和重金属含量检测，合格后方能使用。采用无公害、绿色、有机种植养殖模式均是为了降低作物的有害残留。

5. 生态种植养殖模式

生态种植养殖模式是指应用生态系统的整体、协调、循环、再生原理，结合系统工程方法设计，综合考虑社会、经济和生态效益，充分应用能量的多级利用和物质的循环再生，实现生态与经济良性循环的生态农业种植养殖模式。

6. 定向培育模式

定向培育是指通过定向选择种质、栽培产地、抚育管理、采收加工方法以及不同空间部位，培育在不同功效上有针对性特长的"精准药材"。

（二）中药材现存在的问题

由于中药材产业的特殊性，发展中药材种植养殖中还存在许多问题和挑战。比如，资源紧缺日益加剧造成中药材供求矛盾突出，整体种植养殖技术相对落后，生产流程不规范造成中药材 GAP 工作推进艰难，现代商业模式发展滞后造成营销渠道受限，中药材产业信息链不完整，中药材产业科技支撑力量不足以及政府支持不足等问题。

1. 资源紧缺

林地地形较陡峭，可利用的资源有限，且丘陵崎岖导致水资源供应不足；农民过度采挖破坏生态环境和土地资源，部分中药材尤其是野生药材产量急剧下降；珍稀药材资源面临枯竭，中药材供求矛盾突出，制约中药材种植养殖产业的发展。

2. 整体种植养殖技术相对落后

技术人才短缺是阻碍我国中药材种植养殖产业发展的重要因素之一。中药材生产组织化程度偏低，缺乏合理的种植技术和管理技术，造成中药材病虫害越来越严重，暴发频率越来越高。对于中药材病虫草害的防治，盲目地以化学药剂防治为主，不仅达不到防治的效果，而且破坏林地的生态环境；良种、良法未能得到广泛应用，科技水平不高，产地加工落后且粗糙；肥料施用不科学、农残超标、采收期不适宜等，进而影响了中药材的质量及产量。

3. 生产流程不规范

中药材产业多数在林区山区，机械化程度低，从播种到收获、烘干、储藏各个生产环节没有统一的管理标准，粗放式管理完全不能满足中药材种植养殖现代化产业的发展，中药材 GAP 工作推进艰难。

4. 现代商业模式发展滞后

由于中药材种植养殖产区交通和物流条件相对较差，营销渠道受限，流通渠道掺假严重，中药材的价格没有得到有效的保障，挫伤了农户的积极性。

5. 中药材产业信息链不完整

中药材产业缺乏完整的信息链，供求信息对接不畅，市场信息鱼龙混杂，产销信息不可靠。

6. 中药材产业科技支撑力量不足

由于中药材产业科技力量支撑薄弱，科技成果转化效率不高；科研投入不足与实地生产脱轨。

7. 政策支持不足

随着精准扶贫战略的实施，我国农业经济得到大力发展，但农民受知识水平和市场信息的影响，以及政府对中药材的发展重视不足，缺乏对经济的统一规划和管理，不能及时调整中药材的种植养殖结构，再加上药农种植养殖管理技术水平较低，严重制约了中药材产业区域化管理水平的提升。

综上所述，随着对中药材种植养殖模式的不断研究，其理论和技术体系正在逐步形成和完善。中药材种植养殖模式需要充分利用资源，确保土地资源和其他资源的可持续利用，加大力度建立规范化、规模化的生产基地和濒危稀缺中药材基地。科技是第一生产力，中药材产业的稳定发展同样需要先进的技术和人才作为支撑。通过合理利用资源，规范中药材种植养殖模式，选育优质高产品种，推广中药材病虫害技术以及有效解决农残、施肥不当等问题，确保中药材产量和质量的稳定。

同时搭建优质的中药材物流平台，完善中药材产业信息链。加强政策宣传，坚持政府引导与市场主导相结合，树立正确的风向标，转变药农传统的思想和观念，引导中药材种植养殖产业向规模化、集约化方向发展，增加中药材质量与产量的可控性，优化种植养殖模式，从而为生产带来可观的收入。

第二节　中药材种植养殖生产技术

一　中药材种质资源保护及科学利用

中药资源是中医药事业传承和发展的物质基础，是关系国计民生的战略性资源，中药资源的合理开发与利用是中医药产业发展的重要支撑，也是保障中药临床疗效，支撑整个中药产业健康有序发展的关键环节。近年来，在政府、科研机构及企业的共同推动下，中药材种质资源保护与科学利用取得较大进展。

（一）我国药用植物种质资源保护体系建设

药用植物种质资源主要包括活体材料（种子、种苗等繁殖材料）、离体材料（悬浮细胞、原生质体、愈伤组织、分生组织、芽、花粉、胚、器官等）、药材、植物标本，以及 DNA 和片段信息、基因和基因组信息等植物活体资源，药材、DNA 实体资源，基因组和基因数据资源。在资源保护形式上主要为就地保护和迁地保护，就地保护主要以自然保护区为主，迁地保护有种质资源圃、植物园、种子低温保存库、离体库、药材库、植物标本、DNA 库等多种方式。

1. 就地保护

坚持保护优先、自然恢复为主，遵循自然生态系统演替和地带性分布规律，充分发挥生态系统自我修复能力，避免人类对生态系统的过度干预，对重要生态系统、生物物种和生物遗传资源实施有效保护，保障生态安全。牢固树立尊重自然、顺应自然、保护自然的生态文明理念已深入人心。立足新发展阶段，构建新发展格局，坚持生态优先、绿色发展，以有效应对生物多样性面临的挑战，全面提升生物多样性保护水平为目标，扎实推进生物多样性保护重大工程，持续加大监督和执法力度，进一步提高保护能力和管理水平，确保重要生态系统、生物物种和生物遗传资源得到全面保护，将生物多样性保护理念融入生态文明建设全过程，积极参与全球生物多样性治理，共建万物和谐的美丽家园。

2. 迁地保护

全国中药植物园或药用植物园已引种保存全国本土药用植物 7000 余种，约占我国药用植物资源的 63%，其中珍稀濒危物种 200 多种，如中国医学科学院药用植物研究所及其分所体系药用植物园。

中国共有 3 座药用植物种质资源库，分别是由中国医学科学院药用植物研究所建设的国家药用植物种质资源库（北京）和国家南药基因资源库（海口），成都中医药大学建设的国家中药种质资源库（成都），其中国家药用植物种质资源库（北京）建设最早、保存资源最多，近 4000 种（含种以下分类单位）；国家中药种质资源库（成都）已建成短期库、中期库、长期库三类中药种子活体保存核心库，长期库保存期限为 50 年，具有 20 万份中药种质资源保存的能力。同时建有 DNA 库、化合物库等多维保存体系及配套功能实验室和基因测序平台。

（二）保护与科学利用中药材资源的对策

1. 完善管理体制

根据一些产区中药材资源有人管、无人管和多头管理、各自为政、画地为牢的实际情况，重新用法律、法规规定完善中药材资源管理体制，明确中药材资源管理主体，省、市、县级分工明确，纵向到底，横向到边，确保负责区域无盲区、无盲点。

2. 建立中药材资源保护区

建立中药材资源保护区是中药材资源科学利用与可持续发展的基础。应按照以下四项原则建立中药材资源保护区：一是濒临灭绝状态的稀有珍贵野生药材物种分布的地域，二是国家级和省级重点保护的野生药材物种已经遭到破坏经保护能够恢复自然生态的地域，三是资源匮乏的主要常用野生药材物种集中分布的地域，四是对人体疾病防治具有特殊疗效的野生药材物种的分布地域。

3. 建立资源动态监测与资源预警系统

在勘察摸清中药材资源家底之后，需要建立中药材资源动态检测系统和珍稀濒危药用资源预警系统，为中药管理部门及中药生产企业提供双向交流信息。

4. 积极开展家种、家养活动

为从根本上突破中药材资源匮乏、濒危和制约我国医药企业发展的"瓶颈"，应从实际出发，加大科研投入，因地制宜地开展人工种植、人工繁殖药用动植物活动。同时，省、市、县三级政府有关部门积极与医药企业合作攻关，建立匮乏和濒危药材的生产基地，指导农户按质量规范标准种植、养殖中药材，生产质优价廉的产品。

二　中药材种植关键技术

（一）土壤改良与修复

土壤是中药生长发育的物质基础，土壤中的微生物与中药生长发育、产量与质量都密切相关。[1] 随着种植年限的增加，病原菌和致病线虫等根系病虫数量也会随之增加，而土壤中有益微生物量逐年减少，土壤中微生物群落失衡，导致植物感病。因此，栽培前的土壤改良是中药种植的关键。宏基因组学技术 [2] 是以微生物基因组为研究对象，利用分子生物学研究手段，对生境中微生物的多样性、种群结构、进化关系、功能活性、相互协作关系及这些微生物与环境之间的关系进行研究。宏基因组学技术能避免传统微生物分离培养步骤，直接提取环境中微生物的总基因组 DNA，因

---

[1]　徐江、董林林、王瑞等：《综合改良对农田栽参土壤微生态环境的改善研究》，《中国中药杂志》2017年第 5 期。

[2]　芦晓飞、罗坤、谢丙炎等：《宏基因组学及其在植物病害生物防治中的应用》，《中国生物防治》2010年第 S1 期。

此利用宏基因组学技术对根际土壤微生物样本进行分析，绘制出根际微生物群落的"全景图"，揭示药用植物种植中土壤微生物多样性、种类及丰度的变化，解析根际土壤的功能变化，为土壤改良提供依据。[①] 研究发现，根际有益微生物可以促进植物对氮、磷、钾以及铁等矿质元素的吸收，直接促进植物的生长，还有助于植物拮抗病原菌、促进药用植物有效成分的合成等作用；[②] 而有益微生物减少，有害微生物增加，为土壤传染性病害的传播和病原菌的寄生繁殖创造了条件，对药用植物的生长产生危害，导致药用植物产量和品质下降。因此，通过消除土壤病原微生物群落，增加有益微生物群落，是土壤改良的有效策略。土壤微生态环境的失衡是系统性的问题，单一的方法技术体系难以解决。基于宏基因组学研究解析人参、三七、西洋参等药用植物土壤微生态环境失衡机制，并在大量田间试验筛选的基础上，建立"土壤消毒＋绿肥回田＋菌剂调控"的综合策略，改善根际微生态环境，为无公害中药材持续生产提供技术支撑。

1. 土壤消毒

土壤中病原生物众多，真菌如镰刀菌、疫霉菌、轮枝菌等，细菌如青枯劳尔氏菌、欧氏杆菌等，线虫如根结线虫，地下害虫如蛴螬、金针虫、地老虎等。[③] 土壤消毒是减少作物土传病害最有效的途径之一。[④] 土壤消毒主要分为物理消毒、化学消毒和生物消毒三种。物理消毒的基本原理是利用热源使土壤的温度升高，以杀灭土壤中绝大多数病虫害。[⑤] 物理消毒法主要包括太阳能消毒技术、热水消毒技术、蒸汽消毒技术等，此法对病虫害防治具有广谱性，不易造成病虫害抗性的产生，环境友好，避免传统化学药剂消毒造成的环境污染，但存在消毒不彻底的问题。[⑥] 化学消毒是目前土壤消毒的主要手段之一。化学熏蒸是目前常用且效果较好的土壤消毒方法。碘甲烷、氯化苦、异硫氰酸甲酯、1，3- 二氯丙烯、二甲基二硫、硫酰氟、棉隆及威百亩是国际上已经登记使用的土壤熏蒸剂，但效果最好的熏蒸剂溴甲烷由于破坏臭氧

① 陈士林、董林林、郭巧生等：《中药材无公害精细栽培体系研究》，《中国中药杂志》2018 年第 8 期。

② 祝蕾、严辉、刘培等：《药用植物根际微生物对其品质形成的影响及其作用机制的研究进展》，《中草药》2021 年第 13 期。

③ 曹坳程、郭美霞、王秋霞等：《世界土壤消毒技术进展》，《中国蔬菜》2010 年第 21 期。

④ 陈娟、张雪松、杨家学等：《连作西洋参根际真菌群落差异及其在土壤药剂处理后的初步分析》，《中国中药杂志》2012 年第 23 期。

⑤ 周雪青、张晓文、邹岚等：《设施农业土壤消毒方法比较》，《农业工程》2016 年第 3 期。

⑥ 曹坳程、刘晓漫、郭美霞等：《作物土传病害的危害及防治技术》，《植物保护》2017 年第 2 期。

层，已被禁止用在农业上。① 熏蒸剂通常具有杀死所有生物的特性，在土壤中呈气体状态并具有移动性，因此易于分布，可杀死未知病虫害，且防治土传病害效果好，降解快，无残留风险。随着可持续农业的发展，生物防治技术因其生态环保等优点在土传病害防治中发挥着越来越重要的作用。土壤生物消毒的作用机理是采用有机物料添加、土壤灌水和表土覆盖相结合，诱导土壤形成强还原性的环境来抑制病原微生物，② 这不仅能有效控制土传病害和杂草，还能充分利用农业废弃物（作物秸秆和动物粪便等）来改善土壤质量③。

药材连作会导致土壤微生物群落变化，病原微生物增加，以及土壤传染病和害虫的恶化等，④ 不仅会降低药材产量，还会影响药材品质。因此，连作障碍是制约无公害中药材可持续发展的重要限制因素。土壤消毒可达到抑制或杀死病原菌的效果，从而能够缓解连作障碍带来的不良影响。⑤ 化学熏蒸法是目前消除病原菌广泛使用的一种方法，尤其是对连作后土传病害加重的作物。其中，在中药材种植领域应用较多、防治效果较好的主要有威百亩、棉隆和氰氨化钙等。⑥ 土壤消毒处理后，会使土壤形成一个洁净的"生物真空"状态，在此期间如果侵入了其他致病菌，会使该病原菌大量繁殖，影响土壤消毒效果。因此，土壤消毒后，田间灌溉、农具使用、人员走动等农事操作要确保土壤不受交叉污染。常用土壤消毒剂及使用方法如表 8-1 所示。

表 8-1　土壤消毒剂及使用方法

药剂种类	真菌	细菌	线虫	杂草	昆虫	使用方法
棉隆	高	高	中	高	中	施药前 3~7 天浇水，土壤相对含水量为 60%~70%，有机肥撒于土壤表面进行旋耕 30~40 厘米，土壤 5 厘米处撒药，覆膜 15 天，揭膜通风 7 天

① 王秋霞、颜冬冬、王献礼等：《土壤熏蒸剂研究进展》，《植物保护学报》2017 年第 4 期。
② 刘星、张书乐、刘国锋等：《土壤生物消毒对甘肃省中部沿黄灌区马铃薯连作障碍的防控效果》，《应用生态学报》2015 年第 4 期。
③ 伍朝荣、黄飞、高阳等：《土壤生物消毒对土壤改良、青枯菌抑菌及番茄生长的影响》，《中国生态农业学报》2017 年第 8 期。
④ 凡续晨、刘强、徐钰惟等：《中药材连作障碍研究进展》，《四川农业科技》2021 年第 11 期。
⑤ 顾艳、梅瑜、徐世强等：《药用植物连作障碍研究进展》，《广东农业科学》2021 年第 12 期。
⑥ 沈亮、徐江、陈士林等：《无公害中药材病虫害防治技术探讨》，《中国现代中药》2018 年第 9 期。

续表

药剂种类	真菌	细菌	线虫	杂草	昆虫	使用方法
1，3-二氯丙烯	中	低	高	低	高	土壤湿度达 60%~70%，机械施药，翻土，覆膜 25 天，揭膜通风 7 天
硫酰氟	高	高	高	中	中	分布带一端埋入 50 厘米深度土壤中，另一端与装有熏蒸剂气体的钢瓶相连，施药前在施药区域覆盖塑料薄膜形成密闭的熏蒸空间，施药时打开钢瓶阀门
氰氨化钙	高	高	中	低	低	撒药，翻土 25 厘米，灌水，土壤充分湿润后覆膜 20 天，揭膜通风 7 天
多菌灵	中	中	低	低	低	撒药，旋耕，覆膜 30 天，揭膜通风 7 天
碘甲烷	高	高	高	高	高	机械注射施药，覆膜，施用有机肥
二甲基二硫	中	中	高	中	中	手动注射法施药，注入深度为 15~20 厘米，注入点之间的距离为 30 厘米，覆膜 20 天，揭膜通风

2. 绿肥回田

绿肥富含有机质及大量微量元素，营养丰富均衡，肥效持久，营养不易流失，是重要的有机肥之一。绿肥回田的方式通常是将绿肥翻压或堆沤后施用于田地中，在土壤微生物的作用下腐解，释放植株中的养分到土壤中，具有提供养分、合理用地养地、部分替代化肥、提供饲草来源、保障粮食安全、改善生态环境、固氮、吸碳、节能减耗、驱虫、杀菌等作用。不同种类绿肥的腐解及其养分释放存在差异，应根据药用植物的需求选择适宜的绿肥（见表 8-2）。例如，针对人参属药用植物筛选出适宜的绿肥作物——苏子（*Perilla frutescens*），在参地中经过紫苏回田后，能够改善土壤微生物区系，增加土壤中有益微生物种类、有机质的含量；苏子与腐熟鹿粪、猪粪、饼肥、过磷酸钙等混合作为基肥，能够调节参土氮磷钾含量及其比例，降低人参锈腐病的发生，提高药材的产量和质量。[1]

---

[1]　董林林、徐江、牛玮浩等：《改良措施对农田土壤微生态及人参存苗率的影响》，《中国中药杂志》2016 年第 23 期。

表 8-2　绿肥回田

品种	拉丁名	适宜药用植物	施用方法	作用机制
玉米	*Zea mays L.*	人参、西洋参、大黄、附子、黄连、三七	秋播，覆土厚度 2~3 厘米	减少农业生态环境的污染、起到培肥土壤的作用，保持土壤生产力，持续增产
小麦	*Triticum aestivum L.*	三七、人参、大黄	秋播，覆土 3 厘米，上面覆盖 3 厘米以上稻草	改善栽培地土壤理化性状，协调土壤的水、肥、热、气关系
紫苏	*Perilla frutescens（L.）Britt.*	人参	花期割倒切段，晾晒 3~4 天，耕翻时扣压到土中，每隔 10~15 天耕翻，深度为 20~25 厘米	有效增加土壤肥力，改变土壤微生物群落的组成
紫花苜蓿	*Medicago sativa L.*	西洋参、枸杞	平铺于田间，绿肥作物施用量为 1000~1200 千克/亩	改良盐碱地，减少 NH_3 挥发
三叶草	*Trifolium repens L.*	大黄、酸枣	间作	根部结根瘤吸收空气中游离氮素
油菜	*Brassica campestris L.*	紫云英、人参、枸杞	紫云英按密度为 20 万~40 万株/公顷，油菜按 2∶1 带型间作；枸杞间作，密度保持在 40~50 株/米² 盛花期收割粉碎，均匀旋耕翻压，深度 15 厘米以上	提高土壤 pH 值，增加土壤有机质、碱解氮和速效磷含量，改善土壤肥力
大豆	*Glycine max（Linn.）Merr.*	人参、西洋参、大黄	多为秋播，覆土 3 厘米，上面盖 3 厘米稻草	固氮培肥
紫云英	*Astragalus sinicus L*	板蓝根	秋播，覆土 3 厘米，上面盖 3 厘米稻草	固氮，维持氮循环

3. 生物菌剂

　　大量长期使用农药、化肥，会使土壤有机质含量降低、板结、酸化，同时使土壤微生物多样性降低，导致作物减产或品质下降。生物菌剂能够通过微生物的生命活动使作物得到生长发育所需要的营养或使作物达到抑菌的效果。药用植物种植会影响根际微生物群落多样性、组成及结构，导致土壤病原微生物群落丰度增加、有益微生物丰度减少，进而导致死苗率的提升。生物菌剂中含有有益微生物菌群、活性酶以及多种微量元素，可抑制土壤中有害病菌生长，减轻田间病虫害，加速土壤有机物质转化为对药用植物生长有益的物质，从而能够提高其产量及质量。微生物菌剂按内含的微生物种类或功能特性可分为解磷固氮菌剂、生防菌剂、促生菌剂、菌根菌剂等（见表 8-3）。正确施用生物菌剂，能够改良土壤微生物环境，活化土壤，增加肥效，从而促进植物生长，提高其产量与质量。

表 8-3　生物菌剂类型及施用方法

菌剂类型	主要微生物种类	作用机制	优势	适用范围	施用方法
生防菌剂	真菌（木霉、拟青霉）、细菌（芽孢杆菌属、假单胞菌属、土壤杆菌、巴氏杆菌）、放线菌	通过杀灭或压低病原物数量来控制植物病害发生、发展	高效、无毒、无害、无污染，不产生抗药性	活性菌株、小范围和重复性试验内的应用	与基肥共施，或追施
菌根菌剂	真菌	与植物之间建立相互有利、互为条件的生理整体	扩大根系吸收面，增加根系吸收能力	"适地适菌"和"适物适菌"	与基肥共施
解磷固氮菌剂	细菌（枯草芽孢杆菌等）	解磷固氮促进生长，活化土壤，增加肥效	将土壤中无效磷转化为有效磷，并具有较强的固氮能力	无效磷较多，有效磷及氮元素极少的土壤	与腐熟有机肥共施
促生菌剂	荧光假单胞菌、芽孢杆菌、根瘤菌、沙雷氏菌属等	抑制或减轻植物病害对植物生长发育和产量的不良影响，合成某些对植物生长发育有直接作用的物质	具有生物防治、调节植物生长、增加植物营养等功能	土壤营养水平较差	通过媒介施用如细菌胶囊等，种子处理、基质混拌、灌溉施入

（二）病虫害预警与防控

1. 预测预警技术

病虫害预测预报是病虫害综合治理的重要组成部分，是监测病虫害未来发生与危害趋势的重要工作，也是有效防治和控制病虫害发生发展的依据。中药材病虫害预测预警技术是根据药用植物病虫害发生规律，预测不同时间及地区病虫分布、扩散及危害趋势的综合性研究技术。只有进行准确、及时的病虫测报，才能正确地拟定综合防治计划，及时采取必要的措施，减少病虫的数量、危害程度，确保中药材的产量及质量，提高防治工作的经济效益、生态效益和社会效益。[①] 近年来，随着病菌孢子捕捉、遥感、地理信息系统、卫星定位系统、大气环流分析、分子生物学、人工智能、大数据和物联网等技术的快速发展与应用，病害监测预警技术取得了重要进展。但有关中药材病虫害预测预警技术的研究相对较少，研究方向主要集中在病虫害发生机理、预测预报方法、病虫害发生概率等方面，研究较多的中药材主要包括枸杞、三七、石斛、肉苁蓉、山茱萸等（见表8-4）。病虫害通常会对药用植物的生长及其产量造成影响，在中药材发病前及发病初期，进行及时预测预警，对中药材种植地病虫害灾情进行实时监测，病虫害防治工作就会收到事半功倍的效果。

表8-4　病虫害预测预警技术

系统名称	时间	系统开发工具及原理	防治内容
佳多自动虫情测报灯	2001年	以自动化控制技术为工具，达到诱虫自动开关、接虫带自动转换、温度湿度自动测定等职能，达到捕杀虫源的目的	肉苁蓉常见病虫害监控
植物病虫害测报灰色模型GM	2005年	以灰色系统理论为模型，建立马尾松（Pinus massoniana）毛虫发生面积预测模型，预测病虫害发生趋势，精度高	马尾松毛虫的防治及预警
三七黑斑病预测模型	2009年	依据现有三七黑斑病相关数据，应用回归分析建立三七黑斑病预测模型，用于该病的预防和控制	三七黑斑病的综合防治
智能温室环境监控系统	2015年	以物联网技术为工具，建立石斛电子种质档案，融合病虫害辅助诊断技术进行预测	铁皮石斛智能管理系统
枸杞病情指数反演模型	2015年	利用光谱辐射仪对染病枸杞冠层进行光谱特征测定，得出与枸杞病虫害相关波段，建立病情指数反演模型	枸杞木虱、瘿螨、白粉病预测
山茱萸病虫害预测模型	2016年	以反距离加权插值（IDW）和GIS为工具，基于已知数据进行空间插值，预测未知地理空间病虫害发生趋势	山茱萸常见8个病虫害
宁夏枸杞病虫害监测与预警系统	2018年	依托3S信息系统、物联网（TOI）、移动互联网、数据库等现代信息技术，研发了宁夏枸杞病虫害网络化监测预警系统，实现了枸杞病虫害发生"早预防，早发现，早防治"，保证枸杞生产安全	枸杞常见病虫害预测预警

---

① 陈士林、黄林芳、陈君等：《无公害中药材生产关键技术研究》，《世界科学技术—中医药现代化》2011年第3期。

续表

系统名称	时间	系统开发工具及原理	防治内容
无人机低空高光谱遥感监测技术	2019年	利用无人机获取高光谱影像，获得感染黄龙病柑橘植株冠层区域的平均光谱，采用 k 近邻（kNN）和支持向量机（SVM）进行建模和分类，实现及早发现并挖除病株	柑橘黄龙病预测
高光谱成像技术	2021年	依托高光谱成像系统建立，获得病害样本的高光谱数据，建立病虫害样本与健康样本的分类模型	刺五加黑斑病早期检测

2. 化学防治

化学防治又称药剂防治，是植物保护中最常用的方法，也是综合防治的一项重要措施，尤其是在病害大面积发生时收效快而显著。[①] 在关键时期，根据防治对象、药剂性能、使用方法选择有效的药剂对症下药，可以有效抑制病害的蔓延。据不完全统计，截至 2022 年 10 月，有多种中药材（人参、枸杞、三七、杭白菊、延胡索、白术等）进行了农药产品登记（见表 8-5）。从登记的农药种类看，人参登记的农药种类最多，其次是三七、枸杞、铁皮石斛及白术，4 种药材登记的农药种类均为 10 种及以上；贝母、山药、党参及板蓝根登记的农药种类分别为 9 种、7 种、5 种、3 种；菊花、剑麻登记的农药种类仅为 2 种；川芎登记的农药种类最少，为 1 种。人参常见病虫害有黑斑病、猝倒病及锈腐病等 18 种，然而截至 2022 年中国农药信息网仅登记了疫病、黑斑病等 11 种病虫害防治农药；枸杞易受根腐病、炭疽病危害，目前各病害仅登记了 1 种农药。由于我国中药材种类繁多，且每种中药材上发生的病虫害种类多样，目前登记可供使用的农药种类远不能满足无公害中药材生产中病虫害的防治需求。根据 2022 年我国最新颁布的《农药管理条例》第 34 条规定，农药使用者应当严格按照农药的标签标注的使用范围、使用方法和剂量、使用技术要求和注意事项使用农药，不得扩大使用范围、加大用药剂量或者改变使用方法。因此，未来急需在中药材生产领域开展中药材专用农药筛选及登记工作。此外，农药使用要做到科学合理用药，注意对症施药，减少施药次数，以降低农药残留对中药品质的影响等。

[①] 张连娟、高月、董林林等：《三七主要病害及其防治策略》，《世界科学技术—中医药现代化》2017 年第 10 期。

表 8-5 部分中药材登记药剂类型

名称	病虫害及登记药剂
人参	疫病（霜脲·锰锌、噻虫·咯·霜灵、氟醚菌酰胺、甲霜·霜霉威、氨基寡糖素）、黑斑病（异菌脲、苯醚甲环唑、醚菌酯、代森锰锌、多抗霉素、王铜、丙环唑、多抗霉素、氟菌·肟菌酯、唑醚·氟酰胺）、根腐病（枯草芽孢杆菌、噁霉灵、哈茨木霉、氟环·咯·精甲、芽孢/g 甲基营养型芽孢杆菌、异菌·氟啶胺、咯菌腈、精甲·噁霉灵）、灰霉病（哈茨木霉菌、乙霉·多菌灵、嘧菌环胺、多抗霉素、氟菌·肟菌酯）、立枯病（哈茨木霉菌、噻虫·咯·霜灵、枯草芽孢杆菌、咯菌腈、氟环·咯·精甲、二氯异氰尿酸钠、精甲·噁霉灵、多抗霉素）、锈腐病（噻虫·咯·霜灵、多菌灵、芽孢杆菌）、金针虫（噻虫·咯·霜灵、噻虫嗪）、猝倒病（精甲·噁霉灵）、炭疽病（唑醚·戊唑醇）、枯萎病（咯菌腈）、蛴螬等地下害虫（氯氟·噻虫胺）
三七	黑斑病（苯醚甲环唑、大蒜素、啶氧菌酯、唑醚·氟酰胺）、根腐病（枯草芽孢杆菌、井岗·苦芽菌、氟环·咯·精甲、芽孢/g 甲基营养型芽孢杆菌、异菌·氟啶胺、精甲·噁霉灵、棉隆、啶氧菌酯、噻霉酮）、蓟马（苦参碱）、生长调节剂（吲哚丁酸）、立枯病（氟环·咯·精甲、精甲·噁霉灵）、枯萎病（井冈·噻呋）、褐斑病（井冈·噻呋）、纹枯病（井冈·噻呋）、白绢病（井冈·噻呋）、炭疽病（唑醚·戊唑醇）、疫病（霜脲·氰霜唑、氟醚菌酰胺）、蛴螬等地下害虫（氯氟·噻虫胺、棉隆）、白粉病（蛇床子素、小檗碱）、灰霉病（氟菌·肟菌酯）、圆斑病（唑醚·喹啉铜、春雷霉素）
枸杞	蚜虫（高效氯氰菊酯、苦参碱、吡虫啉、藜芦碱、高效氯氰菊酯、藜芦胺、印楝素、苦参·藜芦）、锈蜘蛛（硫黄）、根腐病（十三吗啉）、白粉病（香芹酚、苯甲·醚菌酯、嘧菌酯、戊唑醇、苯醚甲环唑、甲基硫菌灵、吡唑醚菌酯）、瘿螨（哒螨·乙螨唑、唑螨酯、阿维菌素、苦参·藜芦）、炭疽病（苯甲·咪鲜胺）、霜霉病（嘧菌酯）、纹枯病（戊唑醇）、叶斑病（苯醚甲环唑）
铁皮石斛	炭疽病（咪鲜胺、苯醚·咪鲜胺、嘧菌酯、喹啉·戊唑醇、吡唑醚菌酯）、蚜虫（吡虫啉）、蜗牛（四聚乙醛）、介壳虫（松脂酸钠）、黑斑病（咪鲜胺）、白绢病（井冈·噻呋）、软腐病（喹啉铜、噻森铜、春雷·噻唑锌、王铜）、疫病（精甲·百菌、烯酰吗啉）、叶锈病（醚菌酯）、斜纹夜蛾（阿维·茚虫威）、蛞蝓（茶皂素）
白术	小地老虎（二嗪磷）、立枯病（井冈霉素、精甲·噁霉灵）、白绢病（井冈·噁苷素）、根腐病（枯草芽孢杆菌、异菌·氟啶胺、精甲·噁霉灵、棉隆、丙环唑）、蛴螬等地下害虫（氯氟·噻虫胺）、铁叶病（井冈·丙环唑）
山药	炭疽病（咪鲜胺、二氰·吡唑酯、苯甲·嘧菌酯）、调节生长剂（氯化胆碱、氯胆·萘乙酸）、褐斑病（苯甲·嘧菌酯）、根结线虫（寡糖·噻唑膦）
贝母	蛴螬（阿维·吡虫啉）、炭疽病（唑醚·戊唑醇）、根腐病（异菌·氟啶胺）、茎腐病（霜霉威盐酸盐）、黑斑病（抑霉唑、苯甲·嘧菌酯、戊唑醇）、疫病（霜脲·氰霜唑）、蛴螬等地下害虫（氯氟·噻虫胺）
菊花	蚜虫（噻虫嗪、高效氯氟氰菊酯）
党参	根腐病（氟环·咯·精甲、异菌·氟啶胺、精甲·噁霉灵）、立枯病（氟环·咯·精甲、精甲·噁霉灵）
板蓝根	根腐病（氟环·咯·精甲、异菌·氟啶胺）、白粉病（嘧菌酯）
川芎	根腐病（大蒜素）
剑麻	多年生恶性杂草（草甘膦铵盐、草甘膦）

3. 生物防治

生物防治的实质是利用生物种间关系、种内关系或者通过微生物代谢产物诱导植物抗病性等调节有害生物种群密度。生物农药是指直接利用生物或其代谢产物作为农药，以及人工合成的与天然化合物结构相同的农药。随着分子生物学技术、基因工程、细胞工程等高新技术的飞速发展，并逐渐渗入生物农药生产中，生物农药的优越特性（节能、环保、保护资源）比以往任何时期都更加受到关注。生物农药主要来源于植物、动物、微生物以及生物化学产物（见表8-6）。植物源农药的有效成分多为植物在进化中产生的具有保护作用的次生代谢物质，如生物碱类、萜烯类、萘醌类、黄酮类、甾类等，这些物质可以抵抗其他生物的侵害；一些中药的活效成分不仅具有药理作用，同时也可作为植物源农药，我国登记的中药植物源农药不在少数，如苦参活性成分苦参碱、蛇床子活性成分蛇床子素等。动物源类农药主要是昆虫毒素、昆虫激素和昆虫信息素类；微生物源农药又称生防菌剂或微生物菌剂，按其功能可分为微生物源杀虫剂、微生物源杀菌剂、微生物源除草剂三种类型。

表 8-6 生物防治方法

种类	组分名称	防治对象
植物和动物来源	楝素（苦楝、印楝素）	半翅目、鳞翅目、鞘翅目
	苦参碱	黏虫、菜青虫、蚜虫、红蜘蛛、核桃星尺蛾幼虫、蓟马、淡竹毒蛾幼虫
	乙蒜素	半知菌引起的植物病害、罗耳阿太菌引起的紫菀白绢病、丁香假单胞菌引起的大豆细菌性斑点病、成团泛菌引起的草细菌性叶枯病、灰葡萄孢菌引起的华重楼病害
	氨基寡糖素	病毒病、细菌病、真菌病
	桐油枯	地下害虫
微生物来源	球孢白僵菌	夜蛾科、蛴螬、棉铃虫、农林害虫
	哈茨木霉、木霉菌	立枯病、灰霉病、猝倒病、枯萎病、根腐病、疫霉菌、叶斑病（细菌）、真菌性病害
	淡紫拟青霉	线虫、根腐病、红棕象甲
	苏云金杆菌	直翅目、鞘翅目、双翅目、膜翅目和鳞翅目
	枯草芽孢杆菌	白粉病、灰霉病、根腐病、纹枯病
	蜡质芽孢杆菌	细菌性病害

续表

种类	组分名称	防治对象
微生物来源	甘蓝核型多角体病毒	鳞翅目
	斜纹夜蛾核型多角体病毒	斜纹夜蛾
	小菜蛾颗粒体病毒	蛾类
	多杀霉素	蝶蛾类幼虫
	乙基多杀菌素	蝶蛾类幼虫、蓟马、烟青虫、稻丛卷叶螟、马铃薯甲虫、谷蠹、赤拟谷盗、玉米象
	春雷霉素	半知菌、细菌
	多抗霉素	链格孢、葡萄孢和圆斑病、黑斑病、叶斑病
	多抗霉素 B	链格孢
	宁南霉素	白粉病、病毒病、根腐病、茎腐病、蔓枯病
	中生菌素	细菌
	硫酸链霉素	细菌
生物化学产物	香菇多糖	病毒病
	几丁聚糖	疫霉病、莴笋霜霉病、白粉病

4. 综合防治体系

中药材病虫害种类多、危害重，在防治过程中，应全面了解植物特征以及常见病虫害发生时间和危害情况，严格遵守"预防为主，综合治理"的防治原则，在解析病虫害发生规律和危害程度的基础上，确定适合特定药材的防治方法，避免病虫害产生扩大危害范围，提高植物保护水平。药用植物病害的发生直接影响其产量及品质，病虫害防治成为当前中药可持续发展的主要任务。综合防治是农业防治（合理耕作、水肥光调控、中耕除草及清洁田园等）、物理防治（高温消毒、杀虫灯诱杀、防虫网防虫、黄板或蓝板诱杀及仿生胶技术等）、生物防治（以菌控病、以虫治虫、以菌治虫及植物源农药等）及化学防治（遵循农药 NY/T393、GB12475、NY/T1667，科学合理用药、对症用药及适期用药，严格执行农药安全间隔）的结合。[①]

---

① 董林林、苏丽丽、尉广飞等：《无公害中药材生产技术规程研究》，《中国中药杂志》2018 年第 15 期。

（三）合理施肥

合理施肥是中药材在种植过程中的关键技术之一。肥料是提高作物产量，促进其生长发育的重要基础物质，合理施肥可满足药用植物生长所需的养料。然而，在施用肥料提高中药材产量的同时，由于中药养分供求关系的失衡，施肥增产效率逐渐下降，导致了一系列的资源浪费和环境污染。中药材生产中，合理施肥关系资源、环境和药品安全等重要问题。因此，应选择国家生产绿色食品的肥料使用标准中允许使用的肥料种类，并采用合理的施肥技术，确保所有肥料的使用不会对环境和作物（营养、味道、品质和植物抗性）产生不良后果。[①]

1. 肥料类型

在中药材种植过程中，允许使用的肥料类型和种类主要包括有机肥、生物菌肥、微生物菌肥、微量元素肥料。有机肥包括堆肥、厩肥、沼肥、绿肥、作物秸秆、泥肥、饼肥等，它不但能补充中药材生长所需要的微量元素，增加土壤有机质和改良土壤，在持续增加中药材产量和改善其品质方面更具有特殊作用。施用有机肥时，需要将肥料经高温进行充分腐熟，彻底杀灭对药用植物、畜禽、人体有害的杂草种子、病原菌、寄生虫、卵等，防止病原微生物的大量繁殖及传播，从而导致药材的污染，危害人体健康。无公害中药材施肥时，重金属限量应符合 NY 525 要求；粪大肠菌群数、蛔虫卵死亡率符合 NY 884 要求；无机肥和有机—无机复混肥在施用时主要作为辅助肥料使用，追肥以速效肥为主；施用微生物肥料时，应符合 GB 20287、NY/T 798 或 NY 884 标准要求；可以与有机肥、微生物肥等配合施用；当中药材种植土壤出现偏酸、偏碱或板结等障碍因素时，可以选择合适的土壤调理剂改良土壤。

绿色中药材种植过程中选择的肥料类型及施肥方法与无公害中药材施肥基本相似。但值得一提的是，绿色施肥时，无机肥及有机—无机复混肥只能作为辅助肥料，仅可少量使用，无机氮素的用量根据当地同种作物用量减半使用。

有机中药材生产中主要施加有机肥。研究表明，有机肥源自植物和动物，是经过发酵腐熟的含碳有机物料，其有机质含量高、养分全面、肥效长，能改善土壤微生物群落结构，改良土壤，维持地力，提高农产品的品质。有机肥在物质循环和环境保护

---

① 陈士林、董林林、李西文等主编《中药材无公害栽培生产技术规范》，中国医药科技出版社，2018。

上有重要作用，施用有机肥需符合有机农业或生态农业的要求。另外，有机肥料主要产自农场或有机农场（或畜场），即使是外购的商品有机肥，也需要得到有机认证或认证机构许可；有机肥要不受重金属、农药及其他有害化学物质的污染，且必须经过无害化处理；禁止使用人工化学合成的各种化肥、含氯肥料以及城市垃圾、污水污泥等，可以施用一些天然的矿物肥料，允许施用可降解的微生物加工副产品和天然存在的微生物制剂，限制使用天然矿物来源的土壤调节剂。中药材种植过程中所允许使用的肥料类型如表 8-7 所示。

表 8-7　中药材种植过程中所允许使用的肥料类型

肥料类型	有机肥	无机肥	有机—无机复混肥	微生物肥	土壤调节剂
无公害施肥	应经过高温进行充分腐熟，彻底杀灭对药用植物、畜禽、人体有害的杂草种子、病原菌、寄生虫、卵等；重金属限量应符合 NY 525 要求，粪大肠菌群数、蛔虫卵死亡率符合 NY 884 要求	主要作为辅助肥料使用，追肥以速效肥为主	应符合 GB 20287、NY/T 798 或 NY 884 标准要求，可与有机肥、微生物肥等配合施用	根据土壤自身出现的障碍因素合理选用
绿色施肥		仅作辅助肥料少量使用，无机氮素用量按当地同种作物用量减半使用			
有机施肥	有机肥主要源于农场或有机农场（或畜场），外购的商品有机肥，应通过有机认证或经认证机构许可；有机肥必须经过无害化处理；禁止使用化学合成肥料和城市污水污泥	禁止使用人工化学合成的各种肥料和含氮肥料，可以施用天然矿物肥料		允许使用可降解的微生物加工副产品和天然存在的微生物制剂	限制使用天然矿物来源的土壤调节剂

2. 施肥方法

中药材种植过程中，其合理的施肥方法至关重要。要根据药用植物整个生命周期的生理特点、需肥规律，并结合土壤供肥能力和肥料效率等信息数据，按照药用植物大量元素和微量元素的配比方案进行施肥，可以参考表 8-7 选择合适的肥料类型，采用合理的施肥方法。若中药材根系较浅或者使用不易挥发的肥料时，宜浅施。若中药材根系深或者使用易挥发的肥料，则适合深施。化肥需要深施，既可减少肥料与空气接触，防止氮素的挥发，又可减少氨离子被氧化成硝酸根离子，降低对中药材的污染。此外，还需要掌握适当的施肥时间（期），如在中药材采收前不能施用各种肥料，防止化肥和微生物污染，同时重施基肥，少施、早施追肥。合理施肥技术及时期可以实现各种养分之间供应的平衡，满足药用植物生长需要，通过提高肥料利用率进而减少肥料的用量，保障中药材的合理种植。

（1）绿肥

绿肥是一种清洁的有机肥源，不仅能提高土壤肥力，改善土壤环境质量，防止水土流失，改善生态环境，还能提高作物产量和品质，是化肥减施、病虫草害绿色防控、加强耕地质量建设的重要措施。常用的绿肥作物因其生长环境不同，种植时间及方式略有差异，通常选择在春季种植适宜绿肥作物。在种植药用植物前可以对绿肥进行翻压，这样有助于增强土壤肥力以及改善土壤理化性质。此外，绿肥回田还可以改善土壤微生物区系，增加土壤中有益微生物群落及有机质的含量，进而改善土壤微生态环境。

（2）基肥

基肥常用充分腐熟的有机肥，可通过绿肥回田改善土壤微生物区系。在中药材施肥过程中，基肥适宜深施，可以先将基肥均匀撒于表面，再翻耕入土，其可为药用植物长期提供营养。在玉米、小麦、大豆等前茬作物收获后，小麦残茬覆盖率不小于40%，玉米残茬覆盖率不小于80%；或小麦残茬覆盖量 0.3~0.6 千克 / 米²（秸秆含水率不大于 25%），玉米残茬覆盖量 1.5~2.3 千克 / 米²（秸秆含水率不大于 50%）的条件下，可以利用免耕施肥播种机进行播种施肥作业，作业时不应发生严重堵塞。以西洋参为例，可以施用基肥及抗生菌肥，每平方米施基肥 10 千克、磷酸二胺 50 千克，二者结合做床施入，与 15 厘米厚土拌匀即可。

（3）种肥

种肥多用腐熟农家肥、微生物肥料等。在施用种肥时，种肥必须深施，而且还需要与播种分开进行，主要是由于施在种子附近或与种子混播容易造成烧苗。此外，根据种子的生理特性，需要采取不同的播种方法，可以进行条施或穴施，也可以使用工具，如通过变量施肥播种机自动监控播种和施肥情况，进行实时处理。

（4）追肥

追肥是保证药材产量的重要施肥步骤，根据不同药用植物对肥料的具体需求确定施用时间及次数。一般情况下，在药用植物生长前期多使用复合肥或腐熟有机肥等含氮量较高的肥料，而在生长中后期，主要以无机肥为主。如地黄为喜肥植物，在生长中期对氮、钾等元素的吸收量达到高峰，每亩追施 20 千克磷酸二铵时能获得较大经济效益。需肥量较小的药用植物，如高山红景天则追肥较少，一般选择在移栽后第二年根据其生长情况追施适量腐熟农家肥、草木灰或磷肥。

3. 水肥一体化

（1）水肥一体化技术概况

水肥是植物生长不可缺少的条件，目前广泛采用的灌溉施肥方式为漫灌和经验性施肥，缺乏水肥耦合。传统的施肥方式存在浪费水肥资源、土壤板结等问题，阻碍了我国农业的快速发展。而水肥一体化技术是基于"以水调肥"和"以肥促水"的水肥耦合技术，具有节水节肥、省时省力、改善土壤环境等优点，是农业可持续发展、解决我国农业灌溉施肥问题的关键。近年来，随着农业现代化的发展，水肥一体化技术也逐步应用于国内中药材种植过程中，通过实现水肥同步管理，有效提高种植效率。中药材作为特殊用途的农作物，对生长环境及栽培方法的要求更为精细。将水肥一体化技术应用于中药材生产，有助于实现生产方式改革，降低耗能，节约水肥，既提高了肥料资源利用率，又可以应对水资源短缺、环境污染等棘手问题。因此，在中药材种植过程中更需要加强对水肥一体化技术的推广。

水肥一体化技术是将灌溉与施肥融为一体的农业新技术，是提高农业用水、用肥生产效率和效益的重要方法。它主要通过压力系统，把液体肥料或是可溶性固体肥料根据作物种类与土壤养分情况的需肥特点、规律等，配制相应的肥料溶液，借助可控管道供应水、肥，促使其充分相融，并借助管道与滴头开展滴灌作业，可以对作物根系进行定量、定时、均匀地浸润，让根系土壤始终保持适宜含水量与输送状态。另外，结合各种作物的需求特点、生长期的需肥规律与需水规律情况进行相应设计，将养分与水分按比例、定量定时灌溉作物。

（2）水肥一体化技术主要应用模式

目前，国内水肥一体化技术应用模式主要包括喷灌、滴灌、膜下滴灌、微喷灌等，这些技术的整体渗透损失小，且不会破坏土壤结构。不同的技术模式，有着不同的技术特点和应用方式。比如，喷灌是利用喷头将具有一定压力的水喷射到空中，形成细小水滴或形成弥雾降落到作物上和土壤中的灌溉方式。喷灌可用于各种类型的土壤和作物，对各种地形的适应性都较强，可以控制喷水量和均匀性，避免产生地面径流和深层渗漏损失，一般比漫灌节水 30%~50%（见表 8-8）。刘钊以新疆马铃薯种植业为试验对象，研究畦灌、大型喷灌机喷灌等灌溉方式下的综合效益，结果表明大型喷灌机喷灌是最优选择。

表 8-8 水肥一体化技术模式

		技术模式			
		喷灌	滴灌	膜下滴灌	微喷灌
技术特点		利用喷头将具有一定压力的水喷射到空中,形成细小水滴或形成弥雾降落到作物上和土壤中	利用灌溉管道将具有一定压力的营养液通过滴头,将水分和养分一滴一滴、均匀而又缓慢地滴入作物根区土壤中	营养液以较大的流速由低压管道系统的微喷头喷出,通过微喷头喷洒在土壤和农作物表面	将滴灌管道铺设在膜下,通过管道系统将水肥送入滴灌带,由滴灌带上的滴头将水肥不断滴入土壤中
应用	优点	可用于各种类型的土壤和作物,对各种地形的适应性较强,可以控制喷水量和均匀性,避免产生地面径流和深层渗漏损失	不破坏土壤结构,所需压力小,可以减少无效的棵间蒸发;灌水延续时间较长,可以做到小水勤灌,具有较好的节水效果	可获得最优的经济产量以及最高的水分利用效率	水肥利用率高、灵活性大、施用方便,可调节田间小气候
	缺点	除了自压喷灌系统外,喷灌系统都需要加压;喷灌受风力的影响较大,有空中损失,对空气湿度的影响较大;存在表层土壤润湿充分、深层土壤润湿不足	对水质的要求高,滴头易结垢和堵塞,造成滴灌区盐分累积,影响作物根系的发展;初期投资较大,必须安装过滤器,并需要定期清理和维护	灌溉器容易阻塞,会引起浅层土壤盐分积累,限制根系的发展;高频率灌溉要求水电保证率高	对灌溉水源水质的要求较高,必须对灌溉水进行过滤;田间微喷灌的喷头易被杂草、作物茎秆等杂物阻塞;喷洒质量、均匀度等受风的影响较大

(3)水肥一体化技术的优势及研究现状

提高作物水肥利用效率:水肥一体化技术可解决固体肥料吸收慢、挥发严重等问题,能够显著提高肥料养分的利用效率,减少肥料的施用量。Singandhupe 等通过对番茄的研究表明,番茄生育期采用滴灌施肥较开沟施肥可节约氮肥 20%~40%,节约用水 31%~37%。李彬等对大豆的研究证明,与传统水肥管理措施相比,采用水肥一体化技术可以使肥料和水分的利用率分别提高 60.6% 和 62.9%,产量提高 63.8%。因此,水肥一体化技术对减少肥料的损失,扩大作物对水分、养分的吸收具有重要作用。

改善土壤结构和理化性质:水肥一体化采用微灌、滴灌技术能将肥液通过滴头缓慢、均匀地浸入土壤中,对土壤表层不产生多余的外力,能最大限度地保持土壤表层疏松状态。张西超等的研究表明,采用水肥一体化技术,在滴灌条件下,0~20 厘米土层的土壤容重显著低于沟灌和渗灌。此外，不同的灌溉方法也会导致作物在不同生育期中土壤速效的氮、磷、钾含量不同。比如，王巧仙等发现与普通施肥处理相比，水肥一体化对土壤中养分含量和酶活性有明显的促进作用，其中 pH 值、脲酶、全氮、全磷、碱解氮含量和磷酸酶活性分别达到了显著水平。

提升作物田间管理水平：水肥一体化技术可以降低土壤和空气中湿度，抑制杂草生长，减少病菌、害虫的产生、繁殖和传播，一定程度上减少了作物病虫草害的发生。冯义通过多年实验发现，实行水肥一体化技术，并加强温湿度管理，可明显提高病虫害的防治效率，其农药使用量与传统的化学防治相比可减少 90% 以上。曾卫东等的研究也证明了采用水肥一体化技术对番茄地中的列当防治效果可以达到 85%。上述可见，水肥一体化技术极大地提升了作物的田间管理水平。

（四）光调控

药用植物生长发育受光照、温度、水分、养分及二氧化碳浓度等环境因素的影响，而光照在植物的整个生命周期中起重要作用。它影响着种子的萌发，茎、叶的生长，花蕾的形成以及药用植物中有效成分的积累等。因此，在中药材种植过程中，光调控技术至关重要。

1. 生境耦合光调控技术

耦合最初是一个物理学概念，是指两个或两个以上的体系或两种运动形式之间通过各种相互作用而彼此影响以至联合起来的现象。自从这一概念产生以来，耦合被广泛运用于各个研究领域，用来阐释人类与自然之间、不同自然系统或社会系统之间复杂的相互关系并趋于协调统一的现象或过程。生境耦合光调控技术是指在中药材种植过程中，其生态环境（主要是指非生物环境）中的非生物因子相互影响、相互作用，从而达到对光的调控。

2. 基于生境环境的光调控技术

基于药用植物的特性，利用生境中不同植物的需光规律进行栽培。如人参林下种植通过模拟野生人参生长环境，使其在乔灌草组成的阔叶混交林中自然生长，契合了人参喜冷凉湿润气候、忌强光直射的生长特性。黄精林下种植与大田种植相比，无须搭建遮阴棚，可以高效利用林地资源，综合效益显著。此外，林下种植也是重楼最主要的栽培模式。保持重楼遮光率维持在 50%~80%，可以满足其"宜荫畏晒，喜湿忌燥"的生物学特性。同时，采用黑光灯或人工捕捉害虫等生态防治技术，重楼亩产可达 120 千克以上，产生了较高的生态价值和经济价值。

利用农作物生长的"空间差"和"时间差"，采用多层次、多作物立体开发的技术。新型套种技术的实施，达到了增地、增肥、增产、增效和保湿、保温、保土、抗旱的效果。如在田间地头空闲地和喜阴耐旱中药材品种周边可以种植黄柏、杜仲、文冠果等多年生木本中药材；在山坡梯田护坡地种植金银花、穿山龙、土贝母等蔓生中药材，扩大土地利用空间；升麻、贯众等耐阴多年生品种与紫苏、藿香等一年生品种间作，既可保证生育前期各品种光照需求，又有利于中后期遮蔽和防晒；山坡薄地黄芩、黄芪等矮秆中药材，在播种前可先播种谷子、高粱等耐旱作物，待粮食作物苗高达 10~20 厘米，每 2~3 行作物播种 2~3 行中药材，行间播种药材种子，利用作物为中药材遮阴，提高中药材幼苗成活率，实现粮药间作套种。

3. 棚式光调控技术

植物的生命活动都与光照密不可分，因为其赖以生存的物质基础是通过光合作用制造出来的，因此棚室内的光照条件对作物的生长具有重要的影响。棚式光调控技术是指借助不同类型的大棚设施，对光环境进行调控的技术。大棚的类型包括普通大棚、温室大棚以及智能大棚。

大棚对光的调控主要采用合理的方位与棚式结构，选用合适优质的棚室覆盖材料及骨架材料，进行合理密植，从而提高透光率。此外，这两种类型的大棚还会根据中药材对光的需求，进行人工调控：光照强时，采用黑色塑料薄膜、黑纱网等进行内遮阳或外遮阳；光照弱时，则采用白炽灯、荧光灯、LED 灯等进行人工补光。例如，羊肚菌集食用、药用价值于一体，味道鲜美，营养丰富，深受人们喜爱。近十年来，羊肚菌产业飞速发展，种植规模不断扩大。采用日光温室大棚栽培羊肚菌，易调控光、温、气、湿，避免羊肚菌生长发育受不良天气影响，易达到高产稳产。智能大棚则是由自动控制装置通过光线传感器，自动识别光照强度，从而调控棚室中的光环境：当棚室内光照过强时，光线传感器会发送强光指令，系统控制遮阳帘自动开启，遮挡阳光；当光线正常时，遮阳帘自动关闭；光照不足时，系统控制补光灯开启，补充光线。例如，智能控制系统通过对铁皮石斛的棚内环境做出调整，保证了其最佳生存环境，大大提高了存活率，增加了产量。

第三节 濒危中药材替代品概况

珍稀濒危动植物药材具有疗效显著、副作用小、用途广泛等特点，在中医临床用药方面发挥了重要的作用，同时也是许多急重症的核心治疗药物。《中国药典》收载的1606种中成药中，含有珍稀濒危植物药材占比高达61%，药用植物和药用动物中的濒危物种占比高于30%。目前野生动植物药材资源匮乏，兼顾药用和固沙防风作用的野生甘草现有蕴藏量不足20万吨，野生肉苁蓉的数量则在短短数十年间从万吨锐减至百吨以下。[①] 珍稀濒危动物已被限制入药，治疗脑卒中的急救药物安宫牛黄丸中含珍稀濒危动物药材麝香，临床研究发现安宫牛黄丸可显著缩短经微创血肿引流术后患者的昏迷时间，目前临床需求量大。因此，珍稀濒危动植物药材上涨的需求量与日益枯竭的蕴藏量之间的冲突是亟待解决的问题。人工种植养殖饲养繁育和替代品开发是解决上述问题的两种常用方法。目前已有许多成功人工种植养殖饲养繁育的案例，但仍有少部分药材种植养殖技术难以突破。替代品开发是解决这一资源难题的重要途径。目前，已有多种替代策略，即基于亲缘、功效、成分等多个角度替代（见图8-1）。

图8-1 珍稀濒危动植物药材替代品研究策略

---

① 闫铃铃、王贝、王龙等：《珍稀濒危中药替代模式的构建与组分替代研究策略》，《中国中药杂志》2023年第1期。

一　基于亲缘角度的替代策略

中药鉴定指的是应用植物和动物的形态学和分类学知识，对药材来源进行鉴定，确定其正确的动植物学名及入药部位。[①] 在长期的进化过程中亲缘关系相近的种类因遗传而在生理生化等方面表现出高度相似性，利用分类学亲缘关系找到药用动植物的替代品，不仅外在形态与内在生理结构类似，而且其化学成分也类似，其药理活性也是如此。这与"生物种类、药理活性和基础成分三者之间存在关联"的规律相一致，因此利用"亲缘近、成效似"的原则寻找珍稀濒危动植物药材替代品是有效可行的途径之一。

（一）石斛

兰科石斛，所有野生物种均属于国家重点保护野生植物，20 世纪末至 21 世纪初，我国石斛人工繁殖和规模化种植皆有突破。[②] 石斛属的植物含有联苄类化合物，属于芳香族化合物的一类。药理学研究表明，联苄类化合物具有良好的抗肿瘤生物活性，对于血管新生、一氧化氮生成具有抑制作用，还可以通过清除自由基抗氧化等。现行药典规定石斛属的近似种植物都可以作为石斛药材。

（二）川贝母

百合科川贝母被《中国药典》首次收录在 1977 年版中，其记载的相关基原包括川贝母、暗紫贝母、梭砂贝母、甘肃贝母，由于生境破坏和无节制的采挖，野生川贝母数量急剧减少，而后人们发现同科属的太白贝母和瓦布贝母的环境适应性较强，且人工栽培品种的有效成分含量并不低于野生品种，从 2010 年版《中国药典》被收录沿用至今，现已成为川贝母的主要栽培品。[③]

（三）黄山药

临床上用于预防和治疗心绞痛、冠心病的常用药物的原料之一的黄山药是我国特

---

① 张卫、王嘉伦、杨洪军等：《经典名方的中药基原考证方法与示例》，《中国中药杂志》2018 年第 24 期。
② 杨明志、单玉莹、陈晓梅等：《中国石斛产业发展现状分析与考量》，《中国现代中药》2022 年第 8 期。
③ 熊浩荣、马朝旭、国慧等：《川贝母野生基原植物资源分布和保育研究进展》，《中草药》2020 年第 9 期。

有药用植物，其含有对治疗动脉粥样硬化和高血脂药效特别强的甾体皂苷。但黄山药资源较少，已被列入《世界自然保护联盟濒危物种红色名录》中，保护级别为濒危。其入药部位根茎的年生长量小，不论是野生还是栽培品都需要数年才能达到合适的大小。而来自同科属的植物穿龙薯蓣对生长所需的土壤和气候的要求低、分布广，在我国境内从南到北均有分布，从资源供应量、有效成分含量、生产技术等综合考虑均为最好的选择，[①] 故在药物的生产中作为黄山药的替代品。

（四）羚羊角

羚羊角，来自牛科动物赛加羚羊的角。羚羊角的使用历史已有2000多年，早在《神农本草经》中就对羚羊角的功效进行了描述："主明目，益气起阴，去恶血注下，辟蛊毒恶鬼不祥，安心气，常不魇寐。"由于羚羊角是名贵中药材，赛加羚羊长期遭到不法分子偷猎，中国的野生种群已经遭遇灭顶之灾。目前，赛加羚羊已被列为红色名录中严禁狩猎的极危等级。山羊角为同科动物山羊的角，含有与羚羊角相似的蛋白质、肽、氨基酸、核苷等化学成分。[②] 自20世纪80年代以来，对二者药理作用进行比较研究，发现替代品具有与羚羊角相似的药理活性，但效应强度存在差异，并且作为替代品山羊角的镇静作用更佳。陈芙蓉等采用大鼠发热模型和小鼠惊厥模型比较药效强度，得出山羊角作为替代品的最佳比例范围为6∶1~7.2∶1。[③] 我国山羊资源十分丰富，作为羚羊角替代品使用可有效缓解其资源稀缺的棘手问题。

二 基于功效角度的替代策略

原药材常常为疗效确切、临床价值高的药物，但由于各种原因，其资源短缺，不足以供给临床使用。替代品与原药材应具有相同或相似的性味、归经、功能主治，不论是在单方还是在复方中，二者都应具备相同或相似的药理作用及作用强度。现代药理实验研究对中药替代品疗效评价具有重要意义，为了对比正品与替代品药理效应的相似度，通常选用能够反映药效的现代药理指标来对比差异性。除此之外，临床疗效也可以作为替代品的考察指标之一。

[①] 黄和平、高山林、黄鹏等：《中国薯蓣属根状茎组的分布、分类与药用资源分析》，《海峡药学》2010年第1期。

[②] 武文星、刘睿、赵晶晶等：《山羊角药用价值的研究进展》，《中草药》2022年第9期。

[③] 陈芙蓉、商丹丹、姜溪等：《山羊角替代羚羊角的实验研究》，《药物评价研究》2015年第1期。

（一）虎骨

虎骨，猫科动物虎的骨骼。塞隆骨来源是仓鼠科动物高原鼢鼠去脑的干燥全架骨骼。高原鼢鼠因其对草原植被的巨大破坏而被视为害鼠。然而，在 20 世纪 80 年代中国科研学者发现塞隆骨具有祛风散寒、祛湿通络、止痛益肝等作用，两者的矿物元素、必需元素、骨胶蛋白等无明显差异，药理作用及强度也无显著性差异。1994 年，以塞隆骨代替虎骨所研发的"塞隆风湿酒"抗炎、镇痛、活血化瘀等作用与虎骨无明显差异，在治疗类风湿关节炎的临床观察和动物实验均显示出不错的疗效。[①]

（二）犀牛角

犀牛角，犀科动物印度犀、爪哇犀、苏门犀的角。由于无节制的捕杀，其数量急剧下降，国务院于 20 世纪 90 年代发布通知彻底禁止使用犀牛角。水牛角，牛科动物水牛的角，首次药用记载于《名医别录》，具有似犀牛角的功效。20 世纪 70 年代为寻找犀牛角替代资源，对多种动物角类进行了比较性研究与评价，认为水牛角从本草考证[②]和现代药理作用等多个方面均与犀牛角相似度最高且来源广泛，价格低廉，可以有效缓解犀牛角的供给矛盾。1977 年版《中国药典》不仅收载了水牛角，还有以水牛角管状部分粗粉或薄片水煎、取煎液浓缩后加入经消毒粉碎的角尖细粉混合，干燥粉碎过筛所得的水牛角浓缩粉，广泛代用犀牛角用于医药工业和临床调剂，一直延续使用至今。

三　基于成分角度的替代策略

化学成分是中药重要的物质基础研究内容，不论是基于亲缘关系还是功效相近，其替代品评价均离不开化学成分的分析。基于成分角度的替代策略即在阐明原药材中发挥药效的功效物质基础上，使用化学合成或生物合成等手段创造与原药材相同或相近的替代品。

（一）人工合成替代品概况

1. 人工麝香

天然麝香，为鹿科动物林麝、马麝或原麝成熟雄体香囊中的干燥分泌物。麝香不

---

①　陶蓓：《北京同仁堂 塞隆替虎骨 环保治风湿》，《WTO 经济导刊》2006 年第 3 期。

②　胡蕊、谢明、裴帅龙等：《犀角和水牛角的本草考证研究》，《中医药信息》2022 年第 1 期。

仅是一种名贵中药，更是高级香料的重要来源。随着当前世界形势的不断变化以及我国国民经济的高速健康发展，医药、香水、护肤等多个行业对麝香的需求量大大增加，因为环境破坏和过分捕杀，野生麝的数量急剧减少，导致许多经典的含麝香中成药品种产量减少甚至停滞生产。人工麝香就是在综合运用各种化学手段综合分析天然麝香的基础之上，按照"化学成分及药理活性与天然品最大限度地保持一致"以及"化学成分的类同性，生物活性的一致性，理化性质的近似性"的设计与制备原则而确定。临床试验研究时，以天然麝香开窍醒神、活血通经、消炎止痛等作用为对照，选取有关病症的功能主治开展双盲对照实验，确认人工麝香和天然麝香具有同等作用。[①] 目前我国人工麝香生产管理规范及质量控制体系都已顺利建立，人工麝香国家标准也制定完成，人工麝香规模化生产取得成功。[②] 人工麝香在含麝香的中成药中的替代率可达到惊人的 99% 以上。

2. 人工虎骨

采用化学分析的方法，研究天然虎骨所有化学成分，以其他非保护动物豹、牛、鹿等骨骼按照天然虎骨所含成分进行配比获得与其成分高度相似的人工虎骨。在指纹特征图谱的研究中发现人工虎骨粉的特征峰与天然虎骨特征峰完全吻合，且两者生化指标、药理药效指标、安全性指标均无显著差异。目前，以人工虎骨粉为原料的金天格胶囊已被原国家食品药品监督管理局批准。

3. 人工合成冰片

天然冰片为樟科植物樟新鲜枝叶提取凝结制成的结晶。天然的龙脑成分包括旋光性不同的双环单萜类化合物，天然冰片是指旋光性为右的龙脑，旋光性为左的龙脑则称为艾片，冰片则一般指的是合成冰片。天然冰片的年总产量少于 200 吨，然而天然冰片在医药、日化和食品等方面的应用十分广泛。樟是获取天然冰片的主要植物，虽然种植面积在逐年扩大，但是优质的龙脑含量高的种质缺乏，栽培遗传受环境影响大，不稳定，具有一定的地域局限性，[③]不足以供给市场需求。应运而生的合成冰片主要是通过樟脑还原或松节油中的 α-蒎烯经酯化、水解得到。研究证明天然冰片与合成冰片都能延长睡眠潜伏期，缩短持续睡眠时间，具有醒神作用。天然冰片和合成冰片虽然在成分上具有一定的相似性，但天然冰片在眼科中应用优于合成冰片。

---

① 久牧：《人工麝香研制及其产业化》，《中国食品药品监管》2016 年第 4 期。
② 吴晓淳、贾晓斌、马维坤等：《珍稀濒危动物药材人工替代研究与产业化》，《中国中药杂志》2022 年第 23 期。
③ 马青、马蕊、靳保龙等：《天然冰片资源研究进展》，《中国中药杂志》2021 年第 1 期。

（二）生物转化替代品概况

1. 发酵虫草菌粉

微生物发酵是利用微生物在适当条件下通过自身的代谢途径将原料转化为所需产品的过程。虫草菌丝的微生物发酵技术就是一个典型案例，发酵虫草菌粉是利用从原料中分离的药用菌株经液体深层发酵加工得到，不仅虫草素含量远超过天然冬虫夏草，培养周期更明显少于人工栽培冬虫夏草，因其高含量、低周期的优势已在市场占有相当可观的份额。[①] 目前市场上的发酵虫草菌粉产品主要有金水宝胶囊（片）、百令胶囊、心肝宝胶囊、至灵胶囊等。质量控制体系较为完善的金水宝胶囊、百令胶囊已被载入《中国药典》。

2. 体外培育牛黄

生物转化一般是指外源化学物被机体吸收后，在体内各种酶以及体液环境作用下发生一系列化学反应，导致化学结构的转变。1972 年，国家药品监督管理部门陆续批准了 3 种牛黄替代品，即人工牛黄、培植牛黄和体外培育牛黄。除培植牛黄其余牛黄及其替代品标准都被收载于《中国药典》。体外培育牛黄是以牛的新鲜胆汁为基础液体，加入相应成分，根据牛胆结石形成原理结合现代生物技术，模仿牛胆内的生物环境研究而成。[②] 研究表明，体外培育牛黄的外观、内部结构、显微特征、化学成分及其含量、药理、临床疗效与天然牛黄基本一致，并且体外培育牛黄中会引发毒性反应的游离胆红素含量远远低于天然牛黄，无明显不良反应。工业化生产体外培育牛黄的周期是天然牛黄 3~5 年的成石周期的 1%。2004 年国家食品药品监督管理局正式批准体外培育牛黄可替代中成药品种中的天然牛黄等量使用。2020 年体外培育牛黄已经加拿大卫生部批准收载入天然药品原料库，2021 年多个体外培育牛黄制剂相继获得加拿大天然药品批件，2022 年体外培育牛黄产品在美国获批膳食补充剂。体外培育牛黄产业化可以缓解天然牛黄资源稀缺的窘迫状况，为开发新的药物提供足量牛黄资源保障，使得含牛黄药物的产业链更加稳定。[③]

3. 生物转化熊胆粉

生物转化熊胆粉是以鸡胆粉为原料，经生物转化技术而制得的熊胆粉类似物。转

---

① 索风梅、陈士林:《论濒危中药替代品的研究》,《亚太传统医药》2006 年第 4 期。
② 蔡红娇、裘法祖、刘仁则:《体外培育牛黄的药学研究》,《中国天然药物》2004 年第 6 期。
③ 胡晓茹、刘晶晶、戴忠等:《含牛黄中成药的质量控制现状》,《中国药学杂志》2019 年第 17 期。

化熊胆粉与天然熊胆粉在化学成分和生物等效基本接近，产品质量稳定、均一，达到量产标准要求。其有效成分牛磺熊去氧胆酸和牛磺鹅去氧胆酸含量均符合标准，比值介于 1.3 至 2.0 之间，达到了传统"金胆"级别。[①]《体外转化熊胆粉中药材标准》目前已通过海南省药品监督管理局公示期，转化熊胆粉中药饮片标准（海南）正式执行。

替代品的研发已有数年，其中许多已被成功应用于临床和作为饮片原料在中成药中使用（见表 8-9）。

表 8-9　替代品在中成药中的使用情况

替代品名称	来源	中成药名称
塞隆骨	仓鼠科动物高原鼢鼠去脑的干燥全架骨骼	复方塞隆胶囊
		塞隆风湿酒
		塞隆风湿胶囊
人工虎骨	非保护动物骨骼配制	金天格胶囊
人工麝香	化学合成	麝香保心丸
		麝香心脑乐片
		麝香舒活灵
		麝香祛痛搽剂
人工合成冰片	化学合成	复方丹参滴丸
		速效救心丸
		清咽滴丸
体外培育牛黄	生物转化	牛黄解毒片
		安宫牛黄丸
		大活络丸
		回春丹
发酵虫草菌粉	微生物发酵	金水宝胶囊
		百令胶囊

---

① 张怡欣:《生物转化熊胆粉品质评价及质量标准提升》，硕士学位论文，上海中医药大学，2020。

续表

替代品名称	来源	中成药名称
水牛角	牛科动物水牛的角	水牛角解毒丸
		浓缩水牛角颗粒
		解毒利咽丸
		柴黄清热颗粒
山羊角	牛科动物山羊的角	复方羊角片
		卫生宝丸
		羚羊清肺丸

四 讨论

经过数十年的研究，珍稀濒危动植物药材替代品研究发展迅速，但仍存在许多问题。穿山甲、贝母等珍稀濒危动植物的替代品仍未突破，人工种植养殖技术亦不成熟，无法形成规模化。以同类野生动植物药替代，过度利用也会导致同类野生资源加速消耗，进而影响生物多样性。此外，原品和替代品存在生物特征不一致的问题。替代品与药材从基原上讲不是同一药材，无法充分体现原药材具有多类成分和多种功效的属性。药材质量的优劣与其基原有直接关系，药材的基原是决定其能否成为"道地药材"的最基本条件，而什么样的品种可以替代原品、在有多种选择时如何做出最优替代以及如何对替代品进行客观评价和临床依据的不足等一系列问题仍未解决。有学者从亲缘、功效、成分三个维度，强化基原是药材的基本属性，提出"同源、同效、同质"构想，通过干细胞等前沿生物技术，实现同基原的替代策略（见图8-2）。①

---

① 田瑶、王成维、吴雨柔等：《珍稀濒危动植物药材替代策略的再思考》，《环球中医药》2023年第3期。

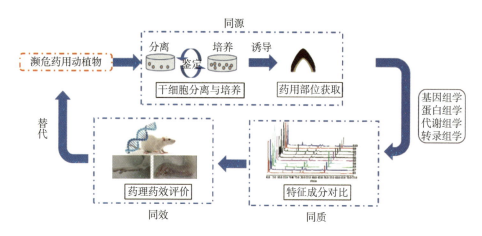

图 8-2　基于亲缘角度的同源替代策略

随着干细胞/类器官等前沿生物技术的发展，多学科交叉探索研究，利用动植物自身干细胞培育药用部位，分泌代谢产物，作为一种能兼顾同基原、同质性替代品要求的生物技术手段，成为当前研究热点，为珍稀濒危药用动植物保护与综合利用提供创新研究新赛道，为替代品的寻找及后续质量控制提供了一套完整的解决方案与范例研究，具有很好的应用前景。

参考文献

[1]　刘付松、任艳、吴发明等:《中药材"道地论"的生态内涵》,《中华中医药杂志》2023 年第 11 期。

[2]　徐江、董林林、王瑞等:《综合改良对农田栽参土壤微生态环境的改善研究》,《中国中药杂志》2017 年第 5 期。

[3]　芦晓飞、罗坤、谢丙炎等:《宏基因组学及其在植物病害生物防治中的应用》,《中国生物防治》2010 年第 S1 期。

[4]　陈士林、董林林、郭巧生等:《中药材无公害精细栽培体系研究》,《中国中药杂志》2018 年第 8 期。

[5]　祝蕾、严辉、刘培等:《药用植物根际微生物对其品质形成的影响及其作用机制的研究进展》,《中草药》2021 年第 13 期。

[6]　曹坳程、郭美霞、王秋霞等:《世界土壤消毒技术进展》,《中国蔬菜》2010 年第 21 期。

[7]　陈娟、张雪松、杨家学等:《连作西洋参根际真菌群落差异及其在土壤药剂处理后的初步分析》,《中国中药杂志》2012 年第 23 期。

［8］周雪青、张晓文、邹岚等：《设施农业土壤消毒方法比较》，《农业工程》2016 年第 3 期。

［9］曹坳程、刘晓漫、郭美霞等：《作物土传病害的危害及防治技术》，《植物保护》2017 年第
2 期。

［10］王秋霞、颜冬冬、王献礼等：《土壤熏蒸剂研究进展》，《植物保护学报》2017 年第 4 期。

［11］刘星、张书乐、刘国锋等：《土壤生物消毒对甘肃省中部沿黄灌区马铃薯连作障碍的防控效
果》，《应用生态学报》2015 年第 4 期。

［12］伍朝荣、黄飞、高阳等：《土壤生物消毒对土壤改良、青枯菌抑菌及番茄生长的影响》，《中
国生态农业学报》2017 年第 8 期。

［13］凡续晨、刘强、徐钰惟等：《中药材连作障碍研究进展》，《四川农业科技》2021 年第 11 期。

［14］顾艳、梅瑜、徐世强等：《药用植物连作障碍研究进展》，《广东农业科学》2021 年第 12 期。

［15］沈亮、徐江、陈士林等：《无公害中药材病虫害防治技术探讨》，《中国现代中药》2018 年第
9 期。

［16］董林林、徐江、牛玮浩等：《改良措施对农田土壤微生态及人参存苗率的影响》，《中国中药
杂志》2016 年第 23 期。

［17］陈士林、黄林芳、陈君等：《无公害中药材生产关键技术研究》，《世界科学技术—中医药现
代化》2011 年第 3 期。

［18］张连娟、高月、董林林等：《三七主要病害及其防治策略》，《世界科学技术—中医药现代化》
2017 年第 10 期。

［19］董林林、苏丽丽、尉广飞等：《无公害中药材生产技术规程研究》，《中国中药杂志》2018 年
第 15 期。

［20］陈士林、董林林、李西文等主编《中药材无公害栽培生产技术规范》，中国医药科技出版社，
2018。

［21］国家药典委员会编《中华人民共和国药典：2020 年版 一部》，中国医药科技出版社，2020。

［22］闫铃铃、王贝、王龙等：《珍稀濒危中药替代模式的构建与组分替代研究策略》，《中国中药
杂志》2023 年第 1 期。

［23］张卫、王嘉伦、杨洪军等：《经典名方的中药基原考证方法与示例》，《中国中药杂志》2018
年第 24 期。

［24］杨明志、单玉莹、陈晓梅等：《中国石斛产业发展现状分析与考量》，《中国现代中药》2022
年第 8 期。

［25］熊浩荣、马朝旭、国慧等：《川贝母野生基原植物资源分布和保育研究进展》，《中草药》
2020 年第 9 期。

［26］黄和平、高山林、黄鹏等：《中国薯蓣属根状茎组的分布、分类与药用资源分析》，《海峡药
学》2010 年第 1 期。

［27］武文星、刘睿、赵晶晶等：《山羊角药用价值的研究进展》，《中草药》2022 年第 9 期。

［28］陈芙蓉、商丹丹、姜溪等：《山羊角替代羚羊角的实验研究》，《药物评价研究》2015 年第
1 期。

［29］陶蓓：《北京同仁堂塞隆替虎骨环保治风湿》，《WTO 经济导刊》2006 年第 3 期。

［30］胡蕊、谢明、裴帅龙等：《犀角和水牛角的本草考证研究》，《中医药信息》2022 年第 1 期。

［31］久牧：《人工麝香研制及其产业化》，《中国食品药品监管》2016 年第 4 期。

［32］吴晓淳、贾晓斌、马维坤等：《珍稀濒危动物药材人工替代研究与产业化》，《中国中药杂志》2022 年第 23 期。

［33］马青、马蕊、靳保龙等：《天然冰片资源研究进展》，《中国中药杂志》2021 年第 1 期。

［34］索风梅、陈士林：《论濒危中药替代品的研究》，《亚太传统医药》2006 年第 4 期。

［35］蔡红娇、裘法祖、刘仁则：《体外培育牛黄的药学研究》，《中国天然药物》2004 年第 6 期。

［36］胡晓茹、刘晶晶、戴忠等：《含牛黄中成药的质量控制现状》，《中国药学杂志》2019 年第 17 期。

［37］张怡欣：《生物转化熊胆粉品质评价及质量标准提升》，硕士学位论文，上海中医药大学，2020。

［38］田瑶、王成维、吴雨柔等：《珍稀濒危动植物药材替代策略的再思考》，《环球中医药》2023 年第 3 期。

第九章

中药材采收、产地加工与炮制

通过规范中药材采收与产地加工能够保证药材的质量，通过规范中药炮制技术能够保证饮片的质量。进一步加大科技创新力度，加强新技术在产地加工和饮片炮制中的应用，可以激活产业发展新动能。本章从中药材产业发展环节的采收、产地加工与炮制分析出发，剖析中药材产业发展的现状，分析解决现有产业发展中存在的问题并提出解决对策思路，供产业发展决策参考。

第一节　中药材采收与产地加工

中药来源于植物、动物和矿物，有特定的采收时间和采收部位，并去除非药用部位等与药效无关的部分。通过蒸、煮、烫、发汗、自然发酵、揉搓、刮皮等规范化的产地加工方法，保证中药的质量，提高中药材的商品价值。《中药材生产质量管理规范》（GAP）单列一章"采收与产地加工"，表明采收与产地加工是中药材生产过程中的一个步骤，对其质量有重要影响，应制定技术规程并进行科学管理。

一　中药材采收与产地加工的发展现状

（一）中药材采收与产地加工的特点

1. 中药材来源多样性

中药来源于自然，包括植物、动物和矿物，中国幅员辽阔，植被丰富，药用品种众多。不同种类的药物，生长环境及来源不一样。中药材目前来源于野生和栽培两种方式，大宗药材均有一定规模的种植。根据农业农村部印发的《"十四五"全国种植业发展规划》，到 2025 年，全国中药材种植面积将稳定在 4500 万亩。野生药材不确定性因素多、分散性强，不同药材由于生长环境、品种规模等不同，采收、产地加工对人工、机械的要求也不一样。

2. 中药材有特定的用药部位

中药材一般不整体入药，有特定的药用部位。不同部位在生命体生长过程的不同阶段，该部位的质量及其表现出来的药效作用也不同。因此，在采收时，需要根据药用部位特点，选择合适的采收时间。如花类药材的采收，一般在花开放时采收，但是由于花朵次第开放，要分次采摘。用于临床的中药材种类多，有全草类、花类、根及茎类、皮类药材等，药用部位采收时间各不相同，各部位形态、质地也有差异，因此药物的采收与加工应一物一法。对药物的采收加工方法、设备等提出了不同要求，增加了生产难度。

3. 中药材采收加工以经验为主

中药材的药用部位是在长期临床应用基础上总结出来的，其采收加工的条件、方法以经验为主，没有客观的参数，也缺乏明确的操作规范，且各地各法，在生产应用中操作随意性大。人们会根据生产条件、经验等因素作为药材采收加工的决定条件。

（二）中药材采收与产地加工生产状况

中药材的采收和产地加工是中药生产的重要环节，其生产主要采用的方法、技术及生产条件对药材质量有重要影响。因此，应根据生产过程中主要的技术应用了解目前我国中药材生产在此环节的生产情况。

1. 中药材采收情况

中药材采收，根据传统经验结合现代研究，确定每味药的采收时间，一般描述为月或季。常以有效成分或有效部位含量最高、毒性成分含量低且产量相对较大时采收。《中国药典》2020 年版收载的药物均记载了采收时间，也有的药物指出了药物的状态，如果实成熟或果实初熟、花开放前等。依据药物的特点，采用人工、机械或者二者结合用于采收。机械采收能明显提高生产效率，节省人力，降低生产成本，减少由不当操作或操作失误造成的损失或损伤，提高药材产量或质量。有资料显示，枸杞鲜果采收机的生产效率是人工的 6~10 倍，净采率可达 70%~90%，有的甚至可达 90% 以上。但目前中药材采收机械普及率相对不高，虽然有些地方投入资金，加强这方面机械的研究并推广，但相对于中药材的品种来说，还是有不足。市场上用于中药材采收的机械主要是针对果实类、根和根茎类以及叶类等药物。采收机的类型、效率也各有差异，其中有相当一部分机械是手持式的，该类机械生产灵活，但需要的人工相对较多。根茎类的采收机，有单纯的挖掘类，通过深挖将根茎暴露，人工收集，也有采收一体的机械。不同类型的机械适合不同的环境以及生产规模。

2. 中药材净制生产情况

净制是中药材加工的第一道工序，根据中药材的具体情况，利用遴选、挑选、风选、水选、剪、切、刮、削、剔除、酶法、剥离、挤压、燀、刷、擦、火燎、烫、撞、碾串等[①]方式处理除去中药材中的泥沙、夹杂杂物及残留的非药用部分，或分离其不同的药用部分及霉败品。由于中药材性质不同，需要分离的杂质等各有特点，所用方法多，但大多借助工具靠人工操作，部分品种可实现机械化操作分离。如水洗、干洗、机械过筛、机械去皮、风选等。如人参产地加工中，常用机械刷参机进行初洗和净洗，与人工刷参相比，机械刷参效率高，洗净度高，费用低，但水洗对药材质量影响较大。尉广飞等人发现，水洗会导致丹参中水溶性活性成分和脂溶性活性成分均有不同程度的减少。[②] 随着机器视觉技术的不断发展，其在分拣领域的应用逐渐增多，[③]未来可利用图像捕捉关键技术，将药材杂质，非药用部位与药用部位分离，以提高机械化程度、产地加工净制效率和质量。

3. 中药材切制生产情况

切制是将净选后的中药材根据性质和运输存储要求切成一定规格的片、丝、块、段等。中药材经过切制后，有利于配方制剂，保证用药量的准确性。许多药材适合趁鲜切片，但对于毒性药材需要经过发汗、发酵等工艺后才可切片。《中国药典》2020 年版规定，中药材除鲜切、干切外，均需经过软化处理后再切制，其中收载了65 种药物采用产地加工切制技术处理。川白芷产地加工切制采用大型中药材超薄全自动切片机进行切制，厚度为 2 毫米。[④]除了切片外，还有其他的切制方法，如砂仁、草豆蔻、火麻仁等体小结实的药物，不便于切片且不易煎出有效成分，必须用

---

① 刘磊、杨大宇、张晓燕等：《中药材产地加工研究现状及现代研究特点探讨》，《时珍国医国药》2021年第 12 期。

② 尉广飞、李翠、刘谦等：《干燥前水洗对丹参活性成分的影响》，《中草药》2015 年第 16 期。

③ 王成军、严晨：《机器视觉技术在分拣系统中的应用研究综述》，《制造技术与机床》2020 年第 5 期；张梦琦：《机器视觉识别技术在分拣机器人系统中的应用》，硕士学位论文，大连理工大学，2017。

④ 晏宇杭、卢丽洁、周永峰等：《川白芷产地趁鲜切制与传统切制方法对其质量的影响》，《中草药》2021 年第 14 期。

碾槽碾碎，或用石臼捣碎入药。苏木、檀香等大块木质类药材需用刀劈成小块或薄片，便于配方和煎煮出有效成分。目前产地切制药物，以小作坊加工为主，采用手工切制，常用片刀、铡刀或者机械切制；也有企业逐渐在产地建立生产基地，常用的切制设备有剁刀式切药机、转盘式切药机、YZ 型中药自动切片机、ZJ 系列中药切碎机。[①]

4. 中药材干燥生产情况

干燥在中药材加工中是一个必不可少的环节，干燥效果直接影响着中药材的有效成分，因此采取正确且合适的干燥方法至关重要。

（1）传统干燥技术

传统干燥技术主要分为阴干法、晒干法和烘干法三种。

阴干法。将中药材置于阴凉通风的环境下，利用空气的流动带走药材中的水分，从而实现干燥药材的目的。阴干法主要适合含有挥发油的药材以及易走油、变色的药材，如香薷、细辛、薄荷、荆芥等。《中国药典》2020 年版中要求仅用阴干法干燥的中药有 33 种，在产地加工中，采用阴干法较少。阴干法易使药材发霉，且时间较长，因此在产地加工过程中阴干法渐渐被晒干法和烘干法代替。

晒干法。是指将中药材摊置于苇席或水泥地上，经过阳光的充分照射从而达到干燥的方法，是大多数中药材较为常见的干燥方法，也是药典收载品种应用最多的方法。除芳香性、挥发性、易变色药材外，其他药材均可选用此法。

烘干法。主要通过人工加热利用热气流对中药材进行干燥。产地加工采用的烘法，大多是烘房，加热条件难以准确控制温度，对药材质量影响相对较大。《中国药典》2020 年版收载的药物，指出了其方法，有些药物仅用"干燥"二字，也有的用"烘干"，表明这些药物干燥条件要求相对不高，但有部分药物干燥有特殊要求，仅用"阴干"或"低温干燥"（见表 9-1）。但也有部分品种生产采用了其他干燥方法，不同的中药材其操作方法及条件不同，以威海西洋参（硬支）的产地干燥为例，其干燥过程分为三个阶段，采用变温干燥方法，初期烘干室温度控制在 32~34℃，全天排潮，当干鲜质量比为 60%，温度调至 45~50℃，每 2 小时排一次潮，当干鲜质量比达到 30% 时，再将温度降至 40~42℃，每天排 3~4 次潮，直至恒重，参根含水量为 13% 以下。[②] 同一

---

① 杨冰、宁汝曦、秦昆明等：《中药材产地加工与炮制一体化技术探讨》，《世界中医药》2020 年第 15 期。

② 侯丽娟、胡静、毛积磊等：《威海西洋参产地初加工技术》，《农业工程》2022 年第 10 期。

种中药材，使用不同的干燥技术，其药材规格也不相同。如款冬花若晾晒厚度为5厘米，若在太阳能烘干房烘干，厚度应为8~10厘米，在热风循环的电力烘房，厚度应为10~15厘米。[1]目前产地加工应用相对较多的是烘干车间，采用热风干燥机、火管式烘干机、厢式烘干机、隧道式干燥机、翻板式干燥机等设备进行干燥。药物烘干时，应注意烘干时间、温度等条件控制。

表9-1 《中国药典》2020年版产地加工仅采用阴干或低温干燥的品种

单位：个

干燥方法	数量	中药品种
阴干	33	九里香、九香虫、千里光、天山雪莲、木通、牛黄、瓜蒌、瓜蒌皮、冬葵果、西河柳、肉桂、竹茹、全蝎、安息香、红豆蔻、辛夷、沉香、阿魏、青蒿、枫香脂、侧柏叶、油松节、降香、细辛、茯苓、茯苓皮、香薷、红莲、款冬花、满山红、翼首草、麝香、蓍草
低温干燥	7	天麻、玫瑰花、罗汉果、梅花、蛤蚧、乌梅、铁皮石斛（铁皮枫斗）

（2）现代干燥技术

传统干燥方法存在自动化程度低、干燥过程复杂等缺点，随着科学技术的大力发展，新型的干燥技术应运而生。当前应用比较广的干燥技术主要有微波干燥、真空冷冻干燥、远红外干燥、高压电场干燥、热泵干燥，这些干燥技术在不同领域都有应用（见表9-2）。中药生产中，也在逐渐应用，如真空冷冻干燥技术应用于中药饮片生产，如冻干天麻、铁皮石斛等；微波干燥有生产企业正在试用。

表9-2 可用于中药材加工的现代干燥技术

干燥方法	原理	特点	缺点	适用性
微波干燥	利用能量转换，将电能转换为势能，再转换为热能，实现中药材干燥	干燥时间短，又能杀菌，但也能造成成分损失；有辐射	对温度控制要求较高，若温度过高，易使药材焦糊	广泛
真空冷冻干燥[1]	将中药材置于低于物料共晶点的环境下冻结，通过升华干燥，使中药材中的水分通过冰晶状态转变为气体，从而除去水分	能基本保持药物原有的色泽、气味，有效成分保留度也更高	设备昂贵，成本过高	含有对热敏感成分的中药

① 侯毅、毛正云：《甘肃省款冬花产地初加工储藏技术规程》，《农业科技与信息》2022年第17期。

续表

干燥方法	原理	特点	缺点	适用性
远红外干燥[2]	利用红外发射元件发射出的远红外线改变中药材分子振动和运动状态，分子摩擦生热产生自身发热效应，从而使药材中的水分和其他溶剂分子蒸发，达到干燥的目的	加热速度快、耗能低、易于控制温度、安全性高，但渗透度小	红外线穿透性弱，对于厚度较大的中药，无法穿透到内部	厚度小的中药材
高压电场干燥[3]	在高压电场下，水的蒸发变得十分活跃，施加电压后水的蒸发速度加快，且耗能小	可调节电压及温度，有效成分保存高	电压、频率等影响干燥效果的因素较多，且没有规范的操作方法和条件	多种中药
热泵干燥[4]	利用干燥室中的热空气与中药材对流换热，让空气加热中药材，同时吸附中药材中的水分，从而实现干燥	环境污染低、干燥范围广、产品质量高等优势	干燥过程中需不断翻动药材，操作不便	多种中药

注：1 刘松雨、黄勤挽、吴纯洁等：《冷冻干燥技术在中药领域的研究进展》，《中草药》2022年第3期。

2 张欣蕊：《中药材干燥技术现状及发展趋势》，《临床医药文献电子杂志》2020年第34期。

3 卢小龙、安爽：《高压电场干燥技术的概述及研究应用》，《节能》2022年第6期。

4 黄玉龙、吕斌、孙若诗等：《热泵干燥技术在中药材初加工中的应用综述》，《甘肃农业科技》2019年第9期。

5. 中药材特殊加工生产情况

（1）加热技术

加热处理是一种常用的中药炮制手段。加热处理分为干热处理与湿热处理两种。在中药材炮制加工中常用蒸、煮、烫等方法。目的在于驱逐药材中的空气，阻止氧化，避免药材变色；或使一些酶类失去活力而不致分解药材中的有效成分；或使药材细胞中原生质凝固，产生质壁分离，利于水分蒸发，干燥迅速；或杀死虫卵。目前产地加工常用的蒸煮设备有锅炉、大蒸笼、大铁锅等，蒸笼有木制、竹制或铝制。现已研制出了集蒸煮与真空烘干于一体的机械化自动蒸制机器，大大节省了人力、物力。

《中国药典》收载的品种中，采用了蒸、煮等加热方法处理中药，从已有的研究数据可知，加热对药物成分产生不同程度的影响，而加工方法中并没有规定生产具体条件。还有品种如附子、百部等，加热方法有两种，不同生产企业采用不同的加热方式，导致其生产的品种质量有所不同，影响临床疗效。药典规定的加热方法如表9-3所示。

表 9-3 《中国药典》2020 年版产地加工采用加热技术的品种

单位：个

加热方法	品种数量	药材品种
煮法	4	白芍、明党参、槟榔、瓦楞子
蒸法	14	当归、狗脊、天麻、桑葚、槲寄生、红参、厚朴花、菊花、野菊花、五味子、连翘、沙棘、桑寄生、玉竹
烫法	8	北沙参、红大戟、山茱萸、八角茴香、木瓜、预知子、化橘红、百合
蒸、煮法	12	附子、香附、姜黄、珠子参、莪术、天冬、郁金、白果、白及、延胡索、山慈菇、草豆蔻
蒸、烫法	6	黄精、百部、马齿苋、女贞子、栀子、覆盆子

（2）发汗技术

"发汗"是一种独特的中药材产地初加工技术，即将新鲜药材堆积起来，或用微火烘至半干，或微蒸煮后再堆积起来，使其内部水分外溢，挂在药材表面，看似人体"发汗"。[1] 药材经"发汗"后在性状、化学成分、药理作用方面较未发汗品发生了很大的变化，影响药材的质量，进而影响临床疗效。《中国药典》2020 年版产地加工中要求发汗的药物不多，仅有续断、秦艽、厚朴、茯苓、杜仲、麦冬等，其中秦艽也可以不发汗直接晒干。

（3）熏硫技术

该技术是采用燃烧的硫黄熏制物品，是中药材传统加工技术之一。对于一些粉质程度较高还需久存保色的药材需在干燥前进行熏硫，如天麻、天冬、山药、天花粉、牛膝、白及、白术、白芍、党参、粉葛等是药典规定二氧化硫残留量不得过 400 毫克/千克的品种。硫黄熏蒸中药材具有锁水增重、防虫防霉、增色漂白等优点，熏硫在中药材加工是中药产业中比较常见的现象。但农户加工的时候根据经验确定熏硫条件，对药物有不同程度的影响。

《中国药典》1963 年版一部牛膝项下也曾收载此方法，从法律层面上明确了部分中药允许熏硫，以后版本的药典也陆续收载部分品种。但自 2004 年起，国家药品监督管理局就明文禁止用硫黄熏蒸中药材，《中国药典》2005 年版取消了中药材产地熏硫的加工方法，并在增补版中收载了二氧化硫测定方法。[2] 由于中药材保存困难，市场常有熏硫药材，研究适宜的方法替代熏硫是解决这个问题的方向。

根据文献调研目前替代熏硫的措施主要从干燥方法和产地饮片加工两方面改进。

---

[1] 侯丽娟、胡静、毛积磊等：《威海西洋参产地初加工技术》，《农业工程》2022 年第 10 期。

[2] 邓爱平、詹志来、张悦等：《牡丹皮药材熏硫及脱硫前后化学成分差异分析》，《中华中医药杂志》2019 年第 5 期。

如蒋桂华等研究白芷不同干燥方法，优选替代熏硫方法。[①] 此外，有学者建议中药材干燥可以通过采用新型干燥技术从而避免熏硫，如微波干燥技术已经在金银花、怀山药、枸杞、菊花等中药材中被广泛应用。[②] 甘肃神农文峰药业有限公司公开了一种党参无硫的加工方法，党参通过糖醋液高压处理、闷润、连续增温烘烤和逐步降温等措施，不仅可以有效控制储藏期间的霉变、虫蛀，达到长期储藏的目的，而且发现通过此方法加工的党参能更大程度地保留其有效成分，同时增强了党参治疗胃酸过多的疗效，提升了党参的药用价值。[③] 此外，近年来，在实际应用中，气调养护技术成为替代硫黄熏蒸最常用的方法。该技术具有绿色、环保、安全、对中药材无有害残留、不破坏中药材原有的成分等优势，目前该技术在国内中大型的制药企业都有应用（见表9-4）。

表9-4 中药材传统熏硫和替代熏硫的工艺对比

中药名称	传统加工方法	替代工艺
纹党参	鲜纹党参经过晾晒、揉搓、发汗、熏硫加工为药材	糖醋液高压处理、闷润、连续增温烘烤和逐步降温等措施 1
金银花	新鲜金银花除去枝叶和杂质，硫黄熏蒸，阴干或晾干	新鲜金银花微波杀青后烘干 2
山药	鲜山药洗净泥土，刮去外皮，硫黄熏蒸，日光暴晒，表面稍干硬堆闷发汗，闷后再晒，如此反复直至干燥	鲜山药洗净泥土，刮去外皮，切厚片，微波干燥 3
牛膝	牛膝除去须根及泥沙，剪短芦头，捆成把，颠倒放置并沾冷水，硫黄熏后取出分等（平条、杂条、头肥、二肥），扎把，修剪，晒干，将其堆成圆垛（尾朝里，头朝外），堆放20~30天后分等级装箱	鲜牛膝切1.0~1.5厘米的长段，于60℃下鼓风干燥至水分合格

注：1 甘肃神农文峰药业有限公司，一种道地药材党参的产地无硫加工方法，申请号：CN201711170400.7。
2 李晓娅、李钦、张峰等：《金银花采收及产地初加工研究》，《时珍国医国药》2020年第1期。
3 阮勇彬：《怀山药无硫产地加工工艺探析》，《亚太传统医药》2014年第20期。

（4）其他技术

除了上述的产地加工技术外，有些药材还需要经过其他的一些产地加工技术，如揉搓技术。玉竹、党参、三七等药材在干燥过程中皮、肉易分离而使药材质地松泡，在干燥过程中要时时揉搓，使皮、肉紧贴，达到油润、饱满、柔软或半透明等。

---

① 蒋桂华、兰群、马逾英等：《白芷替代熏硫的产地加工方法研究》，《时珍国医国药》2012年第12期。
② 兰群、蒋桂华、杨曦等：《中药材产地熏硫加工的历史沿革与现状分析》，《华西药学杂志》2013年第5期。
③ 甘肃神农文峰药业有限公司，一种道地药材党参的产地无硫加工方法，申请号：CN201711170400.7。

二 中药材采收与产地加工存在的问题

（一）中药材采收、产地加工方法与生产需求的矛盾

中药材采收长期以来采用人工及小型工具，近些年采收工具不断增加，对提高生产效率、降低成本起到了很好的作用。但仍有部分品种的生产条件与生产需求不匹配，给中药材的采收以及产地加工带来困难。中药材采收有些品种因为自身特点，基本靠人工采收，采收期就需要大量人员，再加上用工成本增加，而药物价格相对不高，造成价格倒挂，出现无人可用或药农不愿采收的情况，药农无利可赚，挫伤生产积极性。如金银花采收，需要在花开前一朵一朵采收，无适宜的高效率采收工具，曾出现无人采收的局面。为此，需要积极研发市场急需的采收机械，鼓励相关机械生产企业进行研发，并给予一定的政策或资金支持，或者药企与机械生产企业对接定向研发生产，以提高生产效率，降低生产成本。

（二）中药材采收时间未能达到其质量高点

中药材采收期一般按月份或季节划分，不同药物，根据其特点确定采收时间。如《中国药典》2020 年版中记载，连翘在秋季果实初熟尚带绿色时采收，太子参在夏季茎叶大部分枯萎时采挖。只是规定采收的季节，但中药材有一年生、多年生等不同情况，针对多年生的药物，需要合理确定何时采收药物的药效最好。现有的针对采收期的研究资料，主要还是集中在采收的月份，对年限方面相对重视不足。药物的采收由于价格、产量等多种因素影响，药农一味追求利润而随意改变采收期，如酸枣仁、连翘等药材有"抢青"现象，人参、黄芪等也有提前采收情况，这些均可导致药物药效降低。另外，生态环境、特殊气候、地域差异和人类活动等复合因素也对药物的质量产生影响，采收时应将这些加以考虑。每味药应有适宜的采收时间，可以选择目前市场问题较严重的大宗品种为目标，根据传统经验，采用现代研究，将辨状论质与药效结合，科学制定药物采收时间与质量判断方法。

（三）中药材产地加工品质量参差不齐

1. 产地加工方法技术不统一

中药材是中药饮片生产的原料，全国流通，但产地加工多遵循古法，同一药材在

不同研究中依据的质量指标不一致，导致一药数法、各地各法或法同质异。如《中国药典》2020 年版党参项下指出，秋季采挖，洗净，晒干。但在实际产地加工中，各地区形成了独特的产地加工方法。[①] 甘肃文县的党参加工需水洗、发汗以及两次揉搓，山西长治的党参不需发汗但需经过 3~5 次揉搓，而四川九寨沟的党参则不需要水洗、揉搓、发汗。天麻的加工，四川通江县采用烘干法，湖北采用白矾水煮透心后干燥，吉林采用天麻与小米共煮透心后干燥。金银花药材的干燥方法包括阴干、晒干、烘干、硫黄熏后晒干以及硫黄浸泡烘干等。不同的干燥初加工方式对药材外观及有效成分有着极大的影响。在产地加工生产整个过程中，长期存在中药材纯度不足、加工场地不规范、工艺不统一、质量不稳定等问题。

2. 加工操作技术不规范

从事药材产地初加工行业人员大多是药材产地的农户，文化水平相对不高，大部分不具有相关专业知识，也缺乏系统的技能培训。药材加工靠自己摸索或汲取前人的经验，造成中药材加工技术不规范，药材质量难以保证。中药材产地加工依然处在人工操作阶段，技术设备自动化不足，凭借自己主观意识操作，药材加工条件随意变化，不能规范生产，药材质量受到极大影响。撞皮是木香产地加工过程中最重要的环节，生产上常采用传统箩筐人工撞皮，但许多药农为省时省力，常常省略这一步骤。[②]因此，还需要多种手段规范生产。

（四）中药材产地加工机械化、规模化不足

现阶段，中药材产地的加工仍以小作坊手工制作为主，机械化水平不高。与机械化加工相比，手工加工人工成本高、效率低，且人工操作很容易凭借自己的主观意识操作，如药材的切制人工操作会导致药材规格不一，或合格率低，产量降低；而用机器切片设定好参数后，可保证药材规格一致，效率也高。从事产地初加工的人员多为当地的农户，手工制作劳动强度大，易使实施产地加工农户为了追求经济利益而粗制滥造，很难保证中药材的质量。政府可以采取一定的措施，促进机械化生产水平提高，扩大生产规模。

（五）采收与产地加工监管不足

中药材作为一种特殊的商品，既具有农副产品的属性，又具有药品的属性，导致

---

① 李晓娅、李钦、张峰等：《金银花采收及产地初加工研究》，《时珍国医国药》2020 年第 1 期。

② 杨天梅、李纪潮、杨美权等：《不同产地初加工方法对云木香品质的影响》，《中成药》2022 年第 6 期。

了对其监管的复杂性。而药材采收、产地加工又恰好处于监管的交叉环节，这是目前对中药材产地加工环节监管不力的主要原因。中药材作为农副产品市场化管理，医药监督部门无法严格监管，一些不法商贩采用掺杂使假、以次充优等非法手段，严重影响中药材的质量。因此，需要根据药物性质，理顺关系，制定合理的政策，落实主体责任，加以引导，加强监管，促进中药质量的提高。

三 展望

中药质量是保障中药国际化发展的生命线，中药材采收、产地加工是中药产业链的重要环节，也是引起药物质量变化的因素。长期以来，其规模小、生产条件差、操作不规范，再加上监管不到位等，加剧了质量的变化。为改善其状况，应从硬件和软件两方面着手加以解决，提高中药质量，促进生产。

（一）中药材质量的稳定性

俗话说"药材好，药才好"，应在中药材采收、产地加工环节保证中药质量，为中药产业提供优质的中药材。应根据中药生产环节中的问题，因地制宜采取相应措施。针对操作规范性问题，宜采用形式多样方法加强培训。在药材主产地，针对品种以网络、简易资料等形式提供广泛性培训，也可由对接企业组织相应品种的专门培训。根据产地品种规模，科学布局初加工企业，利用企业资源，与药农建立多种形式的合作，如代加工等，既保证药物质量，又提高了收入。而相关部门则加强监管，提供政策引导，加强药农的质量意识，自愿科学地采收、加工中药材。同时，应加强对中药材采收加工的研究，对采收、产地加工环节制定可控的质量控制体系，并逐步制定药材采收、加工操作规范，为中药生产、临床应用提供高质量药材。

（二）生产机械化、规模化、智能化

中药材采收加工机械化程度在逐步增加，有些地市机械化程度超过一半，但全国发展并不均衡，总体机械化程度相对较低。由于中药材是根、皮、草、花、果、籽、壳等入药，采收部位、非药用部位等各不相同、各有特点，如何使机器具有相对广泛适应性是机械生产者需要重点考虑的问题。虽然半夏、北沙参、荆芥、知母、射干等十余种中药材从种到收全程实现机械化，相对于临床应用的品种来说，仅占少量，因

此加强采收机械的研究是有必要的。有科研单位已试制了智能化的枸杞采收机械，但仍需要进一步改进。另外，还可在中药材采收、产地加工生产中引入新技术如机器视觉、信息化技术，提高机械对杂质等的识别能力，促进生产的机械化、智能化，从技术设备、管理等各方面推动中药产业的发展，提高产品质量。

第二节　中药炮制发展现状及展望

中药炮制技术从古至今经过漫长的演变和创新，炮制方法和炮制理论逐渐成熟。在新中国成立前的很长一段时间里，炮制技术始终停留在基于传统人工炮制方法上的小作坊模式。自1973年起，国务院制定中药机械化生产目标，机械化制药设备开始设计完善，直至改革开放后逐渐大规模投入使用。在"九五""十一五"期间中药炮制设备和炮制工艺开始转向专业化、规模化发展。截至目前，国内约80%的企业采用机械化炮制技术进行中药饮片的生产加工，解决了饮片生产规范化、标准化的问题。随着中医药现代化发展的不断深入，中药饮片自动化炮制技术开始应用于饮片工业化生产当中，出现了适宜于不同种类药材的联动化生产线，使得饮片生产向集约化方向发展。截至2023年12月，不同阶段炮制技术在典型中药饮片企业中的应用情况如表9-5所示。现阶段，随着信息化社会的到来和人工智能领域的不断发展，中药炮制技术与先进的"互联网＋"技术及大数据信息库的融合发展，已经成为中医药走向世界的必然条件和趋势。

表9-5　中药饮片炮制技术部分代表型企业应用汇总

技术类别	炮制技术	典型应用企业	主要生产饮片种类
炮制技术1.0	传统手工炮制	四川德仁堂中药饮片有限公司等	炒王不留行等
炮制技术2.0	真空蒸汽润药	广州采芝林药业有限公司等	多种根及根茎类饮片
	冷冻干燥	四川活态药业有限公司等	三七、天麻等冻干饮片
	煅制	江西臻药堂药业股份有限公司等	煅磁石、煅牡蛎等矿物饮片
	发酵	四川辅正药业股份有限公司等	六神曲、淡豆豉等发酵类饮片
	发芽	河北康博药业有限公司	麦芽等发芽类饮片

续表

技术类别	炮制技术	典型应用企业	主要生产饮片种类
炮制技术 2.0	制霜	四川千方中药股份有限公司	巴豆、柏子仁等去油制霜类饮片
	连续水飞	郑州瑞龙制药股份有限公司	朱砂粉、雄黄粉等毒剧矿物类饮片
	干馏	江西仁安药业有限公司	鲜竹沥等液体饮片
炮制技术 3.0	饮片联动化生产	国药天雄药业有限公司等	附子、半夏等毒剧饮片
炮制技术 4.0	智能化车间生产	暂无	暂无

一 中药炮制发展现状

（一）手工炮制现状

传统手工炮制技术的使用和传承历史悠久。目前，常见的手工炮制技术主要分为净制、切制、捣碾、干燥、炒炙、煅制、蒸煮七种。主要针对形状、质地特殊的药材，机械除杂或切割难以达到炮制需求，如岷县佛手片当归、樟帮特色凤眼片枳壳，均需按要求进行手工切制。对于特殊品种，如炒王不留行，为了便于观察"爆花"而及时出锅，某些饮片企业仍采用手工炒制。此外，炮制工艺复杂，缺乏相应炮制设备的药材，多采用传统手工炮制方法进行生产加工。

传统炮制技术在中药饮片企业实施 GMP 认证之前的操作，对产业小规模、零散发展具有一定的贡献。在中药炮制工业化的早期，需要经验丰富的老药工担当技术顾问，对工业化生产的中药饮片进行检验，以保证饮片质量。[1] 同时，现代中药炮制设备的研发及饮片炮制程度的判断也多参考传统炮制技术。[2] 可见，中药炮制现代化发展中，传统炮制技术仍起着指导性的作用。而现阶段的中药临方炮制也多采用手工炮制。多家医院都开设有"中药临方炮制室"，2015 年福州市中医院"中药临方炮制"更是获批成为福州市非物质文化遗产项目。随着中药出口量的逐年增多，部分"出口饮片"因炮制工艺复杂、质量要求高，多选择手工炮制，如安国市盛泰中药饮片有限

---

① 沈光禊、胡祖德:《传统饮片炮制工艺的研究》,《中成药研究》1984 年第 4 期。

② 张雨恬、王学成、黄艺等:《中药炮制设备的研究现状及技术升级途径策略》,《中草药》2022 年第 5 期;张超:《现代科技革命与中药炮制的发展》,载《2010 中药炮制技术、学术交流暨产业发展高峰论坛论文集》。

公司的枳壳鸭嘴片。还有部分中药企业生产的成品药剂以手工炮制饮片为原料，保证了药品质量。如山东广育堂、上海雷允上、北京同仁堂等仍使用传统炮制技术对中药进行加工、制剂。

（二）机械化炮制现状

传统手工炮制存在生产规模小、劳动力需求大、生产效率低、炮制过程繁复、饮片质量不稳定等问题，极大地制约了中药饮片工业化发展的步伐。为保证中药饮片的质量，中药炮制技术逐渐转向专业化、规模化、机械化的发展方向。

中药饮片在进行炮制前，通常需要将中药材根据不同炮制方法及炮制目的进行净制、润制、切制等一系列前处理。为解决传统手工净制流程的烦琐性，现代机械化净制过程中常使用集震动、风选、干燥等技术于一体的高效风选装置、变频风选设备及筛选装置等，在净制的同时实现饮片分级，避免药材发霉和有效成分流失。如采芝林药业采用真空蒸汽润药法[1]等新型润药技术进行根茎类药材的润制，大大缩短了润药时间，减少了有效成分流失。研究表明，黄芩[2]、川芎[3]、甘草[4]、莪术[5]等质地坚硬的药材切制前采用真空蒸汽润药法制得的饮片相比于传统方法制得的饮片外观形状更佳、有效成分含量更高。对于中药饮片的干燥，传统烘干法常出现饮片干燥不均匀、药材活性成分易受温度影响等问题。近年来，一些新的干燥技术如微波干燥、远红外干燥、真空干燥、冷冻干燥、高压电场干燥、气体射流冲击干燥等为中药干燥提供了更多的选择。其中，远红外干燥和微波干燥速度快、加热均匀，在节约能源的同时杀灭药材中残留的微生物，保证饮片质量。但远红外干燥效果受中药原料厚度的限制，而微波干燥存在微波泄露及残留等安全性问题，因此其干燥范围和干燥参数仍需进一步深入研究。[6]对于含有热敏性或极易氧化成分的中药材，冷冻干燥技术具有不可替代

---

[1]　马月光、李清林：《真空蒸汽润药法润制浙产三棱饮片的工艺研究》，《中国现代应用药学》2014年第9期。

[2]　陈照宇、郑昆、韩光明等：《真空蒸汽润药法对不同产地黄芩饮片质量影响的评价研究》，《中医药学报》2022年第2期。

[3]　陈照宇、庄丽、郑昆等：《川芎真空蒸汽润药制备工艺优化及其抗炎镇痛活性研究》，《国际中医中药杂志》2021年第12期。

[4]　董蕊、王盼、逯影：《真空加温润药结合响应面法在蜜炙甘草工艺中的应用》，《时珍国医国药》2021年第3期。

[5]　黄新宇、李清林：《真空蒸汽润药法润制浙产莪术饮片的工艺研究》，《中华中医药学刊》2014年第6期。

[6]　周四晴、段续、任广跃等：《厚度控制对怀山药远红外干燥过程中水分迁移的影响》，《食品与机械》2019年第12期；王爽、聂其霞、张保献等：《微波干燥及灭菌技术在中药领域应用概况》，《中国中医药信息杂志》2017年第11期。

的优势。在保存药材有效成分活性的同时保证其外观和色泽。如人参、地黄、三七、天麻、冬虫夏草[①]等中药采用冷冻干燥后临床疗效提高，气味保持完好。《四川省中药饮片炮制规范（2015 年版）》包括柠檬、天麻、鹿茸、余甘子 4 个冻干饮片标准。四川省药品监督管理局于 2022 年 4 月 26 日发布了《四川省中药饮片冷冻干燥技术指导原则（试行）》，用于指导冻干饮片的开发。在实际生产中，为解决冷冻干燥终点的判断及非药效成分的溶出增加等问题，还需结合化学成分及药效学实验对其干燥参数进行研究，使冷冻干燥设备向着低耗能、自动化及规模化的方向发展。

机械化炮制前处理技术解决了传统炮制过程中有效成分流失、外观质量不稳定、切制损耗大、干燥能耗高等一系列问题。[②]但由于中药材的品种不同、来源广、形态各异且所含杂质种类多、性质也不尽相同，中药净选工序不能完全一体化。且多种技术混用或一种炮制设备应用于多种不同种类、性质的饮片炮制加工，也造成了饮片质量下降。因此，有必要将温度探测、水分监控设备及药材质地检测设备相结合，在实现大批量饮片生产的同时，保证中药前处理的操作规范。

近年来，随着中药炮制领域的机械化变革，一系列新型饮片生产技术也应运而生。采用超微粉碎技术、纳米技术生产的破壁饮片、纳米中药，及近年来发展势头强劲的中药配方颗粒等，与传统中药饮片行业形成了强烈的竞争。例如，对于人参、灵芝等贵重中药，经超微粉碎后可减少服用剂量，在节省药材原料的同时保证其疗效。[③]而《2018~2019 中医药学科发展报告·中药炮制》一书在对于传统饮片及新型饮片的区别这一问题上明确指出："中药饮片应具有创新性，但不具备饮片属性的创新则不是饮片。"因此，尽管超微粉碎技术具有不可替代的优势，但生产的粉末状饮片在外观性状上已不具备饮片的属性，且粉碎粒径的改变对药材有效成分溶出度和溶解速率产生了极大的影响，导致微粉饮片与传统饮片在药理药效上存在显著差异。[④]而中药配方颗粒以中药饮片为原料，通过煎煮制粒而成。就其属性而言，并不能代替传统中药饮

---

① 刘松雨、黄勤挽、吴纯洁等：《冷冻干燥技术在中药领域的研究进展》，《中草药》2022 年第 3 期。

② 马月光、李清林：《真空蒸汽润药法润制浙产三棱饮片的工艺研究》，《中国现代应用药学》2014 年第 9 期。

③ 李婧琳、王媚、史亚军等：《超微粉碎技术在中药制剂中的应用分析》，《现代中医药》2018 年第 5 期；Meng Q., Fan H., Xu D., et al., "Superfine Grinding Improves the Bioaccessibility and Antioxidant Properties of Dendrobium Officinale Powders," *Int J Food Sci Technol*, 2017, 52（6）：1440-1451.

④ 杨艳君、邹俊波、张小飞等：《超微粉碎技术在中药领域的研究进展》，《中草药》2019 年第 23 期；刘春红、勾建刚、王秀娟：《中药粉碎中的特殊处理方法》，《中国医院药学杂志》2002 年第 11 期；李玲、唐玉娇、孟玲等：《丹参超微粉碎前后粉体学及显微特征的研究》，《新疆中医药》2013 年第 1 期。

片，而更倾向于制剂范畴。因此，明确配方颗粒与中药饮片的概念，分别制定质量标准及管理政策，使得二者独立发展、各得其所，对于中医药产业健康发展是十分必要的。中药饮片在现代机械化技术下的创新发展是传统炮制技术改革的必经之路，但新型饮片的质量标准需有别于传统饮片。[①] 且新型饮片的临床疗效及安全性研究尚存在很多问题，因此新型饮片的研究还需解决技术转化率低、实际应用程度不高等问题，向着稳定、高效、低毒的方向发展。

中药饮片炮制技术的机械化改良涉及炒炙、煅制、蒸煮、发芽、发酵、制霜、水飞、干馏等多种炮制工艺。早期的中药饮片炒炙、煅制、蒸煮设备在加工过程中容易产生大量的油烟废气，且温度、火候不易控制。经过对热源、温控程序及蒸汽发生装置的不断改良升级，现阶段炒炙、煅制、蒸煮设备在药物炮制过程中温度稳定，受热均匀，缩短了炮制时间，并逐渐向着多工序一体化方向发展。多种炮制设备的改进很大程度上推动了中药饮片的大批量生产和工业化发展，但也为炮制参数的规范带来了困难。可见，炮制装备生产工艺的统一是炮制工艺参数统一的重要前提，而实现热源的精确温度控制是炮制过程中保证中药饮片内在质量的必要环节。此外，如何实现发芽、发酵、干馏等复杂炮制工艺的机械化改良，也是机械化炮制发展过程中面临的重要问题。目前大多数中药发芽、发酵品的生产工艺仍处于采用传统发酵法的半工业化阶段，存在发酵菌群不明、发酵时间长等问题，难以保证中药的质量。[②] 因此，现阶段工业化生产的过程中常采用接种发酵法，如通过接种法生产的淡豆豉，制成的成品性能好且容易吸收。而中药发芽设备主要为谷麦发芽机[③]，能够使种子在发芽时得到最适温度、充足水分和氧气，保证发芽效果，避免发芽不均匀。而若要实现发芽、发酵类药材及饮片的大规模规范化生产，首先需要确定规范化的生产工艺，其次必须对发酵、发芽过程进行在线监测，尤其重视对发酵温度、pH值、溶解氧浓度、物料配比、发酵时间等参数的精确控制，确定发酵、发芽终点。[④] 同时，结合发芽、发酵过程中化学成分的种类和含量的变化，根据药效物质基础确定最佳炮制工艺。[⑤] 现代制霜技术多采用机械压榨法或溶剂提取法。如

① 程雪娇、李涛、莫雪林等：《中药粉末饮片的传承与现代化发展概况及产业发展建议》，《中国药房》2017年第31期。
② 申孝灵、周永强、赵春丽等：《发酵对铁皮石斛化学成分的影响》，《广州化工》2022年第14期。
③ 毕辉琴，具有消毒功能的种子发芽设备，申请号：CN201410847472.0。
④ 王伟民：《生物发酵过程控制与检测技术分析》，《科技创新与应用》2022年第16期。
⑤ 庞思奇、马嘉擎、林家慧等：《中药"六神曲"发酵工艺研究进展》，《食品与发酵科技》2021年第4期；陈华坤，一种中药复合酶解和多菌协同发酵方法，申请号：CN202210457581.6。

千方药业采用机械压榨法进行巴豆霜的炮制,使脂肪油含量控制在一定范围内,适于批量化药材生产。近年来,也有企业采用超临界萃取法提取药材挥发油,通过控制萃取过程中的各项参数精确控制出油量,从而达到"去油制霜"的炮制要求。而于机械化水飞技术而言,球磨法是工业化生产中最便捷的适宜于大批量生产的方法。而干馏技术相对而言,机械化应用程度低。以鲜竹沥为例,为满足企业化生产需求,保证有效物质含量,中药饮片生产企业采用专用的鲜竹沥智能干馏装置或鲜竹沥蒸煮锅,从而简化了干馏过程中的烦琐步骤,在节约生产成本的同时提高了制备效率。

（三）自动化炮制现状

目前,中药饮片的生产设备绝大多数为单元式的单个生产设备,而针对炮制装备的改良也多基于研究最佳炮制工艺参数来提高生产效率。为进一步解决机械化炮制加工过程中单个单元设备之间工序繁多、衔接困难造成的生产效率低下的问题,中药饮片联动化生产通过数字化集成系统及自动化控制系统将彼此分离、互不匹配的单元设备组合优化成"净—润—切—炮制—干燥"整套联动生产线,实现了中药饮片连续式生产。[1] 解决了中药饮片炮制过程中人力干预生产度高、存在信息断点等问题,具有生产周期短、效率高、劳动强度小、空间利用率高等优点。为解决不同来源中药在炮制过程中的关键问题,部分大型饮片设备企业已经逐步建立起种子类及小体积果实类饮片生产线、花类及全草类饮片生产线、根及根茎类饮片生产线等多种生产线。[2] 对于毒性药材的生产,饮片生产企业根据不同的炮制加工需求配备了特定生产线。如四川新荷花中药饮片公司建立的半夏系列饮片生产线、四川天雄药业有限公司建立的附子系列饮片生产联动线,同时配合饮片性状在线监测系统,便于及时调控生产进程,保证毒剧饮片临床应用的安全有效。

中药饮片联动化生产线的研发从集成性、连续性的角度将饮片炮制加工过程中技术单元整合优化,一般根据药材部位的不同,分为果实种子类、花叶全草类、根及根茎类（见图9-1、图9-2、图9-3）。但现阶段联动化生产线实际应用程度不高、通用性不强、自动化水平也较低,更适用于单一品种的大批量连续化生产,可在一定程度

① 朱颖、宋佩林、周海伦等:《从1.0到4.0的中药炮制技术发展现状评析及展望》,《中国实验方剂学杂志》2024年第1期。

② 朱颖、宋佩林、周海伦等:《从1.0到4.0的中药炮制技术发展现状评析及展望》,《中国实验方剂学杂志》2024年第1期。

上保证饮片的均匀性和稳定性。为进一步提高饮片内在质量，中药饮片联动化设备的研发还需基于生产线中各单元设备之间的能量、质量传递规律，从整体上改进设备功能、优化炮制参数，完成节能降耗、高效环保的饮片批量化生产。

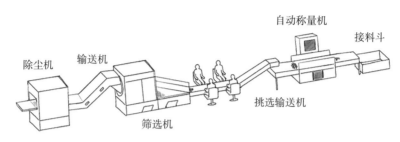

图 9-1　小体积种子类及果实类饮片联动生产线

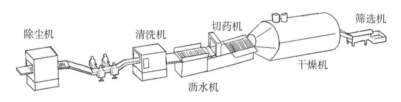

图 9-2　花叶类及全草类饮片联动生产线

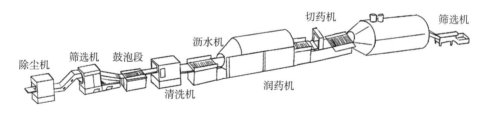

图 9-3　长条状根类及根茎类饮片联动生产线

（四）数字化、智能化炮制现状

随着"十四五"规划的实施，在国家政策及大健康产业的支持下，中药饮片研究和生产取得了较为重大的突破。《中医药振兴发展重大工程实施方案》中提出，开展中药品质智能辨识与控制工程化技术装备研究，研发推广中药材生产与品质保障、中药饮片智能炮制控制与调剂工程化、中成药制造核心工艺数字化与智能控制等技术装备，是提升中医药产业创新能力及产业化水平的重要前提。在现阶段中药饮片的大规模生产中，存在炮制参数不统一、检测指标不能全面反映饮片内在质量等问题。随着工业 4.0 时代的到来，实现数字化、智能化的炮制设备改造及饮片生产是中药饮片产业及传统制药行业发展的必然趋势。

长期以来，中药饮片真伪优劣的鉴别及炮制火候和终点的把握由药物工作者在长期实践中积累的经验决定，这种判断方法重复性差、准确度低，难以形成标准，且评价结果过于依赖药工的技术水平和经验，容易造成质量鉴别偏差。而饮片数字化技术的出现，使得传统炮制经验可以转化为具体工艺参数，对于控制饮片质量具有重要意义。

饮片数字化技术通过模仿人体的感知过程，实现对中药饮片的形、色、气、味、质等特征参数的数字化分析。[1] 采用机器视觉对炮制过程中的中药饮片图像进行客观化描述，不仅可以长期观察，还具有分辨率高、速度快和操作简单等优点，同时兼顾快速无损的优势，十分适宜反映大批量生产过程中饮片炮制程度及炮制环境的数字化表征。[2] 此外，还可以结合现代图像处理技术，通过分析中药饮片形状、颜色、大小、纹理等特征来判断药材的真伪优劣，从而将"辨状论质"鉴定理论量化为易于实际操作判别的参数数据。陶欧等[3] 通过机器视觉技术采集药材纹理、颜色、形状等信息，结合机器学习算法对中药饮片进行真伪、优劣的判断，为中药饮片质量的提升提供了客观化的方法途径。研究人员利用机器视觉、电子鼻、电子舌等技术完成了大黄[4]、山楂[5]、马钱子[6]、地龙[7]饮片与其炮制品的鉴别及枳壳[8]、杏仁[9]药材气味指纹图谱的建立。在中药饮片炮制加工的过程中，通常通过饮片的形、色、气味、质地等特征

---

[1]　黎江华、吴纯洁、孙灵根等：《基于机器视觉技术实现中药性状"形色"客观化表达的展望》，《中成药》2011 年第 10 期；Gardner J.W., Bartlett P.N., "A Brief History of Electronic Noses," *Sens Actuators B Chem*, 1994, 18-19（1–3）：210–211；李瑶瑶、张凯旋、熊皓舒等：《质构仪在药物制剂研究中的应用进展》，《中国实验方剂学杂志》2020 年第 21 期。

[2]　谭超群：《基于人工智能技术的中药饮片"形色"数字化表征探讨》，硕士学位论文，成都中医药大学，2019。

[3]　陶欧、林兆洲、张宪宝等：《基于饮片切面图像纹理特征参数的中药辨识模型研究》，《世界科学技术—中医药现代化》2014 年第 12 期。

[4]　刘涛涛、代悦、于淼等：《基于智能感官分析技术的九蒸九晒大黄饮片气味表征》，《中国实验方剂学杂志》2022 年第 20 期。

[5]　黎量：《基于"辨状论质"的山楂饮片性状客观化及质量评价研究》，硕士学位论文，成都中医药大学，2015。

[6]　解达帅、刘玉杰、杨诗龙等：《基于"内外结合"分析马钱子的炮制火候》，《中国实验方剂学杂志》2016 年第 8 期。

[7]　刘晓梅、张存艳、刘红梅等：《基于电子鼻和 HS–GC–MS 研究地龙腥味物质基础和炮制矫味原理》，《中国实验方剂学杂志》2020 年第 12 期。

[8]　周华英、李钟、骆德汉：《基于仿生嗅觉技术的不同产地枳壳鉴别研究》，《中草药》2017 年第 19 期。

[9]　任亚婷：《基于仿生嗅觉的杏仁饼变质鉴别方法的研究》，硕士学位论文，广东工业大学，2013。

反映温度的高低及火候的适度。由于人为判断的主观性和差异性，对于火力的量化研究一直是中药炮制理论研究的重点和难点。而非红外测温技术能在不接触饮片的条件下，动态连续地测量温度，精确、快速地检测出炮制过程中的温度变化，且其重现性较高，有利于研究在炮制过程中与温度有关的参数与共性问题。

多种饮片数字化技术相结合的中药炮制工艺参数研究模式为炮制技术的数字化转型升级带来了巨大优势，但一方面，由于数据采集和处理系统与人体感官模式的差异性，其反映出的处理结果可能与主观经验判别结果存在差异；另一方面，由于借助数字化模式判断炮制程度、确定炮制终点需依赖大量的中药饮片数据信息，实现中药炮制数字化发展的重要前提是完善"形、色、气、味、质"等数据采集仪器的精度，基于传统炮制经验建立中药饮片性状分析模式及数据处理系统，并逐步建成中药炮制品信息数据库，统一判别标准，从而在真正意义上以标准的操作规程完成大批量中药饮片的炮制加工。

中药饮片炮制全流程的有效管控对整个中医药产业链良性循环发展起到了至关重要的作用，俗话说"药材好，饮片好，临床疗效好"，对于饮片的生产，要从源头药材的质量进行全过程的控制。目前，规范炮制工艺和检测饮片质量是控制炮制质量的两种重要手段。李林等提出在原有炮制设备、质量检测设备基础上，研发智能化模块，建立中药饮片生产信息管控系统。[①] 按照炮制工艺标准流程，运用计算机实时监控，收集炮制工艺参数、质量检验数据，实现炮制过程自动化、操作过程规范化。中药企业质量标准生产执行系统（QSMES），可针对饮片生产过程中的主要问题进行专业化设计分析。[②] 在实际操作过程中只需提前设置好炮制流程，任务单就会通过上端控制室发送至各个工区。同时配合红外感应、全球定位系统、激光扫描器等信息传感技术，搭建中药饮片生产执行系统，提高生产过程的透明度，实现全流程精细化管理与智能化操控。[③] 中药饮片生产流程的智能化控制，有效解决了饮片加工过程中各环节信息共享程度低、炮制参数变化大、操作流程不标准、数据记录不同步等问题造成的饮片质量不可控，对于提高生产效率、降低生产成本、保证饮片内在质量具有重要意义。

---

① 李林、陆兔林、周金海等：《物联网技术在中药饮片生产信息化管控系统中的应用》，载《中华中医药学会中药炮制分会 2011 年学术年会论文集》。
② 张季、周金海：《基于模型驱动的中药饮片企业信息系统开发》，《中国现代中药》2013 年第 12 期。
③ 张博、南淑萍、孟利军：《RFID 技术在道地中药材质量溯源中的应用研究》，《长沙大学学报》2015 年第 2 期。

在中药制剂的智能化生产过程中，通过可编程序控制器（Programmable Logic Controller，PLC）技术，已经可以完成固体制剂的包衣工序[①]、灌装、打包工序及配药工序等[②]，以便严格把控生产过程中各项参数，确保制剂生产的高效性和药品质量的稳定性。而在中药饮片的工业化生产中，基于 PLC 和组态软件系统（Monitor and Control Generated System，MCGS）的生产流程管控系统可按照设定的炮制参数和生产工序进行稳定、连续、可视化的饮片生产，同时进行实时数据管理及数据分析，获得及时的数据报表。虽然 PLC 技术具有很强的应用价值，但由于对硬件及软件的要求高、存在程序语言的兼容问题，且依托于强大的互联网通信功能实现炮制设备远程操控，PLC 技术在制药行业仍未普及，在中药饮片行业应用有限。此外，过程分析技术（Process Analytical Technology，PAT）通过借助光谱、色谱、质谱等分析工具，对生产过程中与原辅料及关键工艺参数有关的指标进行实时测定分析，从而对生产过程中的各项工序流程做出及时的掌握和调整，明确造成成品质量问题的影响因素和变异参数。将 PAT 技术引入中药饮片的炮制加工中，有利于建立稳定的炮制参数、实现客观化的流程控制和无纸化的生产记录，最终保证饮片的内在质量。[③]

目前我国大量的饮片生产厂家大多采用传统机械化生产方式，且由于规模小、分布零散及资金有限，无法将其应用到实际生产中。但 PLC 技术、PAT 技术结合 MCGS 技术的融合应用，在很大程度上有利于提高生产效率、保证生产质量、节约生产成本、益于环境友好。随着智能制造、互联网技术的快速发展，此类技术在饮片生产及制剂过程中的应用将逐渐普及，最终演变为智能化质量监测及在线化流程管控中不可或缺的技术。

现阶段，越来越多的中药生产厂家引入诸如 UR（Universal Robots）机器人这样的先进设施，让抓药、煎药、取药、配送等各环节实现标准化和智能化。同时大幅度降低人力成本，提高企业生产效益。如 2022 年天士力"现代中药智能制造"完成了数字科技与中医药产业深度融合。其研发的超高速滴丸机，利用新技术使药液匀速、匀量滴落，完成从液态到固态的瞬间转化。中成药产业的智能制造，也为中药饮片产

---

① 武交峰、简志雄、张维威：《基于 MCGS 和 PLC 的制药包衣控制系统设计》，《自动化技术与应用》2023 年第 2 期。

② 成筑丽：《制药设备运行中自动化技术的运用研究》，《湖北农机化》2020 年第 6 期。

③ 谢升谷、黄艳、孙逍等：《过程分析技术的相关法规与工具在制药行业中的应用进展》，《中国药学杂志》2022 年第 19 期。

业的发展提供了借鉴和参考。

虽然现阶段互联网技术发展迅速，但中药饮片行业互联网技术发展缓慢，许多饮片生产厂家在小范围内实现了软件信息化，但缺乏专业的软件开发工具和编程技术，导致配套的运行系统版本较低，设备之间互联难度较大。且各个系统平台接口不统一，企业内部与企业之间不能形成有效的信息共享，生产数据经济价值无法得到充分体现，数字化转型带来的经济效益不明显。可见，中药饮片生产企业的数字化转型任重道远。

二　中药炮制存在的问题

（一）中药饮片生产企业集约化程度低

中药饮片与中药材、中成药是我国中医药产业的三大重要支柱，也是中医药文化的重要载体。在我国经济结构全面转型升级的背景下，吸引了众多投资者的关注。其中，中药饮片行业虽然整体利润水平较低，但由于其技术等准入门槛相对较低，在国家政策的扶持下，中药饮片行业发展势头良好，饮片生产企业数量逐渐上升，市场规模也不断扩大。当前，我国中药饮片生产企业数量众多，国家药品监督管理局的数据显示，截至 2022 年，我国共有 8000 多家药品生产企业，其中具有中药饮片生产资质的药品生产企业占总数的近 1/3。可见，中药饮片生产企业数量众多，且全国各地都有分布，不同地区中药饮片生产企业数量分布不均，其中分布数量最多的省份为安徽、广东、河北、甘肃等，而西藏、海南等省份药企分布较少。由此可见，丰富的中药资源、先天的历史条件及良好的经济背景等，对中药饮片生产企业的落户发展至关重要。

虽然中药饮片生产企业的数量与日俱增，但大量企业面临多重危机，一方面中药饮片质量问题值得关注，另一方面大部分企业生产效率低、利润低，发展艰难。而最核心的原因是中药饮片产业竞争格局分散，企业分布"多、小、散、乱"，生产集中化、规模化、集约化程度不高。且企业数量众多，难以做大做强，如同仁堂、康美药业等知名品牌企业较少。现常用中药饮片有 500~600 个品种，无论企业大小都有生产，每家企业生产品规可达上百种。品规多而批量生产少，很难做到全部按照 GMP 要求组织生产和进行检验。这种"多、小、散"的产业现状和生产模式，既不利于生产工艺的规范化，也不利于产业的发展创新。同时，对中药饮片生产及流通过程中的监控与管理也造成了极大的不便，影响了中药饮片质量的稳定。

（二）中药饮片炮制缺乏技术规范

中药炮制是中药饮片生产过程中不可或缺的重要步骤，直接影响中药饮片的临床应用及质量。目前，绝大部分国内饮片生产企业依然采用机械化炮制设备进行药材饮片的生产加工。而基于不同炮制目的的机械化炮制设备也在不断进行技术革新。虽然炮制设备的种类不断增加，炮制技术也不断创新，但由于在一定程度上缺乏对炮制原理的深入研究，传统炮制工艺无法量化为标准的机械化炮制参数，炮制不规范现象时有发生，如炮制时间的长短、炮制温度的高低、炮制方法的选择及炮制过程中的药品污染。不同企业之间对于同种中药饮片的具体炮制参数不统一，或同一饮片生产厂家不同生产批次的中药饮片质量不均一等问题，皆由炮制工艺参数的不统一引起。另外，由于全国各地的用药习惯及历史沿革不同，加之不同生长环境的影响，药材品质具有地区性差异，炮制方法也各异。虽然目前中药饮片有全国统一的炮制规范及体现地方炮制特色的地方饮片炮制标准，使得炮制的地方特色得到了一定的保护和传承。但仍有一部分中药饮片缺乏完整的炮制规范，导致此类中药饮片由于缺乏权威的炮制规范而难以管理、流通及销售，加之地方炮制技术的落后，直接导致了中药饮片质量良莠不齐。

此外，现阶段在中药饮片加工过程中普遍存在炮制工艺不规范的问题，一些企业对于炮制技术规范落实不到位，导致饮片质量受到影响，如净制不到位或不净制、切制不当导致饮片长短薄厚不一、炮炙不到位或不按要求炮炙。例如，在实际饮片生产过程中，许多厂家将液体辅料炙与清炒等方法从简操作。姜厚朴与相应辅料拌匀吸尽后进行烘烤、清炒牛蒡子将清炒改为直接烘烤，虽然大大降低了人工成本，提高了出品率且色泽更加趋向于一致，但烘烤后成品的药效是否与清炒后等同并无相应的科学依据。而天麻最规范的炮制方法是蒸制，能够最大限度保存天麻的有效成分，使其药效达到最佳。但部分企业在生产过程中为了加快炮制速度，提高生产效率，实现利益最大化，选择浸润的方法代替蒸制法对天麻进行炮制，对其饮片药效造成一定影响。对于制川乌、制草乌等毒性药材的炮制，则往往出现炮制过头的现象，并无微麻舌之感。虽然药典在其检查项下规定了双酯型生物碱的含量限定，但许多厂家在生产时为了防止应用过程中出现的中毒危险，在炮制时泡或蒸太久，导致饮片效用降低。而对于制霜、水飞、发芽、发酵等传统炮制技术，更无统一的炮制技术规范。

而对于一些具有帮派特色的饮片炮制技术，由于不同派别对于同种中药炮制品的炮制方法有所差异，加之部分传统炮制品缺少规范的炮制工艺、质量标准和评价体系，无法按照机械化生产方法进行大批量生产加工，临床用药受到限制，在一定程度上阻碍了传统炮制行业的发展。

（三）中药炮制设备相对落后

目前，绝大部分国内饮片生产企业依然采用机械化炮制设备进行药材饮片的生产加工。而基于不同炮制目的的机械化炮制设备也在不断进行技术革新。根据不同的生产需求，中药炮制设备目前可分为净制装备，企业应用最多的如洗药机、清洗机、风选机、筛选机、磁选机、挑选输送机及去核机等。切制装备则根据饮片制剂及临床用药需求，有往复式切药机、剁刀式切药机、旋转式切药机及万能高速截断机等。而炮炙装备是最特殊，也最能体现中药饮片特色的制药装备，涉及炒、蒸、煮、煅、煨、发芽、发酵、水飞、制霜、干馏等工艺。现阶段饮片生产厂家常用的炮炙设备包括炒药机如电磁炒药机、自动控温炒药机、微机程控炒药机，煅药机则分为适合明煅及煅淬法的反射炉和电阻炉，适宜闷煅法的电热闷煅炉。现阶段用于工业化生产的中药锻制设备为温控式煅药锅、搅拌式煅药炉等，满足了不同阶段下药物的煅制温度要求，保证了煅制后药材的质量和疗效。蒸煮设备则包括夹层式蒸药锅、蒸药箱、热压灭菌柜等设备，利用热饱和蒸汽穿透力强的特点，采用直通蒸汽加热法或夹层蒸汽加热法实现药材的直接蒸制及间接蒸制。考虑到蒸制过程中对温度的控制，现阶段企业多采用温控蒸药箱以实现蒸制全过程中的温度控制，保证药材质量。虽然炮制设备的种类不断增加，炮制技术也不断创新，但由于在一定程度上缺乏对炮制原理的深入研究，传统炮制工艺无法量化为标准的机械化炮制参数，导致饮片质量降低。且大多数饮片炮制设备的研发多针对净制、切制的炮制过程，而相对更为重要的炮炙过程反而缺乏创新性较高的炮制设备。针对发芽、发酵、制霜、干馏等特殊炮制技术的机械化设备更是少之又少，其药材生产加工仍然依赖于传统手工炮制操作。而中药饮片炮制参数规范化很大程度上依赖于炮制设备的规范化，但目前一种炮制流程对应多种炮制设备的情况，导致了不同药材生产企业生产的同一种饮片质量差异较大。多种炮制设备的改进很大程度上推动了中药饮片的大批量生产和工业化发展，但也为炮制参数的规范带来了困难。除此之外，绝大多数饮片炮制设备功能单一，在中药材机械化生产过程中各个加工环节相互脱离，自动化程度较低，完成完整的炮制过程耗时长，步骤烦琐，生产效率低。可见，炮制装备生产工艺的统一是炮制工艺参数统一的重要前提，而实现热源的精确温度控制是炮制过程中保证中药饮片内在质量的必要环节。

但在中药炮制设备生产行业中，依然存在设备低水平重复生产、稳定性不高、与中药饮片生产工艺不匹配等问题。且大多数炮制设备生产企业研发时存在资金缺乏、规模小、技术水平不高、标准观念弱化等问题，导致中药炮制设备发展缓慢。2016年，国务院印发的《"十三五"国家战略性新兴产业发展规划》中明确提出，加快制药装备升级换代，提升制药自动化、数字化和智能化水平。2017年，科技部和国家中医药管理局联合印发的《"十三五"中医药科技创新专项规划》中也提出，研发数字化、智能化现代制药装备，促进中药工业绿色智能升级。我国生产制药装备的企业已达近千家，生产的装备产品也可达3000余种，已成为全球制药装备生产大国。中药制药装备产业的高质量发展对我国中医药产业发展的重要性已日益凸显。但目前关于中药制药设备领域的专利研究较零散，尤其是对于炮炙设备的专利申请量非常小，这从很大程度上反映了炮炙设备技术创新研发仍十分薄弱。现阶段很多中药饮片加工企业由于没有完善的中药炮制加工设备或相应的配套设备，经常出现药材清洗不干净、切制不均匀、炮制工艺无法统一等问题。而与发达国家的制药设备企业相比，我国中小企业的先进设备较少、技术创新能力不足、科技含量低、附加值低，同时由于企业缺乏持续开发和持续发明专有技术的能力，研发成果转化率不高，在高端市场竞争力较低，贸易技术壁垒成为限制我国制药设备国际化发展的一大重要障碍。

（四）炮制用辅料缺乏制备规范和质量标准

中药炮制辅料的使用历史悠久，炮制辅料的质量一定程度上决定了中药饮片的质量，进一步影响临床疗效及用药安全。与一般西药的制剂辅料概念与作用不同，中药炮制辅料是指中药炮制生产过程中除原料成分（药材）外，加入对中药饮片具有辅助作用的物料，除少数仅起到导热介质的作用外，大多数炮制辅料在饮片生产过程中均与药物发生相互作用，在增强疗效、降低毒性、改变药性、引药入经、扩大药用范围、满足特殊用药需求等方面起到了不可或缺的特殊作用。可以说，炮制辅料对中药饮片的有效性、安全性、稳定性、可控性和依从性发挥着重要作用。中药炮制辅料也必须符合药用要求，必须建立专门的质量控制标准。由于炮制辅料对炮制效果、中药饮片乃至中药的质量具有重要影响，炮制辅料越来越受到中药行业及相关部门的关注。《药品管理法》第45条规定，生产药品所需的原料、辅料，应当符合药用要求、药品生产质量管理规范的有关要求。中药饮片作为法定药品，其在炮制过程中使用的辅料理应具有相关的药用标准。通常，饮片生产厂家对于炮制辅料的制备一般为外购或自行制备。对于外购辅料，如黄酒、醋等，多选用传统工艺制备的产品，而甘草汁、姜汁等通常由饮片生产厂家在临用前自行配制。我国对于炮制辅料的相关国家标准主要收载于《中国药典》，在炮制通则中规定了常用辅料的用量及临用现制的部分辅料（如姜汁）的制法，但大多数辅料没有明确的技术要求，也没有质量标准。对于一些"药辅两用"的品种，即本身为常用中药且又作为炮制辅料使用的品种。如《中国药典》中收载的滑石粉、大青盐、蜂蜜、白矾、氯化钠及饮片本身制备的药汁，如甘草汁、吴茱萸汁、姜汁、黑豆汁等少数品种，均已作为药材饮片或化药收载，如在蜂蜜的标准中，规定了蜂蜜的来源，在性状项下规定为半透明、带光泽、浓稠的液体，呈现白色至淡黄色或橘黄色至黄褐色，检查项有相对密度、酸度、杂质（淀粉和糊精）、5-羟甲基糠醛限度等，含测项有还原糖测定。但是药汁类炮制辅料的加工制备工艺尚无详细的规定，饮片生产企业自己制备过程中无法统一，难以控制此类辅料的质量。而目前更多炮制辅料品种尚无任何可控标准，如砂、灶心土（伏龙肝）、麦麸、胆汁、蛤粉、萝卜汁、鳖血、石灰水、米泔水等因无标准，饮片生产企业在选择和使用过程中随意性大，给饮片的质量和安全造成隐患。

由于大部分炮制用辅料具有"药食同源"的特点，所谓"食辅兼用"品种是指炮制辅料本身为食品或调味品的品种，如食盐、米醋、黄酒等，目前中药炮制行业只能一直借用其食品标准，如国标食用盐按生产加工分为精制盐、晒盐，标准方面均有要求，但炮制辅料盐一般用无碘盐。国标黄酒按其生产原料可分为稻米酒和非稻米酒，对感官指标、物理指标、含量测定指标以及卫生学要求等进行了规定，而炮制辅料黄酒只能是稻米发酵的，不能勾兑，否则不但起不到增效减毒、改性引经的作用，而且可使饮片失去药性药效。国标醋有米醋、陈醋、麦醋、曲醋、香醋等，有固态发酵、液态发酵、配制和勾兑方法，作为食品调味剂允许加入焦糖着色、调味剂和香料等调配，而作为炮制辅料醋的传统是不加任何矫味赋色剂，其他如白酒、蜂蜜亦然。炮制企业可以从任何地方购买任何品种、任何等级的辅料，因此使用食用标准风险较大。国家药典委员会曾启动过中药炮制辅料质量标准的研究专项，但截至目前还未被纳入《中国药典》中。

此外，炮制用辅料数量较多，较常用的有 30~40 种，来源非常广泛，大多没有国家药用标准。由于没有专门的炮制辅料加工单位及生产厂家，目前的国家药品标准关于炮制辅料的相关标准体系并不完善。相比制剂用辅料凡例、要求、通则和指导原则等总体性规定和指导、各论标准具体化、个性化规范的标准体系，炮制辅料国家标准的体系不完善或缺失，通用性要求和相关指导原则缺乏，这对于中药饮片生产者控制中药饮片质量，药品监督管理部门监管中药饮片生产、制定地方炮制规范等都是不利的。加之现代炮制学科建立的时间仅有几十年，许多关于炮制理论的研究仍不全面和完善。炮制辅料作为炮制的关键性一环，在炮制过程中发挥的作用各不相同，机制比较复杂，因而受到的重视程度不够，导致炮制辅料的药用标准制定与实验研究严重滞后。近年来，随着中药产业的发展升级和标准化工作的进步，国家药品监管有关部门及学术界开始重视炮制辅料工作，然而针对炮制辅料标准及相关基础研究的课题与成果并不多。尽管对于食醋、食盐、黄酒、姜汁、麦麸、炼蜜和白酒（蒸馏酒）炮制辅料科研部分已完成，但是由于相关研究深度与广度不足，最后均未形成全国性的炮制辅料标准。

（五）中药饮片缺乏专属性质量标准

近年来，随着中药炮制领域的机械化变革，一系列新型饮片生产技术也应运而生。采用超微粉碎技术、纳米技术生产的破壁饮片、纳米中药，及近年来发展势头强劲的中药配方颗粒等与传统中药饮片行业形成了强烈的竞争。例如，对于人参、灵芝等贵重中药，经超微粉碎后可减少服用剂量，在节省药材原料的同时保证其疗效。20世纪90年代初，江苏江阴天江药业首先研制中药配方颗粒，1992~2000年江苏江阴天江药业和广东一方药业共同承担试点生产研发任务。2001年国家药品监督管理局正式命名"中药配方颗粒"，自2001年开始，增加三九药业、北京康仁堂、四川绿色药业、广西培力，加上原来的2家，共6家试点生产企业。虽然中药配方颗粒试点已经16年，但依旧存在很大的争论。配方颗粒的最大特点是即冲即饮，能免去传统中药汤剂对煎煮的繁杂要求，服用方式上给消费者带来了极大的便利。但配方颗粒在内在成分、疗效方面与传统饮片存在差异，对其药物的有效性目前存在争议。目前，配方颗粒尚处于起步阶段，国家没有规范统一的质量标准，各地、各制药生产企业所使用的生产工艺标准不统一，检测标准不健全，质量稳定性不可控；包装规格也缺乏统一规范化，配方颗粒与传统饮片两者的剂量换算关系不统一，因此临床上的疗效难以得到保证，医生在临床应用上也较为麻烦。而在2020年出版的《2018~2019年中医药学科发展报告·中药炮制》一书在对于传统饮片及新型饮片的区别这一问题上明确指出："中药饮片应具有创新性，但不具备饮片属性的创新则不是饮片。"因此，尽管超微粉碎技术具有不可替代的优势，但生产的粉末状饮片在外观性状上已不具备饮片的属性，且粉碎粒径的改变对药材有效成分溶出度和溶解速率产生了极大的影响，导致微粉饮片与传统饮片在药理药效上存在显著差异。而中药配方颗粒以中药饮片为原料，通过煎煮制粒而成。就其属性而言，并不能代替传统中药饮片，而更倾向于制剂范畴。但就中药制剂而言，中药配方颗粒与复方中成药是否等效也有待商榷。

国内中药饮片发展至今，从技术演进的角度看，已经历了第一代中药饮片，即传统中药饮片、第二代配方颗粒饮片，以及第三代破壁饮片。在药物基本质量要求上，新型饮片明显优于传统饮片，尤其是破壁饮片，与传统饮片相比，破壁饮片和配方颗粒在稳定性、安全性、可控性上有着一定优势；与配方颗粒相比，破壁饮片的全成分保留，使其在有效性上更能得以保障。第三代破壁饮片的优势高于第一代传统饮片与第二代配方颗粒，而目前正式获得原国家食药监总局批文的只有中智药业和贵州联盛药业两家企业。其中广州中山中智药业集团作为国内最大的破壁饮片生产企业，已生产西洋参、丹参、黄芪、党参等几十种利用超微粉碎技术生产的中药破壁饮片并投入市场。且中药破壁饮片与传统饮片相比，在全产业链的质量控制下，质量可控性及均一性得到全面提升。而破壁饮片能节约药材资源，实现中药饮片"减量等效"高质量发展。中药破壁饮片是中药饮片标准化的重要突破。相比较传统中药饮片存在品质不均匀、无保障、质量不可控、成分利用率低等情况，中药破壁饮片的优势在于采用了不添加成型的专利技术，减少表面积，不易吸潮，不容易被细菌污染，不容易被氧化，不溶于水且使用时不易结块，实现了标准化的突破，为中药技术研究与产业化发展、中药质量标准体系建设等提供了新的思路和发展方向。但目前，新型饮片质量标准大多与传统饮片标准无异，而新型饮片又日益占据传统饮片的市场份额，与传统饮片形成了激烈的竞争。

三　中药炮制问题解决对策及展望

（一）促进中药饮片企业规模化、集中化发展

要实现中药饮片生产规范化、专业化及企业规模化，改变饮片行业现有的"多、

小、散、乱"的生产现状是十分必要的。随着行业规范程度的不断提升，行业龙头企业需加强对药材的掌控，全国布局，形成产业集约化、规模化发展模式，加快饮片流通速度。如以中药饮片为生产主体的中国中药公司，通过完善中药饮片生产全产业链，进一步加强了对上游原料的控制。其在药材供应方面，通过内外部的前向一体化和后向一体化发展，逐渐形成完善的原料、研发、生产、流通及终端产业链。同时在中药饮片的生产过程中，充分考虑内部资源的集成优化和集中配置，立足道地产区药材资源优势、科学统筹多种饮片协调生产，通过道地品种的批量生产降低生产成本，进一步打开当地市场，提高当地市场份额，形成综合竞争优势。

此外，中药材行业市场普遍存在市场经营主体繁杂、经营方式不一、经营群体众多等问题，导致市场管理难度大，缺乏统一权威的中药材市场管理规范。因此，进一步加大对中药饮片行业的监管力度，规范市场竞争，淘汰生产质量与标准相差甚远又无法负担改造生产设备的劣质企业，鼓励企业兼并或重组，扩大优质企业的生产份额和盈利空间是十分必要的。同时，随着部分企业盈利能力的提升，中药饮片产业并购整合的趋势也将越来越明显，企业的融资和信贷能力不断增强，研发技术及市场竞争力不断提高，我国饮片行业的市场集中度也将逐步提升。康美药业是国内首个突破资本市场千亿元的医药制造企业，以生产经营中药材、中成药及中药饮片为主。目前，其现有中药饮片品种达近千种、品牌规格超过 2 万种，中药饮片销售量位居行业榜首。而康美药业生产经营中药饮片的最大优势在于打造了以中药饮片为核心的产业链，从药材种植和市场交易再到生产开发和终端销售，有效整合各种资源，形成了一体化的综合运作模式。康美药业通过链式升级模式明显扩大了企业在饮片行业的市场份额，提升了企业运营能力，增强了企业的核心竞争力和竞争实力。

目前，我国中药饮片生产厂家数量众多，但很多企业对饮片下游销售终端的把控能力弱，加之中药饮片行业互联网技术发展缓慢，许多饮片生产厂家在小范围内实现了软件信息化，但由于缺乏专业的软件开发工具和编程技术，配套的运行系统版本较低，设备之间互联难度较大。企业内部与企业之间不能形成有效的信息共享，中药饮片生产模式难以达到规模化。因此，充分借助数字化生产技术，进行中药饮片产业链升级，提高企业绩效，注重产品品质是中药饮片行业改革发展的必经之路。但在升级过程中，还应结合企业发展实际及自身实力，避免不恰当的改革升级方法带来经济负担。同时，也不可一味追求自身规模，排挤中小企业竞争对手，肆意垄断市场，造成饮片行业恶性发展。

（二）建立中药饮片炮制生产技术规范

随着我国中药产业的发展，国家相继出台了中药饮片生产和监管的法定标准，但在中药饮片标准和炮制规范方面仍存在诸多不足。其收载的炮制规范不健全、炮制工艺不详尽，"各地各法""一药多法"的炮制现象较为普遍。在现阶段，中药饮片生产企业实现了饮片机械化加工，中药饮片的质量标准也逐渐完善，针对植物类、易霉变的药材及饮片加强了安全性控制水平，同时提升了专属性质量控制。但在实际生产过程中，部分中药饮片标准仍存在一定问题，导致饮片生产企业无法按照标准生产出合格的中药饮片。例如，炒紫苏子药典规定水分含量测定不得超过2%，而紫苏子药材标准规定了水分含量不得超过8%，炒制过程中容易出现炒焦的问题。类似的川射干药材总灰分与饮片总灰分相差较大，在实际生产过程中通过清洗除杂等一系列操作后仍难以达到规定要求。而大枣饮片水分要求不得超过13%，按照此标准加工出的大枣饮片表面干燥坚硬，与饮片标准中要求的性状柔软相矛盾。因此，2019年，中共中央、国务院发布的《关于促进中医药传承创新发展的意见》中提出"健全中药饮片标准体系，制定实施全国中药饮片炮制规范"。在2022年国务院办公厅印发的《"十四五"中医药发展规划》中，也进一步明确了"制定实施全国中药饮片炮制规范，继续推进中药炮制技术传承基地建设，探索将具有独特炮制方法的中药饮片纳入中药品种保护范围"。为进一步规范中药饮片炮制，健全中药饮片标准体系，国家药监局制定了《国家中药饮片炮制规范》，以企业为主体，通过广泛征集中药饮片生产企业的实际生产状况和生产经验，逐步细化多种炮制方法的工艺标准，结合饮片特点对其炮制工艺进行充分验证，以满足大部分饮片生产企业的生产条件。不仅对传统的炮制经验总结创新，而且充分考虑到中药饮片现代化生产的需求，为规范企业在中药饮片生产过程中的操作流程、提高饮片质量提供了可行的参考依据。

此外，不断完善中药饮片质量标准，确保炮制规范与饮片标准的统一性及适用性，对于保证饮片质量具有重要意义。对此，还需结合现代的质量控制技术，使中药炮制的原理科学化、炮制工艺规范化、产品质量标准化、炮制设备智能化。将传统的生产工艺条件数据化，如在炒制过程中，将以往根据经验判断的投药量、炒制温度、旋转速度、炒制时间等转化为具体的工艺参数。在中药饮片的质量评价方面，注重炮制过程中的质量控制，将机器视觉技术、非红外测温技术、近红外及二维红外检测技术相结合，对中药饮片炮制过程中的性状、水分、指标性成分的变化进行实时监测。在传统的形、色、气、味的基础上，实现中药饮片化学成分定性、定量分析，同时将色谱指纹图谱应用到中药饮片的鉴别中，实现中药饮片炮制过程的智能化、信息化管理，从而为中药饮片的质量评价提供更为科学、合理的鉴别模式。除此之外，还需对中药炮制的共性关键技术如炒、蒸、煮、煅等进行研究，建立从中药材前处理到中药炮炙等各个环节的操作工艺参数，制定中药饮片炮制工艺SOP。

（三）创制中药炮制先进的智能制造设备

中药饮片生产工艺的精髓是炮制，实现炮制过程与互联网参数对接及炮制设备的智能化改造，是促进其工业化发展的重要前提。中药炮制技术与先进的"互联网+"技术及大数据信息库的融合发展，已经成为中医药走向世界的必然条件和趋势。首先，通过融合工程学和信息学，建成智能化的炮制设备，并基于数据挖掘技术进一步整合中药饮片产业链中的信息，构建中药饮片质量监管系统，对中药饮片生产进行信息化管理和饮片质量在线监测。其次，鼓励支持中药炮制设备生产企业生产开发节能技术和制药装备，提升能源利用率，推动企业实施生产过程绿色低碳化改造，淘汰高排放、高污染、高风险的工艺技术和生产设备。为实现中药饮片行业的节能减排、低碳经济，需从设备和技术上对制药设备进行改造，实现自动化连续生产，结合中药饮片生产加工前处理及后续炮制过程中的共性问题，建立自动化程度较高的中药饮片生产联动线，在实现饮片大批量生产的同时，降低不同批次之间饮片质量的差异性，保证中药饮片质量均一稳定，提高生产效率，降低能源损耗。最后，加强中药炮制设备创新，推动中药炮制设备标准化建设。综观中药炮制生产设备行业发展现状，市场上的炮制设备种类多、规格全，基本能够满足中小企业炮制生产的需求，中药炮制生产设备行业也因此获得了不错的发展。在科技的革新下，自动化、智能化技术已逐渐被应用于中药炮制设备当中，如市场上出现的滚动式洗药机、电动炒药锅等都是目前应用较为广泛的高自动化炮制设备，不仅提高了生产效率，还省电、节约成本，产品质量也更有保证。但从整体来看，由于专业人才缺乏，对中药炮制的机制、内容、工艺方法等研究不深入，中药制药专用设备的革新之路还存在较多问题。为了提升中药饮片整体质量，一些药机企业正通过加大研发投入，不断创新中药炮制共性关键技术，提升中药饮片生产设备水平，改进炮制关键技术参数，还应用中药材真空浸润技术、干法表皮净制技术、微波炮制技术、程控炒药技术、红外线火候判断技术等打造更现代化的生产设备。还有很多企业融合数码编程，将电子鼻、电子舌、电子眼及传感器等现代技术与规范炮制工艺参数配套，研发炮制设备在线控制产品和炮制单元设备的连续制造。

此外，通过融合工程学和信息学，建成智能化的炮制设备，并基于数据挖掘技术进一步整合中药饮片产业链中的信息，构建中药饮片质量监管系统，为指导中药饮片生产和提升中药饮片质量提供了可靠的参数依据。恒修堂作为率先实现饮片数字化生产的工厂，配置有数控直线往复式切药机等多种数字化炮制设备，同时通过建立 MES 系统及 ERP、WMS 等溯源系统，确保了中药饮片的生产流程自动化及标准化、生产过程可监控化和仓储物流智能化管理。为实现以饮片质量为核心的炮制全流程智能化管控，需加快实时测量与分析技术的突破性研究，构建基于不同类型饮片及炮制目的的智能化在线检测系统。在互联网背景下，实现中药炮制技术数字化、智能化转型最关键的问题是硬件设施的完备和软件系统的建立。在炮制设备的智能化改造中，需结合炮制目的及实际生产情况，研发具有自主知识产权的核心技术和装备，开发先进的检测方法，研制如传感装置、数字芯片等参数检测设备。为将单元化操作模式下割裂的数据信息整合集成起来，达到数据资源的充分利用，需建立包含种植、采收、加工、仓储、流通等各个环节的信息采集及分析系统，如过程检测与分析系统、数据采集与监控系统、生产执行系统等，并将各个系统信息汇总集成，根据饮片实际生产情况进行中药饮片全产业链的精准调控，不断提升生产效率和管理质量。由于中药饮片生产与中药制剂生产过程存在本质上的不同，相比之下，中药饮片在炮制过程中发生的外在和内部变化更加不可控。因此，要在借鉴中药制剂数字化生产的基础上，切实了解生产过程中的实际情况，加强对中药饮片领域的认识，系统性学习中药学相关知识，研发专业的检测系统和控制方法，借鉴国际先进的工业化软件，致力于研究规范、统一的国产操作系统，保证生产过程中工艺参数的安全性，避免数字化转型及信息共享带来的数据安全隐患风险。

（四）建立炮制用辅料的制备规范和质量标准

近年来，大力发展中医药已被纳入国家发展战略。中医药的发展离不开中药材的发展，中药炮制是保证中药材质量的基础，炮制辅料的应用又是中药炮制的先决条件。在推动炮制辅料的标准化建设时，应首先做好顶层设计，制定出符合炮制辅料自身生产、使用特点，有利于保证炮制辅料在炮制过程中发挥自身特性，方便饮片生产企业控制炮制质量和药品监管部门监管，符合我国现实国情的标准体系。炮制辅料标准体系的建设可借鉴《中国药典》"制剂用辅料"的标准体系。另外，由于炮制辅料有相当一部分为临用现制、自用自制，没有工业化生产产品，目前也没有相关批准文号或备案管理制度，这与制剂用辅料有所区别，故在标准体系设计时，也应予以注意。炮制辅料标准化的当务之急是尽快制定炮制辅料通用性要求和指导原则，指导相关生产者、使用者及管理部门开展相关工作，对中药炮制用辅料的生产全过程加以规范，保证炮制辅料的安全性、有效性、质量的稳定性和一致性。在炮制辅料通用性要求和指导原则中，可对炮制辅料的标准引用情况做出指导，如已有药品国家标准的药辅同源品种，可借用药品标准作为炮制辅料的标准。此外，厘清炮制辅料、制剂辅料的关系，明确炮制辅料的地位，以便推动炮制辅料标准化发展。

大多数炮制辅料在药品国家标准中没有相关质量标准这一情况，炮制辅料标准制定工作必须通过对古代文献的考证和传统经验总结，实地考察，与炮制研究紧密结合，通过炮制机制研究，明确炮制过程中炮制辅料所起的作用，有针对性地制定质量控制项目，避免盲目地照搬食品标准或其他行业标准。同时，加大科研投入力度，加快炮制辅料基础研究，针对炮制辅料基础薄弱的情况，持续加大相关科研经费的支持力度。在丰富和完善炮制辅料基础性和机制研究的基础上，逐步完善炮制辅料的国家标准和地方标准，使炮制辅料走向规范化、标准化，形成更加科学、合理的中药炮制辅料相关标准体系。

（五）加强炮制科学内涵研究，建立符合饮片特色的专属性质量标准

虽然新型饮片增长迅猛，但其安全性、有效性缺乏统一标准认证。中药饮片与新型饮片的药理药效比较研究尚缺乏规范且可信度高的研究方法。即便同属于新型饮片、发展较为成熟的中药配方颗粒，也处于试点阶段，标准和监管问题尚未完善。因此，明确配方颗粒与中药饮片的概念，分别制定质量标准及管理政策，使得二者独立发展、各得其所，对于中医药产业健康发展是十分必要的。中药饮片在现代机械化技术下的创新发展是传统炮制技术改革的必经之路，但新型饮片的质量标准需有别于传统饮片。且新型饮片的临床疗效及安全性研究尚存在很多问题，因此新型饮片的研究还需克服技术转化率低、实际应用程度不高等问题，向着稳定、高效、

低毒的方向发展。现阶段，传统饮片仍占据中药饮片行业的主要地位，但随着多种不同形态的新型饮片不断发展，无法避免地会对传统饮片市场造成冲击。因此，在国家政策的支持下，调整和细化中药饮片管理规范，根据不同饮片的优势特色，结合临床用药方法，进一步明确和定位新型饮片，实现传统饮片、新型饮片的良性竞争和差异发展。

在中药饮片发展过程中，要能在继承的基础上进行创新，将科学和实用能够同时兼顾，结合当前新的学科技术，建立中药饮片炮制工艺规范研究和质量评价的技术平台，创造具有实用价值的科研成果。保障中药炮制理论以及原理的科学性也是现代中药炮制和饮片发展创新的基础。因此，要在中药炮制学科传统炮制技术科学性研究方面进一步深入，成立专项研究项目，以饮片炮制前后科学内涵变化规律为纽带，注重新思路和模式的创新，促进我国中药炮制学科和饮片产业的良好发展。中药饮片的创新发展要在遵从炮制原理和炮制目的的原则下，寻求正确的发展和创新方向。如近年来出现的中药代煎服务，极大地提升了中医药服务能力，且有望向着煎煮制粒的方向发展，不仅达到了服用方便的目的，也降低了患者负担，同时自动化程度大幅度提升。煎煮制粒相比于配方颗粒而言，更加符合中药饮片共煎等效性的要求，是扩大中药饮片产业路径的一个重要方向。随着中药饮片炮制加工过程中在工艺、设备、辅料、理论、技术上的不断创新发展及信息技术、互联网的融合发展，中药饮片生产将逐渐走向数字化、智能化的发展方向，形成具有国际竞争力的独特产业，最终实现中药饮片产业绿色、安全、低耗、高效、高质发展。

第三节　中药产地加工与炮制一体化技术

多数中药饮片的加工方法均存在药材"净制—干燥—软化—切制—再干燥"的过程，这种二次水洗和二次加热的重复环节不仅造成了有效成分的损失，降低了饮片的质量，而且增加了成本，加大了劳动量。中药材产地加工与炮制一体化（简称"一体化"）可以将产地中药材农副商品的属性提升进入中药饮片药品属性范畴中，提高国家对中药材的监管标准，具有减少有效成分流失、提高中药饮片质量、保证临床疗效、缩短生产周期等优势。因此，近年来中药材"一体化"产地加工方法被越来越多的专家学者所推崇（见图9-4）。

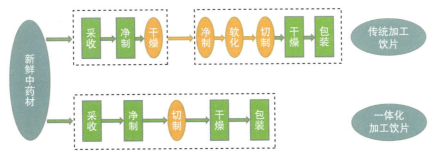

图 9-4　中药传统加工与炮制一体化生产工艺对比

一　中药产地加工与炮制一体化发展现状

（一）一体化发展的理论基础与实践应用

1. 传统应用基础

中药应用具有悠久历史。早期的中药加工主要在产地，没有专门的炮制，只在应用过程中对药物进行简单初加工，如清洁等；魏晋南北朝时期，炮制技术逐渐发展，出现了第一部炮制专著《雷公炮炙论》，其记载的 184 种中药材中趁鲜加工的有 61 种，产地加工与炮制完全分开的仅有 35 种，可见当时一体化技术已很常见。隋唐至宋元时期是医药行业的勃发时期，随着医学技术的发展与用药种类的丰富，炮制技术与理论趋于成熟，炮制的种类更加丰富。该时期中药产地加工与炮制相互交织、渗透，产地趁鲜加工的炮制品种类得到了极大的丰富，但产地加工仍停留在以药材干制为主的阶段。明清时期，随着医药行业的分工，药材的供、用分离，中药产地加工与炮制逐渐分开。随着当时中药商品规模的扩大，各地出现了地方特色中药行，后来形成了著名的"十三帮"和数个药材集散地，各地设有"切药棚"，药材多就地切制加工后打包运输，这种情况一直持续到新中国成立。新中国成立初期，全国中药材仍以散户经营为主，种植户对药材自行加工，没有统一规范，此时的医药坊仍有部分沿用前店后坊的作业模式，部分药店自行加工炮制药材，当时的产地加工与炮制尚未完全分化；中药饮片厂逐步建设中。1985 年国家实施的《中华人民共和国药品管理法》，将中药饮片按照药品规范化管理。此后，中药产地加工与炮制完全分开，炮制作为中药饮片的加工环节保留在医药行业，而中药材产地加工则被作为中药种植生产环节被分化出去，逐渐失去行业重视。

2. 现代研究的理论与实践支撑

中药材趁鲜切制，历版《中国药典》中均有收载，只是品种数量有限，与中药临床应用品种差异大。《中国药典》2020 年版允许趁鲜加工的药材品种增加到 69 种，其中药材切片 29 种、切段 18 种、切块 3 种、切瓣 4 种、可选用多种切制方法加工的 11 种、去心 2 种、去粗皮 2 种。其主要品种见第一章表 1-1。

随着可趁鲜切制中药品种的增多，在 20 世纪 80 年代，有学者提出了中药材应在产地加工成饮片的观点，随后关于产地加工与炮制一体化的研究日益增加。工艺条件、质量标准及其药效等几个方面对传统饮片及"一体化"饮片进行对比评价研究，为该项技术在实际生产中的应用提供了理论支撑。从研究结果分析，采用中药材趁鲜加工可以减少工序，缩短生产时间，提高部分成分含量，药效相对有所增强，部分品种工艺研究结果如表 9-6 所示。

表 9-6 中药材传统产地加工与趁鲜切制饮片对比

名称	传统工艺	趁鲜切制方法	有效成分含量对比	药效对比
黄芪	鲜黄芪晾晒至一定程度（含水量40%），揉搓2次（每次揉搓完成后晾晒1天），除杂，切制，晒干[1]	鲜黄芪除杂及非药用部位，晾晒至含水量为50%，发汗和揉搓，清洗、切制，置于红外辐射干燥箱中干燥	一体化黄芪饮片中芒柄花苷、总多糖、毛蕊异黄酮、毛蕊异黄酮葡糖苷普遍高于传统饮片	抗氧化活性、清除自由基能力强于传统饮片
苦参	鲜苦参晾晒至干，再净选、闷润软化、切厚片，干燥	鲜苦参直接切片，干燥	一体化苦参片有效成分总量为传统饮片的1.3倍[2]	抗炎消肿、解热作用优于传统饮片
枳壳	枳壳鲜果横向对半切，晒干为枳壳药材，枳壳药材用水清洗，润透，挖去内瓤，切薄片，再干燥	新鲜枳壳横向对半切，晾晒3天后切2~3毫米的薄片，晒干[3]	柚皮苷和新橙皮苷含量高于传统饮片	在胃动力学药效指标上作用相近，但调节血液黏度更加优于传统饮片
杭白芍	白芍去皮后煮至透心后晒干，用水润透，切片，烘干	去皮，100℃烘20分钟，半干切片[4]	主要药效成分芍药苷含量高于传统饮片	—
温莪术	鲜温莪术除去须根，洗净泥沙，大小分档，置沸水中煮透心（约1小时），取出摊晾，低温干燥（大约20天），然后水泡3~4小时，润透软化后切成3毫米厚片，低温干燥2~3天	温莪术新鲜药材洗净，蒸制3~4小时，在50℃烘箱中干燥36~42小时，切3~5毫米厚片，在45℃烘箱中干燥6小时，并且在干燥过程中每小时翻动1次[5]	一体化温莪术片中水分、挥发油含量、吉马酮含量与传统饮片无显著差异，但姜黄素含量高于传统饮片	一体化饮片镇痛、抗炎、抗血栓作用与传统饮片相当

续表

名称	传统工艺	趁鲜切制方法	有效成分含量对比	药效对比
肉桂	鲜肉桂，抢水洗净，阴干至含水量低于15%，除去粗皮，软化，切丝，低温干燥	鲜肉桂，抢水洗净，烘至含水量至40%~50%，刮去粗皮，切丝，低温干燥[6]	肉桂一体化饮片中桂皮醛、桂皮酸、挥发油和浸出物的含量显著高于传统饮片	—

注：1 吴红伟、李东辉、宋沁洁等《黄芪趁鲜切制饮片与传统饮片化学成分及体外抗氧化活性比较研究》，《中草药》2022年第22期。

2 岳琳、王岚、刘颖等《产地加工与饮片炮制一体化对苦参饮片主要功效的影响》，《中国实验方剂学杂志》2017年第12期。

3 罗雪晴、张金莲、颜冬梅等《枳壳趁鲜切制工艺优选及药效研究》，《中草药》2018年第20期。

4 徐建中、孙乙铭、俞旭平等《杭白芍产地加工炮制一体化技术研究》，《中国中药杂志》2014年第13期。

5 王洁、陈琪瑶、徐依依等《基于过程控制的温莪术产地加工与炮制一体化工艺及药效研究》，《中国药师》2019年第8期。

6 骆声秀、王英姿、李文华等《肉桂趁鲜切制可行性探究》，《中药材》2017年第12期。

2015年，国家中医药管理局启动了"30种中药饮片产地加工与炮制一体化关键技术规范研究"行业专项，标志着一体化研究得到了国家层面的支持。此后，各地相继出台政策，鼓励药材趁鲜切制研究，推动产地加工与炮制一体化发展。2019年，甘肃发布了4个品种趁鲜切制指导意见。2021年7月5日，国家药品监督管理局发布《关于中药饮片生产企业采购产地加工（趁鲜切制）中药材有关问题的复函》，明确指出中药饮片生产企业可以采购具备健全质量管理体系的产地加工企业生产的产地趁鲜切制中药材用于中药饮片生产。此后，各省（区、市）相继颁布一系列政策，积极引导当地中药材产地趁鲜加工的发展。从各目前看，各省（区、市）公布的品种存在重复，但总体来说，趁鲜加工的品种数量不断增加，还有部分省（区、市）在酝酿发布趁鲜切制的中药品种。截至2023年12月底，全国已有20多个省（区、市）发布了趁鲜加工的中药品种。

（二）中药产地加工与炮制一体化发展现状

中药材产地加工与炮制一体化是将原来传统的产地加工、饮片生产两部分结合起来，简化了生产步骤，是生产模式的改进。生产过程中采用的技术是产地加工技术与炮制生产技术相结合，其中炮制生产技术中，除切制、干燥、炮炙技术，还有包装和贮藏技术。由于品种不同，工艺路线有所差异，总体来说，一体化生产的中药主要有三种技术组合（见图9-5）。中药材是农副产品，原来传统的中药产地加工多数是种植户自行生产，生产条件简陋，生产过程中几乎没有质量监管，而采用一体化生产，明确要求了产地加工企业需要具有生产相适应的场地、设施设备以及与加工规模和品种相适应的专业技术人员，有健全的质量管理体系以及配合中药饮片生产企业落实药品质量管理的能力。因此，采用一体化技术生产中药，在生产过程中采用的设备以及条件与传统的产地加工有所提高，更趋向于机械化、规模化。在目前的生产中，一体化的生产地点主要在与药材产地距离较近、方便运输、有生产条件的企业，也可在生产基地附近建立加工车间，或者设计生产符合要求的可移动式生产设备。近两年来，中药趁鲜加工的品种数量快速增加，各地也在陆续审查公布符合要求的产地加工企业及产地加工品种，如甘肃公布了第一批20家龙头企业等。中药品种中趁鲜加工的比例在不断增加，个别品种可达50%。

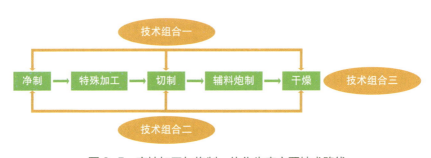

图9-5 产地加工与炮制一体化生产主要技术路线

二 中药产地加工与炮制一体化存在的问题

（一）基础研究相对薄弱

基于多种原因，中药的应用以传统方法加工饮片为主，采用一体化加工的中药品种相对于临床常用品种显得不足，临床应用基础有限。近年来，关于一体化品种的研究资料增加，对包括工艺、质量和药效都进行了研究，表明采用一体化加工后的饮片药效优于传统加工饮片或药效相当。基础研究的结果在一定程度上支持了一体化的推进，但采用一体化生产后，存在饮片生产用原料缺乏质量标准的问题。目前已有的中药标准，中药材主要是以干药材为基础制定的，而一体化生产，原料为鲜药，没有制定相关的质量控制标准，从生产管理角度，原料质量未有标准，难以保证产品质量，目前也未见相关的研究报道。一体化生产的基础研究还需要加强，特别是研究的评价指标、研究内容等，并与生产结合，以更全面地评价饮片质量；针对饮片的质量控制，已有的标准大多与药材标准相当或含量不同，在体现饮片的专属性指标方面相对不足，一体化饮片的生产同样面临此问题，特别是与传统方法加工的饮片之间的异同，还有待深入研究。

（二）缺乏生产技术规范

采用一体化的生产工艺，将中药材的产地加工纳入饮片生产环节，传统的产地加工生产以种植户自行加工为主，靠经验主观判断，没有规范的生产过程，加工设备等也千差万别。而中药饮片应按 GMP 要求进行生产，主体应是企业。由于缺乏一体化生产的技术规范，增加了此方法的推广难度。目前，多个省份陆续发布了中药材趁鲜切制加工的指导意见，对规范一体化生产有引导作用，但具体品种的生产技术操作规程等还需要生产企业根据实际生产情况加以制定。

（三）生产能力与规模化相对较低

中药一体化生产起步时间短，生产条件等以现有的为主，包括产地初加工企业和部分饮片生产企业，这些企业特别是初加工企业，规模小，生产能力低，一体化生产的加工能力相对较低。一体化这种生产模式推行初期，结合与中药生产实际，是相对正常情况，但需要加强这方面建设。可在主产地或主要集散地，建设针对主要产品的加工企业，或引进具有较强生产能力的饮片生产企业，提高一体化生产能力。

（四）质量管控有待进一步加强

长期以来，中药材归属农副产品，饮片归属药品，是两个不同的行业，政策法规不同，管理体系也不一样。采用一体化生产后，将二者结合起来，就面临行业归属问题，建立合理的监管体系是目前要解决的重要问题，否则可能造成管理者之间出现矛盾、扯皮或无人监管的窘况。根据目前的政策，中药饮片生产企业和药品生产企业可以购进产地趁鲜切制的药材用于生产，但所购原料的生产企业要有健全的质量保障体系，明确了购买药材的企业的质量管理主体责任，也要求其加强对产地加工企业的质量管理体系审核。虽然各省份推行中药趁鲜切制目录，并有指导加工意见，但具体如何监管，还没有完善的体系，需要加强建设，在实践中完善，从管理上推动中药产业的发展。

三 中药产地加工与炮制一体化展望

中药产地加工与炮制一体化作为国家近年推出的中药政策，各地也在积极响应，面对生产的相关问题，逐步加以解决，促进一体化的加快发展，为提高中药质量提供较好的生产保障。

（一）生产品种与规模

自 2021 年国家对中药产地趁鲜切制管制放开以来，各地陆续出台了本地趁鲜加工品种，虽然相对临床应用品种来说，已公布的品种数量有限，但根据目前的发展趋势，一体化品种数量逐渐增加，将逐步满足临床应用需要。生产规模将随着应用需要逐步扩大。目前，也有部分中药饮片生产企业陆续加入该项目中，促进了一体化的生产。各级政府相关部门通过政策或资金等进一步引导，使有实力的企业投入一体化生产或者已有一体化生产企业扩大规模，提高一体化生产药物的占比。

（二）产品质量提升

近年来提出的中药材产地加工与炮制一体化是提高中药饮片质量的有效措施。国家虽然在政策上支持，也有政策引导，但还需要建立相关的管理法规，规范生产行为，加大监管工作力度，从药材种植到饮片包装，进行统一管理、监督，规范饮片管理，便于追踪溯源，做到有法可依、有法必依。工欲善其事，必先利其器。要想保证在中药材一体化加工过程中科学与规范化的同时，还要追求效率最大化，那么一体化设备的机械化和自动化发展是必然要求。由于目前一体化设备的机械化与自动化的发展比较薄弱，研发集自动中药材筛选、加工与炮制功能于一体的智能化设备，是突破中药饮片产业化发展瓶颈的重要途径，通过多种形式投入相关研究，促进设备的发展，提高中药饮片生产质量。除此之外，还应加强一体化基础研究，制定研究指导原则，建立生产规范技术、质量控制标准，完善中药产地加工与炮制一体化的生产模式以及质量监管体系，推动中药材产地加工与炮制一体化的智能化、规范化和规模化发展，提升中药质量。

参考文献

［1］刘磊、杨大宇、张晓燕等:《中药材产地加工研究现状及现代研究特点探讨》,《时珍国医国药》2021 年第 12 期。

［2］尉广飞、李翠、刘谦等:《干燥前水洗对丹参活性成分的影响》,《中草药》2015 年第 16 期。

［3］王成军、严晨:《机器视觉技术在分拣系统中的应用研究综述》,《制造技术与机床》2020 年第 5 期。

［4］张梦琦:《机器视觉识别技术在分拣机器人系统中的应用》,硕士学位论文,大连理工大学,2017。

［5］晏宇杭、卢丽洁、周永峰等:《川白芷产地趁鲜切制与传统切制方法对其质量的影响》,《中草药》2021 年第 14 期。

［6］杨冰、宁汝曦、秦昆明等:《中药材产地加工与炮制一体化技术探讨》,《世界中医药》2020 年第 15 期。

［7］侯丽娟、胡静、毛积磊等:《威海西洋参产地初加工技术》,《农业工程》2022 年第 10 期。

［8］侯毅、毛正云:《甘肃省款冬花产地初加工储藏技术规程》,《农业科技与信息》2022 年第 17 期。

［9］刘松雨、黄勤挽、吴纯洁等:《冷冻干燥技术在中药领域的研究进展》,《中草药》2022 年第 3 期。

［10］张欣蕊:《中药材干燥技术现状及发展趋势》,《临床医药文献电子杂志》2020 年第 34 期。

［11］卢小龙、安爽:《高压电场干燥技术的概述及研究应用》,《节能》2022 年第 6 期。

［12］黄玉龙、吕斌、孙若诗等:《热泵干燥技术在中药材初加工中的应用综述》,《甘肃农业科技》2019 年第 9 期。

［13］邓爱平、詹志来、张悦等:《牡丹皮药材熏硫及脱硫前后化学成分差异分析》,《中华中医药杂志》2019 年第 5 期。

［14］蒋桂华、兰群、马逾英等:《白芷替代熏硫的产地加工方法研究》,《时珍国医国药》2012 年第 12 期。

［15］兰群、蒋桂华、杨曦等:《中药材产地熏硫加工的历史沿革与现状分析》,《华西药学杂志》2013 年第 5 期。

［16］甘肃神农文峰药业有限公司,一种道地药材党参的产地无硫加工方法,申请号:CN201711170400.7。

［17］李晓娅、李钦、张峰等:《金银花采收及产地初加工研究》,《时珍国医国药》2020 年第 1 期。

［18］阮勇彬:《怀山药无硫产地加工工艺探析》,《亚太传统医药》2014 年第 20 期。

［19］杨天梅、李纪潮、杨美权等:《不同产地初加工方法对云木香品质的影响》,《中成药》2022

年第 6 期。

[20] 沈光襗、胡祖德:《传统饮片炮制工艺的研究》,《中成药研究》1984 年第 4 期。

[21] 张雨恬、王学成、黄艺等:《中药炮制设备的研究现状及技术升级途径策略》,《中草药》
2022 年第 5 期。

[22] 张超:《现代科技革命与中药炮制的发展》,载《2010 中药炮制技术、学术交流暨产业发展
高峰论坛论文集》。

[23] 马月光、李清林:《真空蒸汽润药法润制浙产三棱饮片的工艺研究》,《中国现代应用药学》
2014 年第 9 期。

[24] 陈照宇、郑昆、韩光明等:《真空蒸汽润药法对不同产地黄芩饮片质量影响的评价研究》,
《中医药学报》2022 年第 2 期。

[25] 陈照宇、庄丽、郑昆等:《川芎真空蒸汽润药制备工艺优化及其抗炎镇痛活性研究》,《国际
中医中药杂志》2021 年第 12 期。

[26] 董蕊、王盼、逯影:《真空加温润药结合响应面法在蜜炙甘草工艺中的应用》,《时珍国医国
药》2021 年第 3 期。

[27] 黄新宇、李清林:《真空蒸汽润药法润制浙产术术饮片的工艺研究》,《中华中医药学刊》
2014 年第 6 期。

[28] 周四晴、段续、任广跃等:《厚度控制对怀山药远红外干燥过程中水分迁移的影响》,《食品
与机械》2019 年第 12 期。

[29] 王爽、聂其霞、张保献等:《微波干燥及灭菌技术在中药领域应用概况》,《中国中医药信息
杂志》2017 年第 11 期。

[30] 李婧琳、王媚、史亚军等:《超微粉碎技术在中药制剂中的应用分析》,《现代中医药》2018
年第 5 期。

[31] Meng Q., Fan H., Xu D., et al., "Superfine Grinding Improves the Bioaccessibility and
Antioxidant Properties of Dendrobium Officinale Powders," *Int J Food Sci Technol*, 2017, 52（6）:
1440-1451.

[32] 杨艳君、邹俊波、张小飞等:《超微粉碎技术在中药领域的研究进展》,《中草药》2019 年第
23 期。

[33] 刘春红、勾建刚、王秀娟:《中药粉碎中的特殊处理方法》,《中国医院药学杂志》2002 年第
11 期。

[34] 李玲、唐玉娇、孟玲等:《丹参超微粉碎前后粉体学及显微特征的研究》,《新疆中医药》
2013 年第 1 期。

[35] 程雪娇、李涛、莫雪林等:《中药粉末饮片的传承与现代化发展概况及产业发展建议》,《中
国药房》2017 年第 31 期。

[36] 申孝灵、周永强、赵春丽等:《发酵对铁皮石斛化学成分的影响》,《广州化工》2022 年第 14
期。

[37] 毕辉琴,具有消毒功能的种子发芽设备,申请号: CN201410847472.0。

［38］王伟民：《生物发酵过程控制与检测技术分析》，《科技创新与应用》2022年第16期。

［39］庞思奇、马嘉擎、林家慧等：《中药"六神曲"发酵工艺研究进展》，《食品与发酵科技》2021年第4期。

［40］陈华坤，一种中药复合酶解和多菌协同发酵方法，申请号：CN202210457581.6。

［41］朱颖、宋佩林、周海伦等：《从1.0到4.0的中药炮制技术发展现状评析及展望》，《中国实验方剂学杂志》2024年第1期。

［42］黎江华、吴纯洁、孙灵根等：《基于机器视觉技术实现中药性状"形色"客观化表达的展望》，《中成药》2011年第10期。

［43］Gardner J.W.，Bartlett P.N.，"A Brief History of Electronic Noses," *Sens Actuators B Chem*，1994，18-19（1-3）：210-211.

［44］李瑶瑶、张凯旋、熊皓舒等：《质构仪在药物制剂研究中的应用进展》，《中国实验方剂学杂志》2020年第21期。

［45］谭超群：《基于人工智能技术的中药饮片"形色"数字化表征探讨》，硕士学位论文，成都中医药大学，2019。

［46］陶欧、林兆洲、张宪宝等：《基于饮片切面图像纹理特征参数的中药辨识模型研究》，《世界科学技术—中医药现代化》2014年第12期。

［47］刘涛涛、代悦、于淼等：《基于智能感官分析技术的九蒸九晒大黄饮片气味表征》，《中国实验方剂学杂志》2022年第20期。

［48］黎量：《基于"辨状论质"的山楂饮片性状客观化及质量评价研究》，硕士学位论文，成都中医药大学，2015。

［49］解达帅、刘玉杰、杨诗龙等：《基于"内外结合"分析马钱子的炮制火候》，《中国实验方剂学杂志》2016年第8期。

［50］刘晓梅、张存艳、刘红梅等：《基于电子鼻和HS-GC-MS研究地龙腥味物质基础和炮制矫味原理》，《中国实验方剂学杂志》2020年第12期。

［51］周华英、李钟、骆德汉：《基于仿生嗅觉技术的不同产地枳壳鉴别研究》，《中草药》2017年第19期。

［52］任亚婷：《基于仿生嗅觉的杏仁饼变质鉴别方法的研究》，硕士学位论文，广东工业大学，2013。

［53］李林、陆兔林、周金海等：《物联网技术在中药饮片生产信息化管控系统中的应用》，载《中华中医药学会中药炮制分会2011年学术年会论文集》。

［54］张季、周金海：《基于模型驱动的中药饮片企业信息系统开发》，《中国现代中药》2013年第12期。

［55］张博、南淑萍、孟利军：《RFID技术在道地中药材质量溯源中的应用研究》，《长沙大学学报》2015年第2期。

［56］武交峰、简志雄、张维威：《基于MCGS和PLC的制药包衣控制系统设计》，《自动化技术与应用》2023年第2期。

［57］成筑丽：《制药设备运行中自动化技术的运用研究》，《湖北农机化》2020 年第 6 期。

［58］谢升谷、黄艳、孙逍等：《过程分析技术的相关法规与工具在制药行业中的应用进展》，《中国药学杂志》2022 年第 19 期。

［59］吴红伟、李东辉、宋沁洁等：《黄芪趁鲜切制饮片与传统饮片化学成分及体外抗氧化活性比较研究》，《中草药》2022 年第 22 期。

［60］岳琳、王岚、刘颖等：《产地加工与饮片炮制一体化对苦参饮片主要功效的影响》，《中国实验方剂学杂志》2017 年第 12 期。

［61］罗雪晴、张金莲、颜冬梅等：《枳壳趁鲜切制工艺优选及药效研究》，《中草药》2018 年第 20 期。

［62］徐建中、孙乙铭、俞旭平等：《杭白芍产地加工炮制一体化技术研究》，《中国中药杂志》2014 年第 13 期。

［63］王洁、陈琪瑶、徐依依等：《基于过程控制的温莪术产地加工与炮制一体化工艺及药效研究》，《中国药师》2019 年第 8 期。

［64］骆声秀、王英姿、李文华等：《肉桂趁鲜切制可行性探究》，《中药材》2017 年第 12 期。

第十章
中药材及饮片包装与贮藏养护

本章从中药材及饮片包装与贮藏养护技术现状出发，整理现行相关法规及规定，剖析现存的问题，就如何顺应绿色可持续发展趋势，以技术升级引领中药材及饮片包装与贮藏养护产业早日实现现代化、标准化和自动化，早日实现中药材及饮片贮藏与流通环节"低损耗、零污染"目标，服务国家中药产业高质量发展的整体目标提出对策建议，供产业发展决策参考。

第一节　中药材及饮片包装

一　产业政策与发展概况

适宜的包装材料和包装技术可以达到保持中药品质，延长有效期的目的，从而保障中医临床用药的安全性、有效性和稳定性。中药材及饮片包装的规格设计、材料、设备及方法能直接或间接地影响中药材及饮片的有效性、稳定性和安全性。此外，一个好的包装设计还可以提高销售率、巩固品牌定位以及弘扬中医药传统文化，对于我国中药产业高质量发展的积极作用愈加明显。

（一）包装材料

中药材及饮片的包装可分为内、中、外包装，包装材料的基本原则是必须与药品性质相适应及符合药品质量要求。原国家食品药品监管总局 2015 年第 164 号公告发布了 130 项直接接触药品的包装材料和容器国家标准。《中华人民共和国药品管理法》规定："发运中药材应当有包装。" 2017 年，商务部发布实施《中药材包装技术规范》（SB/T 11182—2017），对中药材常用的外包装和中包装材料如麻袋、编织袋、瓦楞纸箱等材料的规格进行了描述，建议了不同性质的中药材包装方式，并规定直接接触中药材的包装材料应符合食品接触材料 GB/T 23296.1 规定。2022 年，国家药监局、农业农村部、国家林草局、国家中医药局发布实施《中药材生产质量管理规范》，规定包装材料应当能够保持中药材质量，禁止采用肥料、农药等包装袋包装药材，鼓励使用绿色可循环可追溯周转筐。另外，2021 年中华中医药学会发布《中药饮片包装规范》，该规范适用于中药饮片的生产、分装、储存、养护、发运等环节的包装，是对现行法规、规范的重要补充。

我国中药材及饮片包装材料的相关法规文件及技术要求具体如表 10-1 所示。不同的包装袋具有不同的材质，其适用的包装技术也不同，具体如表 10-2 所示。

表 10-1　中药材及饮片包装材料相关法规规定

发布年份	发布单位	名称	包装材料	内包装材料
2003	国家食品药品监督管理局	关于加强中药饮片包装管理的通知	选用与药品性质相适应及符合药品质量要求的包装材料和容器，严禁选用与药品性质不相适应和对药品质量可能产生影响的包装材料	—
2008	国家中医药管理局	小包装中药饮片医疗机构应用指南	—	符合国家对药品（或食品）包装材料的标准，禁止使用含"氯"成分和再生利用的有毒材料，应透明或部分透明，以便直观地看到内装饮片。尽可能选择可降解的环保材料
2019	第十三届全国人民代表大会常务委员会	中华人民共和国药品管理法	药品包装应当适合药品质量的要求，方便储存、运输和医疗使用	直接接触药品的包装材料和容器，应当符合药用要求，符合保障人体健康、安全的标准
2021	国家药品监督管理局	国家药监局综合司关于中药饮片生产企业采购产地加工（趁鲜切制）中药材有关问题的复函	—	直接接触药材的包装材料应当符合药用要求

续表

发布年份	发布单位	名称	包装材料	内包装材料
2022	国家药监局、农业农村部、国家林草局、国家中医药管理局	中药材生产质量管理规范	应符合国家相关标准和药材特点，能够保持中药材质量；禁止采用肥料、农药等包装袋包装药材；毒性、易制毒、按麻醉药品管理中药材应当使用有专门标记的特殊包装；鼓励使用绿色循环可追溯周转筐	—
2023	国家药品监督管理局	中药饮片标签管理规定	选用与药品性质相适应及符合药品质量和稳定性要求的包装材料和容器。严禁选用与药品性质不相适应对药品质量安全产生影响的包装材料	—

表 10-2 中药材及饮片内包装常用材质、特点及适用技术

包装袋	材质	特点	适用技术
塑料袋	聚乙烯（PE）	密封性能好，具有防潮性，透湿性小，有一定透气性	干燥密封包装
铝箔复合袋	双向拉伸聚酯薄膜（PET）/铝箔（AL）/聚乙烯（PE）或 PET/ 双向拉伸聚酰胺薄膜（NY）/AL/PE	具有良好的阻隔性、热封性、保香性，耐高温、耐低温、耐油性	密封、充气、真空等大多数包装技术
真空复合袋	尼龙（PA）/PE，PET/PE	气密性良好，化学性质稳定，能够忍耐大多数酸碱的侵蚀	适用于大多数包装技术
牛皮淋膜纸袋	牛皮纸 +PE 淋膜	具有防潮性，材料环保	干燥密封包装

（二）包装规格

随着中药市场的细分，中药材及饮片常见包装形式有大、中、小三种。相对中药材，中药饮片包装规格规定相对严格。目前小包装是中药饮片零售中最为常见的形式。2008 年，国家中医药管理局发布《小包装中药饮片在医药机构应用指南》，小包装中药饮片逐渐得到重视和发展。为使临床调剂更加高效，可根据其常用剂量对包装规格进行设计。为了进一步规范小包装饮片包装规格，2011 年国家中医药管理局办公室《关于印发小包装中药饮片规格和色标的通知》明确规定小包装中药饮片的产品规格不得超出以下 9 种规格：1 克、3 克、5 克、6 克、9 克、10 克、12 克、15 克、30 克。调查发现，处方中常用剂量主要有 3 克、6 克、10 克、15 克、20 克、30 克 6 种，占

比 96.72%，用量在 30 克以上的普遍是质地较重的动物或矿物类药物，叶类及全草类药物的用量通常为 15 克、20 克、30 克，根及根茎类药物常用剂量为 10 克、15 克。[①]

（三）包装视觉设计

中药材及饮片包装视觉设计主要包括三个方面：颜色、图形、文字。相对于中药材，中药饮片作为一种工业产品，饮片企业对其包装视觉设计更为重视。颜色上，国家中医药管理局办公室《关于印发小包装中药饮片规格和色标的通知》中基于同一规格使用同一颜色的原则，推出了 9 种规格和颜色的中药饮片小包装。通过颜色辨别规格，在一定程度上提高了调剂的效率。文字上，国家对药品包装印刷的文字内容有严格的规定。2003 年国家食品药品监督管理总局印发《关于加强中药饮片包装管理的通知》，明确规定中药饮片的标签须注明品名、规格、产地、生产企业、产品批号、生产日期等内容。2019 年，新修订的《药品管理法》规定发运中药材包装上应当注明品名、产地、日期、供货单位。值得注意的是，2023 年，国家药品监督管理局发布《中药饮片标签管理规定》，其中提到使用符合《中药材生产质量管理规范》（GAP）要求的中药材生产的中药饮片，可在标签适当位置标示"药材符合 GAP 要求"。可见，中药饮片包装可用于优质药材的生产及销售，对今后中药产业高质量发展将起到积极的推动作用。

尽管国家对中药材及饮片包装标签标示内容作了相应规定，但对比不同企业包装的标签内容发现，存在标示项目不全、饮片炮制标准标示不清、饮片品质规格与装量规格标示不统一、贮藏条件不清晰等问题。[②] 为进一步加强中药材及饮片质量管理，应统一标签内容，对各项目内容的填写要求作出明确规定。

（四）包装方法与设备

中药材及饮片现代包装技术主要有干燥密封包装、充气包装等。长久以来，我国中药材及饮片生产企业以符合法规基本要求、尽量降低成本为包装贮藏生产的基本目的，故主要采用聚乙烯塑料袋、铝箔复合袋对药材或饮片进行干燥密封包装。目前常用的包装设备主要有薄膜封口机、半自动包装机、自动颗粒包装机、自动粉剂包装

[①] 陈莹、王源源：《中药饮片小包装规格的设计》，《中国药业》2017 年第 1 期；孙萍萍：《我国中药饮片包装规范性研究》，硕士学位论文，辽宁中医药大学，2023。

[②] 何坤、张丽青、王闻雅：《我国中药饮片标签管理现状分析与对策建议》，《中国食品药品监管》2021 年第 5 期。

机、组合称量全自动包装系统、真空包装机等，包装设备的选择主要依据其成本和饮片的形态。不同的包装技术对包装材料的要求不同，适用范围也不同（见表10-3）。

表10-3 中药饮片现代包装技术

技术		概念	包装材料	适用性
干燥密封包装		通过一定的干燥技术降低饮片的含水量进行密封包装，或者在密封的包装内放入干燥剂来吸收包装内的水分	大多数包装材料	适用于大多数中药材及饮片
电离辐射包装		利用 α-射线、β-射线等对中药饮片进行灭菌处理后包装于同样进行灭菌处理后的包装容器内	耐霉腐和结构紧密的材料，如铝箔、高密度聚乙烯及其复合膜等	需研究证明辐射对药材及饮片成分无影响
气调包装	真空包装	抽去包装容器内部的空气，使密封后的容器内达到预定真空度的包装方法	气密性良好的包装材料，如聚乙烯复合薄膜等	适用于大多数中药饮片，尤适用于易发霉、虫蛀且不易碎的药材及饮片
	充气包装	通过充入一种或多种气体，如氮、二氧化碳、氧，改变包装内的气体组成，以达到不同的贮藏气体环境	气密性良好的包装材料，如聚乙烯复合薄膜等	适用于大多数中药饮片，尤适用于易发霉、虫蛀且易碎的药材及饮片
	除氧剂包装	通过放入包装内的吸氧剂（除氧剂）或气体释放剂（二氧化碳释放剂等）来改变包装内的气体组成	气密性良好的包装材料，如聚乙烯复合薄膜等	适用于大多数药材及饮片

资料来源：徐文达《食品软包装新技术：气调包装、活性包装和智能包装》，上海科学技术出版社，2009，第1~5页。

现代研究表明真空包装是一种能有效防霉、防蛀的包装技术，已广泛应用于高附加值食品包装。因此，越来越多的贵重且易变质中药品种，如西洋参、枸杞子、酸枣仁等也应用了真空包装或除氧剂包装方法，真空包装机在饮片企业的应用率愈来愈高。随着我国中药产业提质增效发展需求的不断提升，中药材及饮片包装技术和设备将不断往规模化、自动化、精细化方向发展。

二 主要技术研究进展

（一）包装材料研究进展

中药材及饮片来源复杂，化学成分和性质具有差异，其与包装材料间的相互作用也不同；且随着贮藏时间的增长，其外观性状、化学成分含量、药效、安全性会发生一定的变化，因此需要针对不同中药材或饮片的性质，研究选择相应的包装材料，提高包装技术。目前研究主要集中在两个方面。一方面，从现有药用包装材料中研究筛选适宜的包装材料。包装材料的筛选，主要是通过加速或长期稳定性试验考察不同包装材料对饮片质量的影响，综合分析选择适宜的包装材料。其中，质量变化评价指标主要有三个方面：一是药材或饮片外观性状，特别是虫蛀、霉变等发生率；二是水分、浸出物、有效成分含量；三是安全性评价，即药材或饮片与包装材料的相容性。另一方面，研究开发新型包装材料。新型包装材料的开发主要针对中药材或饮片流通中特别在贮藏环节易发生的变质现象，研究选择相应的无毒、无污染、可降解的绿色环保型材料。先研究复合膜材料的稳定性，再通过加速或长期稳定性试验考察几种相似饮片在该材料包装贮藏下的质量变化，综合评价该新型材料的有效性、适用性、安全性等。

基于以上研究思路，截至2023年12月我国学者已开展了白术、羌活、厚朴等39种中药材或饮片包装材料的筛选研究，其中选择铝箔袋/铝塑复合袋的有20种，选择聚乙烯塑料袋的有11种，选择PA/PE复合真空包装袋的有6种，仍有2种药材选择编织袋包装。研究发现铝箔袋/铝塑复合袋阻隔性能好，能有效防潮、防霉、防虫蛀，延长中药材和饮片有效期，且适用大多数中药材及饮片。但中药材及饮片的新型包装材料研究报道仍然较少。根据报道，研究开发了1种结合姜黄精油的抑菌性和壳聚糖的无毒、生物降解、生物相容性，能有效防霉的含姜黄精油的壳聚糖薄膜材料，该材料能有效抑制薏苡仁、酸枣仁、肉豆蔻饮片黄曲霉毒素的积累，安全性实验也表明该材料绿色、无污染；[1] 已完成1个中药饮片包装材料的专利申请"一种中药饮片小包装用聚乳酸膜材料及其制备方法"，该聚乳酸膜材料阻隔性能好，添加剂不易迁移溶出，在环境中能快速降解且降解产物无毒害。[2]

（二）包装方法研究进展

适宜的包装方法可以对中药材和饮片的贮藏起到积极的作用，不同性质的药材及饮片受包装方法的影响程度不同，且不同的包装方法所需成本也不同，因此需针对其性质研究选择适宜的包装方法。与包装材料的选择研究相似，包装方法的研究主要是通过加速或长期稳定性试验，考察并分析药材或饮片在不同包装方法下外观

---

[1]　Li Z., Yang C., Li Z., "Application and Safety Evaluation of an Anti-aflatoxigenic Chitosan Pouch Containing Turmeric Essential Oil in the Storage of Traditional Chinese Health Food," *Int J Biol Macromol*，2021，183:1948-1958.

[2]　魏路平，一种中药饮片小包装用聚乳酸膜材料及其制备方法，申请号：CN201910120522.8。

性状、化学成分等质量指标的变化，选择适宜的包装方式。截至 2023 年 12 月，已开展 37 种中药材及饮片适宜包装方法的研究。结果表明，薄荷、熟地黄、酸枣仁等 19 种中药材及饮片宜真空包装，羌活、防风、桔梗等 18 种中药材及饮片宜密封包装。同时，易霉变、虫蛀中药材和饮片的长期贮藏应使用真空包装。与真空包装相比，气调包装（充气包装和气体吸收剂 / 释放剂包装）在中药材及饮片包装贮藏方面的研究相对较少，研究比较了泽泻、党参、川芎等 10 种饮片真空包装与气调包装下饮片的品质变化，结果表明真空降氧和充氮降氧贮藏相对稳定，更适宜于中药饮片。

本节对中药材及饮片包装研究现状进行了整理，具体如表 10-4 所示。

表 10-4　中药材及饮片包装贮藏主要研究品种

单位：种

研究项目	研究内容	品种数	具体研究品种及归类
适宜包装材料的筛选	对比考察常用包装材料下药材或饮片质量的变化	40	1. 编织袋：丹参、鸡血藤； 2. 聚乙烯塑料袋：羌活、厚朴、陈皮、党参、葛根、地龙、桔梗、桃仁、当归、荆芥、防风、桑白皮； 3. 铝箔复合袋：黄芪、三七粉、肉桂、炙甘草、白术、酸枣仁、防风、熟地黄、党参、山药、蜜桔梗、北沙参、蜜北沙参、金银花、丹皮、白芷、黄精、枸杞子、益智仁、苦杏仁； 4.PA/PE 复合真空袋：薄荷、砂仁、细辛、薏苡仁、佩兰、蜜百合
适宜包装方法的筛选	对比考察密封、真空包装下药材或饮片质量的变化	37	1. 密封包装：黄芪、鸡血藤、丹参、肉桂、厚朴、防风、陈皮、川芎、山药、葛根、地龙、桔梗、蜜桔梗、北沙参、白芷、黄精、当归、枸杞子； 2. 真空包装：薄荷、砂仁、细辛、薏苡仁、三七粉、炙甘草、白术、酸枣仁、熟地黄、佩兰、党参、苦杏仁、蜜北沙参、丹皮、桃仁、益智仁、荆芥、蜜百合、桑白皮
	对比考察密封、真空、充气、脱氧剂包装下药材或饮片质量的变化	10	真空包装：泽泻、党参、川芎、桑葚、金银花、枸杞、蛤蚧、当归、独活、苦杏仁

第二节　中药材及饮片贮藏与养护

中药贮藏养护历来受到重视，且具有长期经验。早在明代陈嘉谟著《本草蒙笺》中就已有中药对抗同贮的记载："凡药贮藏，常宜提防，……人参须和细辛、冰片必同灯草。"[①] 同时，作为我国药品体系中的独特产品，中药材及饮片的贮藏养护技术与其他药品相比，有一定的特殊性，应制定相应的现代技术标准和管理规范。

一　产业政策与发展概况

（一）贮藏分类与条件

中药材及饮片按生物学特性可分为动物类、植物类、矿物类，植物药按药用部位分为根及根茎类、叶类、皮类等，在贮藏过程中易受到自身性质及外界因素的影响，其适宜的贮藏与保管是保证流通环节中药材及饮片质量的关键性工作，应根据中药材及饮片贮藏特性，选择适宜的贮藏条件进行合理的分类存放和养护。对 2020 年版《中国药典》一部收载的 616 种中药材和饮片的贮藏条件与防护措施要求作了统计，并分析了其贮藏特性。除西青果、赭石无贮藏要求外，其余 614 种中药材和饮片均规定了相应的贮藏条件与防护措施，具体如表 10-5所示。

表 10-5　2020 年版《中国药典》中药材及饮片贮藏要求一览

单位：种

贮藏要求		中药材及饮片品种	品种数	贮藏特性
贮藏条件	干燥处	一枝黄花、山茱萸、川射干、木香、灵芝、鸡内金、松花粉、郁金、虎杖、独活、胖大海、浙贝母、板蓝根、茯苓、白芍等	233	多含淀粉、糖、脂肪、蛋白质等成分
	通风干燥处	大黄、川乌、川贝母、甘草、石斛、天麻、百部、知母、桔梗、党参、黄芪、黄连、黄柏、麻黄、葛根、番泻叶、槟榔等	205	多含糖分、苷类、生物碱及黏液质等成分
	阴凉干燥处	丁香、八角茴香、土木香、山麦冬、川牛膝、川芎、广藿香、化橘红、白术、当归、苍术、苦杏仁、郁李仁、桂枝、枳实等	154	多含挥发油、油脂、糖类等成分
	通风阴凉干燥处	西红花	1	—

---

① （明）陈嘉谟：《本草蒙筌》，人民卫生出版社，1988。

续表

贮藏要求		中药材及饮片品种	品种数	贮藏特性
防护措施	防蛀	九香虫、三七、泽泻、山药、大黄、天冬、火麻仁、玉竹、白术、地黄、当归、防己、羌活、香附、枸杞子、陈皮、地龙、鳖甲等	216	多含糖、油脂、蛋白质等营养物质成分
	防潮	麦冬、广藿香、木瓜、木香、牛膝、乌梅、龙眼肉、当归、关黄柏、红芪、知母、茯苓、蒲黄、狗脊、茵陈、明党参等	78	多含挥发油、油脂、糖类等成分
	防霉	大青叶、天南星、五味子、玉竹、石菖蒲、瓜蒌、玄参、地黄、竹茹、虎杖、使君子、香橼、金钱白花蛇、黄精、蕲蛇等	56	多含糖类、黏液质、油脂类等成分
	密闭	人参、西洋参、沉香、芒硝、西红花、附子、鹿茸、麝香、阿胶、珍珠、马钱子粉、雄黄、龟甲胶等	31	多为名贵或毒性饮片，或含易挥发等成分
	密封	人工牛黄、天然冰片、艾片、玄明粉、西瓜霜、冰片、猪胆粉、蛤蚧	8	—
	防压	五倍子、蜂房、蝉蜕、月季花、牛黄、体外培育牛黄	6	多易碎
	遮光	红粉、轻粉、牛黄、体外培育牛黄、麝香	5	—
	防尘	马勃、蜘蛛香、皂矾、珍珠母	4	—
	防冻	生姜、石斛（鲜）、地黄（鲜）	3	鲜品
无贮藏项		西青果、赭石	2	—

资料来源：国家药典委员会编《中华人民共和国药典：2020 年版 一部》，中国医药科技出版社，2020。

值得注意的是，除干漆、艾片、玄明粉、生姜、阿胶、珍珠、蜂胶、九香虫等 21 种饮片未规定置干燥处，96% 以上的中药材及饮片都要求"贮于干燥处"。但迄今为止，尚未在药典及相关法规中见到对"干燥处"的具体解释。[①]2016 年，国家食品药品监督管理总局发布《药品经营质量管理规范》，虽规定了储存药品相对湿度应为 35%~75%，但仍未指出"干燥处"的具体要求。在实际贮藏中，中药材企业通常基本参照《中国药典》相关技术要求，为了进一步提高贮藏效果，应根据中药材和饮片的性质进行分类贮藏。2023 年 7 月国家药监局发布的《中药饮片标签撰写指导原则（试行）》规定，中药饮片的贮藏条件应当按照国家药品标准（含国家中药饮

---

① 范丽霞、张庆业、蔡庆群等：《中药饮片"置干燥处"贮藏要求及执行现状》，《中国药业》2022 年第 8 期。

片炮制规范）或者省级中药饮片炮制规范等的相关规定表述，如置阴凉干燥处、防蛀等；也可标明具体的贮存温度，如置阴凉（不超过20℃）干燥处。对需置阴凉处、冷处、避光或密闭保存等贮藏有特殊要求的中药饮片，应当在标签的醒目位置注明。

（二）库房建设和管理

早在2002年，《中药材生产质量管理规范（试行）》就明确规定了中药材仓库贮藏要求。2022年我国发布《中药材生产质量管理规范》，其中规定贮存中药材仓库应符合相关贮存条件要求；根据需要建设控温、避光、通风、防潮和防虫、防鼠禽畜等设施。此外，2007年国家中医药管理局发布的《医院中药饮片管理规范》，规定中药饮片仓库应具备通风、调温、调湿、防潮、防虫、防鼠等条件及设施。2016年国家食品药品监督管理总局发布的《药品经营质量管理规范（修订版）》规定，经营中药材和饮片应当有专用的库房和养护工作场所。

目前品种单一的饮片生产企业，原料品种固定，常以半露天库和平面库进行大量贮藏；品种多样的中药饮片生产企业多使用平面库、多层库相结合的贮藏方式，平面库可用于周转频率较高的中药材及饮片，多层库划分为收货区、储存区、发货区、不合格区及退货区，实现不同需求中药材及饮片的分类贮藏养护。[1] 大部分中药材及饮片库房仅划分为常温库和阴凉库，部分增加了低温库和易串味库，对于贵细药材、毒麻药材及具有危险性的药材，未设置单独仓储区域。且多数仓库配备设施较简易，如隔离设施设备多采用垫板和货架；避光设施设备仅采用遮光窗帘，极少数采用遮光袋；防潮设施设备多数采用强力风扇等。

二　主要技术应用概况及研究进展

（一）应用概况

中药材及饮片常用贮藏养护技术可分为传统技术和现代技术。传统贮藏养护方法是经过长时间的实践和检验不断累积下来的经验，大多经济、实用、简便，使用率较高，是保证中药材及饮片品质的重要基础措施。现代贮藏养护方法以预防为主，在传

---

[1]　郭东晓、许丽丽、崔伟亮等:《关于构建中药材和饮片贮藏养护质量管理体系的思考》,《中药材》2021年第9期。

统经验基础上，融合现代物理、化学、生物学等先进技术，不断研发和应用无污染新技术，使中药材及饮片贮藏养护更加科学、合理、高效。我国幅员辽阔，不同区域气候条件差异较大，如南方普遍空气湿度较高，故中药材及饮片贮藏方法随环境影响因素的不同而各有应用重点。本节结合文献与重点调查方法，以四川省为例，对处于空气湿度较高区域的中药材及饮片企业目前常用的传统及现代贮藏养护技术的原理、优缺点及其适用性或应用情况做了梳理（见表10-6、表10-7）。

表10-6　四川省传统中药材及饮片贮藏养护技术

技术		原理	优点	缺点	适用性
清洁养护法		清洁卫生	简单、有效	只可预防	适用于所有中药材及饮片
除湿养护法	通风法	降低湿度，抑制蛀虫、微生物生长	简单、有效	过度吸湿使中药材及饮片干脆易碎	适用于易吸潮、易霉变的中药材及饮片，如人参、枸杞子等
	机械除湿法				
	除湿剂				
密封贮藏法	库房	将中药材及饮片密封，使其与空气、光照、湿气等外界影响因素隔绝	对量多或量少的中药材及饮片皆适用	若密封前水分含量超过安全值，则会促进霉烂发生	适用于绝大多数中药材及饮片
	罩帐				
	容器				
低温养护法		低温（0~10℃）抑制微生物生长繁殖	有效防止高温引起的中药质变	设备及能耗成本较高	仅适用于不宜高温处理的名贵中药材及饮片，如蛤蟆油、人参等
对抗贮藏法		两种以上中药材及饮片同储，相互克制	简单易行	不适合量大，易串味	适用于气味芳香或具特殊气味的中药材及饮片，如牡丹皮与泽泻、细辛、花椒与鹿茸同贮等
化学药剂养护法		化学药剂熏蒸	操作简便，杀虫效果好、快	有残留，存在安全隐患	适用范围广，如山药、牛膝、粉葛、天冬等

表10-7　四川省现代中药材及饮片贮藏养护方法

方法		原理	优点	缺点	适用性
气调养护法	自然降氧法、充氮降氧法、充CO_2法、循环降氧法	调节贮藏密闭环境的空气组成比例，减少使中药材及饮片易质变的成分	可杀虫防霉，又能保持药材原有的色、味，且无残毒、操作安全、无公害、适用性广	大规模应用如气调库的维护费用较高	适用范围广，不同质地、成分的中药材及饮片均可使用

续表

方法		原理	优点	缺点	适用性
现代干燥养护法	远红外干燥法	远红外辐射能引起中药材及饮片的分子、原子的共振，使之变热	效率高、安全方便	波长短，透入深度小	仅适用于厚度较小中药材和饮片以及含水量大、易腐烂变质的中药材和饮片，如牡丹皮等
	微波干燥法	中药材及饮片中的水吸收电磁微波发生器产生的微波，并将其转化为热能	效率高、效果均匀、自动控温	若防护不当，会威胁到操作人员人身安全	适用于易霉变等中药材及饮片，如当归、党参等；不适用于易泛油、泛糖的中药材及饮片，如杏仁、枸杞等
	太阳能干燥法	太阳辐射能转化为热能，为低温烘干	节约资源、不污染环境	受环境气候影响	适用范围广泛
气幕防潮养护法		气幕和自动门配合，防止库内外空气对流	可用于大规模贮藏	只隔湿，不吸湿，对库房要求高	适用范围广，不同质地、成分的中药材及饮片均可使用
辐射灭菌养护法		放射性同位素或电子加速器产生的射线进行杀虫灭菌	抑菌效果显著、10kGy 以下的辐照剂量无放射性物质残留	费用高、防护措施严格，不能在普通仓库中应用	不适用于含水量高的中药材及饮片，适用于富含淀粉、贵重中药材及饮片，如党参、川贝母等
蒸汽加热养护法		蒸汽杀死中药材及饮片表面的蛀虫和微生物	成本低	防虫防霉时间短	适用于耐热的根、茎类中药材及饮片，如大黄、黄连等
气体灭菌养护法		主要是指环氧乙烷使蛋白质失活致使微生物死亡	灭菌防霉效果佳	具致突变、致癌作用	适用于不能高温灭菌的中药材及饮片，如艾叶等
超高压处理法		超高的静水压力使菌体蛋白质、酶等发生改变	过程安全、无污染	对灭菌设备要求较高	目前多应用于鲜人参、鲜枸杞等
生物防霉养护法		利用中药抑菌活性成分或某些拮抗微生物，防止中药材及饮片霉变	无残毒、无公害	安全性未知	尚处于起步阶段，应用较少

目前，2020 年版《中国药典》中有 205 种中药材及饮片的贮藏方法为除湿养护法中的通风法。单一应用对于中药材及饮片的长期储存来说效果不佳，需结合两种或多种技术应用，如将中药材及饮片通过现代辐照灭菌后进行密封养护法贮藏。硫黄熏蒸法由于其二氧化硫残留对中药材及饮片的药效与安全性影响问题而逐渐被淘汰，但调研发现仍有约 50% 的中药材及饮片企业在应用该方法。

传统的贮藏养护技术效率较低，已不能够满足现代中药材及饮片工业化、规模化生产的要求，故已有少部分企业开始探索并应用现代中药贮藏养护方法。目前，中药材及饮片常用的干燥防霉养护技术为微波干燥技术，此技术在中药材及饮片企业中的应用率正在逐渐提升。气调养护法虽无残毒、无公害，且适用于所有中药材及饮片，前景好，但由于在应用过程中需进行查漏、测气等，增加了成本和工作量，导致此法在中药材及饮片贮藏中的实际应用受到了一定程度的限制，在产业中的实际应用率较低，需进一步作技术优化，适度降低其应用成本，从而增强其在中药材及饮片贮藏养护中的实用性。其余大部分现代贮藏养护方法还停留在研究阶段，实际应用极少。

（二）研究进展

1. 传统贮藏养护技术

目前传统贮藏养护方法研究主要集中在对抗贮藏技术和化学药剂养护法方面。为提高其实用性，对抗贮藏技术多以两种形式开展应用研究，一种是传统意义上的对抗贮藏技术即"药对"养护，另一种是根据传统对抗法原理形成的现代天然防腐剂养护技术，即利用植物性中药产生的生物碱、类黄酮、类萜等物质抑制蛀虫、微生物生长繁育，从这些具有抑菌杀虫作用的中药中提取有效成分作为防腐剂应用于中药材及饮片的贮藏养护中。研究表明超剂量硫熏会影响部分中药材及饮片的有效成分，且会危害操作人员和患者的健康，[①]为降低硫熏的有害影响，目前化学药剂养护法的研究主要集中在两个方面：一是研究传统硫黄熏蒸养护法的适宜剂量，二是将硫黄熏蒸与气调技术结合而成的低氧低药量养护法研究。

基于以上研究思路，截至2023年12月已开展研究的传统常用的对抗同贮"药对"有19种，如有研究证实丹皮对抗贮藏养护技术是泽泻贮藏的适宜方法；与海带、高良姜同贮的白芷三年内外观性状无明显变化。[②]已进一步研究出丁香、杜仲、甘草等54种中药材可作为天然防腐剂进行开发，并逐渐在生产上投入使用。

此外，已开展了硫黄熏蒸对白芍、天麻、芍药等32种中药材及饮片有效成分及药材性状等影响的研究。熏硫与气调自然降氧法结合，形成了低氧低药量养护技术。此技术既可减轻硫黄养护之弊，也能弥补自然降氧之不足。

2. 现代贮藏养护技术

现代中药材及饮片贮藏养护方法在保证中药材及饮片质量的同时，要求其对中药

---

① 薛鹏仙、龙泽荣、袁辉等：《硫熏中药材品质及其毒理学研究进展》，《化学通报》2019年第7期。
② 蒋桂华、马逾英、卢先明等，一种白芷的贮藏养护方法，申请号：CN102227974A。

材及饮片的贮藏环境无污染、环保，且技术操作安全，符合无残毒、无公害绿色中药的发展趋势。目前，研究主要集中体现在两个方面：辐射灭菌养护技术和联合干燥灭菌养护技术。

1997 年，卫生部颁布《^{60}Co 辐射中药灭菌剂量标准（内部试行）》，规定 203 种中药材允许辐照，其中允许低剂量辐照的药材品种有 5 个，但此标准并没有正式实施。2015 年，国家食品药品监督管理总局颁布《中药辐照灭菌技术指导原则》，规定中药最大总体平均辐照剂量原则上不超过 10kGy，紫菀、锦灯笼、乳香、天竺黄、补骨脂等药材、饮片、药粉，以及含有前述一种以上或多种原料的中药半成品原粉建议辐照剂量不超过 3kGy。截至 2023 年 12 月已展开了川贝母、人参、三七、红花、黄芩、黄连等 47 种中药材及饮片 ^{60}Co-γ 射线辐照的研究，研究表明辐照剂量越高，则对样品中微生物增长的抑制效果越明显，但过高的剂量会导致中药有效成分的变化。8kGy 剂量辐照对人参、川贝母、白芷、川芎等 12 种中药材及饮片品质的影响比较小。但三七、红花、补骨脂、龙胆、秦艽等 14 种中药材及饮片经 8kGy 辐照后所含化学成分有明显变化。综上，现代研究结果表明中药饮片 ^{60}Co-γ 射线辐照灭菌的效果理想，但不是所有饮片都适合辐照灭菌法，且各种饮片的最适宜辐照剂量也需经进一步研究确定。截至 2023 年 12 月，已展开了川贝母、人参、三七、红花、黄芩、黄连等 47 种中药材及饮片 ^{60}Co-γ 射线辐照的研究，研究表明辐照剂量越高，则对样品中微生物增长的抑制效果越明显，但过高的剂量会导致中药有效成分的变化。

在联合干燥灭菌养护技术方面，已展开了对西洋参、当归、菊花、枸杞子等 20 种中药材及饮片的联合干燥研究，其大多为药食同源的中药。常用的联合干燥技术包括太阳能—远红外联合干燥、热泵—远红外联合干燥、微波—热风联合干燥等，其中微波—热风联合干燥方法的研究和应用最广泛。现有研究表明，联合干燥技术不仅可以有效杀菌来保证中药材及饮片质量，还可以提高干燥效率、降低成本。

气调养护可按规模分为气调库、气调箱和气调袋三种形式，在实际应用中，可根据饮片的贮藏量、贮藏时间自行选择。目前，气调养护法主要采用密封塑料薄膜大帐，通过充氮达到低氧环境，在贮藏过程中需定期进行查漏、测气等，增加了成本和工作量，在一定程度上限制了其在中药材及饮片贮藏养护中的应用，[①] 目前其研究

---

① 颜仁梁主编《中药储存与养护》，重庆大学出版社，2014，第 101~106 页。

主要集中在药食同源品种上，基于食品角度进行研究。为扩大气调养护在中药产业中的应用，需进一步优化技术，适当降低其应用成本，从而增强其在中药饮片贮藏养护中的实用性。

本节对中药材及饮片贮藏养护技术研究现状进行了整理，具体如表 10-8 所示。

表 10-8　中药材及饮片贮藏养护主要研究品种

单位：种

研究项目	研究内容	品种数	具体研究品种及归类
对抗同贮法	两种或多种中药材或饮片同贮达到互不变质	19	细辛与人参、党参、三七、明党参、知母，丹皮与泽泻、冬虫夏草、怀山药、天花粉、白术，花椒与蛇类中药，明矾与柏子仁、玫瑰花、月季花、樟脑与斑蝥、三七、桃仁，荜澄茄与蛇类中药、虫类中药、远志，白茅根与人参、天麻、三七、金钱白花蛇，昆布与党参、黄芪、百合、麦冬、黄精，当归与麝香，大蒜与虫类中药，高良姜与陈皮、半夏、白芷、山药，丁香与蛇类中药，藏红花与冬虫夏草，薄荷与麝香，冬虫夏草与天竺黄，大蒜与大黄、山药，明矾与桃仁，海带与白芷，肉桂与远志
	从含挥发性成分的中药提取具有抑菌作用的精油	54	挥发性成分具有抑菌防霉作用的中药，如杜仲、甘草、藿香、厚朴、丁香、肉桂、香附等
硫黄熏蒸法	硫黄熏蒸对中药材或饮片的影响，适宜的熏硫程度以及二氧化硫残留量	32	化学成分含量降低的：山药、党参、黄芪、当归、黄芩、白芍、西洋参、知母、菊花、天麻、百合、白芷、山楂、金银花、粉葛、丹参、防风、浙贝母、白术、苦杏仁、半夏、麦冬、干姜、牛膝、小茴香、牡丹皮、土茯苓、人参、北沙参、川芎、桔梗、莲子
辐射灭菌养护技术	$^{60}Co-\gamma$ 射线辐照剂量对中药材或饮片化学成分的影响	47	1. 辐照量 10kGy 化学成分含量无明显变化的中药：辛夷、制天南星、黄芪、莪术、丁香、地黄、姜黄、女贞子；有明显变化的中药：大黄、丹参、三七、赤芍、补骨脂、赤芍、鹅不食草、佛手、红花、绵马贯众、茜草、秦艽、乳香、吴茱萸、淫羊藿、珍珠、浙贝母、紫菀。 2. 辐照量 8kGy 化学成分含量无明显变化的中药：青黛、人参、大黄、麦冬；有明显变化的中药：三七、赤芍。 3. 辐照量 6kGy 化学成分含量无明显变化的中药：虎杖、天麻、山药、当归、党参、川贝母、川芎、百合、山银花、连翘、刘寄奴、虎杖；有明显变化的中药：黄精。 4. 辐照量 5kGy 化学成分含量无明显变化的中药：三七、赤芍、丹参、白芍、菊花、白术、牡丹皮、柴胡。 5. 具争议的中药：黄芩
联合干燥灭菌养护技术	结合两种干燥技术，探寻不同中药材或饮片的最佳干燥条件	20	1. 药食同源的中药：枸杞、金银花、山药、菊花、银耳、莲子、栀子、花椒、生姜、黄精； 2. 常见中药：人参、茯苓、山茱萸、西洋参、当归、丹参、天麻、白芍、石斛、平贝母

第三节 中药材及饮片包装与贮藏养护存在的
问题与发展建议

中药材及饮片作为我国中医药事业中独具知识产权的特殊和重要内容，亟待我国自主研究和找寻发展之路。相关统计数据显示，2017~2020 年我国中药饮片市场规模由 1843.4 亿元增至 2646.7 亿元，2021 年进一步扩大，达近 3000 亿元。[①] 随着中药材及饮片市场规模的不断扩大，其包装与贮藏养护产业的市场规模也随之增长，发展潜力大，存在的问题也越来越凸显，亟待解决。同时，中药饮片作为一种药品，其包装与贮藏环节不仅要求注重其外观的美观和必需的产品说明，其安全性、规范性尤为重要。

一 包装设计方面

与西药、中成药等制剂相比，中药饮片的包装设计整体较为落后，主要体现在以下两个方面。一是标签内容不详细，临床指导性有限。虽然 2023 年国家药品监督管理局发布《中药饮片标签管理规定》，建议企业可在标签内容中增加性味归经、功能与主治、用法用量和注意事项等，但目前市面上流通的包装饮片标签上基本没有以上内容，这在一定程度上影响了患者的使用。二是缺乏中医药文化特色。目前我国中药产品在国际市场中存在一定的劣势，日本、韩国等一些国家正在积极地抢占中药国际市场。但我国各个企业、品种的中药饮片包装大同小异，基本无法从包装设计上直观地辨别中药饮片的特色及品牌等。中药饮片是中医药特色产品之一，具有深厚的文化背景和积淀。为增强我国中药饮片产业的国际竞争力，应挖掘和利用我国中药饮片独有的文化属性，在中药饮片包装的视觉设计上应充分体现我国在中医药领域悠久的历史与独特的中医药文化底蕴，强调中药饮片在质量上的道地性特点，建立独特的高辨识度中药饮片品牌形象，并同时利用包装防伪溯源标志，建立健全中药饮片生产、销售、运输、贮存全过程质量溯源管理体系，提升我国中药饮片产业的国际竞争力。

---

① 《中药材及饮片行业市场规模多大？中药材及饮片行业市场前景分析》，中研网，https://www.chinairn.com/hyzx/20220519/112633504.shtml。

二 技术安全性方面

2021 年中华中医药学会发布《中药饮片包装规范》（T/CACM 1365–2021），要求具有毒性、挥发性强、有污染、刺激性强等特殊中药饮片的包装要根据其特性和规格选择包装材料，而目前市场上大多数中药材及饮片的包装材料并未区分药材或饮片是否易虫蛀、霉变或走油，均选择同一种包装材料，使用较多的材料为聚乙烯塑料，已有研究表明包装贮藏 12 个月时，材料中 BHT（2，6- 二叔丁基对甲酚）和 BHA（丁基羟基茴香醚）两种抗氧化剂向饮片的迁移量均已超标。这些添加剂对人体健康存在一定的影响，DEHP[邻苯二甲酸二（2- 乙基己基）酯] 是典型的内分泌干扰物，对生物产生生殖毒性，大剂量的 BHA 可致癌。此外，聚乙烯树脂类材料，降解时间长，对环境会造成白色污染；且近年来小包装中药饮片发展迅速，所需包装材料较中、大包装而言更多，且逐年增多，这与我国及世界各国控制塑料袋制品，减少白色污染的政策方针不符合。目前生物可降解包装材料在绿色包装中具有较优的发展潜力，壳聚糖、纤维素、聚乳酸等高分子材料被广泛应用于食品可降解包装中，为提升我国中药饮片包装技术水平，可基于中药饮片与食品同属于天然产物的特点，引入现代包装材料最新成果和方法，研究开发适用于不同类型中药饮片的绿色、无毒、无污染、可生物降解、循环利用的新型包装材料。

同时，在中药饮片贮藏养护技术的安全性问题上，经调研，少部分极易变质的中药饮片如芡实、玄参、党参等，由于暂时没有环保方法替代，目前仍有 20% 的中药饮片企业在应用磷化铝等化学药剂养护法。另外，有关现代贮藏养护方法——辐照灭菌法，世界卫生组织（WHO）、食品辐射联合专家委员会（JECFI）等组织指出，平均剂量在 10kGy 以下辐射任何食品，在毒理学、营养学及微生物学上都不存在问题，无须再对经低于此剂量辐照的各种食品进行毒性实验。但由于中药饮片的化学成分更为复杂，且目前对于经辐照后饮片的药效、毒理研究较少。因此，为进一步保证中药饮片的安全性、有效性和质量稳定性，亟待加强常用中药饮片经辐照处理后的质量研究。

三 技术经济适用性方面

包装贮藏的成本是未来须重点研究和解决的关键问题。随着小包装饮片易于储存保管、计量准确等优势的日益突出，其逐渐替代散装饮片的使用，但随之而来的是成本的增加。一是包装成本增加，小包装饮片所需的包装材料较大包装或散装饮片大幅增加。二是储存成本增加，小包装饮片由于包装内存在大量空气，增加小包装饮片的体积，使一个药斗所装小包装饮片量为散装饮片量的 1/3 左右。同时，一种饮片一般有两种规格，规格和体积的增加，使得所需存储空间扩大。此外，现代贮藏技术的成本控制方面也是一大问题，如气调包装养护虽然贮藏效果优良，但其维护成本高，在中药饮片产业中的实际应用很有限。针对此问题，应结合中药饮片包装和贮藏特点及需求，重点对中药饮片包装贮藏方法的经济实用性作针对性深入研究，探索通过技术革新，加快智能中药贮藏养护技术及设备的研发和使用，提高其方法及设备的效能，提升其在中药饮片产业的实际应用。

四 技术标准和质量追溯体系建设方面

作为药品质量的重要影响因素，同饮片生产其他环节一样，中药饮片的包装贮藏技术应有统一的技术标准和管理规范，并进一步建立中药饮片包装贮藏环节的质量追溯体系。但目前我国饮片缺乏适应现代智能化生产的科学、规范的中药饮片包装贮藏养护技术标准体系。特别是贮藏养护技术在《中国药典》和各省炮制规范中也只有较笼统的表述，无统一标准，操作体系不完善。如微波辐照工艺作防治处理，对不同质地中药饮片所选波长、辐照时间、传送带的速度等，尚无供规范操作的技术参数，对微波处理前后中药材的理化性质与卫生状况等也还缺乏比照性研究。

中药饮片全流程追溯体系是保证中药质量和产业发展的关键，因此需利用现代化信息技术构建中药饮片质量追溯体系，对饮片出厂、验收入库、贮藏养护、调剂发放、不良反应监测等整个流通使用过程实现全程有效追溯。但在中药饮片的质量追溯体系的建设方面，目前我国尚处于法规政策提出和开始推进过程中。2018 年，国家药品监督管理局在发布的《关于药品信息化追溯体系建设的指导意见》中表示，药品上市许可持有人和生产企业应履行药品信息化追溯管理责任，按照统一药品追溯编码要求，对其生产药品的各级销售包装单元赋以唯一的药品追溯码，但中药饮片追溯体系一直未发展起来。2019 年修订的《中华人民共和国药品管理法》第 39 条规定，中药饮片生产企业履行药品上市许可持有人的相关义务，对中药饮片生产、销售实行全过程管理，建立中药饮片追溯体系，保证中药饮片安全、有效、可追溯。2020 年起大部分省份如北京、四川等在相关文件中提到要进一步建立中药饮片溯源体系，但仅小部分省份出台了专项政策，如河北、山东、山西、江西等药监局陆续起草了"中药饮片生产企业追溯体系建设指南"，并公开征求意见。2020 年 8 月，河北省药品监督管理局率先印发《关于推进药品流通追溯系统中药饮片追溯工作的通知》，决定将中药饮片纳入药品流通追溯系统，同时选定 20 家药品批发企业首批开展中药饮片标准数据对照和追溯数据上传工作。近年来，已有部分中药饮片企业与中药材种植企业建立了合作关系，正在部署如何落实中药饮片企业原料追溯，并作为当前重点研究解决的关键问题。

综上，为从源头保障中药饮片的质量，需不断加强饮片包装与贮藏技术标准的制定和该环节质量追溯体系的建设和完善，中药饮片在该方面任重而道远。

五　中药饮片保质期方面

随着贮藏时间的延长，饮片的质量会发生变化，应有明确的、科学的保质期规定，以指导临床安全、有效用药。2023 年，为指导企业合理确定中药饮片的保质期，国家药品监督管理局发布《中药饮片保质期研究确定技术指导原则（试行）》。其中明确了标注保质期是中药饮片生产企业对中药饮片质量的承诺，在标签标注的期限内，中药饮片应当符合所执行的国家药品标准或饮片炮制规范的要求。因此，中药饮片生产企业作为中药饮片保质期确定的主体，应结合已积累的中药饮片生产、贮藏、包装等经验及稳定性研究数据，综合确定保质期。由于中药饮片贮藏期间的质量受地域影响较大，中药饮片生产企业可征求流通、销售及使用单位的意见，确定中药饮片实际贮藏条件的保质期。标注保质期后，中药饮片生产企业应持续积累数据，以确定更严谨的保质期。中药饮片成分复杂，可依据传统经验及现代科学方法合理确定中药饮片质量评价方法，结合文献研究、试验研究法、产品留样观察档案、客户质量调查、药品不合格情况及已上市同类品种的保质期等，综合确定中药饮片保质期，应当注意文献研究的质量，相同或相似品种数据的代表性、真实性和可靠性。然而，现有的研究多基于中药饮片部分化学成分的变化来进行研究及有效期规定，研究方法有待进一步提升，以确保结果的科学性和实用性。为科学制定中药饮片保质期，可引用食品安全贮藏中相对成熟的技术与理论，如水分活度相关理论。水分是导致中药材及饮片质量变化的重要影响因素，水分活度（Water Activity，AW）可以反映物料与水分的结合程度，表示物料中水分的真实存在状态，[①] 而吸湿等温线（Moisture Sorption Isotherms, MSI）可反映特定温度和相对湿度下，物料平衡状态下水分含量随水分活度变化的曲线。20 世纪 60 年代，水分活度理论被广泛应用于食品的贮藏稳定性评价，吸湿等温线作为研究粮食、饲料贮藏和干燥的重要基础数据，在国外广泛开展研究。该理论可用于贮藏稳定性、有效期的预测，可通过测定吸附曲线构建吸附模型有效预测食品货架期。目前该技术已开始被引入中药材及饮片的安全性贮藏研究中，如大黄、黄芩、枸杞子等，可进一步深入水分活度和吸附曲线与饮片质量变化的相关性研究，科学预测中药材及饮片的保质期，并结合药品贮藏稳定性研究方法，科学确定中药材及饮片的保质期。

综上，我们应多维度"传承精华，守正创新"，在传承、挖掘和优化我国中药材及饮片传统包装与贮藏养护技术及经验的基础上，积极研究并推广配套绿色、无公害的环保新材料和现代自动化包装与贮藏养护新技术及新设备，以技术升级引领我国中药材及饮片包装与贮藏养护产业早日实现现代化、标准化和自动化，建立科学的中药材及饮片包装与贮藏养护技术标准和操作规程（SOP），探索构建以保质期为核心的中药贮藏养护质量追溯管理体系，从而提升仓储物流管理水平，以期有效提升中药材及饮片包装与贮藏养护产业的总体水平，争取早日实现中药材及饮片贮藏环节的"低损耗、零污染"目标，配合国家未来拟推行的"中药饮片价格零加成"政策，服务我国中药产业高质量发展的整体目标，全面实现我国中药材及饮片生产与流通"提质增效"。同时，可充分利用中医药文化优势，结合中药材及饮片质量追溯体系建立和包装标志，打造特色包装设计，提升中药品牌辨识度、知名度、市场竞争力，推动中药产业的高质量发展。

参考文献

［1］ 陈莹、王源源：《中药饮片小包装规格的设计》，《中国药业》2017 年第 1 期。

［2］ 孙萍萍：《我国中药饮片包装规范性研究》，硕士学位论文，辽宁中医药大学，2023。

［3］ 何坤、张丽青、王闻雅：《我国中药饮片标签管理现状分析与对策建议》，《中国食品药品监管》2021 年第 5 期。

---

① 胡卓炎、梁建芬主编《食品加工与保藏原理》，中国农业大学出版社，2020。

［4］徐文达:《食品软包装新技术：气调包装、活性包装和智能包装》，上海科学技术出版社，2009。

［5］Li Z., Yang C., Li Z., "Application and Safety Evaluation of an Anti-aflatoxigenic Chitosan Pouch Containing Turmeric Essential Oil in the Storage of Traditional Chinese Health Food," *Int J Biol Macromol*，2021；183:1948-1958.

［6］魏路平，一种中药饮片小包装用聚乳酸膜材料及其制备方法，申请号：CN201910120522.8。

［7］（明）陈嘉谟:《本草蒙筌》，人民卫生出版社，1988。

［8］国家药典委员会编《中华人民共和国药典：2020 年版 一部》，中国医药科技出版社，2020。

［9］范丽霞、张庆业、蔡庆群等:《中药饮片"置干燥处"贮藏要求及执行现状》，《中国药业》2022 年第 8 期。

［10］郭东晓、许丽丽、崔伟亮等:《关于构建中药材和饮片贮藏养护质量管理体系的思考》，《中药材》2021 年第 9 期。

［11］薛鹏仙、龙泽荣、袁辉等:《硫熏中药材品质及其毒理学研究进展》，《化学通报》2019 年第 7 期。

［12］蒋桂华、马逾英、卢先明等，一种白芷的贮藏养护方法，申请号：CN102227974A。

［13］颜仁梁主编《中药储存与养护》，重庆大学出版社，2014。

［14］《中药材及饮片行业市场规模多大？中药材及饮片行业市场前景分析》，中研网，https://www.chinairn.com/hyzx/20220519/112633504.shtml。

［15］胡卓炎、梁建芬主编《食品加工与保藏原理》，中国农业大学出版社，2020。

第十一章
中药材及饮片标准、质量及溯源

本章着重介绍了中药材相关的国家标准、行业标准、团体标准以及国际标准，指出中药材及饮片质量存在的主要问题，对此提出对策和建议，阐述了中药材质量溯源体系的构建和关键技术并列举经典案例，为产业发展提供参考，从而促进中医药可持续发展。

第一节　中药材及饮片标准

一　国家标准

（一）《中华人民共和国药典》标准

自 1963 年至 2020 年，除 1977 年版外，历版《中国药典》所收载的中药材标准数量呈逐渐增加趋势。[①] 在《中国药典》制修订过程中，凡现行版收载的，相应历版《中国药典》、局（部）颁标准废止；凡现行版未收载的，仍执行相应历版《中国药典》、局（部）颁标准，但应符合现行版《中国药典》的相关通用技术要求；经上市后评价撤销或注销的品种，相应历版《中国药典》、局（部）颁标准废止。目前，历版《中国药典》所收载的有效药材标准共 819 个（不包括增补本），《中国药典》已成为新药研究用中药材引用标准的主体，在推动中药材标准质量控制水平提高方面起到了积极的推动和示范作用。

[①] 屠鹏飞、黄璐琦、陈万生等：《〈中华人民共和国药典〉（2020 年版）中药材和中药饮片质量标准增修订工作思路》，《中国现代中药》2018 年第 12 期。

《中国药典》中药（包括中药材、中药饮片、提取物和中成药）质量标准均为一个整体的标准体系，不是孤立的某一项检测项目。以中药材为例，其质量标准由名称、来源、性状、鉴别、检查、浸出物、指纹图谱、特征图谱、含量测定等组成，被列入标准中的各项内容都必须符合规定，才是一个可以上市的中药材。质量标准体系中设置的各项内容对中药的质量控制和保障临床用药安全有效均有其特有的目的和意义，[①] 例如，"来源"是规定中药材所用植物、动物（矿物）的物种（种类）、药用部位和加工方法。"性状"是指凭借人类感官能够感知或测定的中药材的特征，如形态、形状、大小、折断面或切面特征、气味等，也包括某些传统的经验鉴别，也就是老中医或老药工们常说的中药的"形"与"气味"。"鉴别"是鉴定中药真假的检测项目，包括显微鉴别、理化鉴别和DNA分子鉴别。随着中药混乱品种的不断出现、提取后的药材再上市销售，人为掺杂、染色、造假等违法现象的不断出现，中药的理化鉴别尤其是色谱鉴别在中药鉴别中发挥着更加重要的作用。[②]DNA分子鉴别是物种鉴别的有效方法，主要用于目前尚无有效鉴别方法的动物药以及部分贵细或来源复杂、伪品较多的植物药的鉴别。[③]

"检查"是对中药材非药用部位、外源性杂质、水分、外源性和内源性有毒有害物质的检测，是保障中药材净度和安全性的检测内容。"浸出物"是根据中药所含主要成分的化学性质和溶解性，采用相应的溶剂进行提取得到的总提取物的得率，一定程度上控制了中药所含化学成分的含量，与"含量测定"形成互补。"指纹图谱和特征图谱"是近20年来发展起来的针对中药整体成分或主要特征成分的检测方法。随着人们对"中药整体成分发挥作用"认识的加深，指纹图谱在中药整体成分控制中发挥着越来越重要的作用，是保障中药质量和疗效一致性的有效方法。特征图谱本质上属于"鉴别"的内容，主要用于TLC尚难鉴别或来源复杂、伪品较多的中药材及其中药饮片的鉴别。"含量测定"是对中药材中主要药效成分或指标性成分的定量控制，是保障中药材有效性的最重要的指标，也是评价中药材质量优劣的重要指标。

由于中药材是一个化学成分复杂、功能主治广泛的复杂体系，完全阐明中药材的

---

① 魏锋、程显隆、马双成等：《中药材及饮片质量标准研究的有关问题思考》，《中国药学杂志》2022年第18期。

② 周勤梅、朱欢、耿昭等：《中药材及饮片质量控制和评价的关键技术评析》，《环球中医药》2023年第3期。

③ 陈士林、宋经：《中草药DNA条形码物种鉴定体系》，《药学进展》2017年第2期。

功效物质或药效物质是非常困难的。中药材的质量标准或质量控制是保障中药材质量相对一致，即保障每批药材所含成分及其含量相对一致。大量研究尤其是近20年指纹图谱的研究表明，多数植物的次生代谢产物的含量之间具有相关性，一般来说，优质药材所含各种成分的含量都较高；反之，劣质药材所含各种成分的含量都较低。因此，控制数个主要成分的含量，实际上也相对地控制了其他成分的含量。因此，《中国药典》对于药效或有效成分明确的中药材，建立药效或有效成分的含量测定；对于药效或有效成分尚未明确的中药材，建立指标性成分的含量测定。随着《中国药典》标准的提升与完善，建立多成分含量测定，与指纹图谱相结合，构建中药整体成分质量控制体系，已成为中药质量标准的发展方向。

（二）中药材生产质量管理规范

2022年3月17日，国家药监局、农业农村部、国家林草局、国家中医药局四部门发布《中药材生产质量管理规范》（GAP）的公告，进一步从根本上推进中药材规范化生产，加强中药材质量控制，促进中药高质量发展。与原国家药品监管局2002年发布的试行版文件、2018年发布的征求意见稿文件相比有多处增减、改动。新版中药材GAP共14章144条，较试行版中药材GAP的10章57条增加了4章87条，除增加的章节外，标题和内容均作了较大修改。[1]

二　行业标准

国家中药材标准化与质量评估创新联盟提出了"三无一全"标准，即无硫黄加工、无黄曲霉素、无公害（无农残超标、无重金属超标、无使用生长调节剂促进采收器官的生长）及全过程可追溯。[2]"三无一全"标准高于国家药典标准，与新版GAP和中药材出口标准GACP的要求基本一致。截至2023年12月，联盟审核通过品牌基地优质药材累计70个品种，面积达到129万亩以上，涉及98家企业，共有149个基地达到了"三无一全"标准。

---

[1]　魏建和、王文全、王秋玲等：《〈中药材生产质量管理规范〉修订背景及主要修订内容》，《中国现代中药》2022年第5期。

[2]　苗水、毛秀红、周恒等：《中药中农药残留防控的现状与建议》，《中国食品药品监管》2022年第3期；费毅琴、肖凌、汪波等：《37种植物类药材中重金属和有害元素残留分析及风险评估》，《药物分析杂志》2021年第6期。

三 团体标准

品质中药（Quality Chinese Medicine，QCM）是指生产过程中严格遵守 GAP、GMP 等管理规程，中药产品真伪考察指标达到《中国药典》等现行质量标准，浸出物和有效成分含量等质量指标高于《中国药典》等国家现行质量标准要求，外源性污染物和内源毒素等有害物质不得检出，或指标严于《中国药典》等国家现行质量标准要求，符合中国质量协会"品质中药"系列团体标准要求并获得品质中药产品认证的优质中药材、中药饮片、中成药及中药原料保健品和食品的总称。

中国质量协会首先提出品质中药理念，并联合国内顶级中药研究机构和大专院校共同发起面向中药材、中药饮片、中成药、中药原料保健品和食品的品质中药认证，致力于通过"标准 + 认证"和品质中药系列品牌活动开展中药质量提升工程，构筑中药行业优质优价良好生态。[①]"品质中药"产品认证领域已于 2022 年 12 月获得国家认证认可监督管理委员会批准，中质协质量保证中心已启动认证工作，接受中药产业链企业的认证申请，目前已经通过"品质中药"认证的中药材品种有苗乡三七、略阳天麻、吉林人参等，实现了优质优价。[②]

中国质量协会发布的"品质中药"系列标准是我国首个以判断"品质中药"推动中药质量分级管理的全系列团体标准，是品质中药认证的依据。标准对中药性状、含量、外源性污染物及内源毒性物质等质量指标进行提升及完善，并根据具体品种增加专属性的技术方法，有效地反映了"品质中药"产品的内在质量。品质中药团体标准已于 2021 年正式发布，目前已经发布了通用标准和三七、天麻、人参、党参、川贝母、艾叶、青蒿等中药材团体标准，正在公示的团体标准有中药材白及和木瓜，已经立项的中药材团体标准有 15 项。[③]

---

① 《"品质中药"赋能中药行业发展、未来可期》，人民政协网，https://www.rmzxb.com.cn/c/2024-01-12/3475417.shtml。

② 曹雅丽：《全国首张"品质中药"产品认证证书颁发》，《中国工业报》2023 年 6 月 6 日；《汉王略阳中药科技公司天麻产品荣获"品质中药"产品认证证书》，陕西医药控股集团有限责任公司官网，https://www.shanyaogroup.com/news/unit?id=4627；《首批品质中药人参产品通过认证》，江苏信达诚质量技术管理咨询有限公司官网，http://www.jsxdc.com/news/shownews.php?id=286。

③ 《品质中药材团体标准》，全国团体标准信息平台网，https://www.ttbz.org.cn/Home/Standard/?searchType=3&key=%E5%93%81%E8%B4%A8%E4%B8%AD%E8%8D%AF%E6%9D%90。

四 国际标准

（一）ISO 标准：大宗中药材 ISO 国际标准

中药国际标准是指由国际标准化组织（ISO）发布的中药标准，目前已经发布了多项与中药相关的标准，如 ISO11137-1：2006《生物负荷测定和生物指示器使用的辐射灭菌》、ISO/TR20416：2017《中药材质量评价》等，主要是针对中药的生产、质量控制、安全性等方面进行规范和管理。与国内标准相比，国际标准更加注重国际化、标准化和规范化，以提高中药的国际竞争力和市场认可度。

由中国上海中药标准化研究团队主导制定与发布的大宗中药材 ISO 国际标准，主要从种源、性状、理化、安全性、检测方法及包装、存储等指标方面完成标准制定工作，已经发布了党参、白芍、板蓝根、当归、枸杞子等药材国际标准。[①]

（二）进口标准

进口药材是我国中药材资源的重要组成之一。从 1960 年《进口药材标准规格资料》至 2004 年发布的《儿茶等 43 种进口药材标准》，发布进口药材标准共 257 个品次，再加上 1988~1993 年发布的 5 个单行版标准，截至 2019 年，我国共发布 13 个药材标准 262 个品次。2012~2015 年，国家组织就部分进口药材标准进行修订，其中，与《中国药典》基原相同且已完成修订的品种收入《中国药典》，不再单列进口药材标准；而《中国药典》未收载或基原不同的品种则继续保留进口药材标准。2019 年，国家市场监督管理总局发布《进口药材管理办法》，明确了"进口的药材应当符合国家药品标准"。《中国药典》现行版未收载的品种，应当执行进口药材标准；《中国药典》现行版、进口药材标准均未收载的品种，应当执行其他的国家药品标准。少数民族地区进口当地习用的少数民族药药材，尚无国家药品标准的，应当符合相应的省、自治区药材标准。[②]

---

① 何雅莉、郭兰萍、葛阳等：《ISO/TC 249 中药国际标准制定现状及发展策略》，《中国中药杂志》2022 年第 13 期。

② 刘丽娜、张体灯、金红宇等：《新版〈进口药材管理办法〉解读》，《中国药事》2019 年第 8 期。

第二节　中药材及饮片质量控制与评价

　　中药材和饮片的质量控制与评价是制约中药现代化发展的核心问题之一，同时也是中医药现代研究领域备受关注的难点和热点。中药材及饮片作为中药产业链条的最前端，其质量评价策略对中药质量的提升具有引领作用。随着现代技术的应用与发展，我国已形成了较为完善的中药材及饮片质量控制体系，以保证中药材以及饮片的安全性和有效性。近年来，随着国家药品监管工作的力度不断加大、质量标准的逐渐完善及中药行业质量意识的持续提升，中药质量控制水平取得了长足的发展和进步。本节对中药材及饮片的质量发展现状、存在的问题进行归纳，分析其应对策略，以期能带动中药材及饮片质量控制研究向深层次迈进，积极推动中药产业的高质量发展。

一　中药材及饮片质量的发展现状

（一）中药材及饮片市场质量概况

　　中药材及中药饮片是中药产业链条的最前端，也是中医药产业健康发展的基石，其质量直接影响中药的临床疗效。近年来，随着国家药品监管工作力度的不断加大、质量标准的逐渐完善及中药行业质量意识的持续提升，中药质量控制水平取得了长足的发展和进步。从全国市场中药材及饮片抽检的质量数据看[①]，2015~2022 年我国中药材及饮片总体合格率从 75% 增加至 96%（见第一章图 1-6），从这些数据中可以看出我国中药材及饮片的质量呈逐年提升、稳步向好的发展态势，市场上染色、增重、硫黄过度熏蒸的中药材和饮片明显减少，但目前仍存在较多的中药质量问题，如部分品种盲目引种、采收生长年限不够、产地加工不规范、饮片炮制不规范等，普遍存在"重产量、轻质量"，以及追求药典标准"及格率"的现象。

（二）中药材及饮片质量控制体系建设现状

　　中药材及饮片的质量受到多个环节和流程因素的影响，如基原、产地、种植（养

---

① 张萍、郭晓晗、金红宇等:《2021 年全国中药材及饮片质量分析》,《中国现代中药》2022 年第 6 期；张萍、郭晓晗、金红宇等:《2022 年全国中药材及饮片质量分析概况》,《中国现代中药》2023 年第 10 期；魏锋、程显隆、荆文光等:《中药材及饮片质量标准研究有关问题思考》,《中国药学杂志》2022 年第 18 期。

殖）、采收、加工、炮制、生产、包装、贮藏、运输等，质量的最终体现是其安全性和有效性。传统对中药材及饮片的质量评价主要是从形状、颜色、大小、味道、断面、质地等特征分辨药材质量，对评价人员的理论和实践经验要求较高，且过度依赖于评价人员的主观判断，没有严格统一的评价标准，难以实现产业化评价的客观公正。[①] 中药质量的标准化、规范化一直是中药现代化发展的重点，如何充分客观评价和控制中药材及饮片的质量一直是中药产业发展的关键科学问题之一。[②] 当代中药质量评价已发展到运用现代分析技术，从性状与鉴别、化学成分分析、生物效应评价、外源性污染物控制等方面对中药质量进行了评价，[③] 形成了较为完善的中药材及饮片质量控制体系（见图11-1），为中药产业的高质量发展提供了强有力的保障。

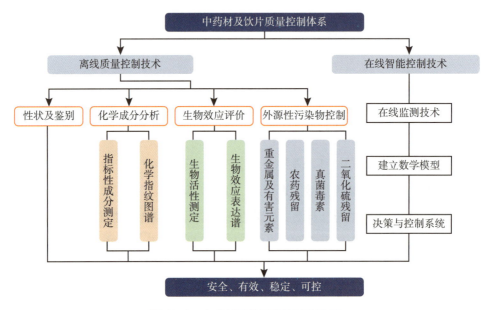

图 11-1　中药材及饮片质量控制体系

① 赖长江生、邱子栋、魏旭雅等：《基于原位质谱技术的中药质量评价策略的构建》，《中国中药杂志》2022年第1期。
② 崔红华、邱夏：《中药质量标准现代化研究发展趋势》，《中国中医药信息杂志》2007年第6期。
③ 孙立丽、王萌、任晓亮：《化学模式识别方法在中药质量控制研究中的应用进展》，《中草药》2017年第20期；闫艳、杜晨晖：《一测多评法在中药质量控制中的应用及研究进展》，《世界科学技术—中医药现代化》2022年第6期；张旭、任晓航、王慧：《生物效应评价在中药质量控制研究中的应用进展》，《中草药》2018年第11期；任晓航、杜锐、张旭等：《中药外源性污染物检测技术的现代研究》，《中草药》2019年第10期。

二 中药材及饮片质量存在的主要问题

（一）伪品冒充正品或掺伪掺杂

在中药饮片的使用量急剧增加的同时，也带来了中药材及饮片资源短缺的问题，目前市场上出现了一些地方中药材作为商品药材或饮片销售、使用的情况，严重扰乱了中药材市场的秩序，常出现以次充好或正品中掺入伪品的现象，其中，以正品来源稀少、资源稀少居多，且多为同属近似种或名称和性状相似的品种。例如，以水白及冒充白及、留兰香冒充薄荷、白附子冒充附子、苦黄精冒充酒黄精、伪品大黄等冒充大黄、益智仁冒充砂仁、扁竹根冒充射干等。[①]

掺伪现象多发生在加工切制后的中药饮片中，因药材切制后，形成片、段、块或丝，导致外观形态受损，难以发现伪品饮片，市场上问题较突出的药材如皂荚刺中掺野皂荚刺、小通草中掺西南绣球、山豆根中掺北豆根等。[②] 不同来源的药材由于部分名称相同或外形特征相似而混淆使用，如苦杏仁与桃仁、菟丝子与紫苏子、天花粉与山药等。另外，一些名贵紧缺的品种假劣问题也较为严重，如麝香、牛黄、人参、天麻、冬虫夏草等。中药材与饮片中含有太多非药用部分，是导致不合格的另一重要因素。按照规定，在中药材及饮片的采收和加工过程中，必须要除去这部分杂质，以保证其疗效。不合理的中药材不仅会影响临床疗效，还可能会导致患者产生不良反应。常见的问题品种有细辛掺入较多地上部分，广藿香中掺入残根过多以及乳香中含有的树皮过多。另外，还有部分品种掺有泥沙、砂石等其他杂质，如海金沙中夹杂有大量的泥沙，黄连中含有大量泥土，蒲黄、菟丝子、决明子等细小的种子或花粉粒药材中砂石较多。[③]

---

① 陈文慧、朱仁愿、张喜萍等：《兰州市中药材市场存在的问题及监管对策》，《甘肃科技》2021年第10期；屠鹏飞、姜勇、何轶等：《中药材和饮片质量控制与质量标准体系的构建》，《中国食品药品监管》2022年第10期；郭晓晗、张萍、荆文光等：《从2020年国家药品抽检专项有关问题谈中药材及中药饮片监管》，《中国现代中药》2021年第10期；王健、李逢春、宋汉敏等：《中药材及中药饮片质量的影响因素与质控措施》，《食品与药品》2020年第5期。

② 张萍、郭晓晗、金红宇等：《2022年全国中药材及饮片质量分析概况》，《中国现代中药》2023年第10期。

③ 张静：《探讨中药饮片抽检情况及市场现状》，《食品安全导刊》2021年第23期；荆文光、程显隆、张萍等：《2017~2021年全国中药饮片抽检质量状况分析》，《中国现代中药》2023年第5期。

（二）药材种植养殖不规范，饮片存在质量问题

1. 生长周期不够，质量不达标

中药材生长周期长短直接影响中药材的品质和含量，生长周期太短达不到生长要求，生产出的药材因不合格出现销售难的情况。《中国药典》2020年版中药材和饮片质量标准增修订明确指出，对于存在明显的产地依赖性和对生长年限有要求的中药材，要明确产地、采收期和采收年限，以确保药材中有效成分的积累。然而，一些中药材种植户为了追求利益缩短生长年限"抢青"、非适宜季节采挖，五味子、连翘等药材被提前采摘上市，明显导致药材和饮片的质量下降。[①]

2. 盲目引种，品质降低

中药野生资源的匮乏以及中医药的蓬勃发展带来了需求量的增加，栽培中药材在一定程度上缓和了中药材资源的紧缺问题。部分中药材受到产地的限制，出现了盲目引种、扩种，"南药北种，北药南移"的现象，栽培药材的相关质量问题报道较多，如连翘、防风、前胡等。在中药材由野生变为人工栽培的过程中，受到种植产地、种植技术方法、生长年限、采收加工方法、农药化肥使用等多种因素的综合影响，中药材性状（包括形、色、味、质地、断面、大小等）和内在化学成分与传统中药材及饮片差异较大，难以达到检验标准，[②]如防风药材从北方引种到安徽等地，其中亳州等地种植的防风性状变异大，母根短而膨大，侧根多，有再生茎；且非道地产区种植的防风中主要成分色原酮的含量也明显降低。

3. 农药残留超标

目前，我国中药饮片的农药残留量超标问题已经严重影响了中药材的质量，虽然对其防控已采取了一定的监管并取得了一定的成效，但是在实际生产中仍然存在大量的农药残留。苗水等对不同药用部位来源的4670批中药材及饮片进行分析，发现其中农药残留污染普遍，总体检出率为43.5%，药材三七、西洋参、艾叶、菊花、金银花、山楂、陈皮等的农药检出率高，检出农药种类多。[③]部分中药材检出禁用农药，

① 欧阳楠、琚健：《从中药制剂生产用中药材及中药饮片质量问题谈监管模式》，《中国药学杂志》2018年第3期。

② 欧阳楠、琚健：《从中药制剂生产用中药材及中药饮片质量问题谈监管模式》，《中国药学杂志》2018年第3期；张萌、封亮、贾晓斌：《基于生物活性与效应基准的中药质量评价技术发展现状与展望》，《世界中医药》2020年第15期；刘昌孝：《中药质量标志物（Q-marker）：提高中药质量标准及质量控制理论和促进中药产业科学发展》，《中草药》2019年第19期。

③ 苗水、毛秀红、周恒等：《中药中农药残留防控的现状与建议》，《中国食品药品监管》2022年第3期。

总体检出率达 10.6%，按照《中国药典》2020 年版中药材和饮片检定通则对禁用农药的限量要求，超标率达 5.3%。在检出的 37 种禁用农药中，六六六、滴滴涕等有机氯类农药的检出率最高。研究显示药材在种植过程中农药的混用、过度使用、轮作间作导致的累积残留等会比较严重，因此在中药材种植环节要注意合理使用农药品种、科学控制安全采收间隔期等问题。

4. 植物激素及生长调节剂滥用

使用植物生长调节剂是为了提高产量。尽管植物生长调节剂能够提高作物成活率、增强药材抗逆性等作用，但随着中药材人工栽培的不断增多，种植户在利益的驱动下，开始大量使用植物生长调节剂，这就导致中药材种植周期变短，尤其是根茎类药材，更多是将增产作为主要目标，以低成本获得高产量。[1]苗水等通过对 100 余种 1049 批中药材中 75 种植物生长调节剂的筛查发现，总体检出率高达 78%。其中，三七中的复硝酚钠、矮壮素、多效唑、缩节胺以及麦冬中的多效唑在根和根茎中检出的比例最高，三七中植物生长抑制剂的检出率均高达 90% 以上。通过对同一药材的多批次样本展开分析，结果表明在一些药材如党参、金银花、延胡索及三七中检出 10 种及以上的植物生长调节剂，表明当前中药材种植过程中，滥用植物生长调节剂的现象十分普遍，而且呈现上升趋势。[2]这不仅影响中药材的安全性，还导致中药材性状和内在质量发生改变，极大影响了中药材的药效。

5. 重金属污染

重金属是国内外长期关注的安全性问题，属于国家重点监控的内容，成为阻碍中医药走向世界的壁垒。中药材在种植、生产、加工炮制、运输、贮存过程中，均可能会引入铝、铬、铁、钡等金属元素，其含量过高也会带来潜在危害。2020 年版《中国药典》新增当归等 10 个大宗品种重金属及有害元素的限量标准，并将镉的限量由 0.3 毫克/千克调整至 1 毫克/千克；在四部通则指导原则 9302 "中药有害残留物限量制定指导原则"新增植物类中药材中铅、砷、镉、汞、铜的一致性限量指导值。[3]费毅琴等对 37 种 2427 批次常用花、叶、全草、果实、种子类中药材的重金属残留量进行分析，样品的总合格率为 71.4%，超标率为镉（20.9%）＞铅（5.8%）＞铜

---

① 樊建、沈莹、邓代千等：《植物生长调节剂在中药材生产中的应用进展》，《中国实验方剂学杂志》2022 年第 3 期。

② 苗水、毛秀红、周恒等：《中药中农药残留防控的现状与建议》，《中国食品药品监管》2022 年第 3 期。

③ 左甜甜、申明睿、张磊等：《中药中重金属及有害元素限量标准的制定及有关问题的思考》，《药物分析杂志》2023 年第 4 期。

（3.9%）＞汞（3.5%），发现花、叶、全草最易蓄积镉元素，白花蛇舌草和山银花中的镉，全草类药材白花蛇舌草、穿心莲、艾叶、青蒿、鱼腥草、茵陈、广金钱草中的铅风险较大。[①] 可见，中药材及饮片的重金属超标问题不容忽视，需要加强监测和风险评估，以确保药物的安全性。

（三）饮片生产不规范

加工和炮制作为中药饮片的前端，直接影响中药饮片质量，可见二者是中药饮片规范化生产的重点过程控制环节。其中，炮制后的药材达到相应的目标，不仅要掌握各种药材及饮片的炮制工艺、过程及炮制条件，还要严格控制炮制时间、温度以及炮制顺序等，要严格按各药材的炮制规范执行，这样才可确保其炮制后的产品质量达到标准。目前中药材的炮制存在一定的模糊性，如炮制规范版本不同、炮制工艺有一定差异。首先，《中国药典》与《全国中药炮制规范》和各地方的标准收载相同中药饮片炮制工艺不统一、标准内容不一致。其次，中药饮片炮制存在传统与现代加工不同（传统的中药饮片的切制是切药工进行加工的组成部分，刀工处于生产设备落后、规模小，停留在手工或半手工操作状态），文火、武火、透心等经验性描述缺乏可控性较强的工艺参数，造成饮片质量不稳定。最后，现代设备设施在饮片生产企业亦有一定的差距，存在炮制技术、操作规程、人员素质等不规范问题，影响了饮片质量，常常会发现炮制品颜色不均、药段长短不一、药片厚薄不匀等现象。实际生产过程中，常出现中药材炮制不得法问题，如补骨脂炒制时间过长，会导致香豆素类有效成分含量降低；不按规范操作，如淡豆豉不发酵或是发酵时间不够，都会影响药效，饮片的质量难以保证。[②]

（四）贮藏不规范导致虫蛀、霉变

中药饮片对于存贮的要求较高，这是由于中药饮片本身在存贮的过程中需要耗时耗力，另外，一些零散的中药如果保存不当就会出现虫蛀、霉变等情况，不但会影响中药疗效，还会引起药物的安全性问题。特别是中药材在种植、采摘和储存的过程中，容易受到黄曲霉或者其他真菌污染，进而产生某些毒素，严重影响中药材的安全

---

① 费毅琴、肖凌、汪波等：《37种植物类药材中重金属和有害元素残留分析及风险评估》，《药物分析杂志》2021年第6期。
② 周勤梅、朱欢、耿昭等：《中药材及饮片质量控制和评价的关键技术评析》，《环球中医药》2023年第3期。

性。其中，中药材及饮片内含有的黄曲霉毒素含量备受关注，部分中药饮片在储存过程中，对环境条件要求较高，如果贮藏不当，未根据中药饮片的贮存条件正确放置，就会出现相应的虫蛀、霉变、变色、走油等变质现象，造成中药有效成分的损失和破坏，导致疗效降低，甚至产生黄曲霉毒素等有毒物质，从而严重威胁患者的健康。[①]

（五）质控指标制定欠合理

中药材及饮片的质量标准对提高中药质量和保障公众用药安全发挥了重要作用。由于中药是一个复杂的体系，对其药效物质基础研究整体表现较为薄弱，我国中药材及饮片的质量标准仍然存在许多不足，主要是指标选择及限度制定的合理性、标准的实用性和可行性等方面仍然需要不断研究，持续提高和完善。首先，指标和质量相关性不强，有一些含量测定指标成分不具有代表性，是获得对照品或者含量较高而被确立为质控指标。如《中国药典》2020 年版中冬虫夏草中以腺苷为指标性成分进行含量控制，与药材的产地、生长年限、采收加工、炮制生产以及药效等重要因素相关性不明显。其次，指标性成分限度设置合理性欠佳。行业内反映较多的《中国药典》炒紫苏子饮片水分限度合理性问题，标准规定为不得超过 2.0%，但日常检验发现炒紫苏子的水分经常会达到 3%~4%，导致市场产品难以合格。[②] 质控指标是中药材及饮片质量的标尺，随着研究的深入和市场数据的反馈，对中药材及饮片质量指标的制定提出了更高的要求。

三　中药材及饮片质量控制的对策

（一）加强中药材种植养殖管理

随着人们对健康的重视度不断提高，中药的需求也随之增加。目前，我国中药材种子种苗来源混乱、种质混杂，研究基础薄弱，优良种苗和品种的选育基本是空白，优良种子种苗的推广利用更是处于初期阶段，同时缺少中药材种源的鉴定体系和良种

---

① 李洪芬：《中药材以及中药饮片在贮存保管过程中存在的问题与措施》，《世界最新医学信息文摘》2019 年第 18 期；李丽娟：《探讨中药材及中药饮片质量控制对策》，《现代诊断与治疗》2018 年第 17 期。

② 程显隆、郭晓晗、李明华等：《道地性和生产规范性是中药材质量属性形成的关键》，《中国现代中药》2020 年第 7 期。

繁育生产体系。因此，建议重视种子资源和品质的管理，优化优良品种的选育或繁育，并加以推广利用，建立规范的种质资源评价标准和优质品种选育规范，同时加强种子种苗生产技术管理，建立种子种苗的质量评价标准体系，从种子资源、选育或繁育、推广生产、质量标准到政策法规、制度建设等全方位建立中药材优良种子种苗的标准化管理体系，为实现中药材规范化生产打下坚实的基础，最终确保中药材质量安全、有效、稳定、可控。

中药材种植是一个复杂的系统工程，其具有农业生产的基本特性，同时又具有药品生产的基本属性。中药材的产区具有道地性，而在长期的种植过程中，药材的道地性逐渐被淡忘，除了道地产区，非道地产区的引种已广泛存在。同时，我国中药材生产种植仍存在非法使用违禁农药、超量使用农药及激素类产品的现象，种植集约化程度低，难以实行统一的标准化和规范化操作，导致药农田间管理成本高、产量低。药材中的农药残留超标严重、内在成分含量低，中药材质量无法得到有效保障。《中国药典》2025 年版编制大纲中明确指出继续完善禁用农药检测品种及限量要求，进一步开展真菌毒素和重金属及有害元素残留筛查，积累数据，完善相应限量标准，以加强中药安全性质量控制。因此，首先要考虑药材产区的道地性，鼓励在道地产区或适宜产区进行引种，全面建立药材的种植/养殖生产规范，鼓励中药材生态化、规范化种植，建立绿色可持续发展理念，从源头上提升中药材的质量和安全。[1]

（二）加强中药饮片生产过程控制

中药饮片是药品的一部分，虽然原国家食品药品监督管理总局规定从 2008 年 1 月 1 日起所有的中药饮片企业必须在《药品生产质量管理规范》的条件下生产，但在实际生产过程中，仍存在中药饮片生产专业化、规模化程度低的问题，多数企业还是以作坊式生产为主，存在加工炮制工艺不规范、炮制程度判断较难等问题；全国及各省（区、市）炮制规范均是以传统的方法来控制炮制程度，以致饮片企业的生产过程可控性较差；饮片质量参差不齐，缺乏科学、客观的评价标准。[2]

近红外光谱技术作为目前主导的在线监测过程控制模式，在中药饮片生产过程的质量控制中具有制样简单、快捷、非破坏和绿色环保等优点，应用平台广阔，对中药

---

①　张萍、郭晓晗、金红宇等：《2021 年全国中药材及饮片质量分析》，《中国现代中药》2022 年第 6 期；王福、陈士林、刘友平等：《我国中药材种植产业进展与展望》，《中国现代中药》2023 年第 6 期；李冉、张文广、成春亚等：《中药材种子种苗繁育关键技术研究进展》，《中国现代中药》2022 年第 11 期。

②　肖永庆、张村、李丽：《浅谈中药饮片规范化生产和过程控制》，《医学研究杂志》2010 年第 9 期。

饮片质量稳定、可控具有指导作用。同时，人工智能与拉曼光谱分析技术[①]、人工仿生技术[②]等结合的新模式不断涌现，进一步结合离线指纹图谱、定量分析，为饮片生产全过程质量控制提供了技术支撑。随着中药产业化的发展，中药饮片的规范化生产和过程控制刻不容缓，部分企业通过与科研院所协作进行了饮片质量企业标准的研究，以保证饮片质量并提高企业竞争力。可见，需要加强现代科学过程控制应用于中药饮片的加工炮制过程，实现炮制方法和工艺的科学性与规范化，以饮片为出发点推动中药生产全过程控制，以逐步实现中药的规范化生产。[③]

（三）完善中药材及饮片质量控制标准

现代中药的质量控制策略借鉴了化学药物质量评价的模式，逐步形成了以化学标志物检测为核心的中药质量控制体系，经历了从无到有、从简单到逐步完善的发展过程，"找成分、测含量、定下限"的模式至今已沿用了半个多世纪。然而，基于中医药理论的辨证性、中药药效物质基础的复杂性以及质量影响因素多样性等原因，与化学药品成分单一、疗效与作用机制明确相比，中药是多成分、多靶点协同增效作用，单一或几个成分难以全面反映中药质量。多成分中药整体质量控制模式是中药整体观理念的产物，一测多评法、双标多测法、对照提取物法等创新性中药质量控制方法逐步解决单一指标成分模糊药物整体特征的局限性问题。2020年版《中国药典》中质量控制项对多成分进行测定的品种已有上百种，中药质量控制模式会持续向多成分整体质量控制模式转变。

质量标准应体现中药本身的特色和临床功效，真实反映药材的内部质量，如何构建彰显临床价值的中药质量标准体系仍是困扰中医药发展的瓶颈。为加强中药材及饮片的临床相关性研究，各种生物学技术手段在不断提高，如酶活力、凝集素活性、抗菌活性等活性评价，但存在专属性强而通用性较差，以及有限的实验条件和时间段内难以满足成百上千种中药材及饮片的质量控制和评价需求的缺陷。[④]近年来，生物效

① 陶益、陈林、朱菲等：《人工智能视域下拉曼光谱分析技术融合深度学习算法在中药生产过程质量控制中的应用》，《中国现代中药》2022年第1期。

② 刘瑞新、陈鹏举、李学林等：《人工智能感官：药学领域的新技术》，《药物分析杂志》2017年第4期。

③ 周勤梅、朱欢、耿昭等：《中药材及饮片质量控制和评价的关键技术评析》，《环球中医药》2023年第3期。

④ 肖小河、金城、赵中振等：《论中药质量控制与评价模式的创新与发展》，《中国中药杂志》2007年第14期。

应表达谱[①]如生物自显影薄层色谱、生物热活性指纹图谱、细胞表型特征谱、基因表达谱、蛋白质表达谱、代谢物表达谱等应运而生，不仅能够鉴别中药材及饮片的真伪优劣，对其质量进行波动监测，还兼有指纹特性。中药整合质量观、中药质量标志物[②]、中药品质标准评控力金字塔[③]等新思路、新模式的提出，积极推进中药质量控制关键技术开发，涌现了一系列中药质量评价创新技术、创新方法，为构建彰显临床价值的中药质量标准体系提供了思路和参考。含量测定作为中药材及饮片质量标准的关键内容之一，应加强指标成分与功能主治及所含成分选择合适的含测指标，尽量体现含测指标与药物安全性、有效性的关联。在现有基础上，我们需要加强与临床实践的结合，充分把握中医药理论的科学内涵，将其与现代前沿学科技术深度融合，积极推进中药材及饮片质量控制关键技术开发，加快建立符合中药特色的技术方法体系，以促进中药产品质量提升和中药产业高质量发展。

第三节　中药材及饮片溯源体系

中医药的发展已有数千年的历史，中药材的品质关系中医药的可持续发展。长期以来，中药材的种植生产都处于"粗放式经营"的状态，中药材的产出主要来自散户种植以及大型种植基地。随着时代的发展和科技的创新，"粗放式经营"显然已不再适用于中药材的种植生产，会导致产量与质量不能并存。目前中药材及饮片质量参差不齐，来源可靠性缺乏，加工不够规范，中药产品以次充好、假冒伪劣问题频发，这些问题亟待解决与完善。因此，面对中药材及饮片在生产流通各环节中可能出现的质量问题，建立起一套高效、现代化的中药材及饮片溯源体系十分必要。[④]

国际标准化组织（International Organization for Standardization，ISO）把"可追溯性"定义为通过登记的识别码，对商品或行为的历史和使用或位置予以追踪的能力，具有跟踪和溯源双向性的特点。中药材溯源是指将中药材从源头到生产流通各个

---

① 张萌、封亮、贾晓斌：《基于生物活性与效应基准的中药质量评价技术发展现状与展望》，《世界中医药》2020年第15期。
② 刘昌孝：《中药质量标志物（Q-marker）：提高中药质量标准及质量控制理论和促进中药产业科学发展》，《中草药》2019年第19期。
③ 肖小河、张定堃、王伽伯等：《中药品质综合量化评控体系——标准评控力金字塔》，《中国中药杂志》2015年第1期。
④ 朱婷、胡心怡、闵欣怡等：《中药材溯源体系的现状评析》，《环球中医药》2023年第3期。

环节的信息都准确记录下来，相当于为每个药材建立自己的专属档案，是保证药材质量和用药安全的可靠手段。十几年来，政府出台了多项与中药材溯源体系相关的标准规范，各省（区、市）高度重视并领导本地区中药材溯源系统的建设与运行，从事相关领域研究的学者也为中药材及饮片质量安全提出自己的见解。中药材溯源体系主要围绕种植、生产、流通和消费这四个环节开展建设，能够迅速准确地找到问题的源头并在对应的环节进行处理，最终实现中药"来源可知、去向可追、质量可查、责任可究"的目的。传统的中药材溯源系统在数据可靠性、信息安全性、隐私保护性等方面难以获取消费者的信任，而结合了新兴技术的溯源系统，既能保障中药材的质量，一定程度上降低用药风险，又能满足数据流通中广大利益相关者（如企业、经销商、消费者等）的需求。

本节主要总结了中药材及饮片溯源所用到的技术，探讨了基于新技术的中药溯源系统的设计与构建方案，概述了目前中药材全产业链追溯标准规范和在此基础上的系统开发，并归纳分析了已建立中药材溯源系统的部分省份的经典案例，针对目前存在的问题提出一些对策和建议，为中药行业的标准化管理、规范化监督、现代化发展提供参考。

一　中药材及饮片溯源系统的设计与构建

影响中药材及饮片质量的环节众多且过程漫长，包括从中药材的种子种苗、栽培种植、采收加工，到包装、运输、贮藏，再到最终的上市销售。中药材质量溯源体系框架包括正向追踪和反向追溯两方面：正向追踪主要由药材种植基地、检测机构和监督部门负责，对药材的生产过程进行管理；反向追溯主要由监督部门和消费者进行，对药材质量进行分析并反馈出现的问题。

中药材溯源系统的构建关键在于在保证数据真实性的同时形成数据流通和闭环，传统中药材溯源存在信息内容不全面、数据交换缓慢、识别码不统一、无法实现资源共享和跨系统查询、产业各方信任难等问题。但随着物联网、区块链、DNA 条形码等新兴技术的发展，以上问题得到了改进与完善：物联网技术采用无线传感器网络，能够实时获取真实的中药材各项信息，视频监控中药材的生长过程和环境状况；区块链技术因其可靠数据库、分布式台账、数据难篡改和去中心化等特点，让中药材溯源的信息存储、数据共享更加快速、高效和透明；DNA 条形码技术使得每个中药材都拥有了自己的"身份证"，可用于中药材种质资源评估和物种鉴定，有效防止中药材出现假冒伪劣混杂等质量问题。关键技术的进步不仅弥补了我国传统中药溯源的不足，推动中药材溯源体系的发展，而且促进了中药材产业的创新与改革。

（一）基于物联网的溯源系统

基于物联网的溯源系统主要组成部分有中药材种植物联网子系统、中药材产地溯源子系统、中药材经营企业子系统、中药材专业市场子系统、中药材饮片生产溯源子系统、中药材饮片经营溯源子系统、中药材饮片使用环节溯源子系统。[1]

借助物联网、无线感传网络、移动通信网络技术在中药材的种植田间建立智能感知系统，实时监测空气温湿度、土壤水分及温度、太阳辐射、风速风向和雨量等信息。收集到的田间种植信息通过系统处理后到达监控终端，利用专家系统来进行灌溉控制、辅助施肥，采取云计算、统计分析等手段，对中药材的生长情况和种植环境信息进行综合处理，最终相关人员可在监控中心或者移动设备上查看。基于物联网的中药材溯源综合服务系统如图11-2所示。该系统主要包括无线传感器设备、灌溉控制设备、视频监控终端和物联网综合支撑服务平台。

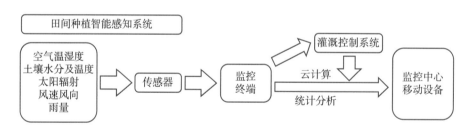

图11-2 基于物联网的中药材溯源系统模型

如表11-1所示，物联网各个设备都有其不可替代的功能，在各司其职的同时相互合作。基于物联网的中药材溯源系统为中药材的生产种植提供智能感知、智能传输、智能管控、智能预警与专家系统等服务，基本实现了中药材全过程的追踪溯源，为提升中药材的品质提供切实保障。

---

① 姜东峰、王新颖、周鑫等:《物联网追溯管理平台在农产品质量安全生产过程中的应用》,《农民科技培训》2018年第2期。

表 11-1 物联网设备及其功能介绍

设备	功能
空气温湿度传感器	检测空气温度、湿度
土壤水分传感器	长期埋在土壤内测定浅层和深层的土壤墒情，获取相应的土壤水分指标与参数
土壤温度传感器	反映土壤温度，测温范围为 −40℃ ~120℃
光照传感器	检测光照强度，依据测量场所设置量程
风速风向传感器	测量风速和风向，可安装到机器人、汽车等设备上观测
灌溉控制设备	测定中药材环境参数，全自动化地实施灌溉控制
种植监控终端	将以上各类传感器和灌溉设备集于一体，借助无线网络，将空气、土壤、光照、风速等各项数据参数传输至远程服务端，经过处理后自动控制相应设备操作

（二）基于区块链的溯源系统

区块链，通俗易懂地讲，就是一个又一个区块组成的链条。每一个区块中存储了一定的信息并按照各自产生的时间顺序连接起来。整个链条被保存在所有的服务器中，只要系统中有一台服务器可以工作，整条区块链的安全性就有所保障。区块链技术作为一种分布式账本数据库，两大核心特点显而易见：数据难以篡改、去中心化。它具有数据隐私保护、安全性高、可追溯等明显的技术优势，以密码学方式确保数据的不变性和完整性，且无须第三方信任。

中药材质量溯源体系要在种植、收购、贮藏、运输、加工等多个环节建立中药材的质量溯源指标，监管部门建立中药材各环节质量的监管溯源指标。运用物联网进行溯源环节的各项基础数据信息采集，直接记录存储在各个区块中，建立如图 11-3 所示的中药材溯源系统，来实现各个环节的质量溯源以及对各环节的监管。

基于区块链技术的中药材质量管理和追溯体系主要包括 6 个核心区块，分别是种植区块、收购区块、贮藏区块、运输区块、加工区块和监管区块[①]，6 个区块分别记录的详细信息如表 11-2 所示，区块链技术的应用能在提高溯源效率的同时保证溯源结果的真实性。目前，中药材质量溯源体系已成为区块链技术的重要应用方向，一些公司已经启动了试点项目，以在各大行业中实施区块链技术。

---

① 谢春辉、熊蔚维、李国妹等：《基于区块链技术的中药材质量安全溯源系统设计》，《云南民族大学学报》（自然科学版）2020 年第 1 期。

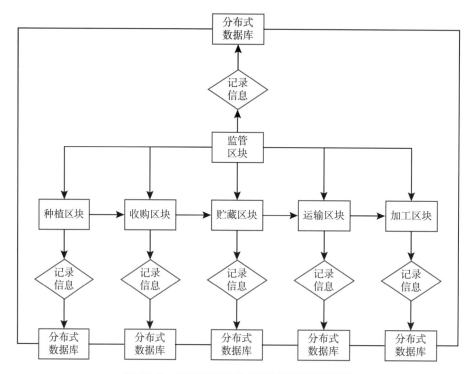

图 11-3　基于区块链的中药材溯源系统模型

表 11-2　各区块及其信息汇总

区块	记录信息
种植	种植地块土壤状况、化肥农药的使用情况、病虫害的防治情况、从事生产的人员情况
收购	收购企业的收购场所、周边环境、交易和从业人员情况
贮藏	中药材贮藏企业、贮藏库的环境、采用的贮藏技术、贮藏批号、入库日期、管理人员
运输	承担运输的单位、车辆、运输序号、出库日期、到达目的地日期、运输途经地方、运送及接货人员
加工	加工企业、加工方法、加工货品、加工结果、从事加工的工作人员
监管	中药材销售方、销售地址、销售人员、监管人员

（三）基于 DNA 条形码的溯源系统

种子种苗是中药材生产的源头，保证中药材种子种苗的优质是中药材溯源系统构建的首要任务。当种子种苗极其细小、来源复杂且难以辨认、鉴定困难时，DNA 条形码技术不依赖种子种苗的外形特征，具有取样少、操作简便、准确性高等优势，比起其他技术，更加适用于中药材种子种苗的鉴定。基于数据丰富的中药材 DNA 条形码数据库，可对中药材种子种苗和市售中药材进行准确鉴定，从而保证种质资源和上市药材的优秀。物种鉴定正确的种子种苗用于生产种植，将种子种苗的有关信息及其对应的 DNA 条形码录入数据库，并持续追踪中药材的种植、加工、运输、贮藏、销售等过程，可在中药材生产的各个环节中追溯中药材及其 DNA 条形码序列信息，保障中药材的品质和安全。

在建立中药材溯源系统过程中，将中药材流通环节中的参与者分为 7 种类型，分别是种子种苗提供商、种植户、生产加工商、经销商、消费者、监管人员及中药材溯源系统后台管理人员。针对不同类型的用户以及中药材溯源基本流程进行功能需求分析（见表 11-3）。溯源系统主要有以下功能：中药材种子种苗提供商可以通过该系统提交种子种苗相关信息及其 DNA 条形码；消费者可以通过该系统追溯中药材的源头、生产、加工、贮藏等情况；生产加工企业可以通过该系统追溯中药材的原料信息，依据原料的产地和种植情况选择适宜的原料；以上一系列信息有利于监管部门对中药材质量进行监督管理。

表 11-3　基于 DNA 条形码的中药材溯源系统功能需求分析

用户类型	功能需求
种子种苗提供商	信息录入功能，提供商信息、种子信息录入界面及 DNA 条形码序列提交界面
种植户	信息录入功能，种植户所在种植基地的基本信息以及种植过程信息的提交
生产加工商	信息录入功能，生产加工商基本信息、产品信息的提交
经销商	信息录入功能，经销商基本信息的提交、运输信息的提交
消费者	药材产品来源追溯，药材产品评价体系
监管人员	中药材 DNA 条形码鉴定模块，药材产品来源追溯
后台管理人员	用户权限配置，部分数据的增删改查，信息发布

二　中药材全产业链标准规范及溯源系统开发

中药材溯源系统应当遵循中药材监督管理相关的法律法规和政策，在中药材全产业链过程中唯一地标识每一味中药材的信息，使中药材从种植阶段开始的各个环节公开、透明、可追溯，防止出现中药材假冒伪劣、流通过程不透明、消费者维权困难等问题。依据我国中药材全产业链标准规范对我国中药材溯源体系进行查漏补缺，改进不足，各监管部门联合监督，实施工作互认机制，人民群众参与互动反馈，形成新型中药材全产业链管理模式，促进我国中药材质量管理和溯源规范化。将中药材全产业链质量保证与溯源体系建设作为我国未来中药产业发展的重要方向，在真正发生问题时，能够实现问题的及时有效追溯。

（一）中药材全产业链追溯标准规范

依据中药材全产业链的特点，结合良好农业规范（Good Agricultural Practice，GAP）、良好生产规范（Good Manufacture Practice，GMP）、良好供应规范（Good Supply Practice，GSP）等标准规范，以第三方检测认证和全程溯源为控制监管手段，构建了道地药材认证、种植、加工、检测、包装、物流仓储养护和全程追溯 7 个关键环节的管理要求，形成了全新的行业质控标准，即"7S 道地保真中药材全程质量控制体系"。[①]

中药材及饮片质量追溯体系以信息链完整性为重点，商务部建立了国家中药材流通追溯体系系统平台，颁布了一系列的药材追溯管理规范（文件及其主要内容和适用范围见表 11-4），并委托中国中药协会市场专业委员会组织中药、编码、物流、信息等多行业专家编制完成《中药材流通编码标准》，开发基于全国统一编码的中药材流通追溯系统，并进行实地测试。由此可见，我国已经形成了相对独立完整的中药材标准规范体系，覆盖中药材全产业链各环节各方面，这一系列政策的目的就在于推动中药材全产业链溯源，解决中药材产业规范的难题，为中药材的规范化种植生产起到良好的推进作用。

表 11-4 国家中药材追溯管理规范文件

药材追溯规范文件	主要内容	适用范围
国家中药材流通追溯体系建设规范	规定了国家中药材流通追溯体系的建设目标、基本原则、总体框架、追溯流程、追溯实现方式及信息采集、传输、应用等内容	适用于中药材流通追溯系统的建设和验收
国家中药材流通追溯体系主体基本要求	规定了国家中药材流通追溯体系中对各个流通环节的总体要求，以及在基础管理、追溯管理、流程管理、数据采集等方面的基本要求	适用于中药材各个流通环节的管理

---

① 刘娟、冯芮、蒲忠慧等：《指纹图谱结合 HPLC 定量分析在中药川芎质量评价中的应用研究》，《中药材》2019 年第 2 期。

续表

药材追溯规范文件	主要内容	适用范围
国家中药材流通追溯体系—标识规范	规定了国家中药材追溯体系中追溯标识要求	适用于整个中药材流通追溯体系
国家中药材流通追溯体系设备及管理要求	规定了中药材流通追溯体系可能使用的存储介质、感知等设备的技术要求及其相关管理要求	适用于对中药材流通追溯体系内设备的管理和维护
国家中药材流通追溯体系技术管理要求	规定了中央及地方中药材流通追溯平台以及流通节点追溯子系统的基本技术要求、平台间的数据交换方式和格式要求	适用于中央和地方中药材流通追溯平台的建设和维护以及中药材流通追溯体系的数据采集和传输

（二）中药行业产业链布局建设情况

目前，中国中药材行业的主要龙头企业分别是中国中药控股有限公司（以下简称"中药控股"）和中国北京同仁堂（集团）有限责任公司（以下简称"同仁堂"）。整体来看，中药控股和同仁堂均实现了较为完整的产业链布局，在控制生产成本的同时有效保障了中药材的质量（见表11-5）。

表 11-5　中国中药材行业龙头企业对比分析

项目	企业名称	
	中药控股	同仁堂
种植种类	多达 69 种	人参、三七、金银花、板蓝根、苦地丁、山茱萸、荆芥、黄芪等
种植地区分布	西南、东北、华中	华东、华北、东北
GAP 基地	累计建设合作基地 165 个	12+GAP 基地
产业链布局	中药材种植—中药材种植加工（研发）—物流—销售	中药材种植—中药材种植加工（研发）—物流—销售

中药控股在 2020~2021 年一期试点示范工作中，选取了不同省份总计 10 个中药材品种进行 GAP 种植基地建设：山东省（金银花）、安徽省（白芍）、浙江省（浙贝母）、江西省（黄精）、湖北省（独活）、贵州省（太子参）、四川省（附子）、甘肃省（半夏、大黄、甘草）。此外，中药控股依托平安智慧城市在人工智能、区块链及云计算等领域的核心技术，启动了中药品控溯源一体化管理平台建设项目，从而提升中药管理平台的全产业链溯源能力。

（三）基于全产业链标准整合的溯源系统

基于全产业链标准整合的中药材质量溯源系统，平台的建设和运行按照"7S道地保真中药材全程质量控制体系"的要求，综合运用物联网、区块链、DNA条形码等技术，通过建立和运行动态监测监控系统、生产管理系统、全过程质量溯源系统，对中药材生产全过程进行数字信息化管理。按照7S道地保真中药材全程质量控制体系要求的7个环节记录产品质量溯源信息，形成一物一码管理，企业和政府相互合作，并实施第三方认证，以保障生产企业的全过程质量控制，对道地药材从源头实施全过程质量控制与监管，实现原产地与消费市场的无缝对接。基于全产业链标准整合的溯源系统如图11-4所示。

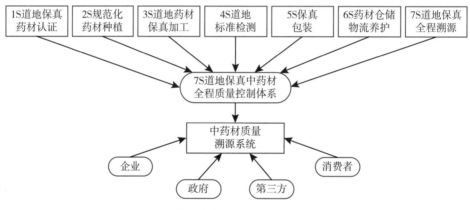

图11-4 基于全产业链标准整合的溯源系统

三 中药材及饮片溯源体系关键技术

中药材及饮片溯源体系构建是一个复杂且漫长的过程，需要用到多种技术和方法。其中，中药材及饮片质量鉴定是整个溯源体系中的物质基础，传统的鉴定方法有性状鉴定、显微鉴定、理化鉴定等。随着仪器分析和分子生物学技术的发展，出现了一些新的方法用于中药材及饮片的质量和来源鉴定、数据转化以及信息存储，如中药指纹图谱、同位素示踪技术、条形码技术和射频识别技术（Radio Frequency Identification，RFID），这些技术从各个方面推进了我国中药材及饮片溯源体系的不断发展与完善。

（一）中药指纹图谱

中药指纹图谱按测定手段可分为中药化学（成分）指纹图谱和中药生物指纹图谱。中药化学指纹图谱是指采用光谱、色谱等分析方法建立的用以表征中药化学成分特征的谱图。光谱较为常用的有红外光谱（IR）、紫外光谱（UV）、核磁共振波谱法（NMR）、质谱（MS），色谱常用的有薄层色谱（TLC）、气相色谱（GC）、高效液相色谱（HPLC）和毛细管电泳（CE）。中药化学指纹图谱技术的优缺点及应用如表 11-6 所示。其中 HPLC 指纹图谱应用最广，可以与红外光谱、质谱等联用，它不仅能够提供化学成分的数量和相对位置，而且能够提供各成分的相对含量，这些对于鉴定中药材的真伪优劣至关重要。近年来，刘娟等采用 HPLC 法对 12 批不同来源的川芎样品进行指纹图谱研究，并测定不同产地川芎药材中阿魏酸、洋川芎内酯 A 和藁本内酯的含量。[①] 张慧文等联合应用傅里叶红外光谱法（FTIR）和 HPLC 指纹图谱，考察 4 个产地 6 批次荜茇，分析荜茇的红外光谱，并建立荜茇的 HPLC 指纹图谱，结果显示两种方法对荜茇的评价结果相互印证，各批次荜茇的化学成分基本相同，质量稳定。[②] 任艳平等建立了可同时测定矮地茶中 10 个成分（3 个儿茶素类、4 个黄酮、2 个酚酸和 1 个异香豆素类）的 HPLC-ESI-MS/MS 分析方法，并用于不同产地矮地茶药材的分析。[③]

表 11-6　中药化学指纹图谱技术的特点及应用

化学指纹图谱	优点	缺点	应用
红外光谱（IR）	操作方便快捷，重复性好，标准图谱多，可定性分析	显示混合化学成分的图谱，不能定量分析	多用于蛤蟆油、黄连、珍珠以及复方制剂等中药鉴别，可分析中药中抗肿瘤成分
紫外光谱（UV）	操作简单方便，检测成本低，无污染	仅能提供化学成分吸收峰信息，不能定量分析	可鉴别不同产地的中药，检测中药有效成分

① 刘娟、冯芮、蒲忠慧等：《指纹图谱结合 HPLC 定量分析在中药川芎质量评价中的应用研究》，《中药材》2019 年第 2 期。
② 张慧文、宋晓玲、石松利等：《FTIR 方法和 HPLC 指纹图谱鉴别不同产地荜茇》，《光谱学与光谱分析》2020 年第 1 期。
③ 任艳平、赵可新、王声祥等：《HPLC-MS 法同时测定中药矮地茶中 10 个有效成分》，《药物分析杂志》2022 年第 9 期。

续表

化学指纹图谱	优点	缺点	应用
核磁共振波谱法（NMR）	可定量分析，具有普适性，谱图与植物品种对应关系准确	仪器价格昂贵，灵敏度较低	可测定中药材初级和次级代谢产物，鉴别中药优劣。已用于蒲公英、柴胡、火麻、人参、姜黄等分析鉴定
质谱（MS）	可与色谱联用，快速高效，选择性好，高灵敏度，高精度	重复性稍差，须严格控制操作条件	鉴定中药化学成分以及检测有害成分，用于中药代谢组学研究
薄层色谱（TLC）	鉴别中药最普遍、最常用的手段，操作简单，成本低，专属性强，显色容易	对生物高分子的分离效果不理想	薄层板上斑点有无可判别药材真伪，斑点的颜色尺寸可反映药材优劣
气相色谱（GC）	样品用量少，检测灵敏度高，分析速度快	难以分析不易挥发和热不稳定的物质，定性能力弱	用于极性较小的成分以及挥发性成分的分析，目前多用于川芎、当归、广藿香等中药材的分析
高效液相色谱（HPLC）	分离效率高，选择性好，灵敏度高，操作自动化，应用范围广	成本高、分析时间长	对复杂的中药提取物的分离和天然产物的定性效果较好，对中药质量及稳定性进行评估，鉴别药材真伪优劣
毛细管电泳（CE）	用样量少，简单快捷，成本低	重现性差	已用于中药鉴定以及化学成分分析

中药生物指纹图谱可以作为中药化学指纹图谱的进一步补充和完善的手段，在中药材品种鉴定以及种质选育等方面发挥特殊作用，中药生物指纹图谱技术的方法特点及应用如表11-7所示。一直以来，DNA指纹图谱在中药研究各领域都有较为广泛的应用，许腊英等探讨了乌梅炒炭炮制前后的DNA指纹图谱特征，并发现不同产地的乌梅生品DNA指纹图谱一致。[①] 黄稳等利用SRAP标记构建了不同种金腰的DNA指纹图谱，对24种共计36份金腰属植物进行了遗传多态性和聚类研究。[②]

表11-7 中药生物指纹图谱技术的特点及应用

生物指纹图谱	常用方法	特点	应用
DNA指纹图谱	随机扩增多态性DNA分子标记技术（RAPD）、聚合酶链式反应（PCR）等方法	多位点性，高变异性，简单而稳定的遗传性	可鉴别中药材真伪，鉴定道地品种，研究种质资源以及活性成分基因表达调控
蛋白指纹图谱	聚丙烯酰胺凝胶电泳法（PAGE）	简便快速，样品用量小，高通量分析	进行不同药材品种的鉴别，并且可以判定其是否混杂

① 许腊英、石琪、余倩倩等：《中药乌梅炒炭前后DNA指纹图谱的研究》，《中成药》2012年第1期。

② 黄稳、兰德庆、覃瑞等：《利用SRAP标记构建不同种金腰的DNA指纹图谱》，《中国中药杂志》2020年第15期。

（二）同位素示踪技术

同位素示踪技术的基本原理是不同产地来源的物种中同位素的自然丰度存在差异，可用于物种的产地鉴别。目前，该技术已被广泛应用于食品领域的产地溯源，在中药材溯源方面的研究虽然尚未普及，但也在逐步发展中。卓鱼周等通过对贵州省两个不同产地的朱砂微量元素含量和硫同位素组成分析后发现，不同产地朱砂具有不同的微量元素组成，同一产地样品微量元素相关性较好，证实了同位素示踪技术应用于中药材产地识别的可行性。[①]

（三）条形码技术

条形码技术是为实现信息自动扫描而设计的一种以图形方式存储数据信息的可靠手段，主要包括一维码和二维码，其中二维码成本低、信息容量大且容错率高。中药材质量溯源不仅要追溯药材的产地，而且要记录并存储中药材流通各个环节的相关信息，这些信息本身不能通过扫描直接获得，需要一个特殊介质去承载。因此，将条形码技术引入了中药材及饮片质量溯源系统的构建。

DNA 是遗传信息的直接载体，具有稳定性和高度特异性，不仅能用于质量检测，还可当作各种中药的"身份证"，用于中药材基原鉴定。把中药材的 DNA 序列连同条形码技术做成 DNA 条形码，利用光电扫描设备识读这些中药材的 DNA 条形码，并将数据准确录入计算机后进行处理，从而实现药材在流通环节中的电子化识别和监督。中药指纹图谱也可通过加工处理后转化为二维码，使得中药质量二维码追溯技术有实现的可能。

（四）射频识别技术

射频识别技术（RFID）是一种通过无线射频方式进行非接触双向数据通信并对记录媒体（电子标签或射频卡）进行读写的自动识别技术，从而达到识别目标和数据交换的目的。利用这项技术制成的 RFID 电子标签，可以用来记录并实时更新中药材生产流通过程中的各项信息，其安全性和较长的使用寿命为中药质量溯源提供了保障。比起条形码技术，无线射频技术拥有防水、防磁、耐高温、高效率、信息可重复

---

① 卓鱼周、刘晓琴、张文会等：《基于微量元素－硫同位素示踪技术的朱砂产地差异性分析》，《中国实验方剂学杂志》2022 年第 23 期。

使用、数据实时更新等优势。但这项技术成本较高，研究应用尚未成熟，在企业间推广仍有一定难度。

四 对于中药材及饮片溯源体系建设的思考

（一）存在的问题

近年来，中药材流通过程依然存在一些问题，因此亟须建立中药材从生产加工到销售使用的全过程质量溯源体系，有效保障中药材及饮片的品质和用药安全。但目前来看，中药材质量溯源体系建设仍存在很多问题：信息来源不够可靠，现有技术已经在一定程度上保证了信息来源的真实性，但仍有信息来源失真的风险，数据资源一定程度上成为"数据孤岛"，因此如何确保数据可靠性和真实性需要进一步研究；监管措施不够完善，中药材成分多样复杂，异地种植使很多道地药材不再道地，流通环节多，对各个环节实施全方位监管较为困难，缺乏有效沟通、协调合作的机制；实施推广不够全面，目前我国中药材溯源体系尚未全面开展，推广力度不够大。

（二）对策和建议

针对中药材及饮片质量溯源体系建设存在的一些问题，提出以下建议：中药材本身就具有农产品的一般特点，药食同源的中药材很多，可以借鉴以往国内外食品、农产品溯源体系的成功经验，参考其成功建设的案例，对比自身的不足，进行改进和完善，结合中药材行业实际发展状况，秉承传统，开拓创新，明确中药材质量溯源体系的发展方向；未来的发展趋势是基于区块链、物联网、云计算和大数据的第三代中药溯源平台构建，在不断发展技术手段的同时，政府职能部门可以引领企业，或者与企业合作，建立地方政府监管运营平台，提供平台化的技术和监管服务，同时政府监管部门之间也要加强合作，及时沟通协调；依据《中国药典》和相关药材管理规范，完善中药材地方标准，制定道地药材评价标准规范，发挥中药行业协会的职能，加大政策扶持和宣传推广力度，进行项目试点建设，由点到面，坚持"全程追溯、全面追溯、统一追溯、持续追溯"原则，逐步推广建立中药材及饮片质量溯源体系。

（三）总结与展望

标准化是中药材现代物流体系建立的重中之重，即中药材及饮片要建立"来源可知、去向可追、质量可查、责任可究"的溯源体系。伴随着物联网、大数据、云计算等现代信息技术与传统中医药产业的跨界融合，中药材溯源体系可以实现对中药材生产流通各环节的严格监管，从而对我国中药产业的发展起到实质性的推动作用。发展与完善我国中药材溯源体系，实现我国中医药高质量发展，首先，要强化顶层设计，完善中医药政策机制。其次，必须建立健全法规制度，保障中医药健康发展。再次，发挥各地区的特色和优势，推动区域经济发展。最后，加大人才培养力度，打造中医药人才队伍。中药材及饮片溯源体系不仅能从源头上确保中药质量，而且对于保障中药道地性、守护人民健康安全以及实现中医药可持续发展具有长远意义。

五　中药材及饮片溯源体系的经典案例解析

（一）我国部分省份的中药材及饮片溯源系统建设概况及案例

我国最早于 2012 年开展中药材及饮片溯源体系建设，并在探索中不断经历转变：2012~2014 年，从流通市场入手，开始追溯试点；2015~2016 年，以企业为主体，实施全程追溯；2017~2018 年，实施信息化追溯；2019 年至今，饮片追溯立法，生产销售全程追溯。通过十多年的试点与创新，不断推动我国中药产业高质量发展。

十多年间，我国大部分省份已经在逐步推进中药材及饮片溯源体系的建设与实施，由于我国各省（区、市）中药材溯源体系建设起步时间不同，其系统开发目标、原则以及侧重点也有所不同，各省（区、市）在符合我国各项中药材溯源体系标准规范的基础上因地制宜、因企制宜，发挥本地区最大特点和优势。我国部分省市中药材溯源系统建设概况如表 11-8、表 11-9 所示。

表 11-8　部分省市中药材及饮片溯源系统建设概况

省市	中药材及饮片溯源系统建设概况
吉林省	以中药饮片质量保障为抓手，向上下游延伸，推动道地药材生产基地和部分医疗机构使用中药质量追溯体系。溯源系统由种植基地、饮片经销企业、饮片生产企业、中药材经销企业（专业市场）、医院和药店、中成药生产企业 6 大子系统组成，其中中成药生产企业子系统是吉林省独创的。同时，可提供全链条追溯
湖北省	"国家中药流通追溯系统（湖北站）"下有 5 大子系统，分别为药材种植系统、饮片生产系统、药食同源系统、药材流通系统、饮片流通系统，其中饮片生产系统已经在各大饮片厂投入使用
江苏省	组织江苏康缘药业股份有限公司、扬子江药业集团有限公司等 8 家中药制药企业遴选 10 个中成药大品种 40 余个原料药材，在全国适宜产区建立标准化药材生产基地，建设从种子种苗—药材种植加工—饮片炮制—制剂生产全过程的质量溯源体系

续表

省市	中药材及饮片溯源系统建设概况
浙江省	金华磐安县依托数字赋能打造"磐安县中药材质量追溯平台"，杭州市中医院中药质量追溯系统项目启动，探索"中医院、中药饮片生产企业＋道地药材基地"供应链协同创新应用模式
上海市	选取了5家中医院和8家药企作为试点，开展全流程溯源饮片的临床使用。目前，5家试点医疗机构已组织医院药学、信息等职能部门完成溯源饮片临床试点应用准备，8家试点企业已基本完成内部饮片溯源系统建设

表 11-9　部分省市中药材及饮片溯源系统建设案例

省市	单位名称	溯源品种	建设情况
吉林省	安图新桥特产品有限公司	蒲公英、人参、五味子等	溯源网址为 https://sy.nrc.ac.cn，企业基础信息以及蒲公英溯源信息填报已完成
	延边大阳参业有限公司	灵芝、人参等	溯源网址为 https://sy.nrc.ac.cn，企业基础信息前期填报以及赤芝的数据录入已完成
	延边兴林生物科技有限公司	桑黄	自2020年9月开始进行，目前已完成桑黄基地、仓储过程及加工车间的监控设备建设
	延边长白山药业有限公司	人参、五味子等	溯源网址为 https://sy.nrc.ac.cn，企业基础信息前期填报以及五味子的数据录入已完成
	靖宇北佳中药材有限公司	五味子	于2020年正式投入使用，对五味子各个环节实施全流程记录
	神农本草堂（白城）药业公司	关防风、柴胡、甘草、黄芩、板蓝根、黄芪等	采用定制药园建设，以白城市神农本草堂 GACP 中草药种植基地为依托
甘肃省	陇西奇正药材有限责任公司	当归、党参、黄芪、甘草、柴胡、枸杞、板蓝根等	搭建了1个县级中药材质量安全追溯平台、17个乡级平台、10个村级平台、45个经营主体追溯点，建成了3个野外监控点、1个小型气候观测点
湖北省	九信中药集团有限公司	茯苓、天麻、地黄、金银花、当归、黄芪等	已有9家饮片厂全部上线追溯，共生产追溯饮片7000多个批次，可追溯的产品数量超过1700万种
江苏省	扬子江药业集团有限公司	板蓝根、黄连、栀子、黄芪等	开展药材基源的 DNA 条形码研究，建立种子分级标准，对部分药材进行了指纹图谱研究
浙江省	桐君堂中医医院	中药饮片发酵工艺	在各种规范要求基础上，结合移动互联网、云计算以及区块链等技术，作为浙江省首家中药饮片追溯系统已上线
上海市	上海中医药大学附属龙华医院	黄芪、丹参、枸杞、西红花等	通过上海市医药服务与监管信息系统采购溯源饮片（含代煎配送等采配模式），建立库存预警和全过程溯源信息对接机制

　　我国不断推进各省份中药材及饮片溯源体系的建设，一是可以提高中药材及饮片的质量和保证用药安全，通过系统溯源绑定各方责任，提供全产业链溯源，从源头

改善中药材流通问题，营造良好的用药环境。二是有利于政府、市场监管和消费者反馈，溯源系统能给政府提供中药材种植产量、销量等信息，便于政府进行中药行业的发展规划和政策制定，市场监督可以维护中药产品流通的正常经济秩序，切实维护消费者的利益，透明查询机制便于消费者了解药材的基本信息，一旦发生问题可以随时随地反馈。三是建立召回机制，发现问题中药材后能及时召回，保障临床用药安全，守护人民健康，助力健康中国建设，达到中药溯源长期坚持与发展，从而促进中医药行业发展。

（二）以吉林省为例分析我国中药材溯源的试点建设

吉林省中药材溯源体系的构建正处于初期发展阶段，由于其优越的地理位置和生态环境，从而具备丰富的中药材资源和药企资源。[①]吉林省道地药材优势品种主要有人参、鹿茸、五味子、蛤蟆油、平贝母、天麻、西洋参、细辛、（北）苍术、淫羊藿等，吉林省选择万良长白山人参市场先行试点。[②]万良镇的人参栽培已拥有长达数百年的历史，是目前世界最大的人参交易集散地。依托万良长白山人参交易市场，立足于人参主产地的区域优势，坚持"政府为主导、市场化运营、公司化运作"的模式，推广"吉林特色化"的道地人参，将中药材溯源体系建设与振兴人参产业相结合，带动长白山区域经济发展，提升中国道地人参在国际市场的综合竞争力。

吉林省中药材溯源系统由种植基地、饮片经销企业、饮片生产企业、中药材经销企业（专业市场）、医院和药店、中成药生产企业这六大子系统组成。考虑到中成药生产企业是中药材流通环节的关键节点，吉林省在国家平台系统框架结构以外独创了中成药生产企业子系统。中药材溯源体系的建设与运行依靠多个部门的分工与合作，吉林省8个部门已联合印发了《关于建设吉林省中药材流通追溯体系和实施"放心药"市场准入的通知》，运用行政手段加强溯源体系的实施与推广，未来吉林省中药材溯源体系将与该省食品药品安全追溯系统对接。

中药材及饮片质量溯源体系能让每个环节都可控，从种子种苗的品控到种植、加工、产品流通和销售，将对中药产业的健康发展起到重要的推进作用。吉林省中药材质量溯源体系综合运用物联网、区块链等信息技术手段，完成对各个环节中药材数据

---

① 王越冉：《吉林省建立中药材溯源体系的路径研究》，硕士学位论文，长春中医药大学，2021。

② 张小波、邱智东、王慧等：《吉林省中药资源种类空间分布差异研究》，《中国中药杂志》2017年第22期。

信息的记录存储，最终实现中药材质量的全过程溯源和监管，很大程度上提高了中药的质量和使用的安全性，为我国中药材溯源体系全面推广提供参考。吉林省中药材全过程溯源系统如图 11-5 所示。

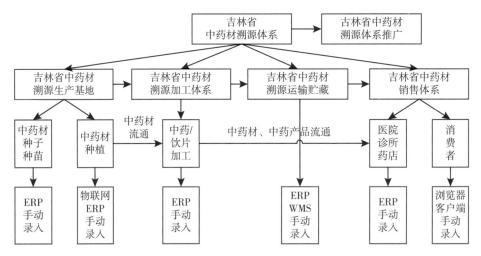

图 11-5 吉林省中药材全过程溯源系统

参考文献

［1］ 屠鹏飞、黄璐琦、陈万生等：《〈中华人民共和国药典〉（2020 年版）中药材和中药饮片质量标准增修订工作思路》，《中国现代中药》2018 年第 12 期。

［2］ 魏锋、程显隆、马双成等：《中药材及饮片质量标准研究的有关问题思考》，《中国药学杂志》2022 年第 18 期。

［3］ 周勤梅、朱欢、耿昭等：《中药材及饮片质量控制和评价的关键技术评析》，《环球中医药》2023 年第 3 期。

［4］ 陈士林、宋经：《中草药 DNA 条形码物种鉴定体系》，《药学进展》2017 年第 2 期。

［5］ 魏建和、王文全、王秋玲等：《〈中药材生产质量管理规范〉修订背景及主要修订内容》，《中国现代中药》2022 年第 5 期。

［6］ 苗水、毛秀红、周恒等：《中药中农药残留防控的现状与建议》，《中国食品药品监管》2022 年第 3 期。

［7］ 费毅琴、肖凌、汪波等：《37 种植物类药材中重金属和有害元素残留分析及风险评估》，《药物分析杂志》2021 年第 6 期。

［8］ 王越冉：《吉林省建立中药材溯源体系的路径研究》，硕士学位论文，长春中医药大学，

2021。

［9］《"品质中药"赋能中药行业发展、未来可期》，人民政协网，https://www.rmzxb.com.cn/
c/2024-01-12/3475417.shtml。

［10］曹雅丽：《全国首张"品质中药"产品认证证书颁发》，《中国工业报》2023年6月6日。

［11］《汉王略阳中药科技公司天麻产品荣获"品质中药"产品认证证书》，陕西医药控股集团有
限责任公司官网，https://www.shanyaogroup.com/news/unit?id=4627。

［12］《首批品质中药人参产品通过认证》，江苏信达诚质量技术管理咨询有限公司官网，http://
www.jsxdc.com/news/shownews.php?id=286。

［13］《品质中药材团体标准》，全国团体标准信息平台网，https://www.ttbz.org.cn/Home/Standard/?
searchType=3&key=%E5%93%81%E8%B4%A8%E4%B8%AD%E8%8D%AF%E6%9D%90。

［14］何雅莉、郭兰萍、葛阳等：《ISO/TC 249中药国际标准制定现状及发展策略》，《中国中药杂
志》2022年第13期。

［15］刘丽娜、张体灯、金红宇等：《新版〈进口药材管理办法〉解读》，《中国药事》2019年第
8期。

［16］张萍、郭晓晗、金红宇等：《2021年全国中药材及饮片质量分析》，《中国现代中药》2022年
第6期。

［17］张萍、郭晓晗、金红宇等：《2022年全国中药材及饮片质量分析概况》，《中国现代中药》
2023年第10期。

［18］魏锋、程显隆、荆文光等：《中药材及饮片质量标准研究有关问题思考》，《中国药学杂志》
2022年第18期。

［19］赖长江生、邱子栋、魏旭雅等：《基于原位质谱技术的中药质量评价策略的构建》，《中国中
药杂志》2022年第1期。

［20］崔红华、邱夏：《中药质量标准现代化研究发展趋势》，《中国中医药信息杂志》2007年第
6期。

［21］孙立丽、王萌、任晓亮：《化学模式识别方法在中药质量控制研究中的应用进展》，《中草药》
2017年第20期。

［22］闫艳、杜晨晖：《一测多评法在中药质量控制中的应用及研究进展》，《世界科学技术—中医
药现代化》2022年第6期。

［23］张旭、任晓航、王慧等：《生物效应评价在中药质量控制研究中的应用进展》，《中草药》
2018年第11期。

［24］任晓航、杜锐、张旭等：《中药外源性污染物检测技术的现代研究》，《中草药》2019年第
10期。

［25］陈文慧、朱仁愿、张喜萍等：《兰州市中药材市场存在的问题及监管对策》，《甘肃科技》
2021年第10期。

［26］屠鹏飞、姜勇、何轶等：《中药材和饮片质量控制与质量标准体系的构建》，《中国食品药品
监管》2022年第10期。

［27］郭晓晗、张萍、荆文光等：《从 2020 年国家药品抽检专项有关问题谈中药材及中药饮片监管》，《中国现代中药》2021 年第 10 期。

［28］王健、李逢春、宋汉敏等：《中药材及中药饮片质量的影响因素与质控措施》，《食品与药品》2020 年第 5 期。

［29］张静：《探讨中药饮片抽检情况及市场现状》，《食品安全导刊》2021 年第 23 期。

［30］荆文光、程显隆、张萍等：《2017~2021 年全国中药饮片抽检质量状况分析》，《中国现代中药》2023 年第 5 期。

［31］欧阳楠、琚健：《从中药制剂生产用中药材及中药饮片质量问题谈监管模式》，《中国药学杂志》2018 年第 3 期。

［32］王福、陈士林、刘友平等：《我国中药材种植产业进展与展望》，《中国现代中药》2023 年第 6 期。

［33］程显隆、郭晓晗、李明华等：《道地性和生产规范性是中药材质量属性形成的关键》，《中国现代中药》2020 年第 7 期。

［34］樊建、沈莹、邓代千等：《植物生长调节剂在中药材生产中的应用进展》，《中国实验方剂学杂志》2022 年第 3 期。

［35］左甜甜、申明睿、张磊等：《中药中重金属及有害元素限量标准的制定及有关问题的思考》，《药物分析杂志》2023 年第 4 期。

［36］张小波、邱智东、王慧等：《吉林省中药资源种类空间分布差异研究》，《中国中药杂志》2017 年第 22 期。

［37］李洪芬：《中药材以及中药饮片在贮存保管过程中存在的问题与措施》，《世界最新医学信息文摘》2019 年第 18 期。

［38］李丽娟：《探讨中药材及中药饮片质量控制对策》，《现代诊断与治疗》2018 年第 17 期。

［39］李冉、张文广、成春亚等：《中药材种子种苗繁育关键技术研究进展》，《中国现代中药》2022 年第 11 期。

［40］肖永庆、张村、李丽：《浅谈中药饮片规范化生产和过程控制》，《医学研究杂志》2010 年第 9 期。

［41］陶益、陈林、朱菲等：《人工智能视域下拉曼光谱分析技术融合深度学习算法在中药生产过程质量控制中的应用》，《中国现代中药》2022 年第 1 期。

［42］刘瑞新、陈鹏举、李学林等：《人工智能感官：药学领域的新技术》，《药物分析杂志》2017 年第 4 期。

［43］肖小河、金城、赵中振等：《论中药质量控制与评价模式的创新与发展》，《中国中药杂志》2007 年第 14 期。

［44］张萌、封亮、贾晓斌：《基于生物活性与效应基准的中药质量评价技术发展现状与展望》，《世界中医药》2020 年第 15 期。

［45］刘昌孝：《中药质量标志物（Q-marker）：提高中药质量标准及质量控制理论和促进中药产业科学发展》，《中草药》2019 年第 19 期。

［46］肖小河、张定堃、王伽伯等：《中药品质综合量化评控体系——标准评控力金字塔》，《中国中药杂志》2015 年第 1 期。

［47］朱婷、胡心怡、闵欣怡等：《中药材溯源体系的现状评析》，《环球中医药》2023 年第 3 期。

［48］姜东峰、王新颖、周鑫等：《物联网追溯管理平台在农产品质量安全生产过程中的应用》，《农民科技培训》2018 年第 2 期。

［49］谢春辉、熊蔚维、李国妹等：《基于区块链技术的中药材质量安全溯源系统设计》，《云南民族大学学报》（自然科学版）2020 年第 1 期。

［50］曹祖晟、丁磊：《基于 Hyperledger Sawtooth 的农产品供应链追溯系统的研究与设计》，《现代计算机》2021 年第 18 期。

［51］刘娟、冯芮、蒲忠慧等：《指纹图谱结合 HPLC 定量分析在中药川芎质量评价中的应用研究》，《中药材》2019 年第 2 期。

［52］张慧文、宋晓玲、石松利等：《FTIR 方法和 HPLC 指纹图谱鉴别不同产地荜茇》，《光谱学与光谱分析》2020 年第 1 期。

［53］任艳平、赵可新、王声祥等：《HPLC-MS 法同时测定中药矮地茶中 10 个有效成分》，《药物分析杂志》2022 年第 9 期。

［54］许腊英、石琪、余倩倩等：《中药乌梅炒炭前后 DNA 指纹图谱的研究》，《中成药》2012 年第 1 期。

［55］黄稳、兰德庆、覃瑞等：《利用 SRAP 标记构建不同种金腰的 DNA 指纹图谱》，《中国中药杂志》2020 年第 15 期。

［56］卓鱼周、刘晓琴、张文会等：《基于微量元素 - 硫同位素示踪技术的朱砂产地差异性分析》，《中国实验方剂学杂志》2022 年第 23 期。

附 件
相关政策文件目录

1. 国务院办公厅转发科技部、国家计委、国家经贸委、卫生部、药品监管局、知识产权局、中医药局、中科院关于中药现代化发展纲要的通知

《中药现代化发展纲要（2002年至2010年）》由科技部、国家计委、国家经贸委、卫生部、药品监管局、知识产权局、中医药局、中科院制定，2002年11月1日由国务院办公厅印发，旨在加强科技进步和技术创新，推进中药现代化。

2. 中华人民共和国中医药条例

经2003年4月2日国务院第三次常务会议通过，由国务院于2003年4月7日印发，自2003年10月1日起施行，旨在继承和发展中医药学，保障和促进中医药事业的发展，保护人体健康。

3. 关于扶持和促进中医药事业发展的若干意见

由国务院2009年5月7日颁发，旨在进一步扶持和促进中医药事业发展，落实医药卫生体制改革任务。意见提出要坚持中西医并重的方针，充分发挥中医药作用。

4. 商务部等十四部门关于促进中医药服务贸易发展的若干意见

由外交部、教育部、科学技术部、财政部、文化部、卫生部、海关总署、国家税务总局、国家质量监督检验检疫总局、国家林业局、国家知识产权局、国家中医药管理局、国家外汇管理局2012年3月5日印发。意见提出了发展中医药服务贸易的指导思想、原则和目标，发展中医药服务贸易的重点任务以及促进中医药服务贸易发展的政策措施。

5. 国务院办公厅转发对外经济贸易部关于加强对中药材出口管理报告的通知

由国务院办公厅2013年1月9日颁发。报告提出对中药材的出口必须加强管理。

6. 中药材保护和发展规划（2015~2020 年）

由国务院办公厅 2015 年 4 月 14 日印发。规划提出发展目标为，到 2020 年，中药材资源保护与监测体系基本完善，濒危中药材供需矛盾有效缓解，常用中药材生产稳步发展；中药材科技水平大幅提升，质量持续提高；中药材现代生产流通体系初步建成，产品供应充足，市场价格稳定，中药材保护和发展水平显著提高。

7. 中医药健康服务发展规划（2015~2020 年）

由国务院办公厅 2015 年 4 月 24 日印发。规划指出，中医药（含民族医药）是我国独具特色的健康服务资源。充分发挥中医药特色优势，加快发展中医药健康服务，是全面发展中医药事业的必然要求，是促进健康服务业发展的重要任务，对于深化医药卫生体制改革、提升全民健康素质、转变经济发展方式具有重要意义。

8. 中医药发展战略规划纲要（2016~2030 年）

由国务院 2016 年 2 月 22 日印发。纲要提出，要坚持中西医并重，落实中医药与西医药的平等地位，遵循中医药发展规律，以推进继承创新为主题，以提高中医药发展水平为中心，以完善符合中医药特点的管理体制和政策机制为重点，以增进和维护人民群众健康为目标，拓展中医药服务领域，促进中西医结合，统筹推进中医药事业振兴发展。到 2020 年，实现人人基本享有中医药服务，中医药产业成为国民经济重要支柱之一；到 2030 年，中医药服务领域实现全覆盖，中医药健康服务能力显著增强，对经济社会发展作出更大贡献。纲要明确了今后一个时期中医药发展的重点任务。

9. 关于促进中医药健康旅游发展的指导意见

由文化和旅游部、国家中医药管理局 2015 年 11 月 17 日下发。意见提出开发中医药健康旅游产品、打造中医药健康旅游品牌、壮大中医药健康旅游产业、开拓中医药健康旅游市场、创新中医药健康旅游发展模式、培养中医药健康旅游人才队伍、完善中医药健康旅游公共服务、促进中医药健康旅游可持续发展等八项重点任务。

10. 关于促进中医药健康养老服务发展的实施意见

由国家中医药管理局 2017 年 3 月 13 日印发，要求各地区、各有关部门要充分认识发展中医药健康养老服务的重要意义，将促进中医药健康养老服务发展作为深化医改、改善民生、拉动投资、扩大消费的一项重要工作，建立健全多部门联动工作机制，加强组织领导，强化沟通协调，完善指导监督，形成工作合力，共同推进中医药健康养老服务健康有序发展。

11. "十三五"中医药科技创新专项规划

由科学技术部，国家中医药管理局2017年6月14日印发。规划提出针对中药产业发展的现实需求，加强基础研究、关键共性技术、产品创制及集成示范应用全产业链科技创新，打造以中药资源为核心的"大品种、大产业"的中药材产业发展新格局，促进中药材产业全面提质增效，促进区域经济发展和加速农民脱贫。

12. 中华人民共和国中医药法

由全国人民代表大会常务委员会2017年7月1日印发，提出发展中医药事业应当遵循中医药发展规律，坚持继承和创新相结合，保持和发挥中医药特色和优势，运用现代科学技术，促进中医药理论和实践的发展。

13. 中药材产业扶贫行动计划（2017~2020年）

由国家中医药管理局、国务院扶贫办、工业和信息化部、农业部、中国农业发展银行2017年8月1日印发。文件明确，通过引导百家药企在贫困地区建基地，发展百种大宗、地道药材种植、生产，带动农业转型升级，建立相对完善的中药材产业精准扶贫新模式。

14. 关于加强中医药健康服务科技创新的指导意见

由国家中医药管理局、科学技术部2018年8月13日印发，提出以提高中药资源对中医药健康服务的保障水平为目标，开展中药资源综合开发利用研究，加强基于临床价值的中药大品种的二次开发及中药材大品种的深度开发，打造中药材健康产业链；以满足临床需求、保障临床用药质量为核心，突破中药新药发现、中药复方质量控制、中药活性成分制备、新型制剂、安全性评价等瓶颈问题，研发一批创新中药；推动来源于古代经典名方的中药复方制剂研发。

15. 中药饮片质量集中整治工作方案

由国家药品监督管理局2018年8月28日印发，其重点工作为严厉查处中药饮片违法违规行为，加快完善符合中药饮片特点的技术管理体系。

16. 全国道地药材生产基地建设规划（2018~2025年）

由农业农村部、国家药品监督管理局、国家中医药管理局2018年12月18日印发，旨在提升道地药材生产科技水平。加强基础研究。深入开展道地药材野生资源保护、优良品种选育、生态种植等基础研究，保障野生资源永续利用和药材的优质生产。推进育种创新。保护利用道地药材种质资源，组织科研单位与企业开展联合攻关，推进特色品种提纯复壮，加快选育一批道地性强、药效明显、质量稳定的新品种。加快建设一批标准高、规模大、质量优的道地药材种子种苗繁育基地，提高道地药材供种供苗能力。加强种子（苗）质量监管，贯彻新修订的《种子法》，加快制定《中药材种子（苗）管理办法》，将中药材品种列入《农业植物新品种保护名录》，实施品种登记制度，强化品种保护和监管。推进集成创新。促进农机农艺融合，集成组装适宜不同区域、不同品种的道地药材绿色高质高效技术模式，加快推广应用，示范带动更大范围节本增效、提质增效。

17. 关于开展中医药服务贸易统计试点工作的通知

由国家中医药管理局办公室、商务部办公厅 2019 年 1 月 7 日印发。通知指出，要全面、准确、及时掌握我国中医药服务贸易现状和发展趋势，为促进中医药服务贸易发展提供决策依据。

18. 关于开展中医药服务出口基地建设工作的通知

由商务部办公厅、国家中医药管理局办公室 2019 年 3 月 27 日印发，提出建设一批以出口为导向、具有较强辐射带动作用的基地，要求到 2025 年，基地全国布局基本完成，中医药服务出口占我国服务出口比重持续增长，新业态新模式不断涌现，形成一批中医药服务世界知名品牌。

19. 进口药材管理办法

由国家市场监督管理总局 2019 年 5 月 16 日印发，旨在加强进口药材监督管理，保证进口药材质量。

20. "三区三州"中医药扶贫工作实施方案

由国家中医药管理局办公室 2019 年 6 月 10 日印发。方案明确了加强中医药服务体系建设、加强中医药服务能力建设、深入推进三级医院对口帮扶和积极做好中医药产业扶贫四项重点任务。要求各级中医药主管部门要协调各级发展改革部门，争取将符合条件的县级中医类医院纳入中央预算内投资计划支持建设，为切实提升中医药服务能力提供基础设施保障。

21. 中共中央 国务院关于促进中医药传承创新发展的意见

由中共中央、国务院 2019 年 10 月 20 日印发，提出大力推动中药质量提升和产业高质量发展，包括加强中药材质量控制、促进中药饮片和中成药质量提升、改革完善中药注册管理、加强中药质量安全监管。

22. 关于促进中药传承创新发展的实施意见

由国家药品监督管理局 2020 年 12 月 21 日印发，提出传承精华，注重整体观和中医药原创思维，促进中药守正创新。坚守底线，强化中药质量安全监管。创新发展，推进中药监管体系和监管能力现代化。

23. 中药配方颗粒质量控制与标准制定技术要求

由国家药品监督管理局 2021 年 1 月 26 日印发，目的是加强中药配方颗粒的管理，规范中药配方颗粒的质量控制与标准研究。

24. 关于结束中药配方颗粒试点工作的公告

由国家药监局、国家中医药局、国家卫生健康委、国家医保局 2021 年 2 月 1 日印发，其主要目的是加强中药配方颗粒的管理，规范中药配方颗粒的生产，引导产业健康发展，更好满足中医临床需求。

25. 关于加快中医药特色发展的若干政策措施

由国务院办公厅 2021 年 1 月 22 日印发，提出要遵循中医药发展规律，认真总结中医药防治新冠肺炎经验做法，破解存在的问题，更好发挥中医药特色和比较优势，推动中医药和西医药相互补充、协调发展。

26. 中医药文化传播行动实施方案（2021~2025 年）

由国家中医药管理局、中央宣传部、教育部、国家卫生健康委员会、国家广电总局 2021 年 6 月 29 日印发。方案明确，要挖掘整理中医药蕴含的中华文化内涵元素，确立中医药文化精神标识，凝练推出一批具有中医药特色和底蕴的中医药典故和名家故事；运用群众喜闻乐见的形式和途径，打造一批中医药文化体验场馆，开展一批群众性中医药文化活动，建设一批中医药健康文化知识角，创作一批针对不同受众的中医药文化产品；将中医药文化作为中华优秀传统文化的重要组成部分，引导中小学生了解中医药文化的重要价值，推动开展形式多样的中医药文化进校园活动，积极建设校园中医药文化角和中医药文化学生社团；推进中医药文化传播常态化机制建设，培养建立中医药文化传播工作队伍，定期监测公民中医药健康文化素养。要形成推动中医药文化传播与知识普及的强大合力，将中医药文化传播摆上重要议事日程，纳入全局工作谋划推进，确保各项任务扎实有序推进，营造有利于中医药事业发展的良好氛围。

27. 关于规范医疗机构中药配方颗粒临床使用的通知

由国家卫生健康委员会办公厅、国家中医药管理局办公室 2021 年 11 月 12 日印发，目的是促进医疗机构中药配方颗粒临床合理规范使用，保障医疗安全，提高临床疗效。各级卫生健康和中医药主管部门要高度重视医疗机构中药配方颗粒临床使用管理工作。各级卫生健康和中医药主管部门要规范医疗机构中药配方颗粒使用，经审批或备案能够提供中医药服务的医疗机构方可使用中药配方颗粒。医生在开具中药配方颗粒处方前应当告知患者，保障患者的知情权、选择权。医疗机构应当按照中药药事管理有关规定开展中药配方颗粒的采购、验收、保管、调剂等工作，保障临床疗效和用药安全。医疗机构应当建立中药配方颗粒临床应用常规监测和预警体系，定期或不定期对中药配方颗粒临床应用情况进行监测；发现疑似不良反应的应当及时报告，促进中药配方颗粒规范合理应用。

28. 关于医保支持中医药传承创新发展的指导意见

由国家医疗保障局、国家中医药管理局 2021 年 12 月 31 日印发。意见提出，加大对中医特色优势医疗服务项目的倾斜力度。鼓励各地将疗效确切、体现中医特色优势的中医适宜技术纳入医保支付范围。规范使用中医医疗服务项目，医保支付不得设置不合理限制。

29. 推进中医药高质量融入共建"一带一路"发展规划（2021~2025 年）

由国家中医药管理局、推进"一带一路"建设工作领导小组办公室 2021 年 12 月 31 日印发，旨在全面提升中医药参与共建"一带一路"质量与水平。展望 2035 年，中医药将融入更多共建"一带一路"国家主流医学体系，在国际传统医学领域的话语权和影响力显著提升。

规划提出，"十四五"时期，与共建"一带一路"国家合作建设 30 个高质量中医药海外中心，颁布 30 项中医药国际标准，打造 10 个中医药文化海外传播品牌项目，建设 50 个中医药国际合作基地和一批国家中医药服务出口基地，加强中药类产品海外注册服务平台建设，组派中医援外医疗队，鼓励社会力量采用市场化方式探索建设中外友好中医医院。

规划提出，深化全球卫生治理合作，着力构建传统医学合作伙伴关系。推动中医药纳入更多国家主流卫生体系和政府间合作机制，加大中医药对外援助力度。

规划明确，深化科技创新合作，着力塑造中医药发展新优势。加强科技交流合作，推动中医药参与国家战略性科技创新合作与政府间国际科技创新合作，探索中医药国际大科学计划和大科学工程。

规划要求，深化国际贸易合作，着力培育中医药发展新优势。扩大中药类产品贸易，加快培育我国中医药国际化企业和国际知名品牌。

规划提到，深化教育合作，着力加强中医药国际人才队伍建设。开展院校合作，提升中医药高等院校国际教育水平，积极推动中医药纳入共建"一带一路"国家高等教育体系。

30. 林草中药材产业发展指南

由国家林业和草原局办公室 2022 年 2 月 24 日印发。指南指出积极践行绿水青山就是金山银山理念，在坚决维护生态安全的前提下，科学合理利用林草资源，充分发挥其生境优势，以中药材生态培育为核心，建设林草中药材种质资源保护、良种繁育和种植基地，推进药材生产加工及储藏物流等配套服务体系建设，打造独具特色的林草中药材产业体系，形成林间、林下、草地产药，以药养林养草的良性循环，实现可持续发展。

指南以区域性气候、土壤和地理环境条件为基本要素，以林草资源分布及群落特征为重要条件，以区域性社会经济水平和历史形成的药材产区状况为参考要素，兼顾林草管理体系，将全国划分为 9 个林草中药材生产区，包括大小兴安岭林区、长白山林区、三北防风固沙林草区、黄土高原水土保持林区、黄淮海地区林区、长江中下游地区林区、云贵川地区林草区、岭南地区林区、青藏高原林草区。

指南明确了每个产区的区域自然环境、主要药材资源、可生态种植药材、可野生抚育药材、可仿野生栽培药材和生产模式等。

指南明确重点任务是加强资源保护，严格保护野生药用生物资源，根据资源种类和分布情况，保护种质资源及药材产区生态环境。

31. 基层中医药服务能力提升工程"十四五"行动计划

由国家中医药管理局、国家卫生健康委员会、国家发展和改革委员会、教育部、财政部、人力资源和社会保障部、文化和旅游部、国家医疗保障局、国家药品监督管理局、中央军委后勤保障部卫生局 2022 年 3 月 8 日印发。计划提出具体目标是，到 2025 年，基层中医药实现五个"全覆盖"，也即县办中医医疗机构（医院、门诊部、诊所）基本实现全覆盖、社区卫生服务中心和乡镇卫生院中医馆实现全覆盖、基层中医药服务提供基本实现全覆盖、基层中医药人才配备基本实现全覆盖、基层中医药健康宣教实现全覆盖。

计划明确了七项重点任务。完善基层中医药服务网络，发挥县级中医医院龙头带动作用；改善基层医疗卫生机构中医药服务条件；鼓励社会力量在基层办中医。推进基层中医药人才建设，扩大基层中医药人才有效供给；畅通基层中医药人才使用途径；改善基层中医药人员发展环境。推广基层中医药适宜技术，加强中医药适宜技术推广平台建设；加大适宜技术推广力度和考核力度。提升基层中医药服务能力，加强县级医疗机构中医医疗服务能力建设；提升基层医疗卫生机构中医药诊疗能力；发展基层中医治未病服务和中医康复服务；完善中医药公共卫生服务能力；切实做好中医药城乡对口帮扶工作。加强基层中医药管理能力，加强基层中医药服务管理和质量监管；加快基层中医医疗服务信息化建设。深化基层中医药健康宣教和文化建设，广泛推动中医药健康知识普及。稳步推进基层中医药改革，做好中医医院牵头的县域紧密型医共体建设；开展全国基层中医药工作示范市（县）建设；加大医保对基层中医药服务的政策支持。

计划还提出，要加强组织领导，明确责任分工，强化考核督查，强化宣传引导。

32. 中药材生产质量管理规范

由国家药品监督管理局、农业农村部、国家林业和草原局、国家中医药管理局2022年3月17日印发，旨在推进中药材规范化生产，加强中药材质量控制，促进中药高质量发展。

33. "十四五"中医药发展规划

由国务院办公厅2022年3月3日印发，明确了"十四五"时期中医药发展目标和主要任务。规划提出的10个方面重点任务，为实现新时期中医药高质量发展明确了举措，提供了保障。一是建设优质高效中医药服务体系。二是提升中医药健康服务能力。三是建设高素质中医药人才队伍。四是建设高水平中医药传承保护与科技创新体系。五是推动中药产业高质量发展。六是发展中医药健康服务业。七是推动中医药文化繁荣发展。八是加快中医药开放发展。九是深化中医药领域改革。十是强化中医药发展支撑保障。

34. 关于加强新时代中医药人才工作的意见

由国家中医药管理局、教育部、人力资源和社会保障部、国家卫生健康委员会2022年4月8日印发，旨在深入贯彻习近平总书记关于做好新时代人才工作的重要思想和中医药工作的重要论述，坚持问题导向、需求导向，聚焦人才培养、使用、评价、激励等体制机制改革提出相关政策措施，推动新时代中医药人才工作高质量发展，为中医药振兴发展提供坚强的人才支撑和智力保障。

意见共提出六个方面的重点任务。一是加快培养集聚中医药高层次人才。二是夯实基层中医药人才队伍。三是大力推进西医学习中医。四是统筹推进中医药重点领域人才队伍建设。五是医教协同深化中医药教育改革。六是深化人才发展体制机制改革。

35."十四五"中医药科技创新专项规划

由科技部、国家中医药管理局 2022 年 11 月 10 日印发。规划提出，加快建设符合中医药特点的中医药科技创新体系，是科技创新的重要领域和建设创新型国家的重要内容，也是建设健康中国、提升科技对人民群众健康保障能力与事业产业发展驱动作用的重要举措。

36."十四五"中医药人才发展规划

由国家中医药管理局 2022 年 10 月 14 日印发。提出的主要任务，一是加强中医药高层次人才队伍建设，二是加强基层中医药人才队伍建设，三是推进中医药专业人才队伍建设，四是统筹加强其他重点领域中医药人才培养，五是加强高水平中医药人才发展平台建设，六是完善中医药人才培养体系。

37."十四五"中医药信息化发展规划

由国家中医药管理局 2022 年 11 月 25 日印发，旨在为贯彻新发展理念，抢抓信息革命机遇，加快信息化建设，激发中医药行业新发展活力，为实施健康中国战略、推动中医药振兴发展提供强力支撑。

发展目标：到 2025 年，基本建成与中医药管理体制相适应、符合中医药自身发展规律、与医疗健康融合协同的中医药信息化体系，基础设施、人才、标准等发展基础全面夯实；完成中医药政务信息化网络建设，实现省级中医药管理部门互联互通，中医药综合统计体系健全完善；信息技术创新应用加速开展，形成一批可复制、可推广、有影响的试点示范；中医医疗智慧化水平明显提升，三级公立中医医院电子病历系统应用平均水平基本达到 4 级，数字便民惠民服务能力显著增强；中医药治理水平持续提升，信息化成为中医药传承创新发展的重要支撑。

38. 国家药监局关于实施《国家中药饮片炮制规范》有关事项的公告

由国家药品监督管理局 2022 年 12 月 21 日印发，旨在规范中药饮片炮制，健全中药饮片标准体系，促进中药饮片质量提升。

39. 关于进一步加强中药科学监管促进中药传承创新发展的若干措施

由国家药品监督管理局 2023 年 1 月 3 日印发，旨在深入贯彻党的二十大精神，全面落实二十大报告关于"强化食品药品安全监管""促进中医药传承创新发展"的重大战略部署，坚持以习近平新时代中国特色社会主义思想为指导，准确把握当前中药质量安全监管和中药产业高质量发展面临的新形势、新任务和新挑战，全面加强中药全产业链质量管理、全过程审评审批加速、全生命周期产品服务、全球化监管合作、全方位监管科学创新，向纵深推进中国式现代化药品监管实践和具有中国特色的中药科学监管体系建设。一是加强中药材质量管理。二是强化中药饮片、中药配方颗粒监管。三是优化医疗机构中药制剂管理。四是完善中药审评审批机制。五是重视中药上市后管理。六是提升中药标准管理水平。七是加大中药安全监管力度。八是推进中药监管全球化合作。

40. 中医药振兴发展重大工程实施方案

由国务院办公厅 2023 年 2 月 10 日印发。方案指出，中医药是我国重要的卫生、经济、科技、文化和生态资源，传承创新发展中医药是新时代中国特色社会主义事业的重要内容，是中华民族伟大复兴的大事。

41. 中药注册管理专门规定

由国家药品监督管理局 2023 年 2 月 10 日印发。专门规定在药品注册管理通用性规定的基础上，进一步对中药相关要求进行细化，加强中药新药研制与注册管理，促进中医药传承创新发展。中药注册管理政策升级，行业迎来新利好。

专门规定共 11 章 82 条，包括总则、中药注册分类与上市审批、人用经验证据的合理应用、中药创新药、中药改良型新药、古代经典名方中药复方制剂、同名同方药、上市后变更、中药注册标准、药品名称和说明书等方面，充分吸纳了药品审评审批制度改革成熟经验，遵循中医药研制规律，全方位、成体系构建完善中药注册管理体系。

42. "十四五"中医药文化弘扬工程实施方案

由国家中医药局、中央宣传部、教育部、商务部、文化和旅游部、国家卫生健康委、国家广电总局、国家文物局 2022 年 11 月 9 日印发。方案提出要加大中医药文化保护传承和传播推广力度，推动中医药文化贯穿国民教育，融入群众生产生活，为中医药振兴发展厚植文化土壤，为健康中国建设注入源源不断的文化动力，为铸就社会主义文化新辉煌贡献力量。重点任务为提炼中医药文化精神标识、加强中医药文化时代阐释、加强中医药典籍保护传承、推动中医药博物馆事业发展、打造中医药文化传播平台、加大中医药文化活动和产品供给、丰富中小学中医药文化教育校园活动、广泛开展中医药科普工作、实施中医药健康文化素养调查制度、推动中医药医教研产彰显文化特色、培养建立中医药文化传播队伍、促进中医药文化海外交流。

43. 关于印发《中医药专业技术人员师承教育管理办法》的通知

由国家中医药管理局 2023 年 4 月 17 日印发，旨在贯彻落实《中华人民共和国中医药法》《中共中央国务院关于促进中医药传承创新发展的意见》《关于加快中医药特色发展的若干政策措施》，加强中医药专业技术人员师承教育管理。

44. 中药饮片标签管理规定

由国家药品监督管理局 2023 年 7 月 12 日印发，提出鼓励对中药饮片标签采用新的科技手段，提升中药饮片的溯源管理水平，便于关键质量信息的查询。中药饮片的包装、标签不得加载有企业宣传或者产品广告等内容。

图书在版编目（CIP）数据

中国中药产业发展报告. 2024：药材 饮片 / 陈士
林主编. -- 北京：社会科学文献出版社，2024.5
ISBN 978-7-5228-3633-1

Ⅰ.①中…　Ⅱ.①陈…　Ⅲ.①中药材-制药工业-产
业发展-研究-中国　Ⅳ.①F426.7

中国国家版本馆CIP数据核字（2024）第092175号

中国中药产业发展报告（2024）
药材　饮片

主　　编 / 陈士林

出 版 人 / 冀祥德
组稿编辑 / 任文武
责任编辑 / 刘如东
责任印制 / 王京美

出　　版 / 社会科学文献出版社·生态文明分社（010）59367143
　　　　　　地址：北京市北三环中路甲29号院华龙大厦　邮编：100029
　　　　　　网址：www.ssap.com.cn
发　　行 / 社会科学文献出版社（010）59367028
印　　装 / 北京联兴盛业印刷股份有限公司

规　　格 / 开　本：787mm×1092mm　1/16
　　　　　　印　张：26.25　字　数：477千字
版　　次 / 2024年5月第1版　2024年5月第1次印刷
书　　号 / ISBN 978-7-5228-3633-1
定　　价 / 298.00元

读者服务电话：4008918866

🅰 版权所有　翻印必究